管理会计应用创新经典案例集（第二版）

GUANLIKUAIJI
YINGYONG CHUANGXIN
JINGDIAN ANLIJI

刘宗柳 ◎ 主编

图书在版编目（CIP）数据

管理会计应用创新经典案例集／刘宗柳主编．――2版．――北京：中国财政经济出版社，2022.8
ISBN 978-7-5223-1569-0

Ⅰ．①管… Ⅱ．①刘… Ⅲ．①管理会计 Ⅳ．①F234.3

中国版本图书馆 CIP 数据核字（2022）第 126046 号

责任编辑：温彦君　　　　　　　责任校对：徐艳丽
封面设计：智点创意　　　　　　责任印制：党　辉

管理会计应用创新经典案例集（第二版）
GUANLIKUAIJI YINGYONG CHUANGXIN JINGDIAN ANLIJI

中国财政经济出版社 出版
URL：http：//www.cfeph.cn
E-mail：cfeph@cfeph.cn
（版权所有　翻印必究）
社址：北京市海淀区阜成路甲 28 号　邮政编码：100142
营销中心电话：010-88191522
天猫网店：中国财政经济出版社旗舰店
网址：https：//zgczjjcbs.tmall.com
北京时捷印刷有限公司印刷　各地新华书店经销
成品尺寸：185mm×260mm　16 开　17.75 印张　401 000 字
2022 年 8 月第 2 版　2022 年 8 月北京第 1 次印刷
定价：82.00 元
ISBN 978-7-5223-1569-0
（图书出现印装问题，本社负责调换，电话：010-88190548）
本社质量投诉电话：010-88190744
打击盗版举报热线：010-88191661　　QQ：2242791300

编 委 会

主　　　编：刘宗柳

主　　　审：曲晓辉

副 主 编：刘　峰　胡志勇　李晓阳

编审委员会：（以姓氏笔画为序）

王建彬　尤凌侃　刘　峰　刘宗柳

曲晓辉　何玉生　李晓阳　胡志勇

序 一

美国会计史学家迈克尔·查特菲尔德（Chatfield. Michael）在《会计思想史》一书中说过，会计的发展是反映性的，并与经济的发展密切相关。一般地说，文明的水平越高，簿记方法就愈精湛。随着记账必要性的增强，会计促进或妨碍经济发展的能力也随之增强。尽管笔者不完全赞同经济发展推动会计发展的观点，但是，会计与经济发展之间共生、互动的关系被广泛认可：经济越发展，相应的会计方法也就更加复杂。

会计服务于经济发展只是表象。实际上，很多组织——如寺庙、教堂乃至政府机构——并不以经济发展尤其是经济效益为目标，但是，它们也同样设立会计机构。正是基于这一观察，笔者提出，会计的存在主要是服务于人类社会经济人之间信任关系的维系（刘峰，2015[①]）。随着社会的发展，人们之间的经济利益冲突也更加复杂。相应地，它对维系利益冲突的方法也就提出更高的要求。

维系经济人之间的利益冲突，既需要财务会计客观、公允地记录社会财富的变化，也需要管理会计服务于财富的管理与创造。马太效应是一个传说[②]，但它所蕴含的寓意在商业社会普遍存在：代理人受托保管委托人所交付的财产，所担负的义务不仅是保证财产的安全、完整，还要能够最大限度地经营财产、实现增值。很显然，在以互联网和大数据为主的数智化社会，社会节奏变化快，市场竞争激烈，几乎不存在什么价值恒定的财产。即便是人类社会长期所信仰的"黄金"——一般货币等价物，价格也在大幅度波动中。比如，

---

① 刘峰. 会计·信任·文明, 会计研究, 2015（11）: 3-10。
② 马太效应是指"强者愈强、弱者愈弱"，它所依据的是《圣经》中"马太福音"里的故事，故事内容是：国王奖励能够有效保管财产并实现增值的管理人，只是安全保管财产的管理人受到惩罚。

2001年前后黄金跌至每盎司400美元左右，到2011年升至每盎司超过2200美元，之后又跌至1335美元（2016年），在2020年7月达到每盎司2158美元后又震荡下跌；2022年2月俄乌战争后，又开始上涨。

进入数智化时代，人类社会经济活动更加复杂。会计应如何服务于财富的管理与创造，从而更高程度上服务于人类社会的信任？自20世纪50年代以来，会计衍生出一个分支——管理会计，它就是服务于企业在复杂环境下，如何借助数据来改善决策、有效管理。经过半个多世纪的发展，管理会计方法臻于完善，形成多个基于业绩、目标等的管理会计理论与方法。总体而言，目前管理会计教科书中所广泛讨论的管理会计方法，是20世纪80年代至90年代形成的，它与当时制造业背景相适应，对经济发展的推动作用有目共睹。

但是，从2000年前后兴起的互联网运动，尤其是2007年iPhone推出后的移动互联网的快速普及，并广泛"嵌入"社会生活的各个层面，已经改变了互联网最初只是更便捷地传递信息这一认识。互联网广泛应用并深度嵌入到社会运行体系之中，社会建构在互联网之上。比如，2020年新冠肺炎疫情暴发后，我们都熟悉的"健康码"就是基于大数据、移动互联网、实时信息更新等一系列因素之上的。没有互联网和大数据的支撑，新冠肺炎疫情的防控将会是另一番景象。

可以说，数智化已经重新定义了社会运行，它必然也在重新定义商业模式，重构企业内部运行。实际上，我们每个人的日常生活都离不开的快递业在过去十多年里发展迅速，就是基于数智化之上的。据统计，2021年，我国快递业务单量达1083亿件，平均每天3亿件。如此高的量，没有数智化做支持是难以实现的。

数智化时代的企业及其经营活动需要有与之相适应的管理会计。实践中，各种创新的管理会计方法不断涌现。比如，基于云计算和数据共享的会计系统已经在我国众多企业中付诸应用。

数智化时代，企业已经在广泛采用各种与它们自身相适应的管理会计方法，理论界需要做的事情是：到实践中去，将它们的做法忠实地记录下来，并尝试提炼出最核心的内容，形成理论。"理论是灰色的，生命之树常青"。唯有紧盯实践，才能保持理论的鲜活与色彩。管理会计中的很多理论和方法都是先有实践、后经学者总结、提炼成为理论的，如作业成本法、BSC绩效考核方法、责任会计、邯钢经验等。

本案例集就是在这一指导思想下产生的。刘宗柳博士毕业于厦门大学会计系，师从葛家澍教授，并担任厦门一家大型国有企业的总会计师近二十年。期间，又担任企业运营副总，从财务到业务，再到财务，长期浸润于实务。同时，也不时地思考其理论表现，使得刘宗柳博士拥有了学院派博士少有的敏锐的直觉和对实务的偏爱。他在推动企业进行管理会计升级的同时，也孜孜于将管理会计实务理论化，让更多的人了解我国管理会计的进展。

本案例集共收录案例十篇，这十篇案例由不同团队在不同时间形成，每个案例都相对独立，因此，行文上前后会有部分交叉、重合。在编纂时，为了最大限度地保持各个案例的完整性，我们只是做了少量文字调整，总体保持案例原有的风貌。每个案例的贡献者都在脚注中给出具体标注。

数智化重新定义了这个时代，开启了"平行空间""元宇宙"，它也重新定义了管理会计。让我们走进会计实务，走进"平行空间"，拥抱数智化时代的管理会计。

厦门大学教授　刘峰

2022年6月

序 二

财政部自 2014 年 10 月 27 日发布我国推进管理会计应用的顶层设计的重要文件《关于全面推进管理会计体系建设的指导意见》以来，又相继发布了《管理会计基本指引》和 34 项管理会计应用指引。之后，管理会计理论研究，尤其是应用研究迅速发展，理论与实践相融合的案例研究成果丰硕。本案例集即是这一背景下的产物。它基于大量的实地调研并进行归纳总结，是管理会计案例研究成果的典型代表。案例从"理论源于实践"的角度来探讨管理会计，展现了应用创新的以下显著特点：

（1）从案例中归纳应用理论。管理会计本身是应用科学的一个分支。在中国的企业等单位应用管理会计，旨在解决战略规划与经营计划、管理控制（含成本管控）、绩效管理和决策支持等实际经营与管理问题。本书收录的每一个案例都是基于某一种或多种管理会计方法的应用创新，体现了管理会计方法应用的程序化和模型化，丰富了管理会计的应用理论。

（2）案例所归纳的方法经过了案例企业的管理实践检验，具有一定的推广价值。本书所阐述的管理会计方法的个性化应用或综合应用，都是对现实经营与管理中涌现出的诸多成功解决方案的总结，具有可操作性和可计量性，完全可以直接用于解决当下成本管理、绩效管理和预算管控的实际问题。

（3）案例研究展现了许多管理创新。本书收录的案例都是根据不同企业和单位的实际需求综合运用若干种管理会计工具和方法的总结，体现了不同的管理创新，而这些创新又都融合在解决具体问题的过程中，表现为思维和理念创新、激励制度创新、价值管理创新、流程持续改善创新等。

本书理论与实务并重，是基于第一手调研资料和数据，通过分析、研究和提炼而形成的案例研究专辑。对于企业和单位运用管理会计应用指引和管理会计方法来解决经营与管理问题有着现实的借鉴价值和参考作用。同时，也为我国高校管理会计教学与研究提供了实战型案例。

厦门大学教授

2022 年 6 月

前　言

2014年，财政部将管理会计列入我国会计改革发展的重点方向，积极采取有效措施，加强管理会计制度建设和管理会计人才培养。管理会计应用的发展更为广泛、更为集中地侧重于价值创造和增强竞争力。对于企业来说，如何应用管理会计来提升企业创造价值的能力和提高竞争力是一个关键问题。对于中国企业来说，要保持原有的产品成本优势，不再依赖于廉价的自然资源和劳动力资源，应该考虑从管理创新、技术创新方面寻找突破点。就管理创新而言，我国管理会计的应用在企业管理创新方面发挥了一定的作用，比较成功的应用包括全面预算管理、绩效管理、责任会计、成本精益管控、集团管控等，这些管理会计实务推动了管理会计理论研究的发展。目前，我国企业的管理创新处于关键转型期。管理会计如何寻求新的理论和应用突破，促使我国经济高质量发展，不但是企业当前的紧迫任务，对于事业单位亦然。

自财政部2017年10月29日发布《管理会计应用指引第100号——战略管理》等22项管理会计应用指引（以下简称《应用指引》）以来，管理会计应用更加广泛，企业内部管理和决策支持也呈多样化且与时俱进。目前，管理会计理论和应用研究发展相当迅速，许多值得研究的企业案例为我们提供了很好的素材。本书所收集的10个案例是作者近年来从数家企业和事业单位进行实地调研的研究成果。

尽管本书收集的案例数量不算多，但案例的素材几乎都是第一手资料，且源自不同行业，内容丰富，场景真实，成功经验和管理秘诀精彩纷呈，归纳起来，主要包括以下几方面：

（1）企业有效的成本管控模式得益于独创的组织架构和公司治理以及高

效的"四化"式管控体系和神奇的管控抓手,尤其是在成本管控制度化、流程化、表单化和信息化基础上的持续创新和改善,比如"业财信融合"的实践创新,为大多数控股集团提供了一套值得借鉴和学习的成功管控模式。

(2) 基于流程驱动 + 数字驱动的制造业、金融业案例,探讨以业务流程精益管控增强企业创造价值的能力,由此建立精准的业务流程管控模式,为企业提高竞争能力和创造价值提供了有力的支持。

(3) 全面预算管理在我国企业得到普遍推广应用但也遇到许多亟待解决的问题,本书通过分享一个柔性预算管理的典型案例,提出解决预算管控不灵活导致预算管控僵局的破解方案。

(4) 通过 ABC 成本法与战略管理融合的案例研究,探索战略价值与作业管理、绩效管理相融合的方案,形成可推广的战略绩效管理系统及其应用方法。

(5) 管理会计方法在服务业(比如航空公司)、事业单位(比如医院)的应用前景广阔,本书通过对中国台湾医院和厦门航空的成本管控、预算管控和绩效管理方法的调研,集成并试图打造"铁三角"法的解决方案以及大财务组织架构下的双轮驱动成本管理案例,以供其他医院和航空公司管理会计应用借鉴。

本书 10 个典型案例所涉及的问题,也是中国管理会计应用普遍存在的问题。本书试图从这些案例的研究入手,结合多学科(管理会计学、战略管理学、组织行为学等)交叉视角和综合研究来破解这些亟待解决的问题。我们认为本书的研究特色和应用价值大致如下:

第一,通过案例研究,按照财政部 2017 年发布的《应用指引》的指导,为读者提供丰富的管理会计应用范例,总结管理会计应用的规律并形成制度化的示范。

第二,从管理实践发现管理会计工具的应用价值。管理会计案例研究都是基于某一管理会计方法的应用并加以延伸。本书的案例研究体现了管理会计方法的应用过程即其流程化、信息化和数智化的过程。本书的特色是从应用实例中提取大量流程化、信息化和数智化的模板,使企业应用管理会计方法提升创造价值的能力成为现实。

第三，多种管理会计方法的集成应用会带来显著的经济效果。本书中的每一个案例都会涉及预算管控、绩效管理和成本管控。因此，在本书的医院案例和"非法人单元"案例研究中，特别强调了"铁三角"法（成本管控、绩效管理和预算管控的融合）的应用，以利于提高经营和管理效率。

第四，每一案例都能体现管理会计应用的创新。本书中涉及的每一种管理会计工具应用，都关系到计量模型和计量分析方法。其创新之处表现为具体工具与案例企业实际应用的内部环境（激励制度、人力资源制度、商业模式、流程管理等）以及外部环境（市场因素、政治环境、绿色发展要求、竞争对手、宏观经济政策和金融政策等）相结合所形成的创新举措及其落地。

第五，既考虑企业的实际应用需求，也考虑事业单位的实际应用需求。为切实提高科学性和可操作性，本书的案例不仅涵盖了制造业、商业、服务业、金融业和医院，而且总结了企业和事业单位应用的成功经验，并从理论层面探讨了成功的规律。

我们期望《管理会计应用创新经典案例集》的修订再版，能够为企业运用《应用指引》提供更多宝贵的、可资借鉴的经验。同时，也能够为高校和学术界的管理会计教学与研究提供实战型的鲜活案例和素材参考。

虽然成功是无法复制的，但我们可以借鉴或学习别人成功的经验。让更多的人、更多的企业少走弯路，离成功更近一步。

谨此，我们要特别感谢中国财经出版传媒集团、中国财政经济出版社时隔三年，又给予《管理会计应用创新经典案例集》修订再版的机会，这不能不说是作者和读者的幸运！

厦门市会计学会会长　刘宗柳
2022 年 6 月

目　录

第一章　TS 集团的成本管控秘诀 ……………………………………………（ 1 ）

　　第一节　独创的组织架构与公司治理……………………………………（ 2 ）
　　第二节　高效的"四化"式管控体系……………………………………（ 7 ）
　　第三节　神奇的管控抓手：异常管理和日日改善………………………（12）
　　第四节　可持续的核心竞争力：单元成本管理…………………………（17）
　　第五节　TS 集团成功秘诀的启示………………………………………（23）

第二章　精准的业务流程管控：YL 公司的成功经验 ………………………（29）

　　第一节　YL 公司发展简介和组织结构 …………………………………（29）
　　第二节　基于高效流程管理的客户定制式订单生产……………………（31）
　　第三节　基于流程管理控制的目标成本制………………………………（36）
　　第四节　YL 公司流程管控经验的启示 …………………………………（39）

第三章　柔性预算管理：LD 公司的制胜法宝 ………………………………（41）

　　第一节　LD 公司的发展简介和组织架构 ………………………………（41）
　　第二节　柔性预算管理的基石：标准成本制度…………………………（43）
　　第三节　追求柔性的预算管理控制………………………………………（45）
　　第四节　与柔性预算管理相匹配的绩效评价与考核……………………（50）
　　第五节　信息化建设与内部报告…………………………………………（50）
　　第六节　LD 公司柔性预算管理经验的启示 ……………………………（53）

第四章　战略绩效管理：HG 公司的价值管理创新 …………………………（54）

　　第一节　公司背景…………………………………………………………（54）
　　第二节　实施平衡计分卡的主要方向及目的……………………………（54）
　　第三节　平衡计分卡的项目团队及实施范围……………………………（56）
　　第四节　实施平衡计分卡的过程…………………………………………（57）
　　第五节　实施平衡计分卡后的效益分析…………………………………（78）
　　第六节　HG 公司平衡计分卡应用创新的启示 …………………………（83）

第五章　C、Q、T 医院绩效与成本管理的经验借鉴 ——基于促进厦门公立医院发展的视角 （86）

第一节　医院绩效与成本管理的相关理论及政策综述 （86）
第二节　案例医院绩效及成本管理的成功经验 （89）
第三节　对厦门公立医院管理改善与提升的建议 （96）
附件1　C医院绩效管理案例 （102）
附件2　T总医院作业成本管理案例 （114）

第六章　企业可持续高质量发展的利器——基于A公司的成功实践 （131）

第一节　企业高质量发展问题的提出：业、财、信融合 （133）
第二节　业、财、信融合：文献综述与框架讨论 （138）
第三节　管理会计创新：业、财、信融合的典型案例研究 （144）
第四节　信息平台驱动的高质量发展：问题讨论、经验总结与建议 （152）

第七章　作业成本法应用创新——以YNZY原料业、财、信融合为例 （156）

第一节　背景与缘起 （156）
第二节　作业成本法的导入 （157）
第三节　作业成本法的创新 （163）
第四节　YNZY作业成本法创新的启示 （180）

第八章　大型公司的"非法人单元"经营与管理 —— 以LY公司为例 （182）

第一节　划小经营单元 （183）
第二节　推行经营会计核算 （189）
第三节　经营与管理的绩效考核 （202）
第四节　LY公司创新"阿米巴"的启示 （206）

第九章　银企多边资金结算新通道——HT银行创新方案 （209）

第一节　建立多边资金结算通道的提出 （209）
第二节　两烟多边资金结算通道总体方案 （211）
第三节　多边资金结算通道的保障机制 （216）
第四节　多边资金结算通道的落地 （223）
第五节　多边资金结算新通道的启示 （226）

第十章　厦门航空双轮驱动成本管理体系 （227）

第一节　持续盈利的法宝 （227）
第二节　双轮驱动成本管理体系的构建 （229）
第三节　战略成本管理：SRP战略管理体系 （231）

第四节　运行成本管理：srp 价值管理体系 …………………………………（236）
　　第五节　双轮驱动成本管理模式的经验与启示 ……………………………（244）

第十一章　关于企业管理会计体系建设的几点建议 ………………………（248）
　　第一节　管理控制系统设计与组织结构的改进 ……………………………（248）
　　第二节　管理会计的核心业务：异常事项管理 ……………………………（249）
　　第三节　业务流程管理会计与成本管控的融合 ……………………………（250）
　　第四节　研发全过程的成本管控 ……………………………………………（251）
　　第五节　柔性预算管理的重点和提升 ………………………………………（253）
　　第六节　从绩效评价转换到战略绩效管理 …………………………………（254）
　　第七节　管理会计师职能和管理会计岗位 …………………………………（256）
　　第八节　管理会计系统的信息化 ……………………………………………（258）

主要参考文献 …………………………………………………………………（259）

致　　谢 ………………………………………………………………………（263）

第一章　TS 集团的成本管控秘诀*

TS 集团为什么被誉为中国台湾最成功的企业，它的创办人为什么被尊称为"管理之神"？这与它取得的举世瞩目的业绩不无关系。以集团的业绩为例，2012 年 TS 集团营业收入 22763.89 亿元新台币，占中国台湾地区当年经济总量（140350.36 亿元新台币）将近 1/6。在 2013 年《财富》杂志公布的"世界 500 强"排行榜中，TS 集团旗下子公司 TS 石化股份有限公司（以下简称 TS 石化）以 302 亿美元的营业规模排在第 379 名[①]。同时，TS 集团塑胶产品、纤维制品、PTA（精对苯二甲酸）、铜箔基板、玻纤布等产品的生产规模世界排名第一。

不仅如此，TS 集团的盈利能力也长期保持较高水平。据统计资料显示，从 1986 年到 2010 年 25 年间，TS 集团的整体平均利润率为 11%，期间没有任何一年亏损[②]。为考察 TS 集团盈利水平在同行业中所处的位置，我们收集了 2004 年到 2013 年《财富》"世界 500 强"企业的相关数据（对应的是 2003 年到 2012 年的财务数据），对亚洲地区连续 10 年进入榜单的 13 家炼油企业[③]的利润率进行了统计和排序，并与 TS 集团旗下子公司 TS 石化进行了比较，结果发现，相对于其他 12 家企业，TS 石化进入"世界 500 强"的时间最晚，营业规模较小，但过去 10 年的平均利润率表现良好，为 5.68%，在 13 家公司中排名第四，也就是说，在同行当中，TS 石化的盈利能力处于先进水平。具体数据如表 1 - 1 所示：

表 1 - 1　　　　2003~2012 年亚洲主要石化企业利润率比较　　　金额单位：百万美元

项目	2003 年	2004 年	2005 年	2006 年	2007 年	2008 年	2009 年	2010 年	2011 年	2012 年	2003-2012 年	排名	平均年营业额
PETRONAS（马来西亚）	24.26	25.94	26.12	25.23	27.36	19.89	18.62	22.74	22.51	16.97	22.25	1	63126

---

* 本案例是厦门市两岸会计合作与交流促进会研究课题和教育部人文社科重点研究基地重大项目（项目批准号：12JJD790011）的阶段性研究成果。

厦门市两岸会计合作与交流促进会课题组组长：吴水澎教授、黄世忠教授、郑丁旺教授（中国台湾）；课题组总协调人：游相华；课题组成员：刘宗柳、傅元略、游相华、刘峰、刘维、姚荔、麻胜新、傅杰；（中国台湾）吴安妮、王怡心、卢联生、廖三郎。本章由刘宗柳、麻胜新、傅元略和游相华撰写。

① TS 石化从 2007 年开始进入《财富》"世界 500 强"排行榜，而后一直榜上有名。

② 林长征. 直线幕僚体系、异常管理决策与企业动态能力——以 TS 集团为中心的案例研究. 清华大学出版社. 2013. P57-58.

③ 包括 TS 石化和中国台湾中油，TS 石化 2007 年才进入榜单，中国台湾中油 2003 年和 2005 年没进榜单，但为方便比较，根据其当年财务报告数据计算相关指标参与排名。

续表

项目	2003年	2004年	2005年	2006年	2007年	2008年	2009年	2010年	2011年	2012年	2003~2012年	排名	平均年营业额
信实工业（印度）	9.93	11.45	11.32	10.59	13.50	10.44	8.33	7.19	5.41	5.16	8.08	2	38834
中石油	7.72	12.93	15.50	12.00	11.50	5.67	6.21	5.98	4.63	4.45	6.89	3	179576
TS石化（中国台湾）	8.01	14.47	12.86	8.40	9.93	1.74	6.18	5.48	2.82	0.30	5.68	4	19708
PTT（泰国）	7.97	9.72	9.20	7.85	6.54	2.58	3.75	4.37	4.34	3.75	4.94	5	47004
印度石油	6.44	4.11	3.05	3.85	3.42	0.90	4.16	2.50	1.03	0.96	2.52	6	55179
中石化	1.90	1.69	2.70	2.81	2.62	0.94	3.07	2.79	2.52	1.92	2.30	7	199196
SK（韩国）	3.45	3.91	3.39	2.48	2.13	0.32	0.33	0.73	1.50	0.88	1.57	8	67862
巴拉特石油（印度）	3.68	2.38	0.63	2.16	1.58	0.46	1.29	1.05	0.37	0.77	1.15	9	27390
印度斯坦石油（印度）	3.66	2.23	0.60	1.77	1.22	0.58	1.30	1.31	0.09	0.23	1.01	10	25116
出光兴产（日本）	0.19	-0.26	0.95	1.41	0.14	0.10	0.22	1.90	1.67	1.28	0.90	11	31485
科斯莫石油（日本）	0.57	1.61	2.86	1.03	1.16	-3.10	-0.50	1.25	-0.34	-3.16	-0.19	12	24192
中国台湾中油	1.66	2.84	1.25	-1.97	1.45	-13.44	5.63	1.84	-3.37	-3.12	-1.43	13	24363

注：平均利润率＝10年累计净利润/10年累计营业收入。

资料来源：项目组根据2004~2013年《财富》"世界500强"相关企业的财务数据整理。

TS集团为什么能够长期保持良好的盈利水平，盈利源自哪里？它的成功秘诀到底是什么？我们根据实地调研的第一手资料试以揭谜。

第一节 独创的组织架构与公司治理

TS集团，正式名称为"TS关系企业"，是中国台湾地区最大的民营工业集团，创办于1954年，起初名为"FM塑胶工业公司"，1957年更名为TS工业股份有限公司。经过60多年的发展，TS集团从日产PVC（聚氯乙烯）粉仅4吨的微小企业规模起步，逐步发展为以炼油、塑胶、化纤等相关产业为主，横跨机械、电子信息、钢铁、电力、新能源、生物科技、运输、环保、医疗卫生、教育、管理顾问等行业，投资区域辐射中国台湾、中国大陆、美国、越南、印度尼西亚、新加坡、菲律宾等地区和国家。

一、集团管控的组织架构和演进

TS集团是由多家独立法人借助股权、人事、契约等纽带联合组建的，是通过非法定机构或机制进行协调和控制的"关系企业"联合体,拥有120多家中国台湾岛内外成员企业、3所大专院校、1家医院等,其中,集团的核心成员企业包括"TS集团四宝"的TS公司(简称"TS")、NY塑胶公司(简称"NY")、TW化学纤维公司(简称"TH")和TS石化公司(简称"TS石化")在内的11家上市公司及CG医院等。TS集团组织架构如图1-1所示。

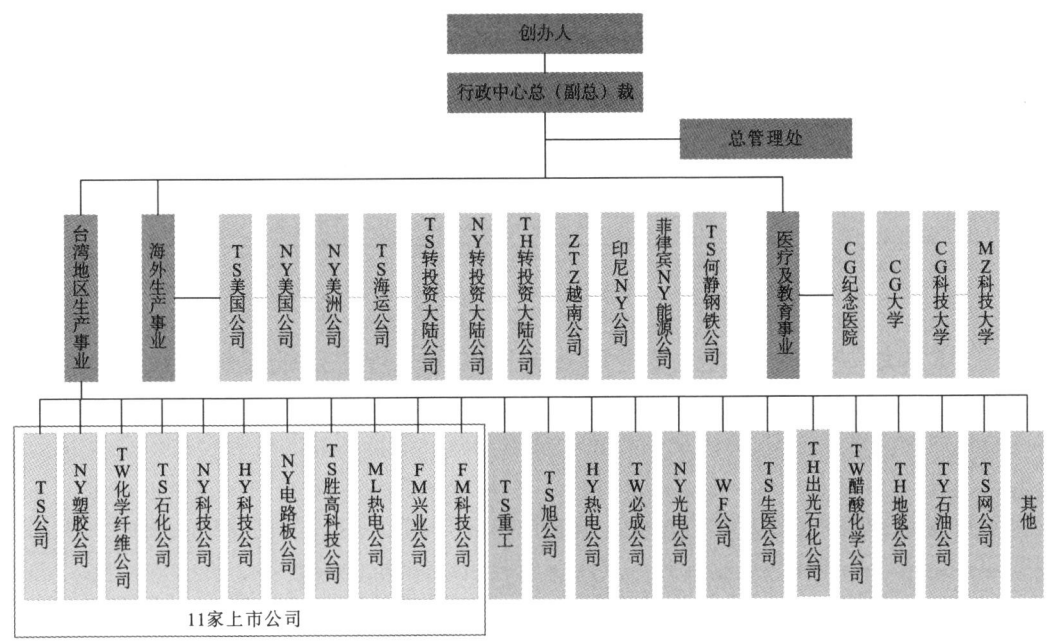

图1-1 TS集团组织架构图

其实,TS集团的发展是不断改革、创新和完善的过程,其中一些具有里程碑和标志性的事件可追溯,如表1-2所示。

表1-2　　　　　　　　　　　　TS集团发展历程

日期	里程碑和标志性事件
1954年7月	创办人获美国援助贷款79.8万美元,于高雄市登记设立FM塑胶工业公司
1964年	TS公司上市
1965年3月	成立TW化学纤维公司,跨足纺织业
1966年	6月设立TS关系企业总管理处
	7月提出"建立严密组织并实施分层负责"的管理方针,开始推行"科学管理运动"
1968年5月	总管理处之下整合设立经营管理部,新成立电脑中心等职能部门
1969年10月	总管理处经营管理部改组成"总管理处总经理室",专司企业制度建设与绩效稽核
1970年	TH公司率先建立标准成本制度
1975年	各功能性委员会并入总管理处
1982年	旗下各公司实现ERP

续表

日期	里程碑和标志性事件
1984 年	TH 公司上市
1986 年 9 月	"六轻计划"获中国台湾地区经济主管部门核准通过
1989 年	全集团实现 ERP
2000 年	4 月实现全集团"一日结算";成立 TS 网科技股份有限公司,负责营销及实施企业 E 化系统
2004 年	全企业营业额首次突破 10000 亿元新台币
2006 年 6 月	成立集团行政中心("七人决策小组"),创办人宣布交棒
2007 年	TS 石化首次进入《财富》"世界 500 强"之列
2008 年 10 月	创办人于美国辞世,享年 92 岁
2011 年 9 月	"七人决策小组"转变为"九人决策小组",最高决策机构吸纳更多专业经理人

资料来源:项目组根据相关资料整理编制。

二、"双线"管控模式:总管理处与实体企业行政系统控制融合

总管理处的建制是 TS 集团最具特色、最为创新、最富高效的管控模式。引用其创办人的话来说:"企业能有今天的成长和业绩,可以说 95% 都是来自内部管理的改善,如果没有不断地追求管理(控制)合理化,现在的事业部都要亏损。"而这里所讲的"内部管理"主要是指以总管理处为建制的"双线"管控组织架构,如图 1-2 所示。

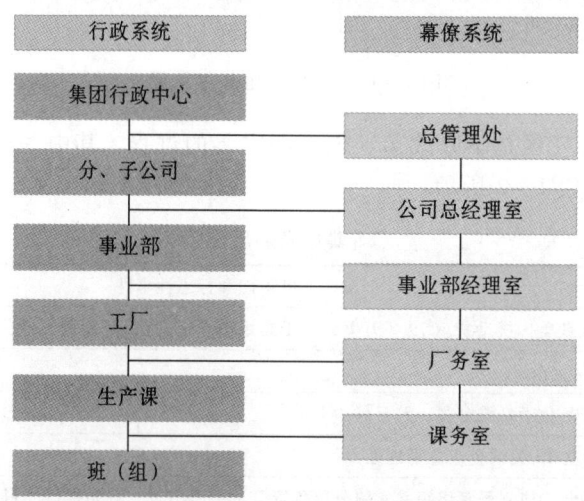

图 1-2　TS 集团"双线管控"组织结构图

从 20 世纪 60 年代中期到 70 年代中期,在其创办人的推动下,TS 集团开展了一场以"建立严密组织和实施分层负责"为指导思想的大变革,逐步在日常行政管控系统之外建立了幕僚体系,即高度集权式的集团化管控系统,进而形成高度集权与授予分权的"双线"管控模式。其中,在实体企业管控体系中,从集团高层(行政中心)往下,依次是各公司、各公司下属事业部、工厂、生产课、班(组)等层级,上下级之间存在严格的命令与

执行关系；在幕僚管控体系中，从总管理处往下，依次是各公司总经理室、事业部经理室、厂务室、课务室等层级，下级幕僚管控执行人服从上级幕僚的指挥和监督。幕僚体系对实体企业没有直接的工作指挥权或作业调度权。但 TS 集团对共同事务实行高度集权，比如，规章制度由总管理处统一制定，投资、采购、资金、营建、信息、法律、安全、环卫、人事等共同事务和公共资源由总管理处集中办理和统一配置。在产品研发、生产经营及销售服务等方面则高度授权甚至放权，使各个上市公司和事业部等实体企业都拥有很好的自主权力。

从图 1-2 可以看出，在 TS 集团，行政系统是指实体系列企业，比如，中国台湾地区和非中国台湾地区的子公司、事业部或事业群；而幕僚系统则指以总管理处为衙门，以总经理室为核心（幕僚中的幕僚）的监督、稽核（内部审计）、控制和管理系统，在 TS 集团内部俗称"红卫兵"的幕僚群。行政系统和幕僚系统共同对行政中心的决策层董事会以及创办人和总经理负责。但两者之间泾渭分明，权责清晰，殊途同归。

（一）总管理处的机构设置及人员配备

随着 TS 集团规模的迅速扩大，集团化管理控制的难度也与日俱增，为应对这一难题，TS 集团建立了总管理处，作为集团运筹帷幄的指挥中心，以控制和管理当时下属的十六个事业部（公司）及其行政职能部门，并持续推动整个集团的管理改善工作。

总管理处分为总经理室和共同事务部门，如图 1-3 所示。其中，总经理室下设产销管理一、二、三组及保养管理组，资材管理组，工程管理组，人事管理组，财务管理组等 15 个组，共有 250 多位各类专业人员，负责 TS 集团各项管理制度的拟定、审核、解释、考核、追踪、改善等工作，协助各分、子公司，事业部拟定经营计划，对经营的可行性进行分析，以及统筹协调多方资源，推动全员改善，并主动组织进行"专案改善"工作等。共同事务部门是各公司各项共同事务的统筹运作机构，包括营建部、法律事务组、财务部、采购部等十余个部门，负责共同事务集中办理、公共资源优化整合。各部门设有部门经理室，负责与总经理室保持动态联系，保证在业务运作中能够完整执行总经理室制定的各项政策。

目前，总管理处在职员工 1300 余人，岗位职务由高至低分别为主任、副主任、特助、高专、专员、课长、主任办事员、助理主办（或实习工程师）、见习生。这 1300 余人如前所述俗称"红卫兵"，20% 为高专人员，80% 为专员以下员工，其中有 200 余人在总经理室任职。其他人员则分布在 TS 集团所辖各分、子公司的各个经营管理部门，比如各分、子公司的总经理室，安排以专职特别助理（简称特助）身份的"红卫兵"协助公司总经理、副总经理工作；各事业部经理室、厂务室分别配有数位高级专员（简称高专）身份的"红卫兵"；即便是营销、生管等课务室也配有专员身份的"红卫兵"。这些人实际上以总管理处"红卫兵"的身份对生产经营管理各部门、各流程、各环节进行即时的监督和稽核，并向董事长报告集团运营状况，便于及时有效地改善各分、子公司的绩效。总管理处"红卫兵"的岗位职务系列与（实体企业）各分、子公司的总经理、副总经理、协理、经理、副理、厂长、处长等的岗位职务系列相对应，且可以相互轮岗。但两者之间是监管与被监管的关系，前者负责制定、修改和颁布制度，绩效考核，人员晋升；后者是执行制度,接受授权,只管生产、销售、扩建计划,追求经营绩效。简言之,(后者)实体企业除了执行制度,追求绩效外,其余的都由总管理处打理。

由此可见,TS集团已形成无所不能、包罗万象的"一竿子插到底"的幕僚管控体系网。

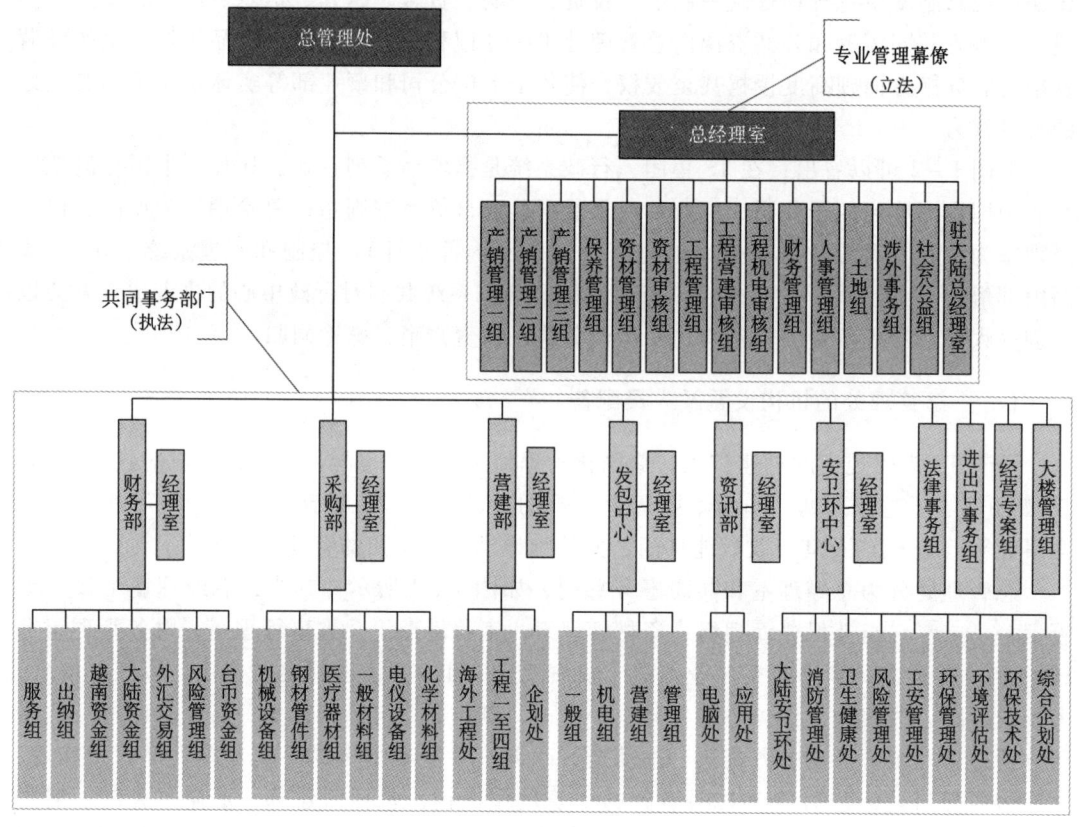

图1-3 总管理处组织结构图

(二) 总管理处职能的发挥

TS集团总管理处的主要职责是:制度建设、成本控制、储备人才与精简人员。同时,扮演着董事长"耳目"的角色,通常在以下方面发挥着重要的作用:

1. 制度建设。总经理室是总管理处的"灵魂",负责各项制度的制定、审核、跟踪和改善,但不参与具体政策的执行,所以不会出现"自定规则自己执行"的情形。同时,为避免部门利益冲突,也不会出现"游戏的参与者相互制定游戏规则的现象",更不允许根据某个部门的利益来制定制度。

2. 储备人才与精简人员。行政系统欲储备人才经常因为没有专人或缺乏系统的训练计划而作罢,有时候也因为储备人才而影响工作士气。而总管理处的"红卫兵"工作方式涉及各个部门,且必须身临现场,针对问题作深入分析,所以在从事改善工作的同时,亦能充分达到训练人才的目的,让其对各个部门都有所了解,为集团训练和储备优秀人才。同时,以人员的精简为例,2001年,TS总管理处检讨财务部人力改善计划,派出3人小组花 3 个月时间，仔细检讨财务部现有编制人力再节约可能性。后来统计出财务部现有 50 多人的年度总工时为 14 万小时，但实际需求为 41 人，总需求工时为 104000 小时，还可以精简 14 个人。总管理处隔年马上执行计划，精简 14 个人后，一年省下 840 万元新台币的人事经费。

3. 异常管理的"推手"。TS 集团创办人的座右铭之一是"我只做异常管理，我平时的工作就是处理异常"。异常管理，就是对经营管理过程中的一些"死角"进行及时和有效的处理。在 TS 集团，一旦发现异常，总经理室就会立即成立"专案小组"。"专案小组"由懂管理、技术的专家组成，深入"事发地"迅速排除异常。同时，"专案小组"也负责制定一些制度，比如，独具 TS 特色的标准成本、采购制度、人事改革专案等。总之，总管理处的"红卫兵"随时随地都在对异常进行专案性追查、分析和解决，迫使出现异常的单位切实按照集团制度行事，并不断追求完善；对于经营管理上长期无法突破的问题，将以客观的视角由"专案小组"深入其中以寻求解决办法，直到解决为止。

几十年来，外界对 TS 集团为何能推动单位责任制？为何拥有活力和执行力？总是一个谜。其实，谜底就是：总管理处所统帅的 1300 多位大小"红卫兵"不仅是雷厉风行、不折不扣的异常管理"推手"，而且是持续完善与创新异常管理的专家。据统计，总管理处通过专案检讨改善等方式，仅 2004 年就为 TS 集团节省费用 80 亿元新台币，约占当年利润的 1/22，2005 年节省费用更是突破 100 亿元新台币大关。

4. 为决策提供支持。总管理处的"红卫兵"除了排除和解决异常管理问题，还充当 TS 集团管理高层了解企业生产经营情况、财务状况、市场动态、投资回报和员工心声的"耳目"。这些"耳目"往往都是通才，对公司内外部的情况和信息几乎了如指掌，虽然总管理处与实体企业的工作界限有着明确划分，即行政系统只主管工厂日常性工作，但总管理处却能够采用集体作业，其成员包括行政主管、"红卫兵"及有关单位，来帮助、督促行政系统（即实体企业）推动内部管理的改善和持续优化。同时，为决策层尤其是董事会的决策提供信息支持和参考依据。

第二节 高效的"四化"式管控体系

TS 集团庞大的管理系统都是严格按照科学、合理、规范的预先设计并持续改善的流程来指导作业，而所有的作业流程和流程管理之所以顺畅、精准与高效，是因为它们的管理体系实现了"四化"，即管理制度化、制度流程化、流程表单化、表单电脑化（信息化）。

一、管理制度化

TS 集团从 1973 年开始全面性地建设企业制度，通过一点一滴、持之以恒地推行各项制度设计，逐步形成了以事业部制度、目标管理制度和个人绩效制度为中心的，涵盖生产、资材、工程、营业、财务、人事六大管理机能的一整套管理制度体系，如图 1-4 所示。目前 TS 集团的制度多达 2175 项，包括人事、财务、资材、工程、生产、安全环保、经营分析、营业、计算机、总务、共通、其他 12 个业务类别，以及规则、办法、准则、细则、作业要点和计算机说明 6 个层面。以《考勤管理办法》为例，内容包括工作时间及班次、刷卡、休假及出差、排班及调班、加班值勤和固定假日出勤、换休及串休、台风出缺勤处理、考勤异常反应处理，共计表单 13 个，流程和制度图文并茂共 50 多页。

TS 集团的制度制定有明确的职责，总管理处总经理室专门负责制度的规划，信息部应用处专门负责计算机信息规划，实际执行单位参与征求意见和检讨。同时，制定制度时必须遵循以下原则：

1. 环环相扣。各类制度全盘规划，各种管理制度之间要环环相扣；
2. 就源输入。所有数据尽可能就源输入，力求能够一次输入多次利用；
3. 异常管理。设定查核点，通过异常管理报表进行提醒、纠正；
4. 自动跟催。通过 OA 系统自动跟催异常处理情形。

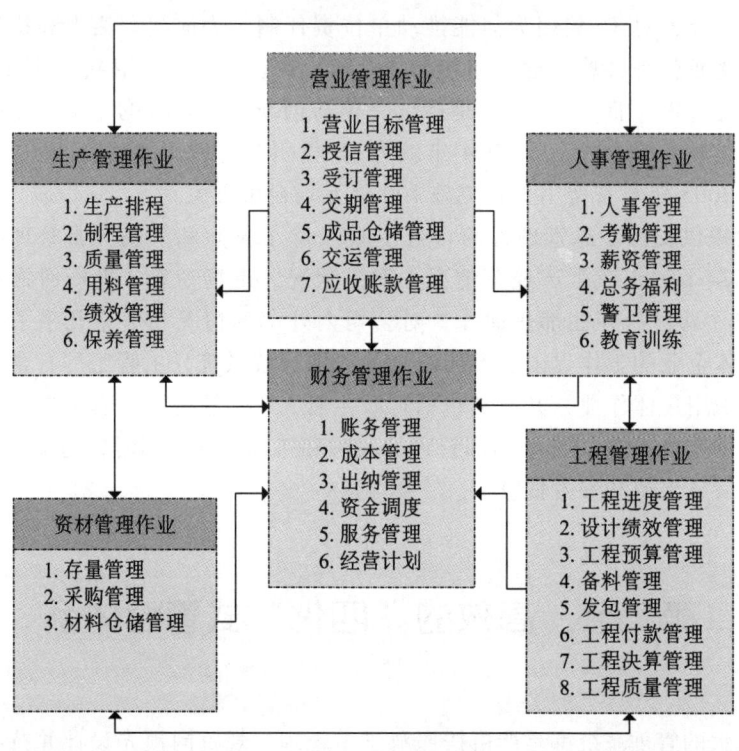

图 1-4　TS 集团六大管理作业

二、制度流程化

在 TS 集团，所有的作业、工作或办事程序都必须制定详细、清晰、明确的流程，形成标准流程（SOP），并将各项制度的流程串联起来，形成一整套环环相扣的流程体系。

TS 集团管理流程的精益化让人匪夷所思。以人员依据派工路线巡检作业为例，巡检人员进行车间巡检需要执行如图 1-5 所示的 6 个步骤：

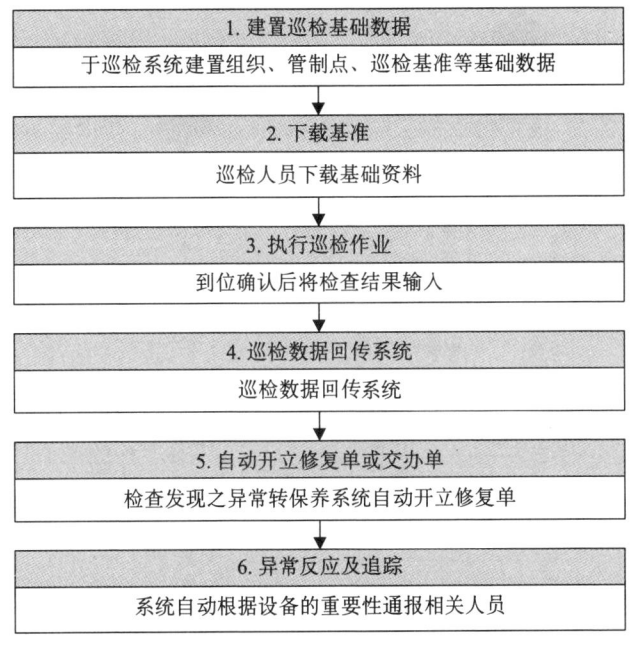

图 1-5 车间巡检人员巡检作业流程图

在执行巡检作业时，巡检路线均已明确规定，并在现场悬挂到位感应器（RFID），巡检人员按照规定路线逐个对巡检点进行巡检，并使用 PDA（一种到位感应器，同时用于输入巡检结果）对 RFID 进行感应，以证明巡检完毕。

三、流程表单化

TS 集团将流程及制度的实施对象、推行步骤、评价标准、关键点和可执行要素都转化为表单形式，以确保能够落实到具体工作上，且保证定量化、可执行。早期的表单都由创办人亲自设计和审核，力求直观、细致、准确。例如：投资条件分析表包括技术来源、设备来源、主要原料来源、人力来源和建筑地点选定说明等，每一项目下都有一级、二级甚至三级明细分项，比如，技术来源项下包括自有技术、需引进技术、厂商名称、技术力及实绩、合作条件、技术报酬金等。目前，TS 集团在线运行的 OA 表单就有 2996 套，包括请假单、出差单、加班单、各种异常反应单等，无一遗漏，可谓事无巨细，均已体现在表单上。

四、表单电脑化（信息化）

TS 集团对表单进行分类分级编码并通过独立开发的 ERP 系统投入到实际的流程管理中，由 OA 系统依设定的核签路径与实效感知严密管控是否依规定办事，否则，由系统自动催办和稽核。在 TS 集团的 ERP 系统中，各大管理制度通过流程化、表单化与相应的管理作业实现了系统的、有机的关联，真正构建成一整套环环相扣、就源输入、可实现异常管理和自动跟催的信息化管理制度体系，如图 1-6 所示。

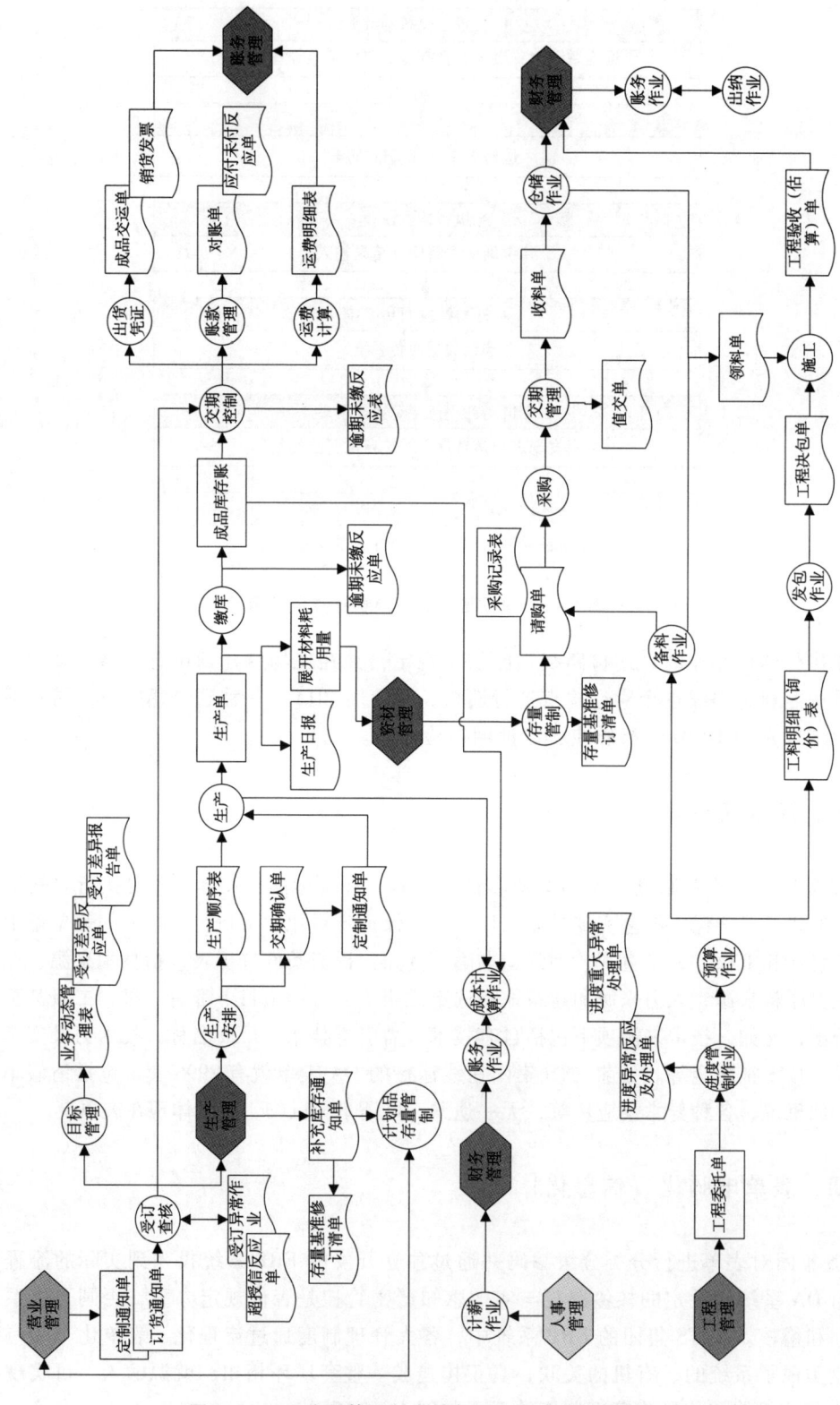

图1-6 TS集团管理制度及各项作业信息化关联图

其实，TS集团早在20世纪60年代微机刚刚兴起的时候，就引入了计算机，而后经历了一系列的持续改善与创新，如表1-3所示。2000年4月，因为高度的信息化，TS全集团实现"一日结算"，即每个月第一天上午9：00即可完成上个月所有财务报表的结算工作，并将报表提交到集团董事长手上。同年同月，TS集团成立了TS网科技股份有限公司（简称TS网公司），秉持与产业界分享、共荣的理念，运用TS集团完善的企业信息化管理经验，为集团内部公司及外部客户提供专业的企业信息化解决方案与服务。经过多年的不断完善，TS集团形成了一套包括供应链、商业流程（BPM）、知识管理、商业智能（BI）、文件保全管理（DMP）、客户关系、POS、PLM、制造执行、自动控制、电子发票、电子市集等子系统的完整、系统、科学、有效的信息化管理体系。

表1-3　　　　　　　　　　TS集团信息化历程

年份	信息化标志事件
1966年	建立资材、营业、生产、财务、工程、人事六大管理制度
1967年	管理制度导入计算机作业（批次）
1983年	各公司导入ERP（分布式计算机化管理系统）
1989年	全集团实现整合ERP
1992年	采购自动传真询报价
1994年	采购EDI询报价、银行EDI
1996年	Prime转IBM主从架构计算机化管理系统
1998年	Internet工程发包系统
1999年	Internet采购系统
2000年	OA、知识管理（KM），全集团实现"一日结算"，成立TS网公司
2001年	远距教学、电子发票买卖方加值中心
2002年	TS网电子市集
2003年	M化应用（PDA、RFID）
2006年	电子发票加值中心
2006年	商业智能（BI）

资料来源：项目组根据调研资料整理。

TS集团信息化实行"统一规划、统一审批、统一费用列支渠道"，由总管理处资讯部负责，集中管理各企业的软件开发、软件和硬件购置，各企业的信息化队伍为资讯部的派出机构。TS集团自己二次开发软件，根据管理流程及实现功能的变化调整完善，保证满足管理需要。TS集团的信息化做到了"一次输入，多次共享"。信息在哪里产生就在哪里录入，各部门使用同一个数据，不再重复采集。信息化推动了流程的梳理和再造，使财务、资材、人事、生产、工程、营业六大业务在电脑上建立了环环相扣、相互勾稽的业务流程，每项作业都必须按照程序走，达到指定的标准才能进入下一环节。信息化实现了主动监管,电脑根据流程设定的经过节点、工作时效标准,自动监管作业的执行状态,自动提醒、跟催、稽核,这是靠人力所无法达到的,也最大限度克服了人为因素的干扰。

第三节 神奇的管控抓手:异常管理和日日改善

创办人的"我只管有异常的事情",可谓一语道破 TS 集团管理成功的天机。如果说前述的"独创的组织架构与公司治理"和"高效的'四化'式管控体系"这两部分所揭秘的是 TS 集团由"谁""按照什么准则"去做管理的话,那么,异常管理揭秘的则是 TS 集团的管理精髓——"手段和方法"。TS 集团的管理之所以能适应迅速变化的外部环境,并迅速扩张和稳健强大,且几十年如一日地保持着管理制度和管理机制的活力,主要得益于一直致力于"合理化"管理,而实现不断"合理化"的具体手段正是异常管理。

一、异常管理的运作模式

异常管理以"止于至善"为终极目标,要求无论是公司组织架构设计,还是日常运营管理,甚至是员工的生活细节,都要做到"合理化"。具体而言,如为实时掌握产品生产过程中所发生的问题,需设定各类异常反应管理表单,并先行拟定各项管制值,针对超出管制值者由计算机自动出表,借此将生产中的异常点反映出来,再针对异常点通过鱼骨图分析等方式,深入探究发生原因,并研究拟定改善对策,同时对改善进度及成效进行追踪,以杜绝异常的再次发生,达到"止于至善"的目标。TS 集团的"异常管理循环"如图 1-7 所示:

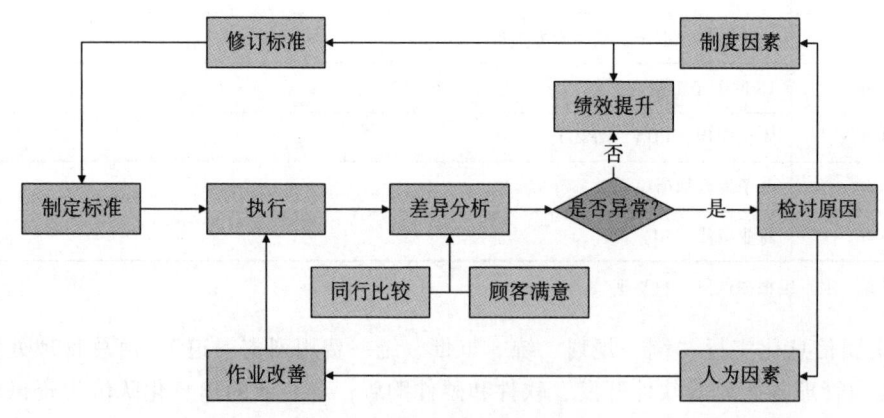

图 1-7 异常管理循环图

异常管理的起点是制定标准,在执行绩效的稽核中发现差异,结合同行比较和顾客满意度对差异进行分析;若差异是正常的,则经营绩效相应提升;若差异是异常的,则检讨其原因;如果是人为因素造成异常,则改善作业并付诸实施;如果是制度(或标准）因素造成差异，则修订旧的标准，制定新标准，并付诸新的执行过程。如此循环，在不断发现生产经营过程的问题并予以合理化处理的同时，制度本身也会得到不断的自我完善。

二、什么是"正常"？

要了解异常管理，需先弄清楚什么是异常，而"异常"则是相对于"正常"而言的。那么，TS集团的"正常"是什么？主要包括两大类：制度和目标。

（一）以制度为异常管控基准

如前所述，TS集团形成以事业部制度、目标管理制度和个人绩效制度为中心的，涵盖生产、资材、工程、营业、财务、人事六大管理机能，包括规则、办法、准则、细则、作业要点和计算机说明6个层面的制度体系，并将其信息化，为全集团的经营管理活动提供了一整套的行为规范和作业标准。依制度设定的异常管控基准涉及范围非常广泛，渗透到TS集团日常运营管理的每一个细节，甚至连员工出差在路上花的时间都会设定基准，在规定时间内要到达出差目的地，否则会当做异常事项反映到对应的上级主管。

现以财务管理的异常判定基准为例说明如下，TS集团的财务异常管理主要涉及资金调度、出纳收支、一般账务、材料账务、固定资产及成本管理等方面，异常的判定标准均在财务相关管理制度中予以明确规定并固化到ERP系统中，以利于异常出现时，OA系统可以立即自动提示及跟催，并要求检讨与改善。TS集团制度体系中涉及的财务管理主要异常管制基准如表1-4所示：

表1-4　　　　　　　　TS集团财务异常管控判定基准一览表

异常分类	异常项目及管控基准
资金调度及出纳收支	平均结存超过管制基准以上的账户
	银行存款结存金额超过建档金额
材料账务	预付外购款超过信用有效期3个月以上未冲
	外购索赔款立账后6个月未冲
固定资产	闲置资产逾期6个月以上未处理
成本管理	成本、费用连续3个月超过管制基准
	成本、费用连续6个月达成目标
一般账务	会计科目达到异常管制基准（如逾到期日未冲销等）
	工程完工后超过6个月仍未结转固定资产
	材料结存异常

资料来源：项目组根据调研资料整理。

这些异常管制标准通常都是在设置会计科目基础数据时就予以设置，以异常账项管制基准为例，主要包括表1-5所示内容：

表 1-5　　　　　　　　　　　TS 集团异常账项管制基准

代号	管制基准	代号	管制基准
A	逾到期日未冲销者	H	逾入账月份 1 年未冲销者
B	逾入账月份 1 个月未冲销者	J	逾入账月份 5 年未冲销者
C	逾入账月份 2 个月未冲销者	M	逾入账次年度 6 月底未冲销者
D	逾入账月份 3 个月未冲销者	N	6 月底尚有余额
E	逾入账月份 4 个月未冲销者	P	12 月底尚有余额
F	逾入账月份 6 个月未冲销者	Q	逾 6 个月无异动
G	逾入账月份 10 个月未冲销者	其他	视为不管制，免打印异常反应单

资料来源：项目组根据调研资料整理。

（二）以目标为异常管控基准

对于经营业绩方面的异常管理通常设立目标值作为异常管控基准，也就是 TS 集团所提倡的目标管理中的目标的设定。依目标设定异常管控基准主要涉及经营过程中的质量、效率和成本等方面，大到集团的总体经营绩效指标，小到工厂生产的良品率、材料收率、生产日产量等都会设定目标值作为异常管控基准。目标的设定标准通常有同行业最佳水平、企业过去最佳水平、设备设计值、理论值等方面。以目标为基准的异常管理实际上是 TS 集团的目标管理，重点适用于成本管控方面，因在后面会进一步详细分析，在此暂不细说。

（三）异常管控标准的动态灵活性

管控基准，通常给人的感觉是一成不变缺乏变通的，但 TS 集团的异常管控基准具有良好的动态灵活性，主要原因是异常管控标准本身也是异常管理的对象。以上提到，制度是异常管理的管控基准，值得注意的是，对于制度运行本身，TS 集团也会设定异常的管控标准，并据以进行异常管理，以保证制度本身是合理的。制度运行的异常管控标准如表 1-6 所示。

表 1-6　　　　　　　　　　TS 集团制度运行异常管控基准

异常类别	异常项目及管控基准
制度未及时修订	工作规范和办事细则运行超过一年未修订
项目异常频繁发生	同一经办人员和同一检查项目一年内发生 3 次异常
自查数量不足	自主检查异常事件数未达到外部稽核异常事件数的 4 倍
自查效率低下	自主检查异常发现率未到达 1/3

资料来源：项目组根据调研资料整理。

与此同时，在管理目标设置不合理的情况下需要对目标进行修订，以保证其作为管控基准的合理性，如表1-7所示，若成本、费用连续六个月达成目标，则需要修订成本、费用的管控基准。

表1-7 TS集团损益异常项目及管控基准

类别	异常项目及管控基准
损益管控基准	A. 连续亏损的部门，于"经营绩效异常栏"显示其连续亏损月数
	B. 利益率较上个月衰退10%以上的部门
	C. 利益率持续衰退且较前两月减少50%以上
	D. 全年月平均获利率小于3%的部门
	E. 成本、费用连续三个月超过管制基准
	F. 成本、费用连续六个月达成目标

资料来源：项目组根据调研资料整理。

三、异常的识别与反馈机制

TS集团异常管理过程中，异常的识别和发现途径主要有信息系统和人工检查。

通过"管理信息化四部曲"后，管理制度管控基准及目标管控基准都已固化于ERP系统中，当产生异常时，系统会自动稽核识别并提示相关人员进行处理，如图1-8所示。TS集团大部分的异常信息均已实现系统自动提示和反馈，部分举例如表1-8所示。以产品质量良率为例，出现异常（也即没有达到目标）时，一个月内没有达到目标，系统只会将异常信息反馈到班组、课及厂长级别，超过一个月，则系统自动反馈到事业部经理，第二个月还有异常则反馈到各大公司（如TS、NY、TH等）总经理，第三个月还是异常，则反馈到总管理处总经理室，总管理处总经理室会发函给出现异常的工厂确认原因及相关处理对策。

表1-8 信息系统异常识别示例

类别	异常识别项目	类别	异常识别项目
营业管理	如交货期异常、未结案异常等	资材管理	票据异常、盘点数量异常等
财务管理	款项异常、内销交易异常、订单异常等	生产管理	交货数量异常、生产进度异常、交货品质异常等
工程管理	结存金额异常、收款异常等	人事管理	出缺勤异常、刷卡异常、薪资异常

资料来源：项目组根据调研资料整理。

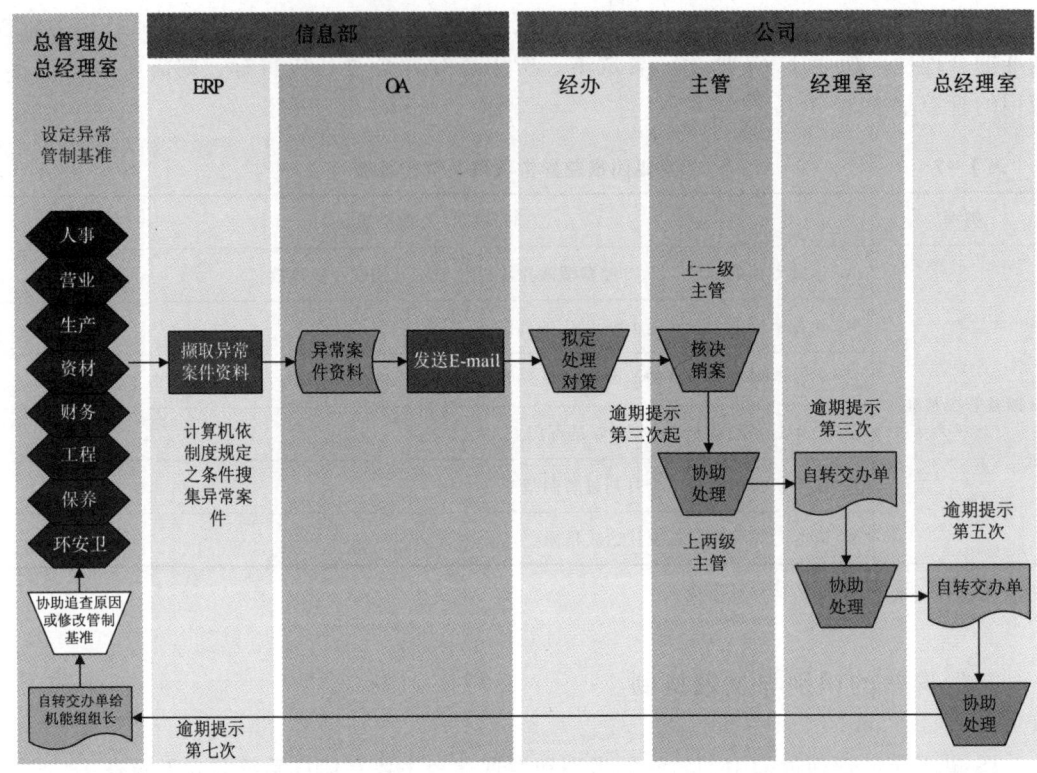

图1-8 TS集团OA系统异常信息自动稽核和催办流程

四、异常的诊断机制

TS集团典型的异常诊断形式有午餐汇报会、专案小组，常用的诊断方法为单元成本分析法。

（一）午餐汇报会

据了解，从1973年开始，TS集团总管理处就经常召集各公司参加创办人主持的"午餐汇报会"。据TS集团相关人士介绍，汇报通常针对各事业单位经营状况或碰到的管理难题。每个事业单位都会轮到，轮到前通常会提前一个月通知准备并拟定报告主题和议程。汇报大多按照追求"合理化"的程序展开：首先说明实际情况与目标的差异，其次本着"单元成本"追根究底的精神，利用"鱼骨图"工具逐一拆解差异产生的原因，分析各类差异背后的根源，根据这些原因，提出改善对策及改善时间表。创办人及总管理处的参谋人员会针对异常问题进行刨根问底的提问，直到找到主要问题点及解决办法才肯罢休。

据介绍，面对创办人刨根问底的"问责"，报告者通常承受极大的压力，因为汇报表现的好坏，将直接影响其在TS集团未来的发展。有人因为表现良好而平步青云，也有人因为表现不好而被降职；甚至有人因为表现太差，回到办公室时，发现办公桌已经不见了。因此TS集团管理上的很多难题都是在午餐汇报会上解决的，午餐汇报会已成为一种强有力的异常诊断方法和制度。

（二）专案小组

TS 集团迅速诊断并排除异常的另外一个重要办法是由参谋人员组建"专案小组"进行专案突破。当某个企业、某条生产线出现异常情况时，总管理处总经理室会立即召集相关懂管理和技术的专家组成"专案小组"，深入基层诊断和排除异常。在总管理处及各公司（如 TS、NY、TH、TS 石化）的总经理室里设置有专案组，专门处理公司的重要异常情况。另一个例子是，总管理处财务管理组经常组成三到五个人的专案小组，针对财税规划或是证券法规进行专案研究，为集团各公司谋求最大的税务规划利益。

五、异常的处理、跟催与考核

针对异常问题，通过诊断形成识别原因后，确定处理方案，由于制度或目标标准导致异常则修订制度和标准，人为原因则针对相关作业实施改善，由总管理处通过信息系统对执行部门进行跟催，以确保处理方案的顺利实施。通常来说，异常问题立案后进入电脑管制，要一直到异常案件改善完成后才能结案。对于异常，TS 集团强调同样异常"不过二"的原则，也即同样的错误尽可能不在同一组织或类似组织发生第二次。此外，对于发生的异常，强调首先不是追究人的责任，而是检讨、深究错误出现的制度或管理原因，然后优化管理流程，进行制度化信息化后在整个集团推行。

为确保各责任中心和业务人员对异常处理的重视，总管理处制定的考核标准特别强调异常管理能力的重要性，对于相关指标赋予了较大的权重。如生产课长的年终考核指标中，"生产异常"的权重为 10%，而"专案改善能力"的权重为 25%；经办人员年终考核指标中，"作业异常比例"的权重高达 40%，"创新及专案改善能力"的权重为 20%。

第四节　可持续的核心竞争力：单元成本管理

TS 集团为了避免因规模日渐庞大而降低效率，彻底实施事业部制。各公司均依照其产业类别划分为若干事业部，以达到各个事业部都能够根据自身组织编制、制造程序、产品结构的需要统筹整体产销，全盘规划经营目标的目的。与此同时，实施"利润中心"制度将事业部以厂别或产品类别各自计算损益，以明确经营责任归属，追求经营的更加合理化。经过数十年的发展，TS 集团先后成立了 3000 个利润中心，其中事业部为大的利润中心，工厂、车间、班组或不同产品为小的利润中心。在利润中心的基础上，再进一步分成一系列成本中心，成本中心可以是一台设备、一个加工流程或是一个部门、一个班组、一个作业等等。据介绍，目前 TS 集团的成本中心超过 1.4 万个。这些成本中心是成本管理的基础，通过以追根究底的理念对其进行成本分析，不断检讨改善，达到成本的持续改善。

一、单元成本的含义

单元成本是指成本计算过程中,将成本构成要素逐项逐层细分,追根溯源,得到的构成总成本的最小成本单元。分析单元成本的目的在于了解总成本发生的根源。

单元成本法把总成本视为由许许多多单元成本组成的组合体,通过探究各单元成本的不合理之处并着手改善,促使总成本的不断合理化。换言之,单元成本法将过去目标主要仅是在减少成本的概念作出更进一步延伸,以个别产品单位成本的各成本构成要素(单元成本)为分析基础,针对可控件目,以增进绩效或改进异常为目的,逐项深入探讨,追本溯源。

二、单元成本管理的相关作业

单元成本管理的程序可参考图 1-9,具体说明如下:

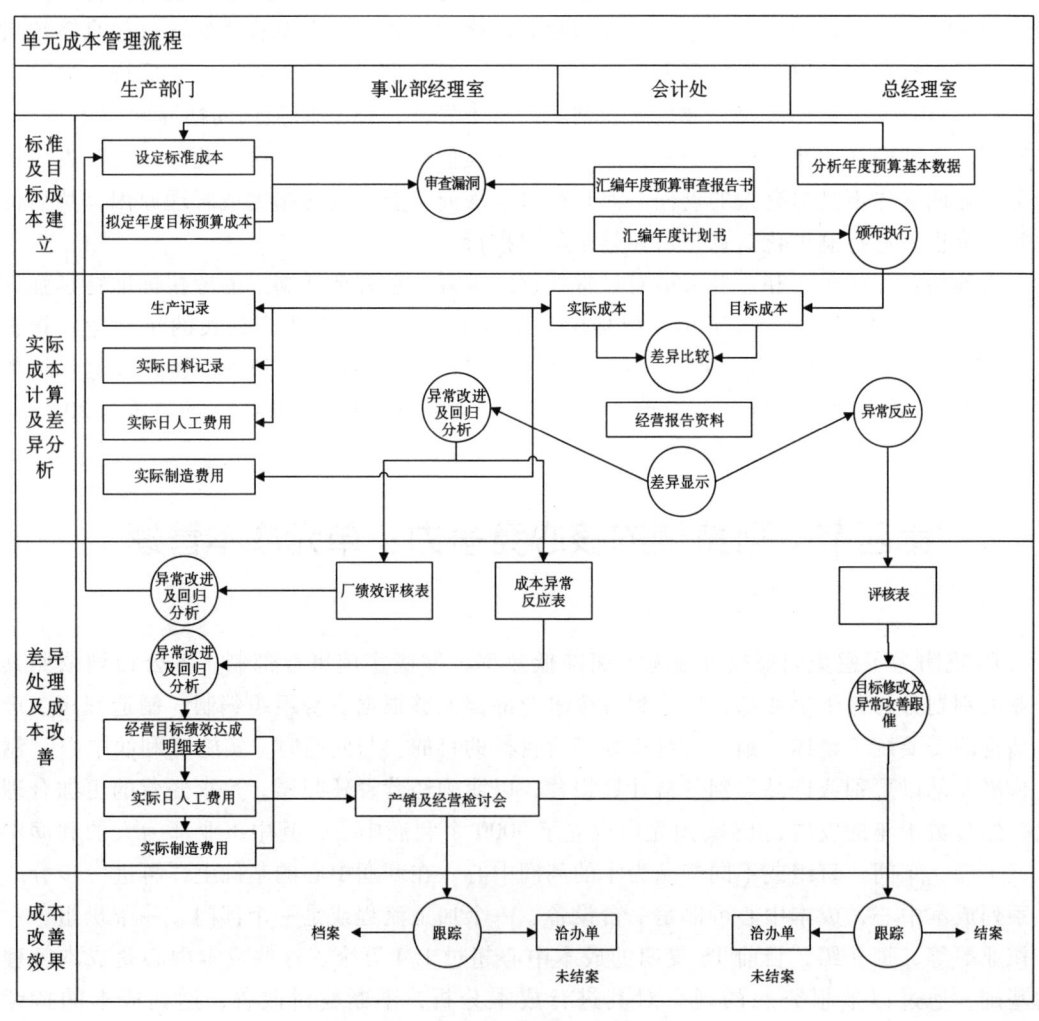

图 1-9 TS 集团作业成本管理流程图

（一）标准成本的设立

TS集团根据理论数值、结合行业最佳水平等设立各种产品的标准成本，作为目标成本预算和成本控制的依据和基准。设立标准成本的流程如图1-10所示：

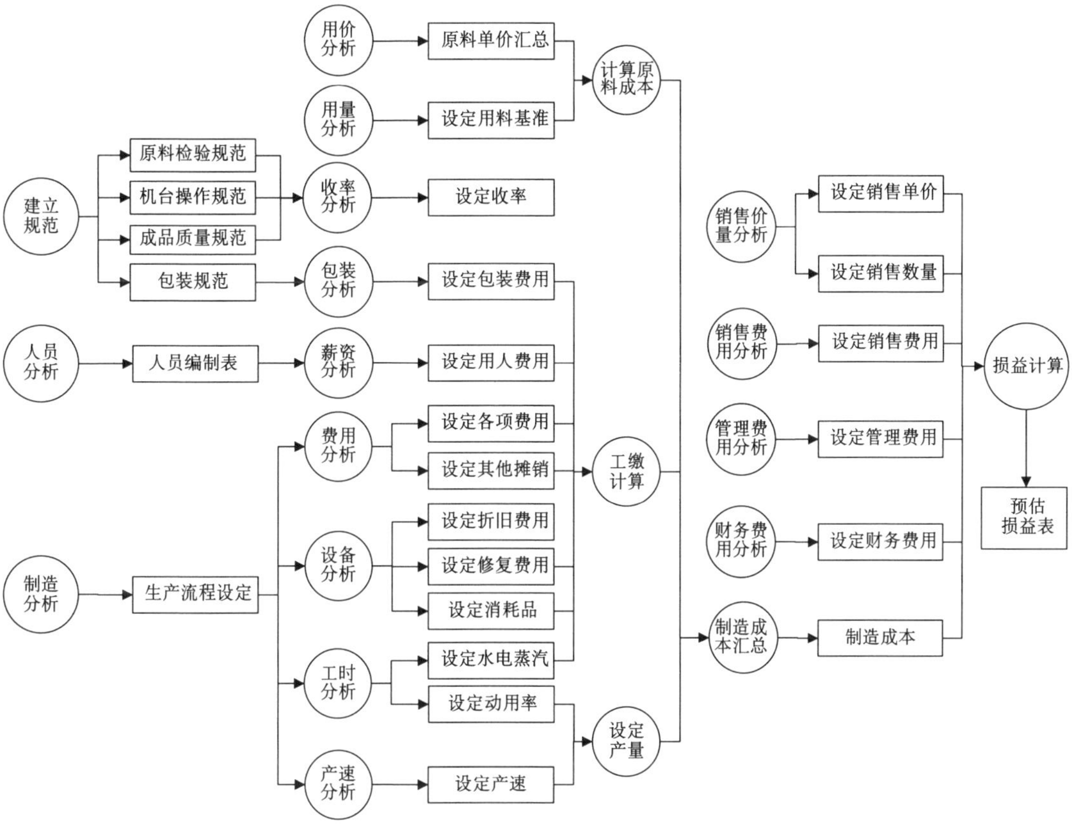

图1-10 TS集团标准成本制定流程图

（二）目标成本预算

TS集团目标成本预算编制流程如图1-11所示：

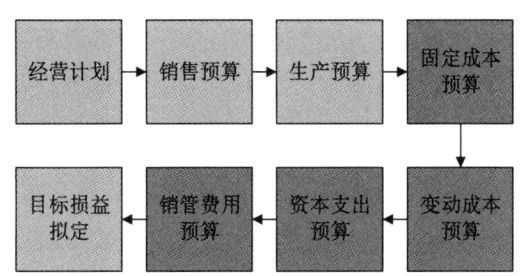

图1-11 TS集团成本预算编制流程图

其中，固定成本预算和变动成本预算设定原则如表1-9所示：

表1-9　　　　　　　TS集团固定成本及变动成本预算设定原则

类别	成本项目	预算设定原则
固定成本预算	用人费用	按编制及职级平均薪资拟定
	大修费用	按年度大修计划内容拟定
	一般维护费	按机种别维护费用率拟定
	折旧各项摊提	依取得金额及税法规定摊提原则拟定
	税捐保险费	依全年应付金额月平均数拟定
	事务费用什项购置	参考上一年实际月平均数的90%拟定目标
	医疗其他费用	参考上一年实际发生金额月平均数拟定
变动成本预算		◎依产品变动项单元成本分析法进行要因分析，详细拆分各成本单元，计算理论单位用量 ◎参考现有最佳实绩，或同行业、先进国家的最佳实绩 ◎比较预算与最佳实绩的单位用量差异，研讨改善对策，并依改善后的情况设立新目标

资料来源：项目组根据调研资料整理。

通过成本预算，确定固定成本、变动成本、资本支出、销售费用、管理费用和财务费用等成本费用明细项目的目标值，填入"单元成本明细表"，作为成本异常管理的基准。

（三）实际成本计算及差异分析

完成实际发生成本计算后，会计处会对实际成本与"单元成本明细表"总的目标值之间的差异进行分析，确定"效率差"和"价差"，然后根据差异情况将需要改善的细项通过"成本差异反应单"（见表1-10）等表单报送到有关部门进行单元成本分析，以进一步了解差异产生的最终原因。假设变动制造成本异常金额较大，需要改善，则会计处将"成本差异反应单"报送到工厂相关部门后，由相关部门利用"鱼骨图"对制造成本的构成要素进行逐层逐项深入分析，下面以制造成本中的原料为例进行简要说明：

表1-10　　　　　　　　TS集团成本差异反应单样表

成本差异反应单									
2006年1月									
部门：胶布组		101*BB表			出表日：1月2日			本单标号：A060092	
产品名称			本月				累计		
成本项目	直接材料P043	实际	目标	差异	差异率	实际	目标	差异	差异率
单位	元	18058	8500	-9558	-112%	73280	42500	-30780	-72%
提示	（）应提报追查 （）免查	本年度异常发生次数		3		厂处长		

资料来源：项目组根据调研资料整理。

首先确定制造成本的构成要因（包括原料、制造费用及人工费用）及其影响金额，如图1-12所示。

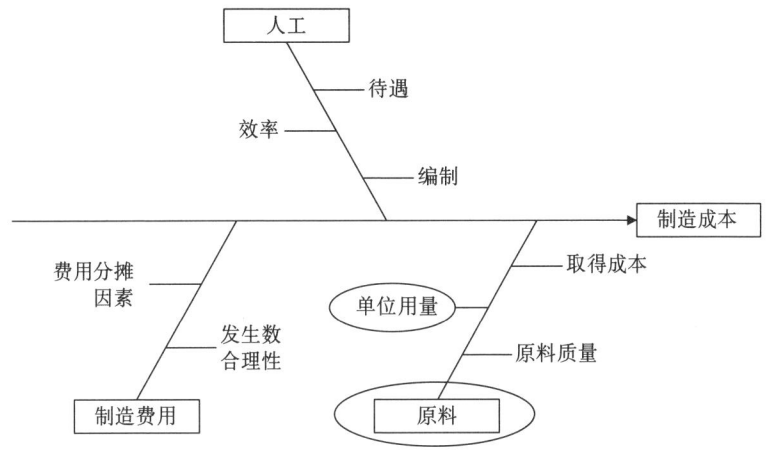

图1-12 制造成本构成要因鱼骨图

其次，确定"单位用量"是影响原料成本的重要因素，对其作进一步分析，如图1-13所示。

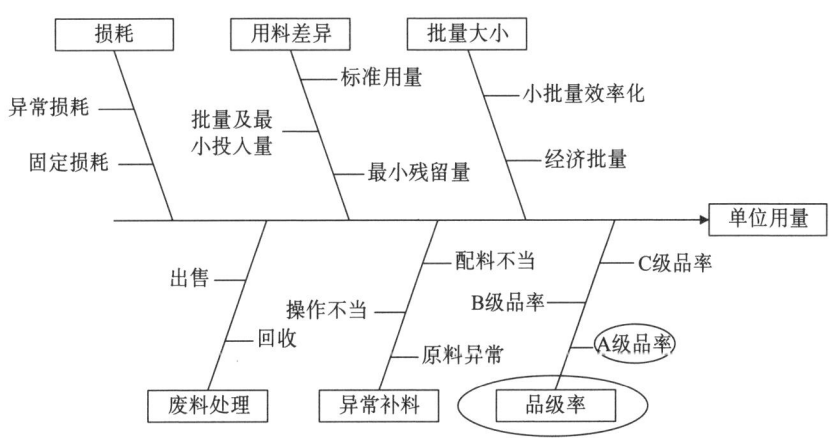

图1-13 原材料取得成本影响因素鱼骨图

最后，对"品级率"中"A级品率"作进一步分析，如图1-14所示。

（四）差异处理及成本改善

利用单元成本法进行详细的差异分析后，若认为是因为作业不够完善，需要进一步检讨，则填写"成本差异报告单"（见表1-11）。经主管单位复核后，向经办部门开立"交办单"。经办部门接到交办单后需研讨处理方案交由主管单位复核，并在主管单位的监督和跟催下开展成本改善活动。当改善取得明显成效，也即改善后的单元成本比原先设定的

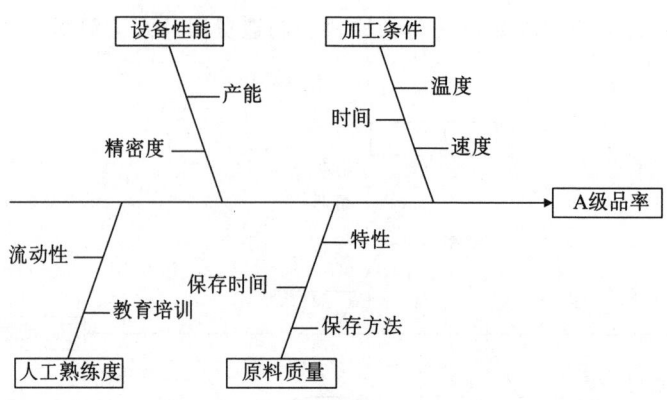

图 1-14　A 级品率影响因素鱼骨图

目标成本更低时，主管部门要重新调整目标成本，并向会计、稽核部门下达"目标修订通知单"（见表 1-12），作为下一轮的成本异常管控基准。

表 1-11　　　　　　　　　　TS 集团成本差异报告单样表

成本差异报告单					
	部门：胶布组		年　月　日		本单编号：C060092
成本项目	直接材料 P043 || 实际	18056	目标	8500
		反应单编号	A060092	改善案提报日期	2006.02.20
检讨项目					
异常说明及对策					
课长					
经理	||	厂处长		

资料来源：项目组根据调研资料整理。

表 1-12　　　　　　　　　　TS 集团目标修订通知单样表

目标修订通知单					
部门：胶布组		101＊BB 表	出表日：1月2日		本单标号：A060092
产品名称		成本项目			单位
		研发开发费 Q024			
实际			目标		
四月	五月	六月	四月	五月	六月
33470	68420	17598	88000	88000	88000
说明	经理：					
	经办：					主管：

资料来源：项目组根据调研资料整理。

三、单元成本管理与传统成本管理的比较

单元成本管理将企业总成本看成由一系列单元构成的整体,注重从细处着手追根溯源,通过单元成本的不断改善,促使总成本的改善。与传统成本管理相比,单元成本管理有以下几个特点:

(一)"追根溯源,止于至善"的管理理念

单元成本管理与其他成本管理的主要不同在于,它秉承"追根溯源,止于至善"的理念,将总成本这个"总体"逐层分解为一个个成本单元,一直到无法再细分的境地,以了解影响总成本的最原始的要素,并针对这些要素进行改善活动,达到成本"止于至善"的目的。

(二)主要分析工具:鱼骨图工具

无论是制定成本标准还是成本差异分析过程,单元成本都会用到鱼骨图分析法。在成本标准制定过程中,利用鱼骨图分析法将总成本细分为各个单元,针对各单元制定标准,再汇总得到总成本标准。成本差异分析则是相反的过程。鱼骨图是单元成本管理的核心工具。

(三)成本二层级分析机制

单元成本分析不是由财务部门独立完成,而是要经过财务部门及责任部门两个层级进行分析:首先由财务部门将实际成本与目标值进行分析,确定"效率差"和"价差",根据"效率差"和"价差"的情况确定需要改善的细项,并形成"成本差异反应单"等表单;其次由各相关责任部门针对财务部门提供的"成本差异反应单"进行进一步深入分析,确定差异产生的最终原因。这样做有两个方面好处:一方面有利于财务部门与各业务部门之间的充分沟通和相互监督,另一方面可以防止财务部门独立分析,无法深入了解成本异常原因的弊端。

(四)注重目标动态调整和成本改进实施

业务部门通过深入分析发现导致成本异常产生的原因后,需拟定整改方案,对于因为目标或标准制定不合理导致的差异,或因为成本管理水平提高需要调整目标或标准的,向主管部门反馈,由主管部门修订目标并下达;对于人为原因或作业流程原因导致的成本差异,经办部门拟定处理方案,并在主管部门的监督和跟催下开展成本改善活动。

第五节 TS集团成功秘诀的启示

成本管控成功秘诀对于中国企业提升竞争力和创造价值的能力是非常有用的。TS集

团应用战略成本管控和目标成本管理的成功秘诀可归纳为如下几点:

一、"双线"管控支持公司治理的有效性

"双线"管控既是管理会计的核心问题,也是组织设计的重要问题,实际上也是战略成本管控的一种创新模式。TS集团的组织架构几乎是全球独一无二的,它独特地表现在"双线"管控模式上,此"双线"模式分别犹如一张"天网"和一张"地网",以总管理处为衙门的幕僚系统是"天网",网下的天兵天将"红卫兵"1300多人,"网"罗棋布;而以实体企业为代表的行政系统是"地网",企业在哪里,"地网"就撒到哪里,确保将士守土有责,创造辉煌。试想,建立如此独特、严密的组织架构,并以此来设计企业的管控体系且付诸实施,没有理由不产生高效的经营效益和有效的公司治理。

组织架构表面上看是企业机构、岗位、职务的设置,而深入地研究它,发现其本质是要解决公司治理落地的问题。TS集团创办人为什么能够管住TS集团4万多名员工?60多年来,谁在替创办人推动目标管理、绩效管理、异常管理、压力管理?TS集团几十年来为什么盈利能力和水平始终处于亚洲的绝对领先水平?创办人曾经给过一些答案,比如:"我们只有目标管理和经营成果的绩效管理""我只管理异常的事情""任何事情都要点点滴滴求其合理化"等;专门研究TS集团的有关资料却认为,TS集团的成功50%归功于创办人,另50%归功于幕僚群和"红卫兵"。我们的研究发现,TS集团之所以成功,且能够持续地成长与发展,主要是因为TS集团通过科学、合理、创新地设计和完善组织架构,从而有效地解决了公司治理这个世界性的企业难题。

二、成功管控的背后:是制度体系和执行力起决定性作用

战略性的管理理念付诸实施需要一套切实可行的实现路径,TS集团"不断改善"的管控理念之所以能贯彻落实到经营管理的细节中去,主要是因为找到了有效的战略落地路径:即战略管控落地过程的"四化",也就是管理制度化,制度流程化,流程表单化,表单电脑化。其实,TS集团的"四化"体现的是一整套战略管控制度体系的逻辑关系,它们不是分割的,而是一个整体,其核心和精髓是"合理化",是能够被员工认可、接受并自觉执行。

TS集团制度体系的"合理化",就是对效率的追求,包括改善成本、改善流程、制定标准、提升品质。同时,把"合理化"过程加以"主动化"和"毛细管化"。目前TS集团2175项制度,如何流程化、表单化、电脑化,他们随时随地都在改善、优化和精益求精,比如,对人员"合理化",他们的改善措施通常包括:(1)部门人力检讨,要求设备自动化,流程作业自动化;(2)组织合并,使机能及用人合理化;(3)储训干部;(4)外包(发)业务收回。又如,流程合理化要求总管理处解决表单化管理,针对表单化管理总管理处下设制度公司组和稽查组。而表单不只是简单地提供一些数据,主要是由表及里,透过数据看本质,在TS集团,"库存就是赔钱!",这是天经地义的"合理化"理念和制度。当然,单元成本分析法也是"合理化"管理方式的基本工具,广为推崇和采用。

在 TS 集团，执行力是企业主管的首要工作，它是一种纪律，是战略成本管控的根本，是工作的核心成分。执行力就是不畏艰辛，使命必达。如何才能实现有效的执行力？我们研究发现 TS 集团的主要经验是：

第一，考核人才、挑选人才最为关键，比如，TS 集团培养成本管控队伍"红卫兵"从入职后，三个月下工厂当机械工或锅炉工，到主任办事员，通常要三年零九个月的基层工作经历，才具有报考课长级的资格；而课长到专员，一般要三年至五年的磨砺；专员到高级专员（厂长级或处长级），还要积累五年年资；换言之，从入职到高级专员，一般需要十四年的工作经历和积累。

第二，制定可操作、有效能的战略发展规划当属前提，比如，TS 集团的"六轻计划"。它是针对中国台湾地区化工行业原材料供不应求的经济现状，TS 集团从 1973 年首次向中国台湾当局申请兴建轻油裂解厂，通过 13 年的极力争取，继"国营"的"五轻"之后，终于于 1986 年获准兴建"第六轻油裂解厂"。"六轻计划"于 1994 年正式动工，截至 2003 年 5 月，"六轻"第四期计划启动，总共投入 6500 亿元新台币（包括第四期计划投资资本）。通过二十多年努力（从申请到完成）争取的"六轻"为 TS 集团整合行业上下游形成垂直集成优势，提升了企业整体运营能力，为进一步开创石化产业王国奠定了坚实的基础，同时也充分展现了 TS 集团的"远见卓识"和明确的战略发展规划。

第三，构建可执行的运营方案奉为法宝，TS 集团正是有这种实事求是的精神，所以营造出目标管理中一个非常重要的理念：要赢在起跑线（点）上。例如，1980 年创办人在美国休斯顿筹建世界规模最大的 PVC 工厂时，所需的设备都由 TS 集团机械事业部在中国台湾制造，运到美国安装，整个建厂成本大约只有美国人所需的 62.5%，日本人所需的 75%。又如，"六轻"设备采购，完全做到数字化、透明化、公开化，杜绝任何"围标"弊端，大大降低了建厂成本。类似的例子举不胜举。

三、异常管理：独具"止于至善"的创新性

TS 集团管理的精髓除了"双线"管控体系和"四化"，还有一个当属异常管理。相比预算管理，异常管理的范围要更大，效果要更好。应该说，TS 集团的预算管理、成本管理都属于异常管理的一部分，也是战略成本管控和目标成本管理的支柱。与中国大陆企业全面预算管理相比，TS 集团的异常管理至少有以下四个特点：

（一）广泛的覆盖面

TS 集团异常管理的"管控基准"分为两大类：制度遵循基准和目标值基准，几乎涵盖了公司所有经营业务和流程，而且目标是必须设置标准的，其标准不局限于预算管理的"货币标准"，还包括流程标准、时间标准、其他物理标准等。也就是说，这些标准也视同企业的"管理抓手"。

（二）超强的执行力

TS 集团具有高度发达的信息系统，大部分"异常管控基准"已固化到信息系统内，

它可以对这些"基准"的执行情况进行实时跟踪并预警，典型案例是前文所述的"业务人员出差，必须在规定时间内到达并刷卡，超过时间，系统会向其主管人员报警"，大大提高了企业对制度和管理目标的贯彻执行力。

（三）追根究底的差异分析

TS 集团异常差异分析是在对应上级主管"紧盯"的情况下进行的，秉持"刨根问底"的精神，采用单元成本分析法进行至精至细的分析，以发现最终的原因。在 TS 集团看来，就是对影响"目标"实现的管理"点""线""面"进行追根究底，这也是创办人发明和积累的最重要的经验：发现异常、分析异常、处理异常，其基本做法大致分为五步：

第一步，（以石化工业为例）以该产业特性为前提，依据构成产品成本的最原始因素来发掘成本异常；

第二步，针对实际成本与标准成本之间的差异，沿生产线逐项作点的深入分析和持续改善；

第三步，若差异连续三个月为正值，则重新检讨并据以设定新目标；

第四步，若差异为负值，则不论时间长短，一律采用专案方式立项改善，并连续跟催改善结果，直至由负转正；

第五步，由点及面，形成制度，如此周而复始，不断追求效益提高和成本降低。异常管理不仅是追求"合理化"与危机处理，而且是对"止于至善"的最好诠释，是强化企业竞争力管理模式最具效率的创新。

（四）显著的管理成效

TS 集团通过异常管理和改善方案的跟催与执行，无疑给 TS 集团带来了巨额的直接效益和间接效益，如前所述，仅 2004 年 TS 集团总管理处总经理室通过异常改善就为 TS 集团创造了 80 亿元新台币的效益，2005 年则超过 100 亿元新台币。同时，改善提案的实施为 TS 集团带来更加惊人的效益（2005 年至 2009 年改善提案总共创造了超过 27 亿元新台币的经济效益）。

综上所述，我们的研究发现，TS 集团的异常管理不仅是追求"合理化"与危机处理，而且是对"止于至善"的最好诠释，是强化企业竞争力管理模式最具效率的源泉式创新。

四、单元成本管理与异常管理融合：演绎了超额盈利的持续性

单元成本管理与异常管理的融合形成了 TS 集团战略成本管理的主要方法，即设立标准—执行—异常分析—修订标准或作业改进，只是在异常管理过程中特别注重单元成本分析法的应用。单元成本管理的大致流程如下：

（1）设立标准成本，确定各责任中心目标成本。首先根据理论数值、结合行业最佳水平等设立产品的标准成本，作为目标成本预算和成本控制的依据和基准。其次根据企业经营计划，结合标准成本，制定各责任中心的目标成本。

（2）实际成本计算及差异分析。财务部门完成实际成本计算后与标准成本对比，进行

差异分析，对于异常金额较大的项目交由责任部门进一步分析产生的原因。责任部门利用单元成本分析法（主要工具为鱼骨图）对重要差异进行进一步分析，首先确定成本的构成要因，包括原料、制造费用及人工费用，可用鱼骨分析图对取得成本、原材料单位用量、制造费用、人工影响因素进行分析。最终确定产生原因，并向上级单位递交"成本差异报告单"。

（3）差异处理。差异产生的原因主要包括两种：其一，作业过程不完善导致没有达到目标；其二，目标制定不切合实际。对于第一种情况，上级单位在收到"成本差异报告单"后会向经办部门开立"交办单"。经办部门接到交办单后需研讨处理方案交由主管单位复核，并在主管单位的监督和跟催下开展成本改善活动。因为目标制定不准确，或者因为改善活动导致标准变化，主管部门会下达"目标修订通知单"，作为制定下一轮成本异常管控基准。

TS集团异常处理程序化（包括信息化），很值得我们学习和借鉴，比如，生产经营过程中出现的异常现象，通过正常反馈、跟催、稽核、改善四个环节解决问题。异常的界定都有标准，比如，事业部连续亏损三个月就列为异常。同一检查项目一年内发生三次异常，就要处分经办人员和上一级主管，并对异常发生责任人员进行辅导。凡是列入异常范围的，都要提出改善措施，异常问题立案后就进入计算机管制，直到异常案件改善完成后才能结案。同时，更多常规流程作业都是应用计算机系统进行稽核，主要是针对管理中违背制度标准的异常现象进行计算机跟踪分析，发现问题，及时解决。具体而言，利用计算机应用系统可实时掌握生产经营过程中所发生的问题，检讨设定各类异常反应管理表单，并先行拟定各项管制值，针对超出管制值者由计算机自动出表，借此将生产中的异常点反映出来，再针对异常点通过鱼骨图分析等方式，深入探究发生原因，并研究拟定改善对策，同时对改善进度及成效进行追踪，以杜绝异常的再次发生，达到"至于至善"的目标。

研究发现，TS集团划分了1.4万个成本责任中心，每个成本责任中心都是成本管控对象，这种称之为"单元成本管理"的模式可资借鉴：

（1）建立单元成本管理的基础，就是要打破传统成本核算和管理的模式，将成本指标分解至再无法分解的最细成本指标为止，单元成本法，亦即"层层剥皮"法，其精髓在于：通过层层计算成本的过程，找出人、事、物的各方面不合理处（异常），再设法改善，使其合理化。这种锲而不舍、追根究底的精神，正是TS集团企业文化的最佳写照。

（2）制定标准成本，是在做好成本管理的基础工作，但什么样的标准才算是科学合理的，需要考虑企业的实际情况和与标杆企业的差异和特点，实行动态调整。

（3）强调对成本差异进行深入分析，旨在与异常管理相融合，这正如创办人所说"经营管理、成本分析，要追根究底，分析到最后一点。我们TS集团就是靠这样的吃饭。"在TS集团，生产一磅塑胶管需要多少钱的电费、水费、工资等，都要求明细计算，进行单元成本分析，力求成本的最合理。

（4）目标成本考核和修订。在绩效考核中，强调目标成本（或标准成本）的达成，但也应该考虑目标成本的动态性和灵活性。根据实际情况（比如成本费用低于目标成本6个月）可对目标成本进行修订。同时，在成本改善后，如可达到成本低于目标成本，也会对目标成本进行修订。

TS 集团的管控模式之所以能成为管理会计应用的成功典范。主要在于 TS 集团的"双线"管控体系，巧妙地将"实事求是""追根究底""止于至善"等朴素的经营管理理念与"异常管理""单元成本管理""绩效管理""目标管理""压力管理"等管理方法融为一体。实际上，这一模式也成功地把战略成本管理融入其中，同时也形成了战略成本管控的创新模式，尤其是在成本管控制度化、流程化、表单化和信息化基础上的持续创新和改善，为大多数控股集团提供了一套值得借鉴和学习的成功管控模式。

第二章 精准的业务流程管控：YL公司的成功经验[*]

流程管理已成为管理会计和管理控制的重要基础。如何借助管理会计进行流程的精准化管控是本案例研究的重点。

第一节 YL公司发展简介和组织结构

一、发展简介

YL公司成立于1953年，从创立至今，经历了从"自主品牌"到"代加工"再到"自主品牌"的曲线发展历程。

近年来，YL公司定位于产业价值链的前端，努力跳脱传统低附加值的制造模式，向微笑曲线两端活动发展（高附加值）并以创新研发能力为导向，致力于推动整车研发设计及各项创新车用电子模组的研发，逐渐形成了两个自主品牌。

二、经营业绩

经营业绩方面，YL公司在2009~2013年间总资产和营业收入逐年增长，年均增长率分别为9.47%和13.82%，具有良好的成长性。几年来，由于在自主品牌的研发和市场的拓展方面投入较多，净利润在2010年实现较高增长后有所下降（见表2-1），但与中国大陆几家汽车企业相比，YL公司的盈利能力处于较先进水平。

---

[*] 本案例是厦门市两岸会计合作与交流促进会研究课题和教育部人文社科重点研究基地重大项目（项目批准号：12JJD790011）的阶段性研究成果。
厦门市两岸会计合作与交流促进会课题组组长：吴水澎教授、黄世忠教授、郑丁旺教授（中国台湾）；课题组总协调人：游相华；课题组成员：刘宗柳、傅元略、游相华、刘峰、刘维、姚荔、麻胜新、傅杰；（中国台湾）吴安妮、王怡心、卢联生、廖三郎。本章由傅元略、傅杰、游相华和刘宗柳撰写。

表 2-1　　　　　　　　YL 公司 2009~2013 年经营情况表

项目	2009 年	2010 年	2011 年	2012 年	2013 年	年均增长率
总资产	112632144	131973144	159179575	172656258	177050350	9.47%
营业收入	48803467	64507506	76583954	77688918	93217451	13.82%
净利润	1127003	4084240	3559530	2955777	2291068	
净利润率	2.31%	6.33%	4.65%	3.80%	2.46%	

资料来源：项目组根据 YL 公司年度财务报告整理。

三、公司职能部门和组织结构

YL 公司的治理结构和管理组织结构如图 2-1 所示。

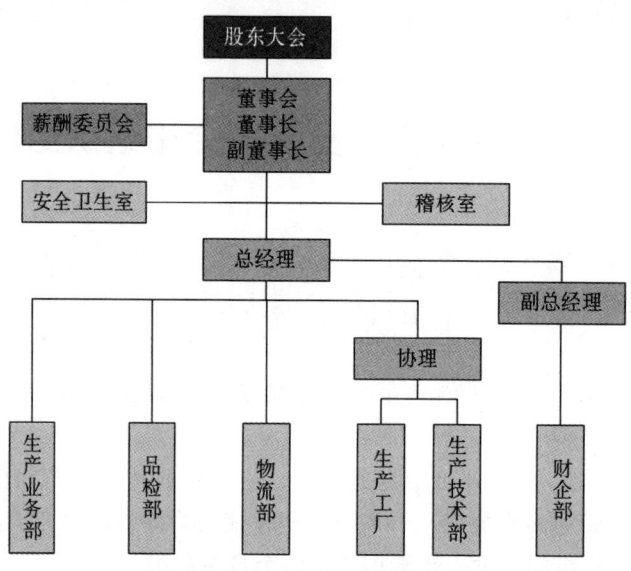

图 2-1　YL 公司组织结构图

各部门的职能如表 2-2 所示：

表 2-2　　　　　　　　　YL 公司各部门职能表

部门名称	部门职能
稽核室	负责规划及执行内部控制制度的查核并追踪改善
品检部	全公司质量保证策略与品保系统的规划与推动；产品检验、情报系统的推动与监查业务；质量意识与改善活动的推动
财企部	综理公司经营策略规划、目标及营运计划管控，管理营运资金并提供财务分析信息，处理会计、股务、税务及各项人力资源管理业务；推动全公司各项业务作业计算机化，建立公司管理信息及决策系统

续表

部门名称	部门职能
物流部	综合性生产计划的协调、规划与管控；生产计划的拟订与实绩管控；进口件、外包件、厂制件、直接物料的计划、订购、管控与库存合理化的推动执行；生产及售服零件物料接收、仓储、配送作业的规划与管理
生产工厂	全公司动力、水资源、安全卫生及环境保护事务规划督导的管理与维护；轿车（小货车）制造，零件及夹、模、量具制造；执行上述产品质量成本交货期的方针与目标管理
生产技术部	全公司生产设备的规划与执行、生产技术改善方案的研制及推行，以及新车生产开发与试作的管理
生产业务部	各品牌短中期生产计划及体制规划；各品牌新车ET前生产准备业务推动；两岸固定资产投资及海外工厂绩效管理，以及新客户开发、谈判、生产成本与代工绩效管理
安全卫生室	定期实施劳工作业环境检测与监查、依公司规定办理工业安全卫生相关业务、防止职业灾害，并指导有关单位实施相关计划

第二节　基于高效流程管理的客户定制式订单生产

YL公司的销售订单主要包括计划订单和客户定制式订单（BTO），其中，客户定制式订单占总订单数30%~50%。通过高效的流程管理，YL公司将两种订单的生产在同一生产线上有机地结合在一起，既充分满足客户差异化需求，又不影响传统计划订单生产的效率。如图2-2所示。

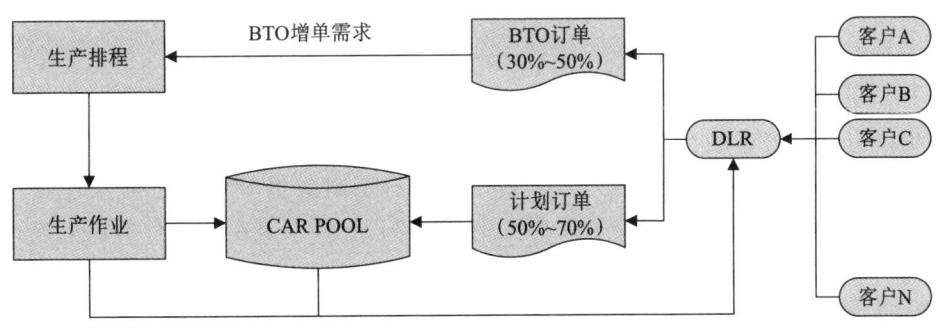

图2-2　YL公司订单处理模式

YL公司客户定制式订单的生产效率非常高，从接收订单到完成交车仅需6.5个工作日（见图2-3），主要得益于其高效的流程管理，主要体现在高效的上下游供应链管理和内部生产流程管理。

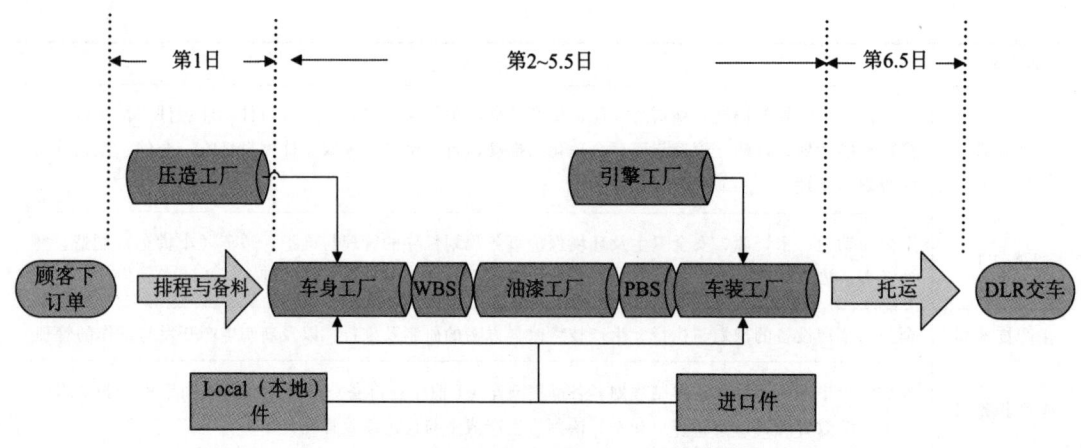

图 2-3 YL 公司客户定制式订单生产流程

一、企业上下游业务流程管理：外部供应链管理

YL 公司非常注重与供应商的长期合作关系，通过与供应商之间信息系统的整合及流程的梳理，促使零部件，尤其是客户个性化需求零部件能够按照企业的生产需求及时供应。

（一）建立供应链联机系统

YL 公司与主要供应商之间建立了供应链联机系统（Supply Chain System，SCS），主要功能包括汽车生产信息状况、零配件供货商订单交货期状况、零配件的质量，并提供与供货商之间往来对账的作业，以及将工程图文件快速传递给零配件供应厂商等，以保证与供应商之间高效的信息沟通。

（二）及时高效的材料供应

借助供应链联机系统（SCS），YL 公司可以根据生产需求安排供应商的材料供应，在极大地降低零部件库存的同时，为高效完成客户定制式生产奠定了坚实基础。如图 2-4 所示，YL 公司的零部件主要包括本地件和进口件，不同类型零部件的供应模式有所不同。

1. 对于 Local（本地）件，战略合作供应商有 125 家，其中，可以实现同步交货的占 42%，按日交货的占 49%。相应交货安排如表 2-3 所示。

其中，同步件采购的作业程序如下：

（1）生产工厂每小时规划次一小时的交货指示清单，即根据生产计划采用排序交货作业方式，再通过传真或供应链联机系统（SCS）将交货指示清单传递给零配件供应厂商。

（2）供应厂商在收到交货指示清单后，将零配件依车型别、件号别先后排序办理交货作业手续。

表 2-3　　　　　　　　　　YL 公司零部件本地零部件采购管理

交货类型	零部件类型及特点	订购及发货时间
同步交货	零部件：座椅、玻璃、水箱、地毯及顶篷等 特点：体积庞大，且设厂在 YL 工厂所在地附近的零配件供应厂商	1H 量：连线前 2h 订货、1h 前交货（座椅） 2H 量：连线前 6h 订货，2h 前交货（保杠） 4H 量：同 2H（顶蓬） 8H 量：连线前 6h 订货，2h 前交货（主电线）
AL 交货	体积大、高单价、专用车型零配件及颜色件	当日连线，2 日前订货 1 次/日：1 日前交货，当日用 2 次/日：1 日前下午交货，当日上午用，当日上午发货，当日下午用

注：表中的 "h" 是时间单位小时。

（3）同步件由于体积庞大不办理入库作业，零配件供应厂商依交货指定地点卸货后，库房补给人员再直接将零配件送至生产线。

（4）账务管控作业：同步件信息系统作业方式每天分时段自动办理进出账管理作业，节省人工输入作业。

（5）同步件订单信息系统每个月统计供应厂商交货数量，依据生产线下线台份数与供应厂商查核无误后，再付款给供应厂商。

2. 对于进口件的采购安排也是很严格的。比如 YL 公司从日本、泰国、西班牙等国家进口零部件，通常订货及到港时间如表 2-4 所示：

表 2-4　　　　　　　　　　YL 公司进口料件订购程序表

进口地区（国家）	订购及到港时间
日本	YL 当周生产，5 周前订货，1 周前到港
NCIC，泰国	YL 当周生产，6 周前订货，1 周前到港
西班牙	YL 当周生产，12 周前订货，2 周前到港

YL 公司供应商零部件供应示意图如图 2-4 所示。

二、高效的生产流程管理

YL 公司客户定制式订单生产的高效率除了得益于其个性化零部件的及时供应外，更重要的是得益于其高效的生产流程管理，集中体现在混线生产和高度发达的生产管理信息系统。

（一）YL 公司的混线生产

混线生产是指在同一条生产线上同时生产多种车型（包括大小不一样的类别），同时也可以生产客户定制式的个性化产品。因为采用混线生产模式，客户定制式订单生产并没有给 YL 公司增加多少成本。混线生产模式极大地提高了生产线的利用效率，降低了 YL

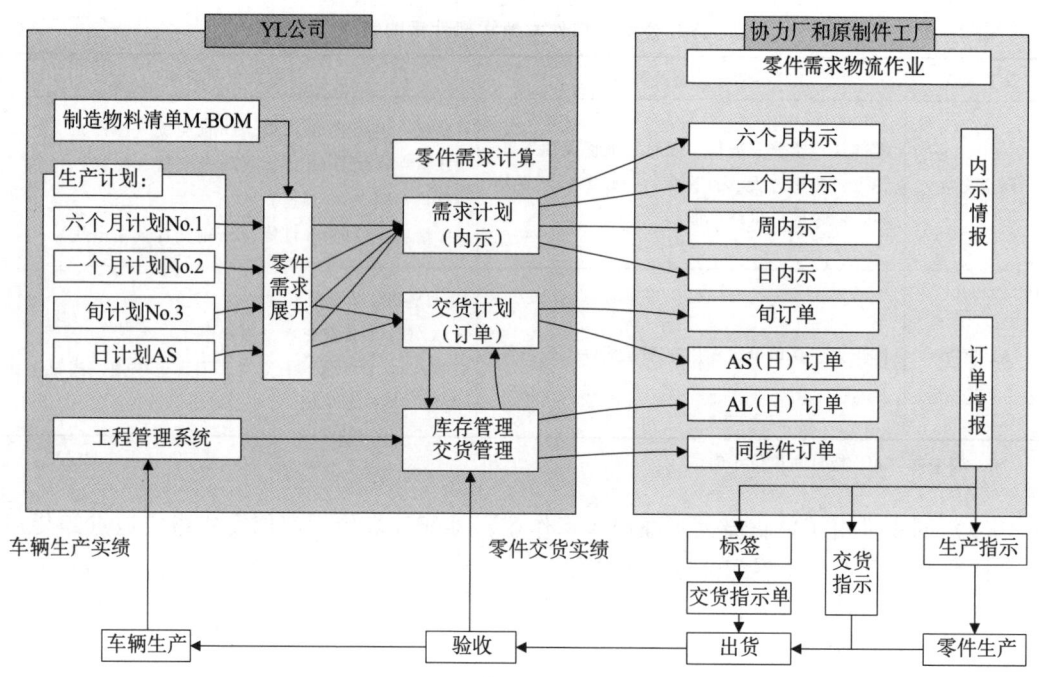

图 2-4 YL 公司供应商零部件供应示意图

公司的固定资产投资成本。

混线生产的最大挑战在于物料的准确、及时供应，因为不同车型和品种在相同工位上需要的零部件是不一样的，为使每个岗位的员工在正确的时间给正确的车型安装正确的零部件，不仅要考虑在每个岗位周围有限的场地上如何堆放零部件，更关键的是在产品到达某一工位的时候，工位上的工人能取得正确的零部件，同时还要考虑工人装配时间的搭配（因为不同车型同一个零部件的装配时间可能不一样），这无疑对生产车间物料供应系统的精细化水平提出了严峻的挑战。而 YL 公司之所以能实现混线生产且能够高效运行，主要是因为其开发了一套科学的生产管理信息系统。

（二）高度发达的生产管理信息系统

YL 公司的生产管理信息系统主要包括 MRP 信息系统、选配件系统、组装线控制信息系统等。

MRP 信息系统主要针对中国台湾地区零配件供应厂商生产制造的零配件订购、交货期、订单、质量及服务等进行管理，主要包括物料用量清单（Bill of Material，BOM）子系统、捡配料子系统及 IPO（以进口零配件为主，Import Part Ordering）子系统。

选配件系统（Option 信息系统）。YL 公司为满足顾客的需求，提供更多配备供顾客选择，专门开发了一套信息系统：选配件系统（Option 信息系统）。相比标准化车型的销售，Option 信息系统采用的生产方式有计划性生产和 BTO（客户定制式订单生产方式）。零部件的供应方面，更加注重 SCS 系统的利用，以保证特色化零部件的及时供货。选配件系统是 YL 公司实现客户定制式订单高效生产的主要保证。具体如图 2-5 所示。

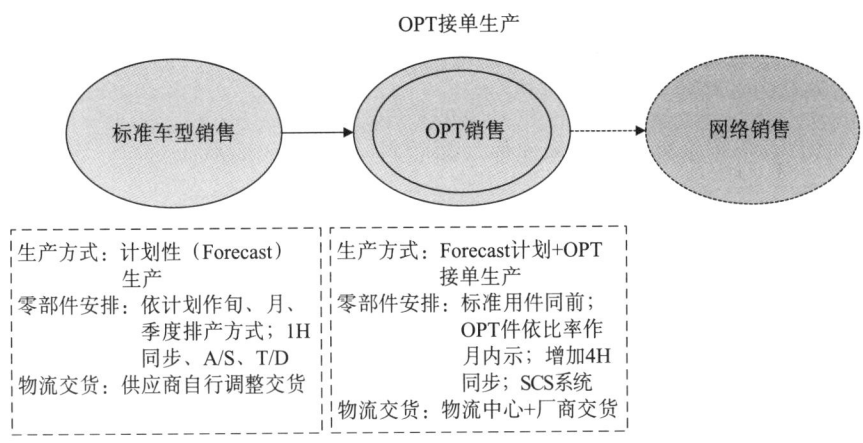

图 2-5 YL 公司 Option 信息系统架构

组装线控制信息系统（Assembly Line Control，ALC）。组装线控制信息系统，就是在各工场（引擎装配、车身点焊、喷漆涂装及车辆装配工场）设置制造各环节流程管制点，如图 2-6 所示。

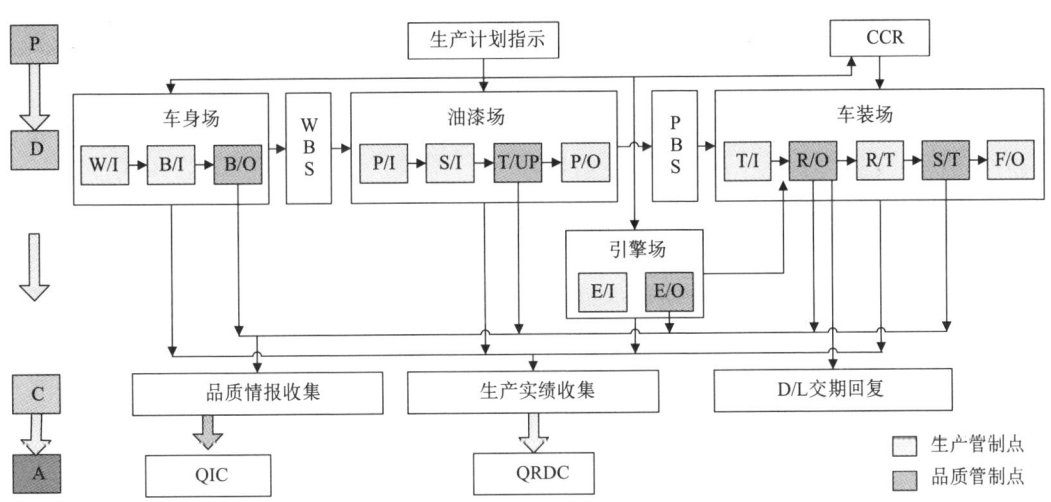

图 2-6 YL 公司 ALC 系统管制图

YL 公司首先在其工场规划组装线控制系统，于 1991 年完成整体架构（管制点有 Body – in、Body – out、Engine – in、Engine – out、Painting – in、Painting – out、Trimming – in、Roll – off、Final – OK 共九个管制点）。初期是以人工操作方式输入，目前已经借助条形码（Bar Code）方式输入车辆的车身号码、车型、规格、引擎号码，藉此追踪车辆相关质量、交货期及服务等信息。具体的管制方式如下：

1. 利用管制点来管控各点的生产实绩及质量信息回馈。
2. 依期间查询各工场生产计划与实绩的差异。
3. 查询各工场在制成车库存数量及明细。
4. 掌控各工场维修车辆的问题点及维修状况。

5. 依车身号码查询、监控车辆的流向。
6. ALC 信息系统快速回馈生产情报，提供管理的参考，达到跟催的目的。
7. 充分掌控每小时／每日／每季／每月生产状况。
8. 与 MRP 系统相结合，作为零配件（原物料）的管控依据。

第三节　基于流程管理控制的目标成本制

为在创新设计上形成技术差异、追求产品或服务的独特性，提供给顾客超越既有功能或质量的新颖产品的同时，注重成本的管控和节约，YL 公司引入目标成本制，从产品研发阶段开始关注成本管控，配合建立新的组织管理形态、建构目标成本管理程序并重视与供货商的关系维护。

一、目标成本制的研发组织和管理

新产品的成功开发仅靠研发部门是不够的，还需要其他各部门专业人士的协力合作。为顺利开发出符合顾客需求且独特的产品，YL 公司针对新开发产品都会成立由各部门人员组成的"新车型小组"，并为一种车型设一个"商品主管"（product leader），以主导管理新产品构想及新产品的开发、制造及销售。

准备开发新车型时，商品企划委员会（董事长为委员会负责人，成员包括各部门主管）召集商品企划会议，正式宣告拟开发车型，评估其成本与获利状况，确定目标价格与目标利润水平，并决定新车型小组的成员，包括列出该车型的商品主管及各部门参与的成员。按车型别而成立的新车型小组属于跨部门编制且偏重新产品项目的组织，而与功能别组织形成了矩阵式组织形态（见表 2-5）。新车型小组的机制提供来自各部门成员沟通合作的机会，除可结集各专业能力与凝聚对新产品差异构想的共识以提升产品整体的质量外，也有助于避免事后作设计变更或补救措施发生不必要成本。

表 2-5　　　　　　　YL 公司"新车型小组"组织形态

商品别管理	部门别管理							
	商品企划室	研发设计	采购	品保	生管	制造	业务	财务
各新车型小组： 车型 A 车型 B ⋮	商品主管 1							

对新产品生命周期负有全盘责任的商品主管通过对现行车种的分析、与竞争对手车的竞争力比较以及市场调查结果（为确切掌握消费者的未来需求，YL 公司每年投入庞大经费从事各项各阶段市场调查）等，决定新产品定位及新产品概念与开发方向，制作"产品

企划书"。之后，技术中心以商品主管的产品概念为基础，从事设计构想，在所有成员合作下，着手制作包含开发车规格、重量、如何设计、成本及利益、产品收益性、设计时间、组成零件、预定销售台数等信息的"设计构想说明书"。设计构想说明书经由高层主管组成的经营决策机构承认后，正式开始开发作业。

新产品的开发程序并非一阶段作业完成后，再交给下一部门开始进行，而是采用同步工程法，在商品企划及造型阶段，从造型的概念草图（sketch）到油土模型（model），商企及造型单位从早期就开始与业务单位及消费者、经销商进行市调与讨论，因此更能早期掌握消费者的需求；并且在造型工程设计阶段，工程师及第三方也提前在造型阶段加入工程讨论及设计，更由于供应商加入的同步设计与中心厂的专业分工，使得设计时程缩短。即结合技术母公司、供应商及内部各部门，形成研发价值链，采用同步工程法，各阶段作业重迭进行，达到快速研发及上市的目的。

二、业务流程的目标成本管理程序

（一）目标成本的制定

YL 公司在企划设计阶段就对成本加以规划和管控，以确保制造出的产品在价格（成本）上也能符合消费者需求，从而为公司带来预期的利润。当决定要开发新车型时，会事先考虑竞争对手的优势在哪里、价格订多少、同一档次的销售量多少、YL 公司若加入时价格应订多少等，充分了解所处的竞争环境，然后从差异化着手，追求生产出来产品的性能和价格能被消费者所认可，如此方能打开市场，获取利润。换言之，重视提升消费者的价值，以开发出异于同业的高附加价值差异化产品。

新产品策略确定后，交由商品主管执行，通过市场调查确定国内消费者愿意支付的价格（即具有竞争力的目标售价），再扣除经销商与公司本身所要获得的利润、管销费用、税、工费（直接人工与制造费用）等，最后订出的目标成本主要为材料及模具的目标成本，计算公式如下：

目标售价－经销商利润－公司目标利润－管销费用等＝向日本技术母厂购买的直接材料目标成本＋向国内厂商外购的直接材料目标成本

其中，经销商利润通过年度签约时的协议大致确定；公司目标利润则是根据企业中长期计划中的利润规划订出营业利润率，再依此测算确定（由总经理室、商品企划室、财务部三方共同决定）。

一般情况下直接人工与制造费用、税费等成本费用金额较小且变动不大；而管销费用所牵涉的不单是此车种，为整个公司要注意的问题，由公司经营者作整体管控。故商品主管所负责的目标成本，主要偏重在直接材料部分（总成本结构中材料约占六七成）。

直接材料包括向日本技术母厂购买的直接材料（KD 件，约占 35%）、向国内厂商外购的直接材料（LB 件，约占 60%）、以及自制直接材料（约占 5%）三部分。KD 件的成本主要掌控在技术母厂手上，YL 公司较难掌控，只能靠谈判降低价格。YL 公司将重点放在独特新产品的研发上，其他非核心资源部分尽量外包，因为 YL 公司自行生产的部分较少，因而将成本管控的焦点主要放在向国内厂商外购的直接材料成本上。

确定目标成本后，YL公司会视新车型近似于何种现有车型，以该现有车型历史成本数据加减某些项目（如开发模具的成本等），以及就大致的规格、材质请厂商报价，通过这些行动预估新车的成本。目标成本与预估成本之间的差额，即为通过目标成本制活动在开发设计阶段所需降低的目标值。

（二）目标成本分配展开

在确定需降低的目标后，需进一步将目标分解展开，YL公司主要按汽车的机能别将目标成本进行细分。汽车的主要机能分为引擎、外观、内装、底盘、电系五大类，每一类在设计部门下各成一课；各机能由许多block（悬吊系统、座椅系统、空调系统等）构成，每一设计人员各负责一个block，而block底下则有各构成零配件（part）。YL公司以资料库中各项占成本结构的比例数据作为分配基础，将目标成本按机能别分解展开成五个机能别目标。设计人员提供符合顾客需求的设计时，可能设计出高于成本目标的产品，故会进一步将目标进一步细分展开至模块甚至零配件，以使各设计人员皆能具有须达到目标的成本意识。

（三）目标达成的评估确认

新车型开始试作后，财务部门利用成本表（对外购部分材料通过采购部门交给供应商进行预估），汇总检讨是否达成目标；若估计未达成，则通过价值工程（如：考虑产品投入成本有无超过价值，若有，则降低使用规格层级，使用替代材料等）、请供货商降价（要求每年降价3%~5%）等方式降低。修改之后，再进行估计，如此循环往复。与此同时，也会定期核算汇总，在每个月新车型小组召开的"展开大会"上，向主管报告进度、目标达成状况、未达目标原因、如何改进与补救等大方向的推动情形。细节方面的问题，则在展开大会前的"会前会"中由小组成员自行沟通并予以解决；针对临时发生的问题，还会举行不定期会议共同商讨如何应对。

值得注意的是，并不一定非要等评估已达目标后方可进入量产阶段，有时技术母厂的量产单价尚未谈定，但为能抢得先机将新产品上市，仍会先按预订日程进入量产，进入量产阶段后再降低成本（但通常效果及空间较为有限）。进入量产阶段后，成本大致底定，于量产后的第2个月进行目标成本制的成果评估，若未达目标，则通过进一步进行成本改善及合理化活动以降低成本。

（四）研发阶段与供货商的同步工程

汽车业为组装型生产企业，需要其他产业的支持与配合；尽管有优秀的设计人员和高效率的组装厂，但如果没有优良的供货商提供良好零配件予以配合，即使一只零配件出问题，也无法组装出好车，车子销路不好，则会连带影响零配件供货商的销量，汽车制造商与零配件供货商之间可谓唇齿相依。因此YL公司从开发阶段起即与供应商频繁接触，而且一旦交易成立，双方将在新车整个生命周期中保持联系，差异化的产品概念及构想需要通过构成产品的各个零配件加以具体实现，因此YL公司从研发设计阶段就与供应商采用同步工程的方式开展工作。在制作"设计构想说明书"的过程中，会找以往经验中视为有能力的供应商一起讨论。先以比较模糊的形式显示新产品整体概念及对零配件的设计构想与要求，再借助供货商的协助，确定其所用的材料与工法、是否有机器可作得出来及此作法对应的价格、换某种材料或工法对价格的影响、如此设计是否能作得出来、怎样设计较省钱等，配合开发日程的进度，重复进行核阅与讨论。然后再依据提案、技术能力、以往的质量、成本、交货期等状况，选定供货商。即自新产品开发设计时间就与供货商进行频繁接触，以同步进行工程检讨及设计合作。

第四节　YL公司流程管控经验的启示

在业务流程精益化管控中，业务流程成本和流程顾客满意度管理是流程管控的核心内容，也是成本管控的拓展。YL公司的业务流程精益化管理，具有如下可借鉴之处：

一、加强供应链管理，提升零部件质量和降低供货成本

YL公司创建了一个与供货商的关系是共同成长与共享利润的模式，实际上是战略成本管控从企业内部延伸到企业外部供货商的成本协同管理。为保持自身竞争力和持续追求改善与进步，每年会对供货商进行评鉴，评鉴结果则作为将来遴选合作供货商的参考依据；也就是按照评价结果的不同，在采购政策上给予差异化的体现以激励供货商不断提升供货品质和搞好零配件成本协同管理。YL公司特别注重与供应商的长期合作关系，通过与供应商之间信息系统的整合及流程的梳理，建立供应链联机系统（SCS），保证与供应商之间高效的信息沟通。特别是供应链联机系统的建立，为供应商零部件适时供应（如同步件供应）提供了可能，在极大降低零部件库存的同时，提高了生产效率，而个性化零部件的及时供应，为客户定制式订单的高效生产提供了极大的便利，这种做法为YL公司从供应链的源头控制零部件成本的同时，也提升了零部件的质量。

二、混线制造和客制化生产模式的业务流程管理

YL公司在业务流程再造和整合方面，提出了混线制造的模式，此模式是指在同一条生产线上同时生产多种车型（包括大小不一样的类别）。混线生产的最大挑战在于物料的准确、及时供应，因为不同车型和品种在相同工位上需要的零部件是不一样的，为使每个工位在正确的时间给正确的车型安装正确的零部件，不仅要考虑在每个工位周围有限的场地上如何堆放零部件，更关键的是在产品到达某一工位的时候，工位上的工人能取得正确的零部件，同时还要考虑工人装配时间的搭配（因为不同车型某一个零部件的装配时间可能不一样），这无疑对生产车间物料供应系统的精细化水平提出了严峻的挑战。

YL公司在上游与零部件（原物料）供应厂商之间进行信息整合，以建置内部供应链

信息架构为主，建立了一套包括协力厂联机系统（MRP 信息系统）选配件信息系统、组装线控制信息系统（Assembly Line Control，ALC）等子系统在内的，有机关联的供应链管理信息系统，为其混线生产提供了有力支撑。实际达到如下的效果：从接收客户个性化订单到交车，只需 6.5 个工作日，不仅拓展了销售渠道，而且为企业差异化战略的实现创造了条件。

三、从成本发生的源头进行管控：研发环节的成本管理

为在创新设计上形成差异、追求产品或服务的独特性，提供给顾客超越既有功能或质量的新颖产品的同时，注重成本的管控和节约，YL 公司引入目标成本制，从产品研发阶段开始关注成本管控，在组织管理形态、构建目标成本管理程序、维护供应商关系方面进行了改革。在组织管理形态方面，针对每种新车型建立"新车型小组"，与此同时，细化了目标成本的制定、目标成本分配展开、目标达成的评估确认等目标成本制管理程序，同时注重供应商关系的维护，在保证产品质量及差异化的前提下节约和控制成本。

从上面三点成功经验来看，管理会计在制造业的应用，不再单纯侧重于企业生产过程的成本管理，而是要延伸到企业发生的源头，包括原材料供应商、企业产品研发、支持业务流程等方面的精准绩效评价和管控。也就是说，业务流程的战略绩效管理与战略成本管控应该融合为一体。

第三章　柔性预算管理：LD 公司的制胜法宝*

预算管理在企业管理控制过程中发挥着十分重要的作用。但是否存在通用的预算管理模式，其答案是否定的。不同的企业可以根据自身业务特点和发展战略需要，建立具有自身特色的预算管理模式。LD 公司建立的柔性预算管理模式，就具有其鲜明的自身特色，其先进的预算管理成功经验，具有较强的可借鉴性。

第一节　LD 公司的发展简介和组织架构

一、发展简介

LD 公司成立于 1990 年，是一家集厨卫家居产品研发、生产和市场营销三位一体、上下游整合的台资集团企业。

LD 公司凭借稳健的财务经营能力、国际化的销售渠道和团队、垂直整合的生产体系、强大的研发团队、先进的实验设备和严格的品管系统，与全球最大的国际知名品牌合作，产品远销全球五大洲七十多个国家和地区。从 2008 年至 2017 年，LD 公司实现了持续快速的增长，多年连续实现销售收入 10% 以上的增长，主营业务利润率、毛利率更是保持行业领先。

二、行业价值链

LD 公司的成长持续性以及高水平的毛利率得益于其对所处行业价值链的清晰定位及战略转型。当前全球卫浴五金行业的价值链如图 3-1 所示：

---

* 本案例是厦门市两岸会计合作与交流促进会研究课题和教育部人文社科重点研究基地重大项目（项目批准号：12JJD790011）的阶段性研究成果。

厦门市两岸会计合作与交流促进会课题组组长：吴水澎教授、黄世忠教授、郑丁旺教授（中国台湾）；课题组总协调人：游相华；课题组成员：刘宗柳、傅元略、游相华、刘峰、刘维、姚荔、麻胜新、傅杰；（中国台湾）吴安妮、王怡心、卢联生、廖三郎。本章由游相华、傅元略、刘宗柳和姚荔撰写。

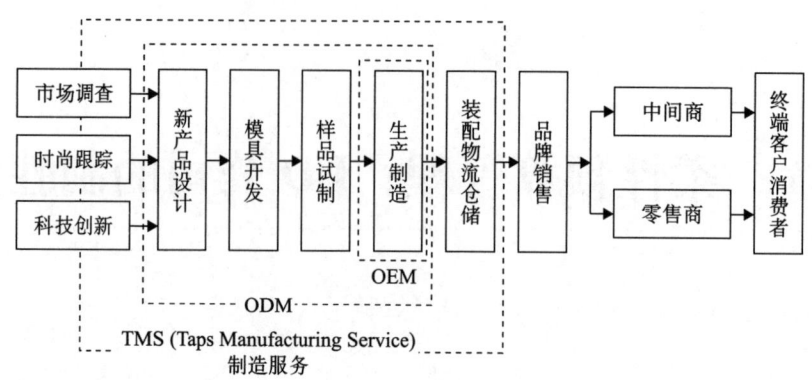

图 3-1 全球卫浴五金行业价值链

早期的 LD 公司主要以 OEM 的方式承接美国知名品牌的订单，提供整装水龙头等卫浴五金产品。而在这期间，从行业价值链来看，产品的主要增值体现在品牌销售环节，而生产制造环节附加值低，因此 LD 公司总体利润水平不高。其后，随着欧美市场终端消费者的偏好向时尚、卫生的方向转变，新产品设计环节的价值日益凸显。此时的 LD 公司敏锐地捕捉到了这种变化趋势，开始自建产品研发团队，加大在产品研发领域的投入，其在产业价值链的位置也逐步扩展至新产品设计、模具开发、样品试制等环节，真正实现了从 OEM 方式向附加值更高的 ODM 方式及 TMS 方式转变。

就 OEM 和 ODM 型制造业工厂而言，如何最大限度降低成本是实现利润的关键。同时，对于 ODM 及 TMS 型制造业工厂，除了加强成本管理之外，还应在研发上增加投入，增强自身的差异化竞争优势。LD 公司的柔性预算管理恰好在这两方面都得到了充分体现并取得了很好的效果。

三、组织架构

从 LD 公司的组织架构来看，其治理层为集团董事长、集团总裁，不设董事会和监事会，集团董事长即执行董事。集团总裁直接管辖营销中心、财务中心、经营分析处和集团总经理，集团总经理负责对各运营中心进行协调和管理。

LD 公司的组织架构中较为特殊的是由集团总裁直接领导的财务中心与经营分析处两个机构。财务中心下设集团财务部、财务部及资讯部三个平行的部门，均由集团的财务副总领导。其中，集团财务部负责集团内部各子公司财务部的领导与管理，汇总其编制的预算以及提交的其他财务数据。财务部除了负责集团公司总部的财务工作外，还建有一支独特的汇率管理团队，负责集团因大量出口业务而产生的外汇收入管理及运作，由集团财务副总亲自负责；资讯部负责集团信息系统开发和维护。资讯部与财务部同设于财务中心之下，由财务副总统一分管，是 LD 公司组织架构设计中的一个重要亮点和特色，为实现 LD 公司财务与业务一体化和有效开展财务管控起到非常重要的作用。LD 公司组织架构详见图 3-2。

另一个较为特殊的是经营分析处的角色，从其负责的内容来看，主要是履行成本管理方面的职能。下设的经营分析部与成本中心各司其职又相互配合。其中，经营分析部负责企业成本绩效分析与考核，而成本中心则更多地负责标准成本数据的采集以及标准成本库的建立。两个部门在成本管理上的贡献以及与其他部门的精诚配合，使得LD公司实现高于同行业竞争者的毛利率。

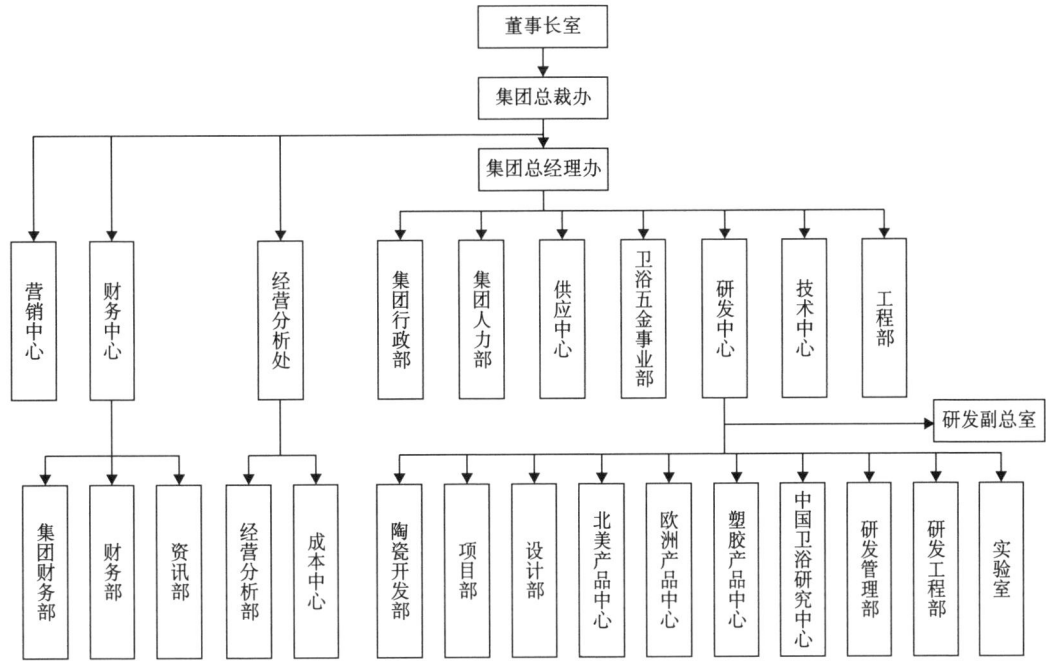

图3-2　LD公司组织架构图（经精简）

第二节　柔性预算管理的基石：标准成本制度

LD公司的全面预算管理以标准成本体系为基础，而其标准成本体系是动态的，预算管理也是"刚柔相济"的，从而形成LD公司独具特色的柔性预算管理模式。

一、严标准与高追求：标准成本库的建立与应用

LD公司自2002年导入ERP系统伊始就开始建立标准成本，经历十余年的不断改进，形成了完善的标准成本体系。

（一）制定标准成本的依据

标准成本制度建立过程中最重要的一环是标准成本库的建立，而标准成本库的建立则依赖于对标准来源的选取。LD公司在标准成本体系建立初期以行业的标杆水平作为标准

的制定依据，但正如其成本中心负责人所言，"最好的标准成本是同行业领先的标准，但往往这些数据是可遇而不可求的"，因此在行业标杆数据缺乏的情况下，LD公司主要以历史最优成本数据作为产品标准成本的制定依据。实际工作中，成本中心根据近两至三年的历史数据和可以得到的行业标杆数据为每种产品制定标准成本，并与生产团队及部门预算比对论证，最终经过调整得到双方认可的标准成本并作为预算或成本考核中的标准。对于缺少历史成本数据的新产品，其标准成本的制定则是部分参考同类产品历史经验数据，部分通过竞争报价倒逼形成。

（二）标准成本基础数据的采集

标准成本体系，尤其是建立初期，需要收集和处理大量的数据（成本中心与各部门负责收集）。LD公司在采集标准成本数据的过程中，会按照细分成本项目标准，并借鉴"ABC成本法"到生产现场的各作业工序、作业机台采集一手数据。细分成本项目标准包括直接材料成本（区分原材、配件—自制/外购）、直接人工成本（区分考核单元）、制造费用成本（区分考核单元及固定、变动）、加工费成本（区分考核单元）。对标准成本按成本性态和责任中心进行细分，为成本管理和绩效考核以及短期经营决策所需信息打下良好基础。标准成本基础数据的录入工作主要由隶属于成本中心的账务员在现场进行录入（产成品通过二维码扫描录入）。为了保证数据的准确性，成本中心会根据技术部门提供的基础数据进行不定期检查。

（三）标准成本的动态适应性

LD公司为了追求持续的竞争优势，不断调整和优化成本标准，以保持其动态适应性和领先性。一方面，通过成本分析不断发现不合理的成本，以此对现有的标准成本库进行定期的修正与更新（通常半年一次）；另一方面，将建立的标准成本库应用于研发设计中心的研发工作，从产品开发源头实现成本的节约。

二、经营分析处与财务中心双团队管控成本

LD公司实行经营分析处与财务中心双团队管控成本。其中，经营分析处有关成本管控的职能，主要由下设的成本中心负责，包括：产品报价和成本考核；制定和管理各主要制造业子公司的标准成本体系。财务中心成本管控的职能则主要是核算实际成本；分析标准成本与实际成本差异；提供成本考核基础数据。

成本中心共有22人，其中，4人负责产品报价，3人与公司所有者直接沟通、报告，剩余15人则分工负责集团内各车间、部门成本费用的记录、核算与考核。

成本中心与财务中心下设的财务部在成本管控的过程中互相协作。成本中心使用单独的标准成本系统（K3），并且可以与财务系统对接。各期实际成本数据源由财务部提供给成本中心，成本中心按照报告目的不同而对财务提供的成本数据进行重新归集。成本费用均按月归集，数据处理过程中两部门会就重新归集后的数据口径差异进行实时沟通，找出差异原因消除数据报告分歧。

而在实际过程中，如果发现成本费用异常，根据制度规定，成本中心会要求现场负责人员自行查找并解释超支原因，同时跟踪责任部门采取措施整改到位。

第三节 追求柔性的预算管理控制

一、预算管理体系构建与推行的特点

LD 公司柔性预算管理体系的构建过程主要有以下几个特点：

（1）治理层坚定的支持。预算管理体系的构建由公司总裁全力支持，财务副总亲自推行。这一点对于 LD 公司预算管理体系的构建与推行至关重要。作用体现在两个方面：一方面，预算管理体系从无到有再到日常化是一个长期的工程，治理层坚定的支持表达了其对预算管理体系的重视并赋予其权威性；另一方面，作为一种管控制度，其建立必定涉及内部各方力量的博弈，而这种支持也化解了来自总经理以及其他一些高管对预算管理推行的抵制，从而保证了财务副总工作的顺利开展。

LD 公司没有设置"预算管理委员会"。董事长和总裁是 LD 公司预算的最高权限人。每年预算编制时，董事长和总裁会根据公司发展现状及市场情况提出年度目标。运营团队在总经理带领下，由经营分析处按标准成本和各团队确认来年的成本目标。在编制预算过程中，LD 公司没有出现过所谓预算编制与预算调整的"春吵秋吵"现象，原因在于总裁和运营团队对于目标的认知是一致的。

（2）信息化支持。LD 公司的信息部门（即资讯部）由财务副总管理，使得预算管理体系施行初期就能得到高度的信息化支持。据其财务副总介绍，信息化对预算管理的帮助至少体现在两个方面：其一，通过信息化实现对预算数据的高效采集；其二，整合各个软件平台，加强财务对集团的管控能力。

当然，LD 公司在预算管理信息化决策上有两种选择：一是外购 ERP 自带的预算模块，二是自行设计开发 LD 公司自己的预算管理信息系统。LD 公司最终选择了后者，这是因为 ERP 自带的预算管理模块其管控理念为逐笔管控，与 LD 公司柔性的预算总额管控模式不适应。LD 公司认为，信息系统不仅是为了内控，还要体现便捷、高效的服务理念。

（3）循序渐进，不断完善。如财务副总所言，LD 公司的预算体系不求一步到位也无法一步到位，"一开始没有把预算作为预算考核的依据，等各中心主管对数据有感觉了，才用来考核"，这主要是考虑到预算管理体系的全面发挥作用有赖于集团各层级对其有一个接受与学习的过程。具体来看，一方面，在构建初期，比较注重预算的组织架构搭建，只要求预算做到大中心（如财务中心、供应中心、技术中心、业务中心、营销中心、行政人力）这一层面；另一方面，预算一开始不作为绩效评价的标准，只作为业绩跟踪和控制的依据，也就是只要求负责人承诺实际发生数不能超过年初预算数，据此进行年度总量控制。在此过程中，让经理们逐渐熟悉预算体系，对预算数据"越来越有感觉"，从而逐步

提高预算编制的科学性。

（4）预算与绩效考核紧密联系。在预算管理体系已经全面被接受与实施之后，为巩固这一体系的建立，LD 公司开始对预算达成情况实施考核并与管理者的年度绩效关联。就权重而言，预算的达成情况在高管层中占年度绩效 10% 的权重，而在对预算进行实际控制的经理层中则占到 20% 的权重，这一比例的差异也反映出 LD 公司在预算考核时对权责匹配的充分考虑。

二、集团预算的编制流程

LD 公司的预算编制具有两个特点：其一是预算编制遵循先由上至下，后由下至上的流程。每年由集团总裁下达年度营业收入总目标，然后由各中心及子公司根据自己的实际情况进行分解，编制各自的预算并逐级上报送审，最终由董事长和总裁对集团预算方案进行批准。其二是预算编制有着详细的时间安排，每年9月底开始启动来年的年度预算编制工作，集团上下各预算责任部门及预算责任人员均需要根据预算时间表的要求按时完成预算的编制工作。其编制要求与时间安排如表 3-1 所示。

三、责任预算与柔性预算

（一）预算责任体系

LD 公司的预算管理强调授权和责任。按照预算编制要求及时间安排表（如表 3-1 所示），LD 公司把预算责任分配给各个责任中心的负责人，由其发挥管理上的自主性来完成预算控制的任务。用其财务副总的话来说，"如果预算对每一笔钱都去管的话，意味着不相信经理层的管理"。

表 3-1　　　　　预算编制要求及时间安排（简化表）

序号	项目	要求	责任部门	最终审批人	完成时间 20××年的前一年
1	预算项目口径核对与规范	（1）财务中心与成本中心逐项核对主营业务成本各预算项目、各成本因子的预算口径 （2）对后续成本绩效考核指标涉及财务数据的口径确认	成本中心、集团财务部	各中心最高主管	9月30日
2	销售目标预算	（1）20××年销售目标预算	营销中心	中心最高主管	9月30日
		（2）销售目标滚动三年预算（20××~20××）	营销中心	总经理、集团总裁	9月30日
3	20××年前一年的预算执行情况分析	（1）对前一年全年预算执行情况简要分析； （2）对前一年年度内还未发生月份数据进行估算： ①人工：按最近一个月实际数×剩余月份数 ②其他费用：按已发生实际数年化折算 ③资本类支出：年初预算总数－已发生总数	各财务部	部门最高主管	10月20日

续表

序号	项目	要求	责任部门	最终审批人	完成时间 20××年的前一年
4	预算基准	确定电子类支出预算基准	集团资讯部	集团财务副总	
		确定原材料预算基准	集团原料部	集团总裁、执行董事	
		(1) 原则上按照集团预算管理系统标准设置预算单据、预算科目、预算报表的基础参数； (2) 各公司因业务需要，可以向集团申请新增预算单据、预算科目、预算报表	各财务部	部门最高主管	10月20日
		确定预算基准汇率	集团财务部	平均汇率由集团财务副总审批	10月20日
				浮动汇率由集团总裁审批	12月15日
5	20××年预算编制具体说明	(1) 指导各部门编写全面预算编制的具体说明、要求、指南、标准； (2) 绘制各公司具体细项预算编制管理时间计划甘特图	各公司财务部	部门最高主管	10月20日
6	电子类资本支出预算	各公司电子类资本支出预算（IT硬件、软件、便携数码产品、网络），由各财务部汇总报集团财务部和集团资讯部	集团资讯部	集团总裁	11月15日
7	20××年预算财务报表（初稿—固定汇率）	(1) 预算损益表中的收入、成本、费用项目，需逐项与前一年实际数对比分析，说明增减原因； (2) 各预算项目必须详细注明预算数据来源、口径标准、计算方式； (3) 注明此稿主报集团财务部审核和并稿使用	各公司财务部	公司总经理	11月30日
		(1) 编制集团合并预算财务报表（初稿）并简要分析； (2) 报集团副总审核后，报集团总裁审批	集团财务部	集团总裁	12月10日
8	20××年预算财务报表（终稿—浮动汇率）	(1) 在总裁核准的预算财务报表基础上，受汇率影响收入和成本的公司采用浮动汇率替换固定汇率，重编预算财务报表； (2) 编制固定汇率与浮动汇率预算财务报表差异对比分析表； (3) 各公司浮动汇率预算报表报集团财务部审核并稿	各公司财务部	公司总经理	12月25日
		(1) 编制集团合并预算财务报表（终稿）并简要分析； (2) 报财务副总审核后，报集团总裁审批	集团财务部	集团总裁	12月30日

资料来源：项目组根据LD公司内部资料整理。

具体而言，在成本预算方面，采用的是年度总额控制、过程跟踪管理的策略，给各责任部门比较大的自主权。例如，年初公司治理层与经营层（以总经理为代表）确定的成本节约额目标为5000万元，总经理再把这一目标分摊到各大中心，对这些中心进行年度总额控制，月度跟踪管理。每个月的高管会，成本中心与各大中心比对成本数据，跟进年度目标（5000万元节约额）的完成进度，（如假设1~4月份节约了870万元，那么，其中生产中心、供应中心及技术中心分别贡献了多少，节约任务还有多少），并形成相应报告。

在收入预算方面，集团总裁每年与集团董事长先确认销售任务，同时考虑汇率的变动趋势因素，确定销售收入预算额，并将任务分配给其业务团队。

由于收入预算的重要性，其考核通常由治理层（董事长及总裁）亲自进行。

（二）柔性预算方法

（1）因为要做到柔性预算，所以一开始在会计科目设置时就按变动成本和固定成本进行区分和归集；

（2）在此基础上，根据预算数据确定每年每个变动项目的柔性系数；

（3）当期的柔性变动项目预算额 = 当期实际收入 × 该项目柔性系数；

（4）固定成本预算额 = 当期预算的固定成本。

四、柔性预算管理的特点

LD公司柔性预算管理的核心是成本管理系统，其突出的特点表现在如下四个方面：

（一）责任中心划分和明细成本指标预算目标的"柔性"

LD公司根据生产经营经验，先是将各个成本责任中心、部门划分为组立（组装系统：包括注塑组部、组装一部、组装二部等）、自制（自制系统：低压铸造部、锌压铸造部、注塑成型部、样品车间等）、非组立非自制（包括储运部、技术中心、总生办、环保部、供应中心、品保部）三类，再根据大类确定各个责任中心或部门的成本费用管控所对应的预算明细指标，相应建立预算明细科目。预算管理控制的落实是抓好预算指标值的分解和细化并落实到具体的责任中心或责任人，由此形成各具体责任中心的成本目标。

柔性预算管理的显著特征之一体现在确定各责任中心的成本目标（利润目标）的"柔性"上，这个柔性是指目标值不是单一数字的刚性数值（也就是简单设定一个数值），这一点在变动类成本项目目标上显得更为明显。企业将这些柔性控制目标落实到各责任中心的明细项目上，以增强成本管控的可操作性。另外，结合成本管理绩效考核的需要，将成本费用各明细科目分为指定责任中心可控和不可控两种类型。指定责任中心可控的指标作为考核的重要组成部分，不可控的指标则作为协同控制和柔性管理的考核。

（二）预算目标确定的"柔性"

LD公司根据对未来一段时期市场可能出现的不同情形的预测来确定多种情景的销量

目标值,并根据这些销量目标值(通常选三个)来编制销售收入和成本费用预算,因此"柔性"体现在目标值的多样性上。在 LD 公司,销售预算由总裁主导、营销中心负责编制,销售预算包含销售量和单价。总的主营业务成本预算由经营分析处下辖的成本中心依据标准成本体系进行总额预算,人工及费用预算则是由各中心主管负责,其中的人工制费最终还必须与成本中心总预算成本比对一致。为了克服销售预算预测准确性带来的问题,各中心、部门在编制成本费用预算时,针对变动性质的成本费用,通常是结合市场情况,根据其历史统计数据库或是标准成本库确定各项成本费用与收入的比例(或称"柔性比率"),再乘以上级的销售预算值得出具体的预算数值(如先确定"组立—×部—人工成本"为销售收入的 2%,则预算值=销售预算数×2%)。因此,在预算编制过程中,预算的对象是柔性比率而非具体数值。

(三)预算管控的"刚柔相济"

LD 公司预算管控选择具有"刚柔相济"特点的总额管控模式,具体做法是:(1)在年度预算费用总额内,预算执行部门个别月份、个别项目可以超预算支出,年度内各月份的费用预算额度可以相互调剂支配,目的是让预算执行部门实现主动管控。(2)资本性支出预算,必须逐笔管控,但允许其年度内各期间预算挪用调剂,以充分满足业务需求。(3)总额内预算追加,必须逐笔审批。虽然钱可以花,但考核标准不变。(4)预算内充分授权审批,预算外逐笔逐级上报审批,兼顾效率与内控。(5)虽然在预算上进行成本精细管理,但在研发、生产技术尤其是战略方向上的预算不进行压缩,亦即对不同预算管控做到松弛有度。

(四)预算分析考核的"柔性"

LD 公司期末进行预算分析时,将各项成本费用的柔性比率乘以实际销售收入即可得到合理情况下的柔性预算数(即"柔性预算数=实际销售收入×柔性比率"),此时再把各项成本费用的实际发生数与柔性预算数进行对比,即可直观展示各项成本费用的差异,并能够据此客观地对预算达成情况进行奖惩。可以看出 LD 公司的柔性预算也体现在预算分析这一环节,即无需对原本的销售预算进行调整,在柔性比率固定的情况下,只需根据实际销售收入即可得出相应合理的成本费用预算,避免预算调整带来的内部争议。

从上述内容来看,根据销售收入与变动成本费用之间的比例关系来分析成本费用预算的合理性的确更具客观性。但是,就公司整体而言,仍需一个总额目标值(如本年成本节约额目标为 5000 万元)来促进各中心、部门合理开支、降低成本。LD 公司在确定销售收入的年度目标时,也相应地定下了年度成本费用节约额目标值,各中心、部门需要在总目标值的约束下,认真分析来年的成本与费用结构,努力降低其责任范围内的成本、费用的柔性比率。与此同时,LD 公司并不鼓励一味地节约与缩减成本费用,而是强调各中心、部门在制定各自的预算时,从本年实际及来年预计情况出发,做到量入为出,在一定程度上具有零基预算的特点。

第四节　与柔性预算管理相匹配的绩效评价与考核

一、绩效考核层级与指标

LD 公司经营者希望培养各层级管理者能够有主动经营自己团队的意识，故选择了主动预算的理念。主动预算实施前两年并未用于考核，而是让各中心主管对自己团队数据有一定的认知后，才开始进行考核。

主动预算和考核是确保公司目标达成的管理手段之一，能够在一定程度上有效激励各中心主管的主动经营意识，但又不鼓励各中心主管的短期行为。

管理层的绩效根据预算的执行情况进行考核评价，主要体现在年终奖的系数计算中，预算的执行情况占高管层绩效权重的 10%，而在部门经理层则占到 20%。

LD 公司主要采用年度绩效考核。部分部门也按月份考核，如生产团队，成本中心按当期实际生产产品数量乘以标准成本作为月度标准成本，再与实际数比较计算节约额或者超支额加以考核。

二、绩效管理未来的努力方向

LD 公司在实行绩效管理的过程中存在两个主要问题。其中一个问题是对研发团队的绩效评价与激励。据 LD 公司财务副总的描述，一方面，LD 公司研发团队的研发积极性很高，新设计层出不穷，这对于 LD 公司保持创新能力及市场份额而言具有积极作用；另一方面，每个新设计从试产到量产再到市场投放需要占用大量的资金，并可能面临不被消费者认同的风险，因此多数的研发成果最终只能束之高阁。对于如何有效对研发人员进行绩效评价从而引导其把握研发节奏是亟待解决的问题。另一个问题则是全员激励。如前所述，现行绩效管理还未到达一线员工个人层面。造成的结果是，一线员工在赶工的过程中会出现不当操作的现象，从而使得良品率下降引发返工成本上升。因此，如何改进现有的绩效考核内容以长久有效地激励员工，使得员工能够视产品质量为己任，是其绩效管理亟待解决的另一个问题。

第五节　信息化建设与内部报告

一、量身定制的内部报告体系及其信息化

LD 公司在设计其内部报告体系及其开展信息化建设时，坚持管理会计设计的前瞻性

思维，学会"走一步看十步"，切实做好财务基础的规划设计。LD 公司规划和架设内部报表体系，首先考虑的是如何让其各层级管理者能看得懂财务的数据，能获得他们所需要的管理报表和信息。既然要满足各层级管理者需求，也即意味着架设的理念是用最基础的不能分解的元素开始搭建，以便于自由组合，以不变应万变，适应长期需求。具体体现在以下几个方面：

（一）核算项目的前瞻性设置

LD 公司设置核算项目时，在会计科目基础上，遵循统一、前瞻、兼容、可扩展原则，按可控别、项目别、费用变动属性别加以设置，提前考虑高新科技项目管理和专项费用归集需求。比如，LD 公司设计的费用报销单字段，为了管理获取信息需要，共设计了 85 个字段。从而使财务管理和信息化建设能跟上业务的变化。

（二）特色定制报表项目

LD 公司的特色定制让管理者对各类管理报表及报表项目一目了然。如利润表显示的成本项目，完全按照预算组织架构以及责任归属来收集和体现数据。

LD 公司应用特色定制的 BI 系统，每周都会形成财务相关内部报告（报表），包括从集团到各下属公司的经营概况、损益分析、人工分析、资产分析、存货分析等方面的各种管理分析报表，供相关管理人员查阅。通常每周周五上午可以形成这些管理报表，下午可以报送。每个月月底将这些管理报表与财务报表匹配，保证数据的准确性。数据的采集及差异分析均已实现自动化。

（三）注重 IT 与管理的融合

通过 IT 手段将管理要求落实到最末级管理单元。比如，为了动态掌控机台产量情况，为财务掌握一线资料提供很好的分析基础，LD 公司实现了现场生产排程信息化。再比如，为了满足高新技术企业的高新项目费用归集需要，利用 IT 开发单据推进高新项目立项和项目日常收支管理。

二、以利润表为核心的内部报告体系

如上所述，LD 公司的内部报告体系内容繁多，最终汇总呈报到董事长的报告通常是一套报表，但最受其关注的则是一张预算分析表。该表参照利润表的结构加以改造设计（如表 3-2 所示），其中，对成本费用项目按可控性及成本费用性态进行细分，以便更直观地体现这些细分的成本费用及整个利润预算的完成情况。在汇报时，各汇报人需要就预算的超支及节约进行解释，并接受董事长的询问。据此，董事长可以清楚且全面地了解全年预算的实现程度以及个别项目出现异常的原因，并据此作出来年的决策，而不用受过多财务数据的纠缠。

表3-2　　　　　　　　　　　　　　　预算分析表

	本年累计数		
	实际发生数	预算数	差额
主营业务收入			
减：主营业务税金及附加			
主营业务成本			
不予抵扣进项			
材料成本			
报废损失			
直接人工（变动费用）			
制造费用			
其中：组立制造费用			
自制制造费用			
非自制非组立制造费用			
主营业务利润			
加：其他业务利润			
减：营业费用			
营业费用（变动费用）			
营业费用（固定费用）			
其中：薪金			
管理费用			
其中：管理人员薪资（不含加班）			
加班费			
……			
财务费用			
营业利润			
加：投资收益			
补贴收入			
营业外收入			
减：营业外支出			
加：以前年度损益			
利润总额			
减：所得税			
净利润			
固定费用合计			
变动成本率			
保本销售额			
人员数量			

第六节　LD 公司柔性预算管理经验的启示

LD 公司柔性预算管理的成功应用，对于制造业工厂特别是 OEM 和 ODM 型制造业工厂，具有很强的参考价值。其具体应用经验可归纳如下：

一、成本目标的柔性

指定责任中心可控的指标作为考核的重要组成部分，不可控的指标可作为协同控制的考核。柔性预算管理最终体现在确定各责任中心的成本目标（或利润目标）的"柔性"，即目标值不是单一数字的刚性数值，而是根据预算数据确立每年每个变动项目的柔性系数。当期的柔性变动成本项目预算额即根据当期实际销售收入乘以该项目柔性系数计算确定。固定成本预算额即为当期预算的固定成本。将这些柔性控制目标落实到各责任中心的明细项目上，可以增强成本管控的可操作性和效果。

二、标准成本建立和合理化改善

LD 公司成本管控的成功经验在于高度重视按照管理的需要制定科学合理的标准成本体系，并保持标准成本的动态调整和持续合理化，从而推进成本管控效果的不断提升。

三、刚柔结合，提高预算管理控制效果

强调柔性预算管理与绩效考核紧密结合在一起。在预算编制过程中，预算指标的目标值柔性是指一个允许波动的区间范围而不是一个固定的数值。尤其是对预算执行的绩效进行评价，可以定一个期望值 E，然后确定一个波动率 α，其区间范围为 $[E(1-\alpha), E(1+\alpha)]$。在预算分析中发现执行的结果落在上述区间范围内，则无需对预算的目标进行调整。但仍然需要对差异的原因进行详细分析，为责任人和高管层提供对后续的执行方案修订的依据。

LD 公司柔性预算管理的成功应用，关键有四点：一是柔性预算管理和追求成本持续合理化改善及差异化竞争优势的理念，使得战略管理、标准成本管理、预算管理、绩效管理等管理方法和手段得到了有机整合；二是动态的标准成本库建立，使预算控制有了一套可靠的标准设定的基础；三是绩效目标的柔性管理，促使对于责任人绩效评价更加合理和更具激励作用；四是适应柔性预算管理模式的自主预算管理信息化平台和财务信息化平台的建设与应用，为柔性预算管理的实施创造了很好的技术条件。LD 公司在这方面的成功经验，给企业应用超越传统预算的柔性预算控制模式增强了信心，同时也为全面预算管理控制系统提升和改进提供了成功的范例。

第四章 战略绩效管理：HG公司的价值管理创新*

第一节 公司背景

HG 公司成立于 1965 年，是一家经营领域横跨多个行业的集团公司。

HG 公司于 2002 年 3 月开始实施平衡计分卡（Balanced Score Card，BSC），经过多年的实践，HG 公司已获得诸多具体效益，例如，从集团总营收来看，从 2001 年至 2006 年，总营收成倍数增长，其他各项指针（如产品组合获利、目标产品销售金额及业务生产力等）亦皆有显著的增长。此外，实施平衡计分卡后，对 HG 公司的主管及员工都产生了具体的行为改变，主管会议大多以讨论战略为主，而员工可以清楚地了解公司的战略方向，有助于员工把日常作业与公司战略结合，每天的工作内容因平衡计分卡的目标而改变，工作量也明显减轻。

HG 公司在平衡计分卡实施的过程中，历经沟通不足、员工认知不够，导致公司战略窒碍难行的阶段。经过专家义务指导与协助，找出问题根源，谋求解决之道，逐渐扭转颓势，开创蓝海新局。因此，以下的真实案例，对有意引进平衡计分卡的公司，作为参考，必然大有裨益。

第二节 实施平衡计分卡的主要方向及目的

以下分别说明 HG 公司实施平衡计分卡的主要方向及目的。

---

* 本案例是厦门市两岸会计合作与交流促进会研究课题和教育部人文社科重点研究基地重大项目（项目批准号：12JJD790011）的阶段性研究成果。

厦门市两岸会计合作与交流促进会课题组组长：吴水澎教授、黄世忠教授、郑丁旺教授（中国台湾）；课题组总协调人：游相华；课题组成员：刘宗柳、傅元略、游相华、刘峰、刘维、姚荔、麻胜新、傅杰；（中国台湾）吴安妮、王怡心、卢联生、廖三郎。本章由吴安妮（中国台湾）撰写。

一、实施平衡计分卡前既有的管理制度

（一）已有目标管理制度，但是执行力并未提升

HG 公司每半年举行一次年度计划发表会，以六个财务性指标（销货收入、毛利、毛利率、费用、应收账款周转率及库存周转率）进行目标管理。在发表会上，各部门主管需提出未来半年的六项重点战略与六项改善项目，视为该部门的主要战略重点，并提出相关的行动方案，即为战略的落实。但在目标管理下，各单位的战略无法有效连结，公司成员的目标设定是在所属单位的部门目标下产生，对于公司整体的战略缺乏广泛的了解，且此制度下所依据的六项绩效指标偏重短期、财务面的向度，无法检视战略执行的真实情况。

（二）已有绩效奖酬制度，但与战略毫无关联

HG 公司的绩效奖金制度依部门性质而异。战略性事业单位的绩效奖金依照年终营运结果（营业利益较上年增长 20%），提拨部门损益（分摊费用后）的固定比例为奖金。支持性服务单位绩效奖金以可分配总额为基础，再依据个别部门奖励办法发放。至于 HG 公司的员工分红制度，总额依公司别税后盈余提拨固定百分比，再由各部门主管评估员工贡献度以决定分红金额。此制度下的报酬缺乏与公司战略的连结，且评估过程亦未见具体标准，因而渐不具激励性。

二、实施平衡计分卡的目的

HG 公司实施平衡计分卡的目的是提高战略落实度、强化公司横向与纵向沟通以及提升绩效。有关平衡计分卡实施的主要目的如下。

（一）具体落实战略

HG 公司执行长检视公司内部既有的管理问题，发现主管心中的战略难以向下推动，源自各阶层主管对于战略认知有差异，导致战略容易流于口号，缺乏与具体行动方案连结，公司基层成员因而难以完全落实战略的执行。

（二）强化内部沟通

因集团成员众多（约 15 家公司），故在目标管理下，形如多头马车，公司资源难以聚焦，因此，公司迫切需要建构一套完整的战略管理系统，以协助公司聚焦并沟通战略，进而提高战略认知度与落实度。

（三）绩效整体掌控

掌握绩效部分，如上所述，HG 公司原有绩效奖酬制度缺乏与战略的连结，且评估过程亦未见具体标准，因此，通过平衡计分卡，除了提供可依循的评估架构，亦可将员工的

注意力集中在与战略最相关的量度上。

第三节 平衡计分卡的项目团队及实施范围

一、平衡计分卡项目团队与运作方式

HG 公司平衡计分卡项目，除了专家义务性参与协助推动外，HG 公司执行长及重要的高阶管理人员皆投入平衡计分卡的实施。兹以表 4－1 呈现平衡计分卡项目团队的成员及其责任。

表 4－1　　　　　　　　平衡计分卡项目团队成员及其责任表

平衡计分卡项目团队成员			责任
最高决策领导者	执行长	1 人	1. 战略领导与决策 2. 持续支持项目推行 3. 提供项目所需信息、协助排除障碍
高阶经营团队	执行长室主管	1 人	1. 建立战略流程 2. 协助战略分析 3. 追踪战略行动后续执行状况
	信息中心主管	1 人	信息系统的支持与协助
	事业单位主管	5 人	1. 提供项目团队相关背景资料 2. 实际拥有、使用平衡计分卡
高阶支持团队	经营管理处主管	1 人	1. 项目沟通协调 2. 提供项目资源 3. 提供绩效信息
平衡计分卡执行团队	HG 公司种子成员及外部研究生	4 人	1. 项目整体设计规划与执行项目任务 2. 平衡计分卡战略绩效信息的沟通、分析与回馈 3. 平衡计分卡教育训练与观念沟通

资料来源：HG 公司。

二、专案推行时间与进程

HG 公司自 2002 年 3 月开始推行平衡计分卡项目，历经导入前准备及评估阶段、设计时间、运行时间以及持续精进阶段。

（一）导入前准备及评估阶段（自 2002 年 3 月至 7 月，为 BSC 第一阶段的导入前准备及评估期）

HG 公司首先成立 BSC 项目团队，由执行长担任召集人，并组成高阶主管参与的推行经营团队,包括经营管理处、信息中心与各事业单位(SBU)主管。BSC 项目团队成立后,随即着手 BSC 的相关教育训练课程,完成总公司的使命、愿景、价值观及战略。

(二) 设计时间(自 2002 年 7 月至 2003 年 8 月,该阶段重点在于设计 BSC 的架构内容)

各事业单位根据第一阶段订定的 HG 公司使命、愿景与总公司战略,提出战略性议题、战略性目标及战略地图,并进行缺口分析,以及设定相关的战略性衡量指针、目标值与行动方案。2003 年年初,原先只实施于中国台湾总公司的 BSC 观念开始移转、落实到两个事业处。此阶段藉由战略访谈会议来澄清并决定战略性议题及目标,思考如何让两个事业单位既实现总公司的战略性目标,又能符合市场所需,发展出自己的特色,进而形成战略地图。并且,通过每月一次定期的项目产出报告、不定期的 BSC 教育训练、月会及电子报等方式传达 BSC 的概念。

(三) 运行时间(自 2003 年 9 月开始,步入 BSC 实施的第三阶段,该阶段旨在落实 BSC)

首要任务在于将 BSC 融入员工的日常工作中。此时,根据各事业处的战略地图与年度的战略执行重点目标,发展出一页管理表,并定期举行战略绩效报告,通过简单的管理方式,将 BSC 的思维扎根于员工的心中。

(四) 持续精进阶段(2004 年 3 月进入第四阶段,落实执行与成效追踪阶段,持续将 BSC 融入日常运作)

开始建置 BSC 信息系统及战略性议题的重点流程检讨与再修正。2005 年,首度将 BSC 的 KPI 与业务员奖金制度结合,期望达到业务员努力的方向与公司总战略性目标一致的目的。

三、实施范围

HG 公司平衡计分卡的推动范围,共完成 3 个事业单位(SBU)及 4 个支持性服务单位(SSU)的战略图与计分卡;另外,从总公司、事业处到部门的主管总共设置了 36 张计分卡。

第四节 实施平衡计分卡的过程

一、战略形成系统:以 SWOT 计分卡形成战略

HG 公司以 SWOT 计分卡为战略形成架构,展开战略讨论会议,并形成公司的战略,如表 4-2 所示。

表 4-2　以 SWOT 计分卡形成战略表

内部环境分析 \ 外部环境分析		机会		威胁	
优势		F	■ 开发强势产品提高毛利率	F	
F	■ 有可运用的未分配盈余资金	C	■ 中国大陆内需市场兴起、世界大厂前往中国大陆设厂 ■ 完整的营销通路及物流体系、国际贸易经验丰富 ■ 质量稳定 ■ 交货迅速准时	C	■ 零售通路自有品牌战略挤压现有客户营收 ■ 生存空间遭到压缩
C	■ 完整产品组合、应用技术服务 ■ 客制化产品组合、解决方案提供者 ■ 市场保护得到客户认同	IP	■ 提供目标顾客专属开发服务 ■ 提供客户参与中国大陆通路	IP	■ 竞争对手提供当地物流和服务 ■ 中国大陆供货商将来亦可提供核心流程
IP	■ 供货商拥有 3 家合资工厂，有较佳的主导性，且具备工厂身份，可开拓业务 ■ 公司收集到很多市场信息，充分掌握市场潮流 ■ 市场及产地 office 可就近发挥功能	G&L	■ 产品线、产地、组织需要多元化服务，让员工有成长空间 ■ 中国大陆人力成本低，可提供顾客劳动力密集服务	G&L	■ 管理人才经验不足，新组织文化未建立
G&L	■ 拥有资深稳定的干部 ■ 产品开发人员的能力经验均充足，多种材质皆有涉猎	战略主轴（努力方向）： 1. 采用舰队型组织，互相支持，但各自发展。 2. 以解决方案提供者为职志，提供顾客导向的配套服务，追求顾客占有率。 3. 专注于经营利基市场及利基产品。 4. 善用战略联盟，完成全球化布局。 5. 以上下游价值链为主轴，采用相关多角化经营战略。			
劣势					
F	■ 应收账款管控欠佳				
C	■ 成本报价不具竞争力 ■ 无定期新产品开发，产品开发不够精致				
IP	■ 采购力不强，供货商信息不足 ■ 配件采购管理不良 ■ 供货商管控差（成本、质量、交期）				
G&L	■ 管理人才经验不足 ■ 内部人员因应未来成长转型速度不足				

资料来源：HG 公司。

公司战略：

由表 4-2 可知，HG 公司以 SWOT 计分卡形成以下五种战略：

（1）采用舰队型组织，互相支持，但各自发展。

（2）以解决方案提供者为职志，提供顾客导向的配套服务，追求顾客占有率。

（3）专注于经营利基市场及利基产品。

（4）善用战略联盟，完成全球化布局。

（5）以上下游价值链为主轴，采用相关多角化经营战略。

战略形成之后，接着通过「战略执行系统」，将战略有效落实到公司营运当中。专家通过平衡计分卡四大维度的架构，协助 HG 公司有效地将战略转化成具体的行动内容以及建立整合式的战略执行管理架构，让 HG 公司跳脱过去只以短期与财务指标为重点的管理缺失。

二、战略执行系统：以平衡计分卡来执行战略

厘清公司的使命、愿景以及确定未来发展的战略后，就是平衡计分卡开始发挥功能的时候。表 4-3 为实施平衡计分卡的八大步骤流程表。

表 4-3　　　　　　　　　平衡计分卡的具体内容及实施步骤表

步骤	内容
（1）	战略性议题的形成
（2）	战略性目标的形成
（3）	战略图的形成
（4）	战略性诊断——水平与垂直缺口分析
（5）	战略性衡量指针及目标值的形成
（6）	战略性行动方案
（7）	战略性预算
（8）	战略性奖酬

资料来源：HG 公司。

三、总公司平衡计分卡的展开

HG 公司进行平衡计分卡的八大实施步骤，以下分别说明各步骤的实施过程：

（一）战略性议题的形成

在 HG 公司的平衡计分卡会议上，项目小组根据 SWOT 计分卡形成的战略，通过沟通及讨论的方式形成平衡计分卡顾客面的战略性议题，如图 4-1 所示。例如，HG 公司以解决方案提供者为职志，提供顾客导向的配套服务，追求顾客占有率，以此形成顾客维度的议题为：提供顾客「全面性的技术及解决方案之服务领导」；此外，因 HG 公司准备进行「战略联盟」，将于中国大陆设厂，突显出风险评估的重要性，形成内部流程维度中的「风险管理」议题。

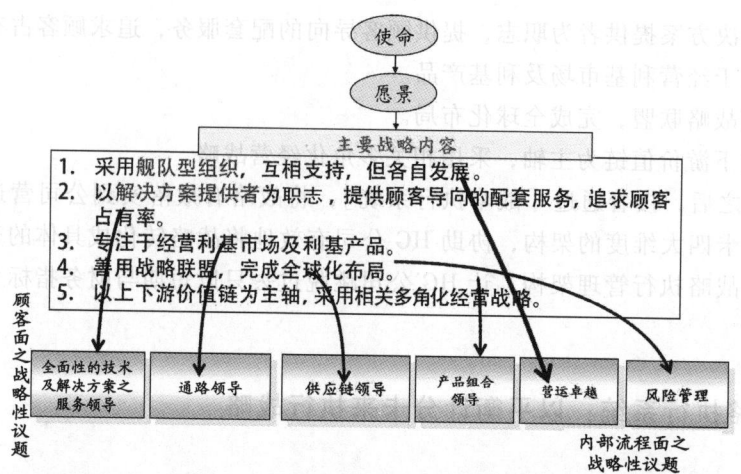

图 4-1　HG 公司从战略所导引出的顾客面之战略性议题图

资料来源：HG 公司。

接着再以顾客面战略性议题为主干，引导内部流程及学习与成长维度的战略性议题，如图 4-2 所示。

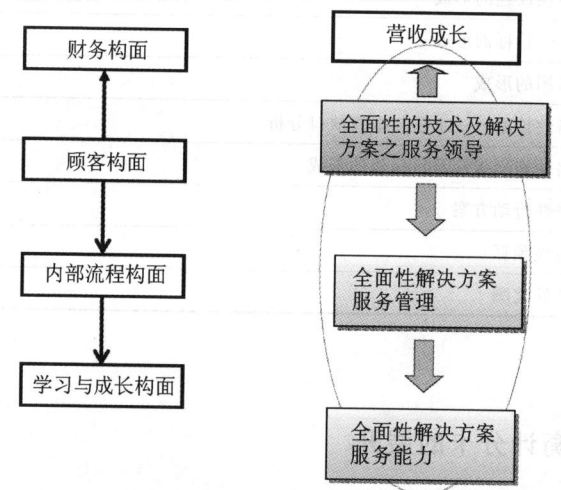

图 4-2　战略性议题导出图——财务、内部流程及学习与成长维度：以「全面性的技术及解决方案之服务领导」为例

资料来源：HG 公司。

（二）战略性目标的形成

HG 公司在形成总公司四大维度的完整战略性议题后，即以战略性议题所指引的方向为基础，展开一连串的讨论。首先由执行长、相关主管及组员分别提出战略性目标，进行「战略性目标脑力激荡及战略性目标讨论会议」，如表 4-4 所示。为提出战略性议题，公司所必须先达成的战略性目标或成果，以发展各战略性议题之下的战略性目标。之后再多次召开战略性目标讨论会议，由主管根据其业务情况，一起将目标汇整修订出来。

表 4-4　　　　　　　　　　战略性目标讨论架构表

维度	战略性议题	讨论的战略性目标		
		执行长	财务经理	专案成员
财务	营收成长	1. 财务、投资利润 2. 客户价值提升 3. 国际双向合作 4. 新产品引进、出口	1. 目标客户营收成长 2. 新产品上市	1. 提升利基产品的销售量 2. 提高客制化产品的比重
顾客	全面性的技术及解决方案之服务领导	1. 国外合作 2. 产品组合 3. 服务体系 4. 忠诚顾客/目标顾客 5. Package Service 6. Internet Marketing	提供客户全方位服务	1. 扩展现有顾客的服务范围 2. 提供全套的解决方案 3. 提供客户具有附加价值的服务
内部流程	全面性解决方案服务管理	1. 产品线组合 2. 产品开发、组合 3. Door to Door 整合能力 4. E-service、E-commerce		业务与 R&D 人员对客户问题及需求的了解并提出解决之道
学习与成长	全面性解决方案服务能力	1. 业务、服务客户能力（SOP, game rule） 2. 解决问题/创新/Team approach		1. 加强业务人员及 R&D 人员对客户问题解决的能力 2. 整合制程上、下游厂商的能力

引自：吴安妮（2012）。

资料来源：HG 公司。

以 HG 公司「全面性的技术及解决方案之服务领导」的战略性议题为例，说明由战略性议题所引导出的战略性目标，如图 4-3 所示。

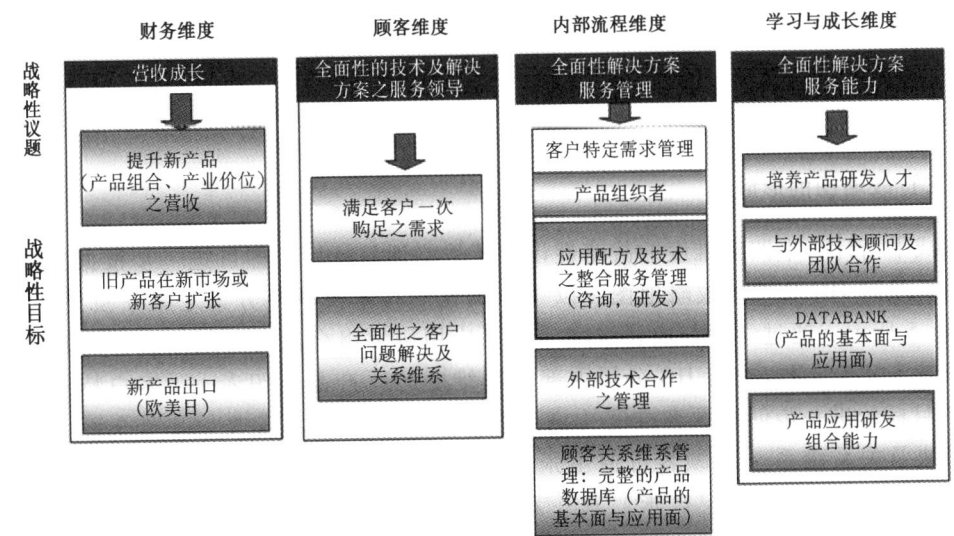

图 4-3　战略性目标形成图：以「全面性的技术及解决方案之服务领导」为例

资料来源：HG 公司。

当项目小组汇整 HG 公司所有战略性议题的战略性目标时，果然产生了战略性目标过多的情况，于是项目小组着手定义战略性目标的属性，区分其短期与中长期的差异竞争优势及重要性，如此一来，HG 公司得以聚焦在关键战略性目标之上，如图 4-4 所示。

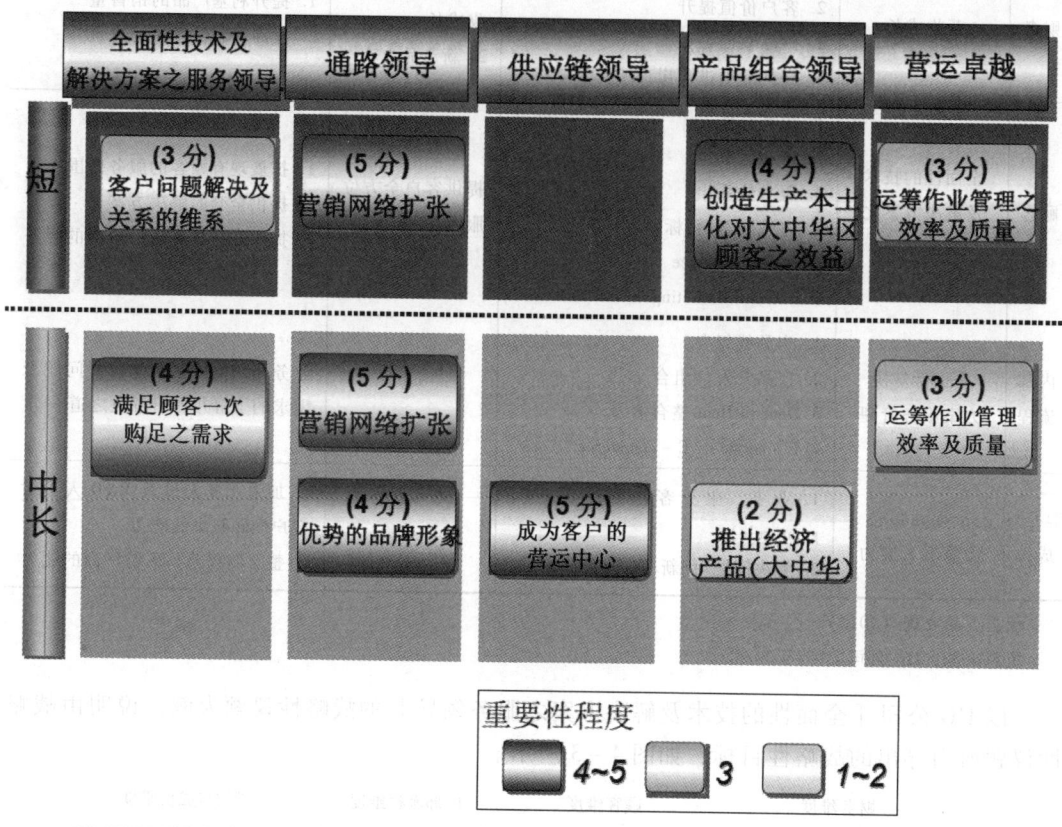

图 4-4 HG 公司战略性目标属性界定图

资料来源：HG 公司。

（三）战略图的形成

形成平衡计分卡四大维度的战略性议题及战略性目标后，即可进一步根据战略的因果关系，绘制 HG 公司的战略地图。以「全面性的技术及解决方案之服务领导」为例，如图 4-5 所示，通过学习与成长维度「产品应用研发组合能力」的掌握，以及「培养产品研发人才」，可以支持 HG 公司内部流程维度的「产品组织者」「客户特定需求管理」的目标，进一步创造顾客维度「满足客户一次性购足之需求」及「全面性之客户问题解决及关系维系」的顾客价值主张，有利于达成财务维度「提升新产品之营收」「旧产品在新市场或新客户扩张」及「新产品出口」的战略性目标，进而促成营收的成长。

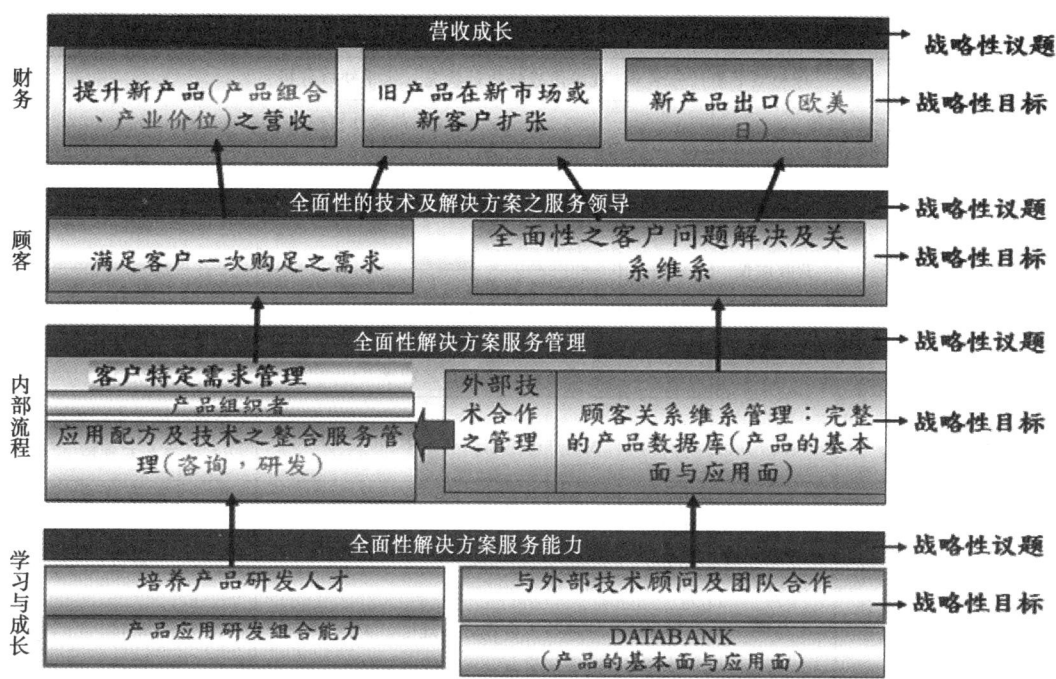

图4-5 战略图的形成：以「全面性的技术及解决方案之服务领导」为例

资料来源：HG公司。

（四）战略性诊断——水平与垂直缺口分析

在这个阶段，HG公司已经初步完成总公司的战略地图，所以项目小组开始依据缺口分析建立架构，针对战略性议题及目标其理想与现状的缺口进行比较分析，其实际过程如表4-5所示。

表4-5　　　　　　　　　　HG公司缺口分析实际推行过程表

流程	步骤说明
收集公司背景资料	收集公司各项背景资料，以了解公司战略性议题、目标、衡量指针的现状
汇整及判断资料	将收集而来的信息汇整至缺口分析矩阵之中（先做水平缺口，后做垂直缺口）
进行理想和现状的缺口分析	依照矩阵缺口做分析讨论
说明结果及建议	找出缺口的解决方法

资料来源：HG公司。

在缺口分析过程中，项目小组分别检视了战略性议题、目标及行动方案，甚至是指标现状与理想上的落差。表4-6和图4-6分别以「全面性的技术及解决方案之服务领导」战略性议题为例进行了水平与垂直分析。

表4-6　水平缺口分析表：以「全面性的技术及解决方案之服务领导」为例

	理想型平衡计分卡 vs. 现阶段战略执行状况（水平缺口分析）				
	战略性议题		战略性目标		
	理想	现状		理想	现状
财务	营收成长	营收成长	FA1	提升新产品（产品组合、产业价位）之营收	缺口
			FA2	旧产品在新市场或新客户扩张	缺口
			FA3	新产品出口（欧、美、日）	缺口
顾客	全面性的技术及解决方案之服务领导	缺口	CA1	满足客户一次购足之需求	缺口
			CA2	全面性之客户问题解决及关系维系	全面性的客户问题解决及关系维护
内部流程	全面性解决方案服务管理	全面性解决方案服务管理	IA11	产品组织者	产品组织者
			IA12	应用配方及技术之整合服务管理（咨询、研发）	缺口
			IA21	外部技术合作之管理	缺口
			IA22	顾客关系维系管理	缺口
学习与成长	全面性解决方案服务能力	缺口	LAP11	培养产品研发人才	维护产品研发人才
			LAP12	产品应用研发组合能力	缺口
			LAP21	与外部技术顾问及团队合作	缺口
			LAP22	Databank（产品的基本面与应用面）	缺口

资料来源：HG公司。

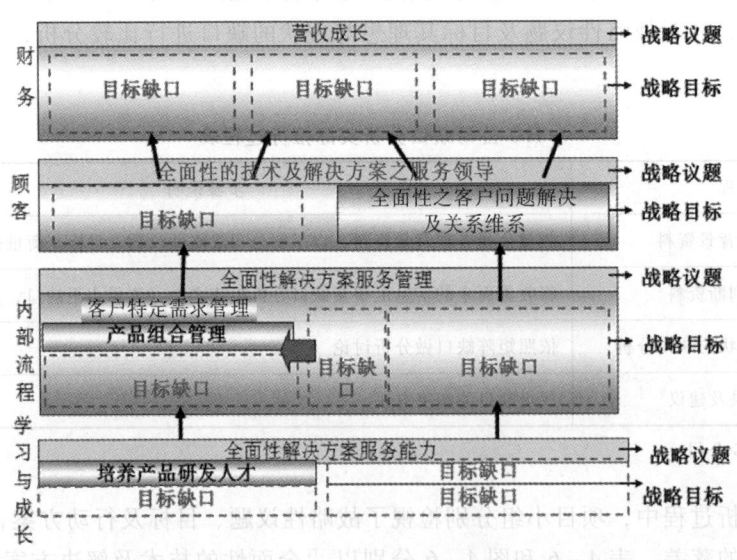

图4-6　垂直缺口分析图：以「全面性的技术及解决方案之服务领导」为例

资料来源：HG公司。

具体来说，做完这个分析之后，HG 公司即能了解到在理想的战略性议题之下，公司有无明确的战略性目标、具体的战略性衡量指标及战略性行动方案、制度或流程去支撑战略性议题。若现在有行动方案或流程制度，则目前的流程制度是否能促进绩效的提升？若不能，则问题在哪里？是否需要提出改善制度或更有效的行动方案？项目小组进行缺口分析的结论，如表 4-7 所示。

根据 HG 公司项目小组表示，在一连串分析与讨论的过程中，可以让参与 BSC 的主管厘清观点：

- 公司在执行战略时所遇到的问题点（缺口在哪里？）。
- 要达成理想的战略性目标，需花多少功夫（缺口大小？），这些缺口的解决难易度和优先级为何？（例如，当某理想战略性议题在战略性目标、KPI、行动方案或制度都有缺口时，则显示仍需要相对较大的努力，才能确保此议题的落实）。
- 战略逻辑思考是否周延完整（垂直缺口分析）。

表 4-7　　　　　　　　　　　垂直缺口分析建议表

战略性议题	战略性目标	重要程度（高、中、低）	是否为差异化竞争优势	既有行动方案、管理与工作流程的缺点描述	缺口分析	为了解现状缺点的未来改进方向	层级	
							总公司	SBU
风险控管	FC2 顾客信用及风险 CD2 顾客信用及风险 IE2 顾客信用及风险管理			没有事前征信机制	缺口1：目前针对新客户与中国大陆客户采取先付款后交货的现金交易付款条件，以控制顾客信用风险	事前征信机制：与业务单位共同制定事前征信机制，征信对象包括客户本身及其往来银行	v	
……	……	……	……	……	……	……	……	……

资料来源：HG 公司。

（五）战略性衡量指针及目标值的形成

HG 公司将项目执行小组分成理论及实务两组，分别收集及设计各战略性目标的衡量指针；理论组自文献及学术研究中提出相关建议，实务组则依公司实际运作状况访谈各战略性目标相关流程人员的意见，进行战略性衡量指标设计。HG 公司的指针设计流程直接引用专家所提出的收集流程架构。

在确定相关指标的订定后，接下来必须进一步了解各指针数据在公司内部的状况。由于窗体是指针数据的重要来源，因此 HG 公司的项目小组对窗体进行了大规模的搜集动作，以了解窗体所提供的数据是否充分、窗体制度是否完整以及指针数据源是否足够，进而找出需要修改及新增的窗体或制度，确认并建立衡量指针所需的信息。在设计及讨论时，记录的工具则引用了专家所提出的架构，一一区分出每个指标的分类，以及明订指针的复核周期、指针的方向性及该指标的定义，如表 4-8 所示，俾有利未来规划各项预警功能。表 4-9 为延续「全面性的技术及解决方案之服务领导」的议题，发展出完整的战略性衡量指针及目标值的实务运用产出。

表 4-8　　战略性衡量指标设计表

维度	战略性目标	衡量指针	公式	目标值	衡量指针分类					指针复核周期	指针方向性	衡量指针的定义	指针所需的数据	指针资料目前公司可取得程度	数据源（信息系统名或窗体名称）		备注	指针状况
					领先	落后	短期	中长期							信息系统名称	文件窗体报表名称		指针资料目前公司可取得程度
顾客维度	CA1	提供客户全套的解决方案（产品组合、技术、供货商整合）	目标客户对全套解决方案的满意度	了解顾客对于提供的全套解决方案服务的满意程度	百分之七十以上的满意度	V		V		季	愈高愈好	定义的目标客户：A、B、C 三公司	在客户满意度调查表中设计问题	可以通过客户意见调查表的方式来收集该指针，但意见调查表的问题需要重新设计	无	客户满意度调查表	意见调查表的问题需要重新设计，要新增客户对全套解决方案的满意度这一项	1（1=完全无此资料，且无法计算或取得该数据；2=目前无此数据，但可以计算或取得；3=有数据但需人工计算；4=有数据且已自动化；5=有数据，但为非量化资料）

表 4-9　战略性衡量指针及目标值表：以「全面性的技术及解决方案之服务领导」为例

维度	战略性议题	战略性目标	战略性衡量指针	短期战略性衡量指针的目标值
财务维度	营收成长	新产品引进（产品创新组合）	代理进口的产品组合的销售量	
			代理进口新产品营收成长率	
		旧产品在新市场或新客户扩张	既有产品在新产业的销货收入成长率	
			既有产品在新客户的占有率	
		新产品出口（欧、美、日）	现有产品及中国大陆生产产品在欧、美、日市场的销货总量	
			现有产品及中国大陆生产产品在欧、美、日市场的销货收入	

续表

维度	战略性议题	战略性目标	战略性衡量指针	短期战略性衡量指针的目标值
顾客维度	全面性的技术及解决方案之服务领导	满足客户一次购足之需求	目标客户对产品组合、应用配方及技术服务的满意度	
			目标顾客的成交率	
		全面性之客户问题解决及关系维系	客户全面性问题解决的满意度	
			主动解决客户问题的频率次数	
内部程序维度	全面性解决方案服务管理	产品组织者	引进新产品的件数	
		应用配方及技术之整合服务管理（咨询、研发）	配方及技术结合的结案率	
		完整的产品数据库管理（产品的基本面与应用面）	产品数据更新的笔数	
			顾客对数据库内容与使用方便性的满意度	
		外部技术合作管理	外部顾问解决问题的比例	
学习与成长维度	全面性解决方案服务能力	产品应用研发组合能力	建置实验室的进度	
		DATABANK（基本面/应用面）	Databank 建置完成率	
		培养产品研发人才	产品教育训练时数	
		与外部技术顾问及团队合作	外部顾问合作的满意度	

资料来源：HG 公司。

（六）战略性行动方案

访谈并形成战略性行动方案现状分析：理论组依战略性目标找寻相关行动方案，实务组依理论组产出文献数据搭配「访谈记录表」访谈目标负责人（执行长指派目标给予各部门负责人）。以「营销网络（地区、产业及通路）扩张」战略性目标为例，受访者为特化部门主管，经过访谈以及现状行动方案分析之后，形成表 4-10 的分析内容，同时也在「营销网络（地区、产业及通路）扩张」的目标下，形成：（1）建立大中华营销管理体系；（2）建立全球营销管理体系两个行动方案。

表 4-10　　　　　　　　　　行动方案现状分析表

战略性议题	Channel Leadership & Channel and Customer Mgmt.	此战略性目标是否为差异化竞争优势	战略性目标的重要程度（五等级）	短期	中长期
战略性目标	CB1 营销网络（地区、产业及通路）扩张 IB2 营销管理体系（客户、Team）	X	5	V	V

续表

战略性议题	Channel Leadership & Channel and Customer Mgmt.	此战略性目标是否为差异化竞争优势	战略性目标的重要程度（五等级）	短期	中长期
为了达成战略性目标，现在所做的行动方案、管理与工作流程	网络、参展、现有客户介绍（人脉关系），以及与某产业中顾客最常使用品牌进行搭配：利用这四种方法来锁定目标客户（区域或产业），目前营销管理是由各部门自行负责。 （1）网络：有些客户会上网找数据，因此通过网络也是搜寻顾客的来源之一。 （2）参展：参展的目的是增加能见度，参展时也会搭配通路商一起参加、开经销会议，同时也会藉由参展来收集市场及产品信息。因为本公司想要买，也想要卖。设定和选择要参加的展览也是非常重要的，当一旦发现利用展览来寻找客户的效益不大时，就会决定停止参展。 （3）现有顾客介绍：目前是以人脉介绍为增加顾客最好而且最有效益的方式。但是这一点有利有弊，因为在欧洲的经销商大多互相熟识，会比较本公司给予他们的交易条件。 （4）与产业中顾客最常使用的品牌进行搭配	既有行动方案、管理与工作流程的缺点描述（WHAT）	形成缺点的原因分析（WHY）	为了解决现状缺点的战略性行动方案	改进后的未来战略性行动方案的名称或重点内容
		缺点一：营销管理是由各部门自行负责	总公司缺乏统一机制		1. 建立大中华营销管理体系 2. 建立全球营销管理体系
		缺点二：参展效益不够高	原因有两点： 1. 某些客户的需求产品没有办法满足。 2. 没有找到有需求的顾客：参展的人大多是End user，但本公司不做End user，有可能帮经销商找顾客，但是对于想要达到公司本身的目标客户相对没有帮助		
		缺点三：通过人脉介绍的效益虽高于参展，但仍有缺点	人脉介绍的缺点： 1. 人脉不够广泛。 2. 经销商彼此认识，会互相比较		
		缺点四：网站设计不够，且无专业人士支持	国外竞争对手的网站都非常专业，相当具有竞争力，本公司找来的人员也没有办法专职负责网站设置工作，必须分出时间在其他业务方面		
		缺点五：缺乏参展前与展后评估	评估方式难以设定		

战略性行动方案的重要程度（5等级）		改进后的未来理想蓝图或架构（WHAT）	层级		战略性目标下的绩效衡量指针	具体的研究议题	相关的理论及文献
短期	中长期		总公司（整合性）	SBU（功能性）			
				v	通路：目标数量及销售目标达标率。目前开发经销商的部分都没有绩效衡量指针设计		

资料来源：HG公司。

接下来，HG 公司的项目小组按照专家的建议，陆续依据战略性行动方案的发展步骤进行现状分析及行动方案的订定工作。

（七）战略性预算

图 4－7 为 HG 公司针对「全面性的技术及解决方案之服务领导」议题之下的一个行动方案，所建立的战略性预算。

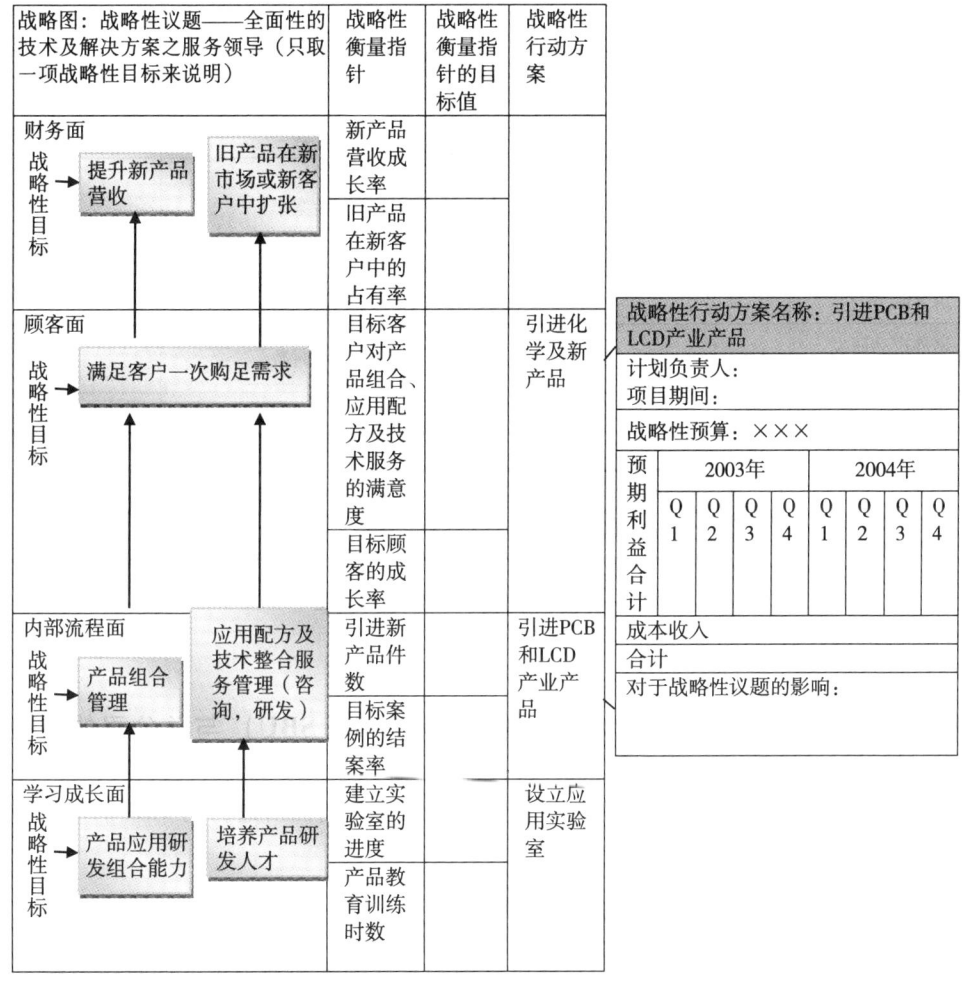

图 4－7　战略性预算形成图：以「全面性的技术及解决方案之服务领导」为例

资料来源：HG 公司。

从图 4－7 中即可清楚地了解战略性行动方案——引进 PCB 和 LCD 产业产品的预算相关内容。

（八）战略性奖酬

HG 公司将每个战略性目标的重要性程度订出权重，之后再依据指针的表现状况，加总计算出最后得分，依据得分的多寡给予不同的战略性奖酬，如图 4-8 所示。

维度	战略性目标	权重	战略性衡量指针及目标值				评分
			财务性	目标值	非财务性	目标值	
财务	提升新产品营收	20%	新产品营收成长率				
	旧产品在新市场或新客户中扩张	10%	旧产品在新客户中占有率				
顾客面	满足客户一次购足需求	15%			目标客户对产品组合、应用配方及技术服务满意度		
		25%			目标顾客成交率		
内部流程	产品组织者	10%			引进新产品件数		
	应用配方及技术整合服务管理（咨询、研发）	10%			目标案例的结案率		
学习与成长	产品应用研发组合能力	5%			建设实验室的进度		
	培养产品研发人才	5%			产品教育训练时数		
	总计	100%					

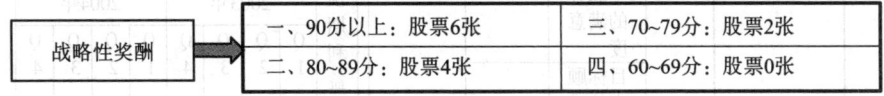

战略性奖酬 → 一、90分以上：股票6张　　三、70~79分：股票2张
　　　　　　　二、80~89分：股票4张　　四、60~69分：股票0张

图 4-8　战略性奖酬系统的建立图

资料来源：HG 公司。

四、战略性事业单位（Strategic Business Unit，SBU）与总公司的综效

以 HG 公司战略性事业单位 1 为例，说明 SBU 发展架构图所进行的 SBU 平衡计分卡发展内容。

（一）总公司战略性议题及目标的选择与承接

战略性事业单位 1 以代理国外大厂知名品牌的高性能添加剂为主，同时针对顾客特定需求及特殊问题，提供相关产品组合及应用配方建议。在 HG 公司价值链的着力点主要为营销及服务，因而根据部门特色选择承接总公司与「提供顾客全面解决方案与技术性服务」「通路领导优势」「风险管理」相关的战略性议题。其他对该事业单位不重要的议题即按照 SBU 发展逻辑，不予承接。图 4-9 列示了战略性事业单位 1 的战略性议题与总公司战略性议题的承接关系。

（二）战略性事业单位战略图的建立

确立议题及目标之后，HG 公司的平衡计分卡项目团队协同各战略事业部门主管即进

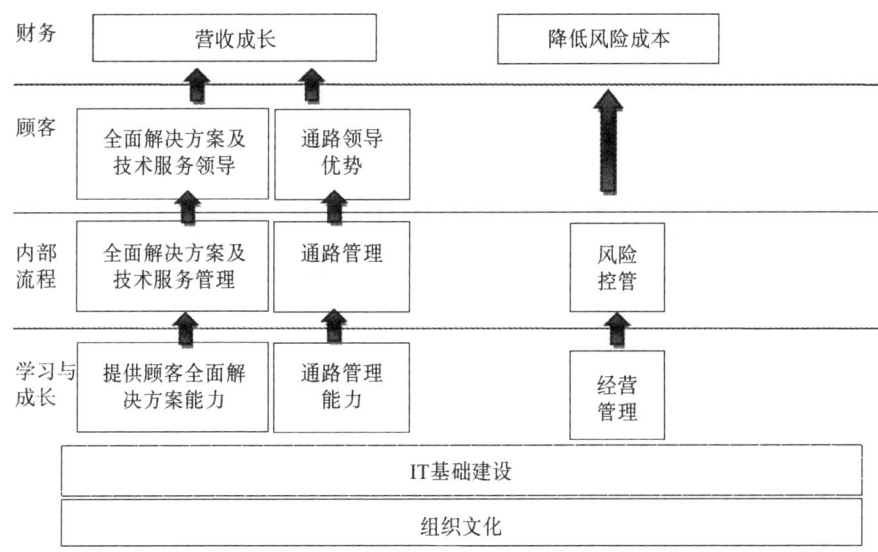

图 4 – 9　战略性事业单位 1 的战略性议题与总公司战略性议题的承接关系图

资料来源：HG 公司。

行战略因果关系的连结，形成各战略事业部门的战略图。HG 公司战略性事业单位 1 的战略图如图 4 – 10 所示。

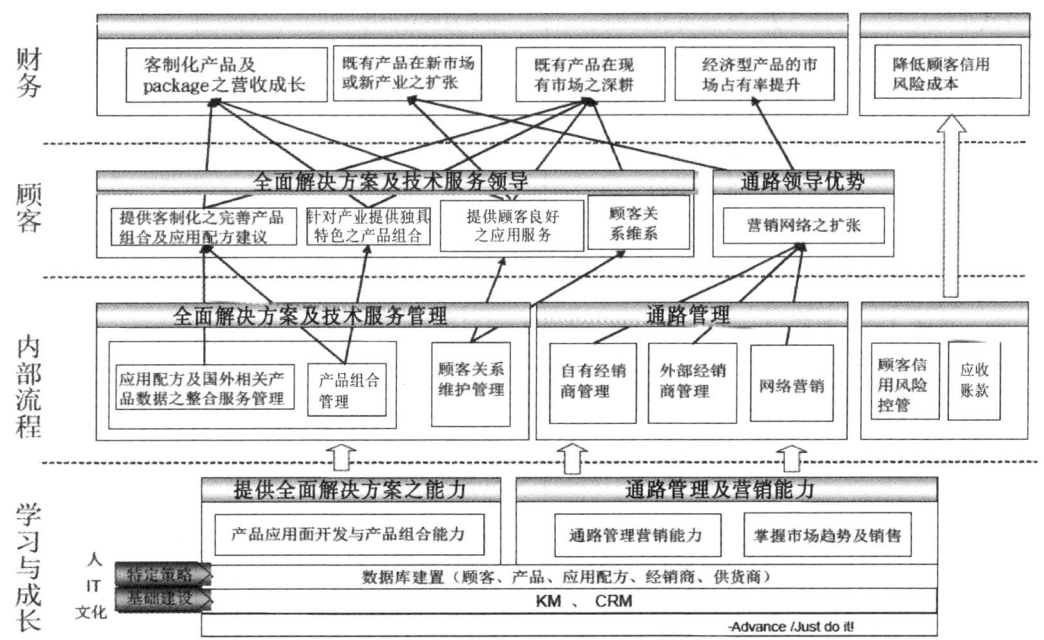

图 4 – 10　战略性事业单位 1 的战略图

资料来源：HG 公司。

（三）形成计分卡——衡量指针、目标值、行动方案的订定

HG 公司原有的战略及项目行动的管理机制为每半年度举办的年度计划发表会，利用六大财务指针（销货收入、毛利、毛利率、费用、应收账款及库存的目标值）进行目标管理，各事业部门主管亦需针对未来半年度规划六项重点战略与六项改善项目，并据以发展下半年度的相关行动方案。

不过，在这个阶段完整发展出战略性事业单位的战略性议题、战略性目标、衡量指针及目标值后，项目小组即以各事业部门年度计划为基础，偕同部门主管共同检视部门现有计划或项目，依其与战略性目标的关联性，区分为战略性及营运性的行动方案，并针对短期即必须进行，但缺乏相关行动支持的战略性目标重新发展战略性行动方案，以支持战略性目标的达成。

图4-11列示了战略性事业单位战略性目标、战略性衡量指针、战略性衡量指针的目标值及战略性行动方案的展开过程。在HG公司战略性事业单位发展衡量指针的过程中，其主要来源有二：一是参考总公司相关战略性目标的衡量指针，二是由主管及项目小组共同依部门状况设计关键衡量指针，并由部门主管订出各衡量指针的目标值。

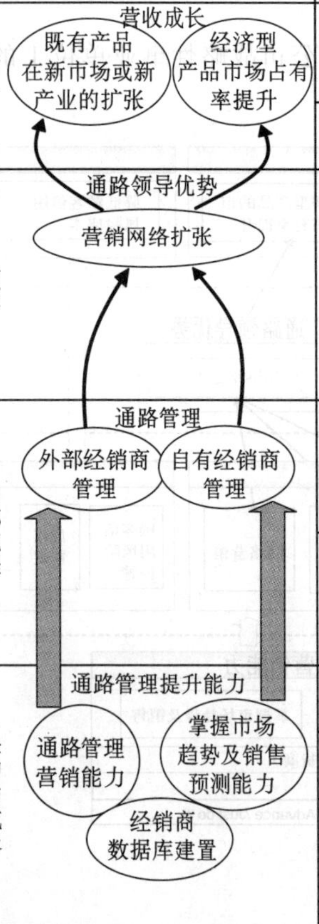

	通路领导优势	战略性目标	战略性衡量指针	战略性衡量指针的目标值	战略性行动方案
财务	营收成长／既有产品在新市场或新产业的扩张／经济型产品市场占有率提升	既有产品在新市场或新产业的扩张	• 目标产品在新产业或新市场的销货成长率		
		经济型产品市场占有率提升	• 经济型产品营收占总营收百分比		
顾客	通路领导优势／营销网络扩张	营销网络扩张	• 每年新增营销据点总数 • 目标产业类别的顾客数		Ap1：华南及其他地区市场布局（新通路、经销商的找寻） Ap2：增加A产品在中国台湾地区的主要客户
内部流程	通路管理／外部经销商管理／自有经销商管理	外部经销商管理	• 外部经销商满意度调查 • 经销量及金额 • 外部经销商评比		Ap3：跨部门合作的经销商服务协议
		自有经销商管理	• 自有经销商满意度调查 • 经销量及金额 • 自有经销商评比		
学习与成长	通路管理提升能力／通路管理营销能力／掌握市场趋势及销售预测能力／经销商数据库建置	通路管理营销能力	• 营销干部专业技能的受训时数		Ap4：市场人员培训计划
		掌握市场趋势销售预测能力	• 定期市场报告的提交数		Ap5：部门内部每月份化学专题
		经销商数据库建置	• 更新数据库的次数 • 员工对于数据库的使用满意度		Ap6：经销商数据库建置进度与规划

图4-11 SBU计分卡的建立图：以「通路领导优势」为例

资料来源：HG公司。

五、支持性服务单位（Shared Service Unit，SSU）与总公司及 SBU 的综效

项目小组根据 SSU 平衡计分卡发展架构，首先进行需求与供给对应分析，主要目的在于了解目前 HG 公司内部各单位对支持性服务单位的需求及服务提供的状况，并针对供需不一致的情况进行分析及讨论，作为进一步发展服务协议的基础。

（一）需求与供给对应分析

1. 调查各单位对支持性服务单位的服务需求

项目小组首先根据战略性事业单位的战略性议题和目标，调查其所需支持性服务单位支持的项目，如表 4-11 所示，拟定对各支持性服务单位的服务需求后，再请各事业部门主管针对项目小组提出的服务需求项目，一一复核并确认。

表 4-11　　　　　　　　　　　事业单位服务需求调查表

战略性事业单位 1 服务需求调查表						
维度	战略性议题	战略性目标	支持部门	服务需求	服务需求时间	服务提供优先级
内部流程	风险管理	顾客信用风险管理	经营管理处	整体信用额度标准的建立	每季	1
				提供顾客信用调查报告	每季	2
				提供应收账款警讯的信息	随时	3

资料来源：HG 公司。

2. 调查支持性服务单位所提供的服务

项目小组通过调查支持性服务单位的日常作业服务项目，请各服务部门的主管说明该部门所提供的服务内容。此步骤同时亦提供各支持性服务单位重新检视其日常营运工作的机会。

3. 需求与供给分析

了解内部顾客的需求及目前服务提供的状况后，即可进行服务需求与供给的分析。兹以 HG 公司经营管理处为例，说明其服务与需求的连结关系，如图 4-12 所示。

建立需求及服务提供之间的连结后，可清楚呈现战略性事业单位与支持性服务单位之间是否有服务需求大于供给或供给大于需求的现象；项目团队召开高阶主管会议，邀请执行长与各战略性事业单位主管及支持性服务单位主管，进一步了解需求与供给不对应的原因，决定支持性服务单位是否应该继续提供某些无需求的服务，或增加服务内容以满足各战略性事业单位所提出的需求。

（二）订定与各单位间的服务协议

根据高阶主管间需求供给分析讨论的结果，各支持性服务单位即可进行与其他单位间服务协议的订定，就双方对服务提供的内容与程度达成共识，并明订服务提供的时间及绩效回馈项目。表 4-12 列示了服务协议的部分内容。

内部顾客需求说明		
内部顾客需求项目		内部顾客
1	付款条件标准制度之建立，建立明确的交易条件并落实	事业单位2
		事业单位3
		事业单位1
		管理部
2	建立应收账款、库存之警讯系统	事业单位2
		事业单位1
		事业单位3
		管理部
3	顾客信用调查，风险管理	事业单位2
		事业单位3
		事业单位1
4	针对中国大陆地区，订出合理汇款及冲账时间规定	管理部
5	提供攸关信息，包括各工厂进口原物料核销情况数据、各产品之制造成本及各仓库库存成本资料	运筹管理部
6	制造成本的提供	研究所
7	协助设计衡量指标	信息中心

是否有内部顾客之需求未被服务部门满足？
（需求>供给）

SSU是否供应了没有人需要的服务？
（供给>需求）

支援性服务单位之服务内容：经营管理处				
服务项目		服务时间	编号	对应之内部顾客需求项目
1	提供实时、正确且具攸关性的决策报表或信息			
1.1	月财务报表	每月		
1.2	进销存明细表、物龄分析表	每月	2	建立库存之警讯系统
			5	提供攸关信息
			6	制造成本的提供
1.3	应收账款、票据账龄分析表	每月	2	建立应收账款之警讯系统
1.4	营运分析报表	每月		
2	建立财会规章制度			
2.1	收、付款信用条件之管理	2002年12月底前完成	1	建立明确的交易条件并落实
			4	针对中国大陆地区，订出合理汇款及冲账时间规定
2.2	客户的征信调查	新客户：随时 旧客户：每年	3	顾客信用调查
2.3	客户的信用额度建立	2002年12月底前完成	3	风险管理
3	应收账款管理			
3.1	授信条件与实际收款不符之差异分析	每月	2	建立应收账款之警讯系统
3.2	收款期间之控制（内外销逾期应收账款之追踪）	每周/每月	2	建立应收账款之警讯系统
3.3	应收账款保险	发现客户出货量大或付款异常时	3	风险管理

图4-12 建立支持性服务部门服务需求与供给的连结关系图

资料来源：HG公司。

表 4-12　　　　　　　　　　　　　　　服务协议表

经营管理处服务协议			
服务需求者	服务需求项目	服务提供时间	内部顾客对服务的绩效回馈项目
战略性事业单位 1	定期提供顾客应收账款警讯信息	每月	提供信息满意度调查（信息攸关性、实时）
	定期提供库存管理相关信息	每月	提供信息满意度调查（信息攸关性、实时）
	顾客信用调查报告	新顾客：随时 有顾客：每年	信用调查评估次数

资料来源：HG 公司。

（三）发展支持性服务单位战略图

项目小组首先访谈支持性服务单位的主管，了解各 SSU 的愿景、在公司中应该扮演的角色、参考学理文献上各支持性服务单位应有的职能，并依据与其他单位订定服务协议的过程中所获得的需求信息，发展支持性服务单位的战略图。

由于支持性服务单位的功能与性质和战略性事业单位不同，因此在发展其战略性议题时，并非如战略性事业单位般直接承接总公司的战略性议题；而是从其内部顾客的角度出发，思考部门主要服务对象的需求，以及能够提供的价值，形成内部顾客维度的战略性议题后，再依序推导内部程序维度及学习与成长维度的战略性议题。至于财务维度，一般支持性服务单位主要可从生产力提升或降低营运成本，以及提升共享服务部门价值等方向思考，若支持性服务单位系直接面对外部顾客时，负有营收责任，则可再加入营收面的相关议题与目标。兹以 HG 公司经营管理处为例，介绍支持性服务单位战略图的内容，如图 4-13 所示。

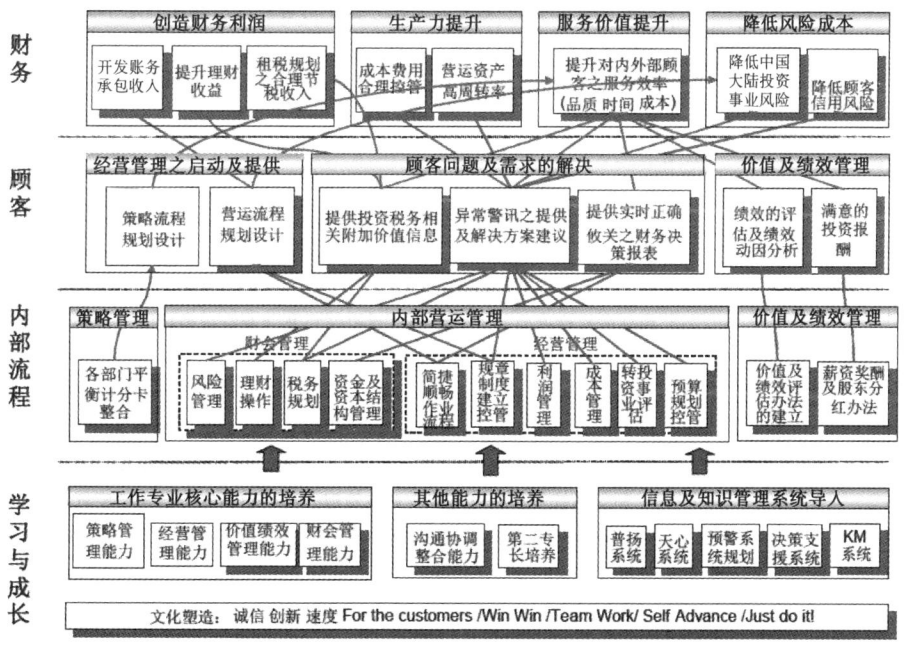

图 4-13　建立支持性服务单位（经营管理处）战略图

资料来源：HG 公司。

(四) SBU 与 SSU 的对应连结

除了通过服务协议明订战略性事业单位与支持性服务单位双方对服务的预期外,支持性服务单位还必须承担战略性事业单位计分卡上特定目标的绩效量度责任。HG公司平衡计分卡项目小组通过连结计分卡格式的设计,呈现跨部门间合作的状况,以及彼此的责任区分。兹以 HG 公司经营管理处(服务部门)与战略性事业单位为例说明。

经营管理处内部程序维度的"规章制度建立控管"及"预算规划控管"的战略性目标,以及学习与成长维度的"预警系统规划"的战略性目标,均可以支持战略性事业单位1内部程序"顾客信用风险管理"的战略性目标,并在连结计分卡上清楚说明两部门间的职责关系。战略性事业单位1部门职责为确实落实应收账款管理办法(如客户额度、收款条件),当得知或发现客户经营异常现象时,应尽速回报经营管理处及管理部;经营管理处在此连结计分卡的战略性目标职责为预警系统管理及订定应收账款管理办法。经营管理处与战略性事业单位1的连结计分卡释例,如表4-13所示。

表 4-13　　　　　　　　　　　　连结计分卡格式释例表

	维度	战略议题	战略目标	目标描述(包括职责说明)
经营管理处与战略性事业单位1的连结计分卡	经营管理	降低风险成本	降低顾客信用风险成本	一、战略目标定义 降低顾客延迟付款或应收账款无法收回所产生的呆账风险 二、经营管理处对此战略性目标的影响 经营管理处可藉由内部流程维度的"规章制度建立控管"及学习与成长维度的"预警系统规划",帮助战略性事业单位1达成其降低顾客风险成本目标。藉由预警系统管理及应收账款管理办法中的客户信用额度订定、收款条件的设立、逾龄应收账款数据提供、异常警讯或信息的提出,可帮助业务及主管的决策,降低顾客延迟付款或应收账款无法收回所产生的呆账风险
	内部流程	风险管理	顾客信用风险管理	一、战略目标定义 针对总公司确定的交易条件政策,以及通过事前顾客信用评级、信用额度管理及事后应收账款管理来降低顾客延迟付款或应收账款无法收回所产生的呆账风险 二、经营管理处对应的战略目标 内部流程维度的"规章制度建立控管"及"预算规划控管"战略目标 学习与成长维度的"预警系统规划"战略目标 三、职责说明 1. 战略性事业单位1部门职责:确实落实应收账款管理办法(如客户额度、收款条件);得知或发现客户经营异常现象时,尽速回报经营管理处及管理部。 2. 预警系统管理及订定应收账款管理办法(包括客户信用额度订定,征信调查,收款期的设立,逾龄应收账款数据提供,票期过长客户数据,应收账款保险,异常警讯或信息的提供等)

续表

维度	战略议题	战略目标	目标描述（包括职责说明）
经营管理处与战略性事业单位1的连结计分卡 / 内部流程	全面解决方案及技术服务管理	产品组织管理	一、战略目标定义 藉由增加产品组合的广度及加深产品组合的深度，进行产品组合管理 二、经营管理处对应的战略目标 顾客维度的"提供实时、正确且具攸关性的财务决策报表"战略目标 内部流程维度的"利润管理"战略目标 三、职责说明 1. 战略性事业单位1部门职责：藉由增加产品组合的广度及加深产品组合的深度，进行产品组合管理。 2. 经营管理处职责：（可协助事项） 提供部门人员相关产品组合的利润分析，使部门人员在对客户报价时或产品组合时能依此做出判断
	通路管理	外部经销商管理	一、战略目标定义 通过经销商数据记录分析经销商数据，进行经销商访问，利用经销商到公司走访、业界信息、销售会议等机会进行外部经销商管理工作。 二、经营管理处对应的战略目标 顾客维度的"提供实时、正确且具攸关性的财务决策报表"战略目标 内部流程维度的"利润管理"战略目标 三、职责说明 1. 战略性事业单位1部门职责 通过经销商数据记录分析经销商数据，进行经销商访问，利用经销商到公司走访、业界信息、销售会议等机会进行经销商管理工作。 2. 经营管理处职责：（可协助事项） 提供部门人员相关经销商的收入、成本及利润分析，使部门在经销商报价时依此做出判断
经营管理处平衡计分卡 / 顾客	顾客问题及需求的解决	提供实时、正确且具攸关性的决策报表或信息	掌握企业营运业务特性，建构出简易有效的会计信息体系，提供实时完整的财务报告分析及经营业绩评估，使各事业单位能够因应变化做有效的检讨、改进，帮助决策质量更精准
		异常警讯的提供及解决方案建议	提供内外部顾客营运方面异常的警讯如逾龄AR、呆滞库存、毛利偏低、客户索赔及提出解决方案的建议，其能及早发觉问题点预防并进行改善
内部流程	内部营运管理	预算规划控管	建立预算制度，使各单位都能很清楚且容易地来订出其本身的预算，并定期检视预算的结构
		风险管理	与业务单位共同拟定信用政策及交易条件，确实作好对账保持应收账款的正常性，并注意预警信息及时主动提供逾龄客户数据予业务单位及管理部作有效催收，使呆账损失降到最低
		利润管理	针对经销商定价战略及内部转拨计价进行利润的规划，使相关部门的利润都能合理
		规章制度建立及控管	针对应收账款及库存管理订定规章制度，并确实要求相关落实
学习与成长	信息系统导入	预警系统规划	针对各单位需求的预警系统进行规划，使其能产生符合各单位需求的信息

资料来源：HG公司。

(五) 顾客回馈机制的建立

由于支持性服务单位必须定期由其内部顾客（战略性事业单位）得到对其实际绩效表现的意见回馈，因此可通过支持性服务单位的衡量指针及服务协议中内部顾客对绩效回馈项目的设计，定期收集内部顾客满意度信息，建立顾客回馈机制，其释例如图 4-14 所示。

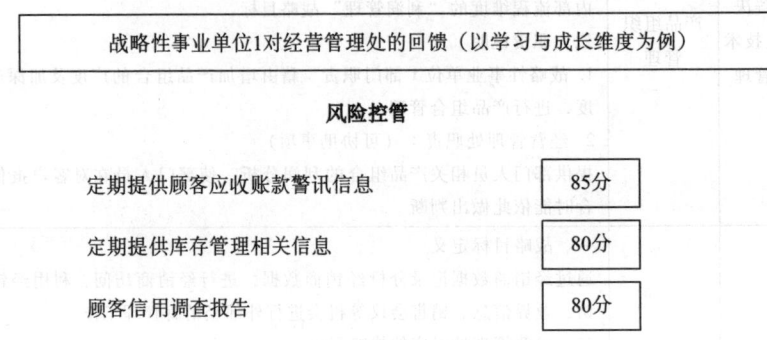

图 4-14　顾客回馈机制内容图

资料来源：HG 公司。

第五节　实施平衡计分卡后的效益分析

一、平衡计分卡对经营绩效的影响

HG 公司从 2002 年开始，便运用专家的战略形成系统的架构，重新检视了战略重点，通过平衡计分卡的实施，协助集团有效落实战略的执行工作。实施以来，从平衡计分卡四维度的角度来看，HG 公司以及旗下的事业单位从财务及非财务方面，都有不错的绩效表现。在此，从实施平衡计分卡对其绩效、组织面、员工行为面的角度，分别说明平衡计分卡对 HG 公司战略落实及经营绩效的影响。

(一) 集团总经营绩效

由图 4-15 可看出，在 2002 年实施 BSC 之后，集团的总营收有持续成长的趋势，以 2001 年为基期以指数 100 表示，2002 年的指数为 105、2003 年的指数为 164、2004 年的指数为 178、2005 年的指数为 186、2006 年的指数为 196，显示集团的战略布局正确，营收在五年内加倍成长。

(二) 关键绩效衡量指针于平衡计分卡实施后的绩效分析

1. 由图 4-16 可看出，集团在实施 BSC 之后，集团中占 80% 业绩的主力产品毛利率有成长的趋势，显示主力产品的获利性在日趋成长。

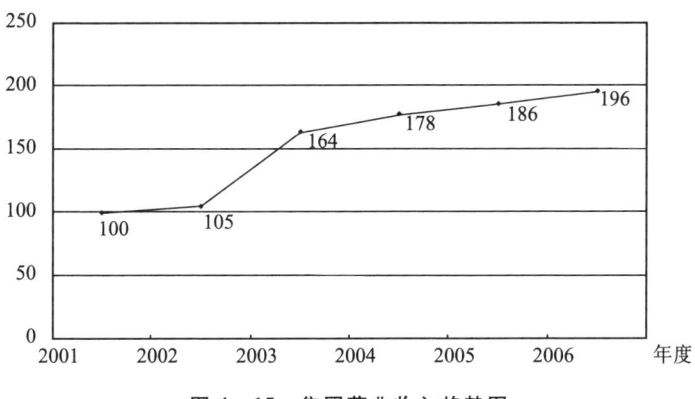

图 4-15 集团营业收入趋势图

资料来源：HG 公司。

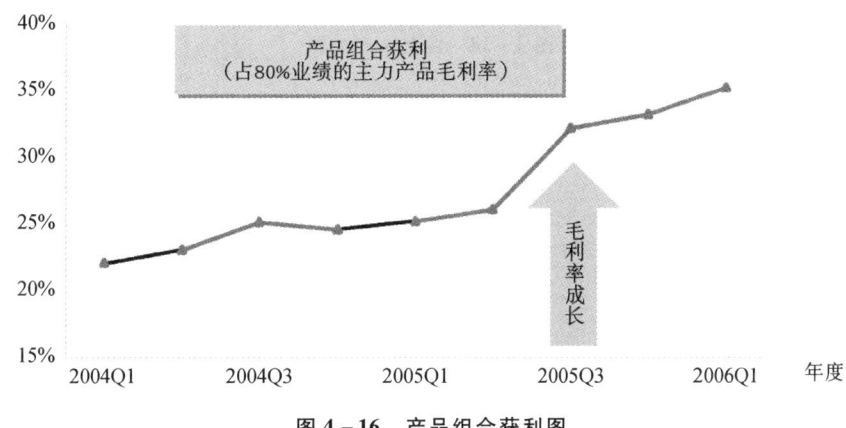

图 4-16 产品组合获利图

资料来源：HG 公司。

2. 由图 4-17 可看出，集团在 2002 年实施 BSC 之后，集团的目标产品销售金额有持续成长的趋势，2002 年为 6340953 元、2003 年为 7920208 元、2004 年为 14530117 元、2005 年为 33096810 元、2006 年为 72475914 元。

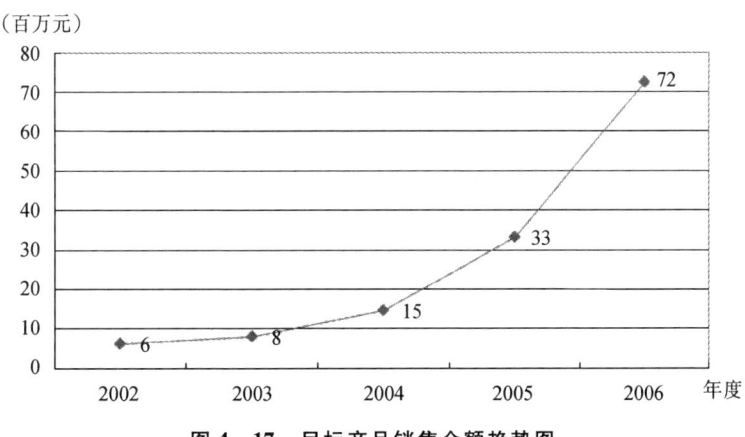

图 4-17 目标产品销售金额趋势图

资料来源：HG 公司。

3. 由图 4-18 可看出，集团在实施 BSC 之后，从 2004 年至 2006 年每一季每位业务创造的营收有成长的趋势，其成长率为 50%，显示有助于集团业务生产力的提升。

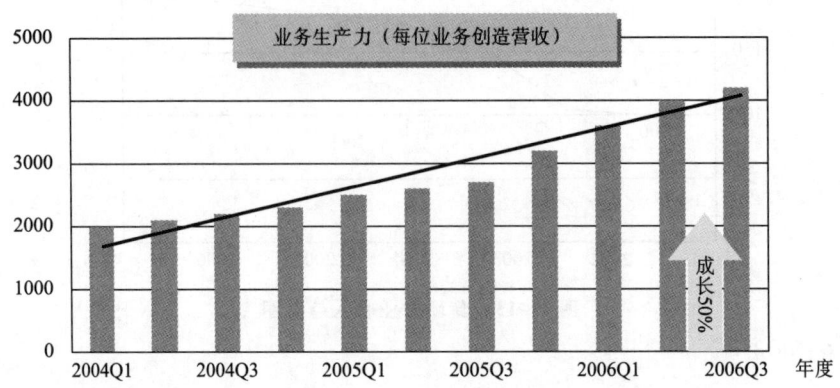

图 4-18　业务生产力图

资料来源：HG 公司。

4. 由图 4-19 可看出，集团在 2002 年实施 BSC 之后，集团 Top-50 客户数从 2002 年的 121 个，提升至 2003 年 207 个、2004 年 437 个、2005 年 580 个及 2006 年 600 个，显示集团的 Top-50 客户数有持续成长的趋势。

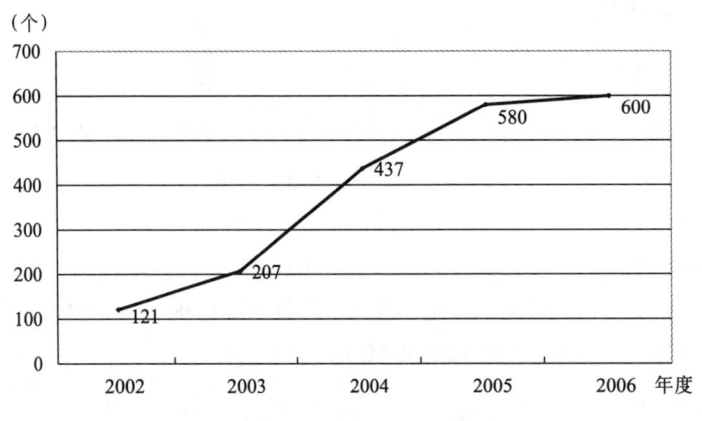

图 4-19　Top-50 客户数趋势图

资料来源：HG 公司。

5. 由图 4-20 可看出，集团在 2002 年实施 BSC 之后，集团交易客户数从 2002 年的 1301 个，提升至 2003 年 1690 个、2004 年 2053 个、2005 年 2298 个及 2006 年 2335 个，其客户数的成长率为 79%，显示集团的客户数有持续成长的趋势。

6. 由图 4-21 可看出，集团在 2002 年实施 BSC 之后，集团的有效客户数从 2002 年的 294 个，提升至 2003 年 549 个、2004 年 676 个、2005 年 848 个及 2006 年 1177 个，显示集团的有效客户数有持续成长的趋势。

7. 由图 4-22 可看出，集团在 2002 年实施 BSC 之后，集团的有效客户数从 2003 年的 718 个，提升至 2004 年 877 个、2005 年 919 个及 2006 年 950 个，显示集团的新客户有不断成长的态势。

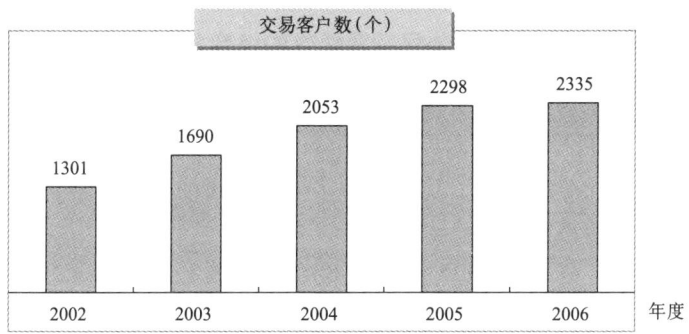

图 4-20 交易客户数图

资料来源：HG 公司。

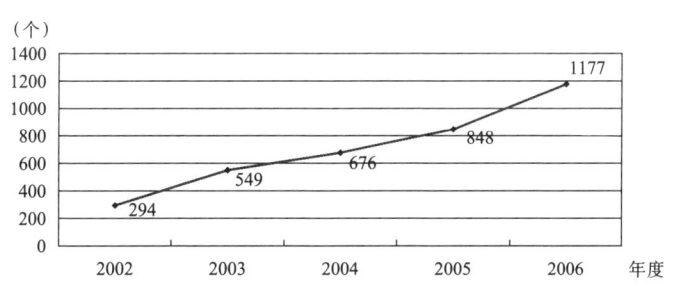

图 4-21 有效客户数趋势图

资料来源：HG 公司。

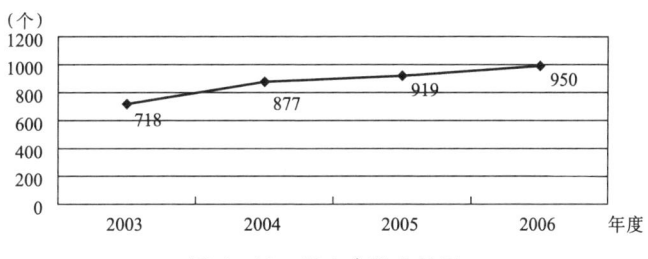

图 4-22 新客户数趋势图

资料来源：HG 公司。

8. 由图 4-23 可看出，集团在实施 BSC 之后，从 2004 年至 2006 年每一季集团的指针客户销售金额呈持续成长的趋势，其成长率为 98%。

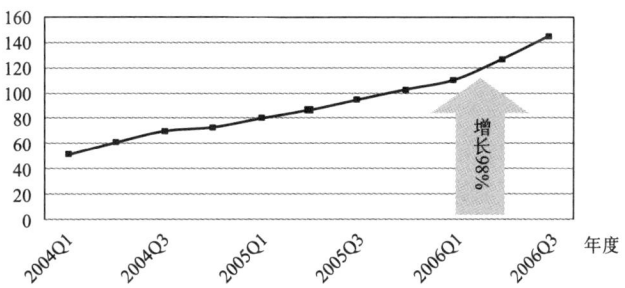

图 4-23 指针客户销售金额趋势图

资料来源：HG 公司。

(三) 平衡计分卡实施后对 HG 公司经营绩效的综合分析

HG 公司在 2002 年实施平衡计分卡之后，该制度对于其经营绩效呈现正面稳定的成长表现，2005 年 HG 公司正式将奖酬制度与平衡计分卡连结之后，其经营绩效呈现了更为显著的成长幅度。下列统计分析结果，更是支持了 HG 公司的财务绩效因为平衡计分卡的实施而表现出相当优异的结果。

实证研究结果显示，公司于 2005 年实施 BSC 与奖酬制度结合之后，销货收入、销货毛利、营业利益、税前净利及税后净利等财务指针皆有显著的差异，如表 4-14 所示，财务指针有明显改善。考虑到变量衡量单位过大的因素，因而将所有变量另经标准化转换后，其结果不变，显示公司实行 BSC 与奖酬制度结合后，其财务指针获得显著的改善。

表 4-14 单变量测试 T-tests：财务指针表

(比较 2005 年 1 月实施 BSC + Compensation 前后差异)

Variable	DF	t-Value	Pr > |t|
销货收入	118	11.62***	<.0001
销货毛利	118	9.86***	<.0001
营业利益	118	9.30***	<.0001
税前净利	118	8.53***	<.0001
税后净利	118	8.21***	<.0001

注：显著水平 *、**、*** 分别为 $P<0.10$、$P<0.05$、$P<0.01$。
资料来源：HG 公司。

二、平衡计分卡对主管行为、员工行为及组织效益的影响

除了上述平衡计分卡对于公司财务绩效的具体提升之外，平衡计分卡对 HG 公司的影响，还包括战略性目标的聚焦、建立对内和对外的战略沟通平台、塑造绩效导向的公司文化等非财务层面。整体而言，HG 公司员工觉知到实施平衡计分卡对公司有所改变，尤其在战略落实度方面，员工表示实施平衡计分卡的确有助于订定战略性行动方案，并提高行动方案落实度。表 4-15 为平衡计分卡对主管行为、员工行为及组织效益层面的具体影响内容。

对管理阶层及组织综效面而言，因为实施平衡计分卡，使管理效能大为提升。高阶主管运用战略图、计分卡及一页管理表，即可进行管理并有效聚焦于公司的战略性目标，引导公司建立行动方案及各项管理制度。

举例来说，通过 BSC，主管能清楚了解 HG 公司在学习与成长维度的基础建设相对不足，因此公司每两个月，主管便会针对业务员开设产品培训课程，期以完整的服务满足客户的需求。不仅如此，在业务员培训的课程内容设计方面，BSC 也发挥了很大的作用，在

实施 BSC 以前，业务员培训是邀请国外专家指导，专家因应业务员的需求，想学什么就教什么；实施 BSC 以后，根据公司战略进行规划和讨论，例如，2005 年与 2006 年强调有效客户经营的概念，公司随即指导业务员对客户进行流程管理，协助业务员把公司资源应用在长期的有效客户上，如此即可聚焦于公司的战略性目标，达成公司的愿景。

对员工而言，HG 公司实施平衡计分卡之后，最大的效益在于让员工对公司的战略方向有更深入的了解，也因而知道日常工作内容与公司战略的连结关系。

表 4-15　　　　　　　　平衡计分卡对员工行为及公司影响效益表

平衡计分卡的效益说明	
主管行为面	
战略聚焦	公司战略发展以平衡计分卡为架构，发展出的战略较能掌握市场趋势与顾客核心价值
战略落实度方面	（1）有助于订定战略性行动方案，并提高行动方案落实度 （2）公司会定期检视、分析计分卡成果，有助于订定后续改善行动 （3）战略性绩效指针可以有效地整合和管理部门战略的细节
公司管理会议方面	（1）公司会议讨论战略时间明显增加 （2）有助于公司开会聚焦，有效率且精简时间
员工行为面	
对公司战略的了解以及与日常工作的连结	（1）有助于员工了解公司战略及其对战略的贡献 （2）员工较以往更主动提出相关行动方案，已达成所负责的战略性目标 （3）有助于连结战略与员工日常作业 （4）工作内容会因平衡计分卡的目标而改变 （5）工作量会明显减轻
组织效益面	
跨部门沟通整合方面—战略沟通平台的建立	（1）高阶主管以战略图建立跨部门、跨层级的共识，以达到战略沟通的功效。平衡计分卡的实施对高阶主管的影响在于，高阶主管可以通过战略地图做为沟通的工具，建立跨部门和跨层级的共识，并且利用定期的 KPI 检讨会议，将各单位的绩效数据透明化，进而达到落实各项管理工作 （2）促使公司内各部门间综效的产生
塑造绩效导向文化	HG 公司实施 BSC 之后，除了让战略明确化之外，各单位的绩效数据数字化、透明化，连带也使绩效考核标准化。定期举行的 KPI 检讨会议，则强化了所有员工对目标及绩效的责任感，这些改变都让主管的管理工作更具效率，员工个人也可以针对表现不佳之处进行分析及改善，塑造了 HG 公司公平公正的绩效导向文化

资料来源：HG 公司。

第六节　HG 公司平衡计分卡应用创新的启示

HG 公司以专家的学术理论为基础，运用 SWOT 计分卡和平衡计分卡形成公司战略及落实执行力战略,通过二者的结合及运用,缔造出公司长期经营绩效不断增长,为企业确立了战略绩效管理的创新模式。其成功经验可归结如下:

一、平衡计分卡与 SWOT 分析结合应用于公司战略制定

HG 公司应用平衡计分卡进行 SWOT 分析,并且形成了公司战略。其特点就是综合 SWOT 分析与 BSC 四个维度之间结合而成的交叉矩阵。在每一个方格中(例如,顾客维度的优势/劣势)放置对应的相关问题,让公司高管在形成策略的过程中,有明确的讨论方向,借此逐步形成策略共识,进而协助高管深入洞察公司真正具备的竞争优势、核心价值及未来的策略方向。因此,融合平衡计分卡和 SWOT 分析的优点形成企业战略制定的新方法,使所制定战略更加容易落地和产生预期经济效果。

二、平衡计分卡在绩效管理中的三方面整合

在 HG 公司的组织、人力资本和管理制度整合中,应用平衡计分卡作为实施公司战略的工具,同时也引导出三大方向的整合,其整合的内容包括组织面整合、人力资本整合和管理制度的整合。平衡计分卡在三大整合面的内容如下:

(1)与组织面整合:公司内部及公司外部是否聚焦于相同的战略性议题与目标,对绩效的达成相当重要。公司内部包括总公司与战略性事业单位(SBU)及 SBU 与支持性服务单位(SSU)间的整合;公司外部则包括顾客、供货商及合作伙伴的整合。

(2)与人力资本整合:依公司层级展开平衡计分卡至部门、组别及个人,确保个人与公司目标的一致性。同时,将个人的绩效与奖酬与部门及组别的绩效与奖酬紧密地结合。

(3)与管理制度整合:以 BSC 引导各项管理制度,确保各项管理制度能与战略相互结合。总而言之,强调所制定的战略能体现与组织、人力资本和管理制度的整合,由此,企业战略的实施上就有组织的责任单位负责、资源优化配置和执行制度化等保障措施。

三、通过内部顾客需求分析建立战略性事业部与支持服务性事业部的连结

HG 公司通过了解内部顾客的需求及目前服务提供的状况,即可进行服务需求与供给的分析;在建立需求与服务提供之间的连结后,可清楚呈现战略性事业单位与支持性服务单位间是否有服务需求大于供给或供给大于服务需求的现象;项目团队召开高阶主管会议,邀请执行长与各战略性事业单位主管及支持性服务单位主管,进一步了解需求与供给不对应的原因,决定支持性服务单位是否应该继续提供某些无需求的服务,或增加服务内容以满足各战略性事业单位所提出的需求。

在支持性服务单位内部流程维度必须建立业务行动管控系统及其财务预算控制机制的战略目标,以支持战略性事业部内部业务流程的战略目标,并在链接计分卡上清楚说明两部门间的职责关系。由此,不仅可以解决企业内外部许多利益关系人之间的利益冲突的协调,而且通过战略制定中的各关系人的利益权衡和不同责任部门的需求连结形成协同联动

的价值创造机制。

四、战略绩效目标落地与激励薪酬

在战略落地阶段，战略性事业部的战略性议题、战略性目标、衡量指标及目标值确定后，项目小组即以各事业部战略规划和年度计划为基础，配合部门主管经理共同检视部门现有计划和行动方案的落地情况，依其与战略目标的关联性，区分为战略性及营运性的行动方案，并针对近期必须调整的行动方案重新确定战略性行动方案，以确保和支持战略目标的实现。

解决战略目标落地的关键是行动方案的制定与激励相融合，具体步骤如下：

1. 列举现有行动方案：将部门年度计划中的行动方案一一列出。
2. 描绘现有行动方案与策略性行动方案的关联性：部门主管通过一页管理表，由战略性议题、战略性目标、衡量指标来检视关联性，对应行动方案与目标。
3. 发展新行动方案：去除非战略性行动方案及产生新的行动方案支持未对应的目标。
4. 为行动方案订出优先级：采用三分制区分，分愈高愈为重要。
5. 列出行动方案细部执行计划。
6. 所有行动方案都与资源配置、绩效评价和激励相结合。

通过上述六步骤，将组织资源分配、责任目标、行动方案和战略性薪酬激励融为一体。

第五章 C、Q、T医院绩效与成本管理的经验借鉴[*]

——基于促进厦门公立医院发展的视角

第一节 医院绩效与成本管理的相关理论及政策综述

一、医院绩效与成本管理的相关理论

（一）医院绩效管理的相关理论

绩效管理在商业领域广泛运用，但随着社会发展和竞争加剧，包括医院在内的非营利性机构也日益重视绩效管理。绩效管理包括组织绩效管理和个人绩效管理两个层面。

医院绩效是医院从事公共医疗服务的行为和结果，除了社会效益和经济效益外，还包括服务质量、工作效率、公平性等内容（王长军等，2010）。对医院绩效的管理效果最终要通过医院绩效考核来实现。医院绩效考核是指运用科学、合理的评价方法，对医院一定时期内的社会效益、工作效率、服务水平、投入产出、医疗质量、发展能力进行定量与定性的对比分析，做出客观、公正、准确的综合评定（崔筱燕、史新叶，2013）。绩效考核的最终目的是提高员工的工作能力和发展潜能，成为医院充分利用资源、培育核心竞争力、获取竞争优势的一条重要途径，对组织实现制度性的可持续发展起着显著的支持作用（谢钢等，2009）。

中国台湾医院绩效管理实践相对于中国大陆走在前面，学术界的研究文献较多集中在

---

[*] 本案例是2017年度厦门市社会科学学会重点调研课题（项目批准号：厦社科联（2017）33号）的阶段性研究成果。厦门市会计学会课题组组长：刘宗柳；副组长：游相华；课题组成员：汪旭萍、王淑霞、张国平、王南榕、段智文、郑明端、伊菁华、李志兰、何玉生、吕建东、钱鼎盛、马梦臣、林宏荣、罗琳；课题顾问：王怡心教授、黄金安博士、卢联生博士。本章由罗琳、游相华、刘宗柳和王淑霞撰写。

责任中心制度、绩效指标研究、推行平衡计分卡等方面。刘顺仁等（1996）以公立教学医院为案例，实证研究了医院实施责任中心制度的成效，主要结论包括：（1）实施之初，单变量分析显示成本下降不显著；（2）成本中心规模越大，成效越不显著；（3）工作年限越高的主治医师，越无法控制成本；主治医师兼任教职，越能控制成本；（4）高成本的复杂案例更具成本下降空间；（5）医疗服务种类越多，越有成控空间；医疗服务种类多且容易，成控效果越佳；（6）固定成本比例越高，成控效果越佳。邱纹绢（2006）以AHP法对医院实施责任中心制度的相关影响要素（一级指标包括组织结构、组织授权、绩效指标、奖励措施、员工共识、资讯系统）进行排序，结论表明：奖励措施、绩效指标一级指标下的二级指标重要性最高，其次是组织授权之人事自主授权、资讯系统之会计制度、员工共识之执行回馈、组织结构之利润中心排序居前。中国台湾医院绩效指标之理论研究，多以卡普兰和诺顿的平衡计分卡为模型工具，并结合医院实际情况展开。洪秀芬等（2007）以某公立医院总务室推行平衡计分卡的案例，介绍了推行平衡计分卡的主要步骤，推行前后业绩对比表明，医院在提高顾客满意度和降低营运成本方面明显改善，绝大部分指标超过了目标值。

（二）医院成本管理的相关理论

长期以来，公立医院作为非营利性的行政事业单位，强调的是满足社会大众对医疗卫生服务的需求，因此公立医院首要的是确保公益性，盈利能力以及成本管控能力历来一直未被给予充分重视。随着医疗体制改革的推进，医疗市场的竞争日趋激烈，尤其是大型的公立医院，对于政府的补贴和投入严重不足、医药分家后以药养医的现状被打破以及新医改政策的陆续实施，都是其要面临和必须接受的（高峰等，2010）。随着医院改革的不断深入，医院成本管理成为每一位医院管理者必须认真面对的问题（王建革，2012）。成本管理是医院众多管理中非常关键的一个环节（汪森，2015）。成本是衡量经营管理水平和经济效益好坏的重要标志，加强公立医院成本管理是其获取经济效益的重要途径之一（史元进，2010）。

医院进行成本管理，首先需要尽可能掌握准确的成本情况，尤其是成本结构、各项医疗项目的真实成本耗费。中国台湾医院管理的研究文献较多涉及医院成本与绩效关系以及作业成本法等先进实践案例。郑焰文（2010）对医院成本结构与经营绩效之间的关系进行了实证研究，结果发现，人事费用比率、药品及医材费用比率、折旧费用比率、教育研究发展费用比率、管理费用比率与营业净利率（代表财务绩效）均呈现显著负相关；人事费用比率与医院相对效率值（代表经营绩效）呈显著正相关，药品及医材费用比率、折旧费用比率、教育研究发展费用比率与医院相对效率值呈显著负相关。医院管理者通过成本控制策略的改变，可以达到控制成本提升财务绩效或增进经营效率，最终提升在医疗市场上的竞争能力。从掌握医疗项目及医院医疗作业的真实成本角度，张锡惠等（1998）介绍了传统成本分摊制度和作业成本分摊制度，并以案例医院分析如何从传统成本分摊制度转变为作业成本分摊制度。谢明娟等（2010）以案例医院内、外、妇、儿四个科室的收入、成本、盈亏数据对比了传统成本制度和目标成本制度；传统成本制度下只能了解各项成本占比，但无法了解具体的成本动因有哪些；而目标成本制度在医院应用则是基于作业成本法的医院单项医疗成本分析，案例列举了 ABC 三个医疗项目细分为包括用人成本、药品材料成本、折旧费用、维修费用、作业费用、行政费用在内的单项成本，充分体现了医疗项目涉及的作业因素与资源占用思想。

二、医院绩效管理与成本管理的政策依据

（一）医院绩效管理的政策依据

我国公立医院改革政策对建立健全公立医院评价指标体系、提高公立医院绩效考核水平提出了明确方向和要求。

2015 年 5 月，国务院办公厅《关于城市公立医院综合改革试点的指导意见》提出，卫生计生行政部门或专门的公立医院管理机构制定绩效评价指标体系，应突出功能定位、职责履行、费用控制、运行绩效、财务管理、成本控制和社会满意度等考核指标，定期组织公立医院绩效考核以及院长年度和任期目标责任考核，考核结果向社会公开，并与医院财政补助、医保支付、工资总额以及院长薪酬、任免、奖惩等挂钩，建立激励约束机制。

2015 年 12 月公布的《厦门市公立医院综合改革试点实施方案》提出，开展公立医院绩效考核。制定市属公立医院绩效考核办法，主要从社会和职工认可、管理有效、国资运行、发展态势四个维度进行考核，建立功能定位、发展能力、费用控制、运行绩效、财务管理、成本控制和满意度七大类绩效评价指标体系。市公立医院管理委员会每年与市属各医院院长签订绩效考核责任书，并对责任书执行情况实施动态监督，于次年第一季度完成上年度绩效考核。同为 12 月，国家卫计委等部门联合发布《关于加强公立医疗卫生机构绩效评价的指导意见》，提出包括公立医院在内的公立医疗卫生机构绩效评价应坚持公益导向、维护健康，反映服务和管理过程，注重服务结果，突出目标管理和全面质量管理；机构绩效评价应当涵盖社会效益、服务提供、综合管理、可持续发展等内容。该文件同时发布了对公立医院等四种不同类型公立医疗卫生机构评价的指标体系。

2017 年 7 月国务院办公厅发布的《关于建立现代医院管理制度的指导意见》（国办发【2017】67 号）中要求健全绩效考核制度。将政府、举办主体对医院的绩效考核落实到科室和医务人员，对不同岗位、不同职级医务人员实行分类考核。建立健全绩效考核指标体系，围绕办院方向、社会效益、医疗服务、经济管理、人才培养培训、可持续发展等方面，突出岗位职责履行、工作量、服务质量、行为规范、医疗质量安全、医疗费用控制、医德医风和患者满意度等指标。严禁给医务人员设定创收指标。将考核结果与医务人员岗位聘用、职称晋升、个人薪酬挂钩。

上述国家和地方公立医院的改革政策，对公立医院绩效评价、院长目标考核机制、院长和员工收入分配激励机制等主要方面提出了改革要求。如公立医院绩效评价要突出社会公益性、服务质量和病人安全、成本费用控制、可持续发展等重点指标，并将考核结果与财政补贴、医保支付等挂钩；院长要与医院管理委员会签订年度目标责任书，实行目标年薪制，薪酬奖金与医院绩效挂钩；员工薪酬分配、岗位聘用、职称晋升等要突出岗位职责履行、工作量、服务质量、行为规范、医疗费用控制、患者满意度等指标，重点向临床一

线、关键岗位、有突出贡献的人员倾斜等。这些政策为国内公立医院绩效管理改革明确了重点方向，是医院绩效管理实践的重要参照依据。

(二) 医院成本管理的政策依据

在新医改政策面上，对于提高公立医院成本管理和费用控制能力提出了更明确的要求。

国务院办公厅《关于城市公立医院综合改革试点的指导意见》提出，绩效评价指标体系应突出功能定位、职责履行、费用控制、运行绩效、财务管理、成本控制和社会满意度等考核指标，建立以公益性为导向的考核评价机制。强化公立医院精细化管理。加强医院财务会计管理，强化成本核算与控制，落实三级公立医院总会计师制度。

2015年5月，福建省《关于完善公立医院内部运行管理机制的指导意见》提出，公立医院要加强财务管理和成本控制。(1) 实行成本管控。逐步实行医院全成本核算，加强日常管理，强化全员成本控制意识，使控制医院成本成为职工的自觉行为，严格控制与降低能源消耗，降低经常性开支，堵住浪费；定期进行成本分析，并建立成本控制考核和评价制度。(2) 建立控制医药费用的长效机制。强化落实院长作为控制医药费用第一责任人的目标责任，抓好控费关键环节，加强日常监管，建立预警机制等。

《厦门市公立医院综合改革试点实施方案》遵循了以上指导意见的精神；同时，提出通过加强药品、耗材、设备的管理和控制，加强医保监管，加强医院内部控费制度建设，以控制医药费用不合理增长；加强内部成本控制，实施以增效降耗为目的、以成本和质量控制为核心的精细化管理。建立健全成本责任制度，加强运行成本核算，强化成本控制意识，加强结余资金管理。

为规范医院成本管理工作，加强成本核算与控制，依据《医院会计制度》《医院财务制度》等规定，福建省卫生厅、财政厅制定了《福建省医院成本管理暂行办法》，对公立医院实施成本管理的组织设置；全成本、医疗服务项目成本、病种成本、诊次（床日）成本等成本具体核算方法；成本控制、分析的主要原则和方式等进行了较为全面的规定。

上述医改政策或规范对公立医院成本管理提出了明确要求，并和医院绩效评价考核结合，突出费用控制、财务管理、成本控制指标。政策要求医院通过强化人员成本意识、规范医院采购行为、控制医药费用、临床路径管理、优化服务流程、建立成本管理（如组织、核算、分析）制度等系列措施，来提高医院成本管理水平。这些政策规范为公立医院的成本管理改革实践提供了依据。

第二节　案例医院绩效及成本管理的成功经验

一、案例医院绩效管理的成功实践

虽然公立医院改革政策具有先进的指导性，但中国大陆公立医院绩效管理改革实践还处于试点阶段,真正成功实践案例依然匮乏。反观中国台湾医院,在绩效管理方面已处于与国际同步的领先水平,尤以 C 医院、Q 医院等为代表性样例。

(一) C 医院绩效管理经验

C 医院绩效管理是参照引进于台塑集团的绩效管理实践经验。王永庆在经营企业过程中观察领悟出的激发员工切身感等理念成为台塑集团及 C 医院绩效管理的指导精神。所谓激发员工切身感,就是要让"员工为企业工作就像为自己工作一样努力",只有员工的薪酬所得和自己的劳动付出直接相关时,才能真正激发这种切身感,从而建立绩效管理真正有效的激励机制。C 医院的绩效管理制度正是基于这种精神建立的。

C 医院的绩效管理做法在医务人员的激励机制、绩效管理制度、组织与流程、评价考核指标设置、制度宣导和员工培训等方面能够提供切实可行的操作借鉴。以下分别从责任经营制度、医师费制度和非医师人员的绩效管理方面进行介绍。

1. 责任经营制度——绩效管理和成本管理的基石

C 医院责任经营制度是建立在责任中心制基础上的分科管理和分类管理。责任经营制度既和成本管理相关,也和绩效管理相关,是 C 医院绩效管理和成本管理的基石。要全面、充分了解 C 医院绩效和成本管理实践经验,需要先了解责任经营制度。

C 医院的责任经营制度从台塑集团引进,目的是发挥各科室的积极性,基于分权管理的思想,实行分科经营管理,把各科室当作责任中心。责任中心分为收益中心(对收入、成本负责)、准收益中心(收入取决于收益中心,主要对成本负责)、成本中心(无收入,仅对成本负责)。为方便管理与报表编制,C 医院在信息系统中对责任中心进行编码。

对于收益中心,需要确认收入和成本归属,成本中心则只需确认成本归属;成本归属既包括可直接归属的成本,也包括需要通过间接分摊的成本。最终归属于收益中心的成本还需按可控性进一步分为可控成本和不可控成本;可控成本再细分为变动成本和固定成本。

责任中心的划分体现了分科损益管理,按可控性和成本性态区分成本体现了分类管理。C 医院按照"谁执行,谁收入"的原则将收入归属到各收益中心,成本分摊包括成本归集、确定成本分摊基础、成本分摊至收益中心三步,住院区专科经营助理负责各专科的经营损益分析,主要依据各收入减去成本计算该科损益,并与上月及往年同期数据对比。

分类管理是在责任中心的组织结构下,以目标管理为原则,在责任会计基础上,根据专科成本的控制责任,对不同成本项目特性实施分类管理,目的是鼓励专科开源和节流;随着健保总额控制,医疗收入减少,分类管理更加侧重于节流。

分类管理的重点在于可控与不可控的划分以及可控成本项目的设定,需要结合实际情况进行分析判定。

在分类管理时,需要特别考虑医院长久发展的需要,避免控制责任划分造成科室过度不当地削减成本。比如,绝大多数科室住院医师的成本由医院承担,是为了避免科室减少招聘名额或只招自己人的弊端。

在按控制责任划分成本项目的基础上,以设定可控费率方式进行绩效管理。可控费率=基准可控成本/基准收入,也称分类管理费率,作为专科和医院拆分收入的比例;医院以（1-可控费率）的比例提取收入。

科室的管理绩效=可控费用（当月医疗收入×可控费率）-实际成本（含主治医师薪资），正的管理绩效可增加主治医师的收入，负的管理绩效需要主治医师"吐回"部分医师费以弥补负绩效的亏损。管理绩效的计算由专业管理幕僚将所有计算工作形成制度和流程后，再通过计算机程序自动计算。

科室分类管理增强了专科的自主管理意识，减少了医院对医疗专业的干涉，赋予专科更多的经营自主权，提高了专科的成本管理意识。但随着健保总额预算管制的推行，各专科医务收入增长空间被压缩，人力成本却日益高涨，成本降低的空间也越来越小，部分院区已停止实施分类管理制度。

2. 医师费制度（Physician Fee，PF）

由于医师才是医院医疗服务的真正提供者，其专业能力和职业精神直接关系到病人的安全和切身利益。所以，对包括医师在内的一线医务人员的绩效激励是医院绩效管理的重点。

医师费制度是针对作为医院主体的医师的报酬制度。其基本理念是在医师责任制下，医师与医院是合伙关系，医疗收入以拆账方式在医师和医院之间分配。C医院引进PF后，结合台塑集团的管理经验和医院自身情况，进行了合理化修正与细化，形成具有自身特色的"三三三（收入积分、年资积分和科内积分）"制、最高限额、超限基金等制度。

限于篇幅，有关医师费制度的具体内容详见附件1。

总结C医院的医师费制度，是出于激发医师的切身感而进行医师和医院收入分成，并基于台塑集团责任经营制度和医院情况进行了独具自身特色的修正。例如："三三三"制下的收入积分、科内积分计算是建立在分科分类基础上，以及跨区跨系分配，均体现了责任经营制度的应用；此外，通过设定年资积分、设置超限基金等，使之更加符合医院长久发展的需要，在实现医院盈利的同时兼顾病人的就医需求，给病人提供更加安全、舒适、廉价、可获得性高的医疗服务。

3. 非医师人员的绩效管理

C医院非医师人员的绩效管理完全参照台塑集团的管理精神。非医师人员分为直接服务部门和间接服务部门，前者包括医技、护理、工务、医事等部门，类似企业的生产部门；后者包括行政管理部门，类似企业的服务部门。

非医师人员绩效管理内容主要包括：绩效评核项目的选定；标准作业量的确定；设定绩效评核薪资比重；绩效奖金计算与分配；绩效考核程序。

限于篇幅，本部分的详细介绍请参阅附件1。

总结C医院的绩效管理，是在责任经营制度基础上，包括对主治医师和非医师人员的绩效管理。C医院的医师费制度体现了责任经营制度的应用；非医师人员的绩效评核也是建立在分专科分部门（责任中心）的基础上，视不同科室、部门特点设定不同绩效评核项目。其核心则是激发员工切身感，真正发挥积极性和主人翁精神，为了自己、医院、病人而提供更好的服务。

（二）Q医院绩效管理经验

Q医院的管理模式可以概括为战略性管控，尤其绩效、成本的管理是针对医院整体的管控，重点是确保实现医院的整体战略目标。Q 医院的绩效管理不针对部门科室，这点与基于责任经营制度的分科损益管理形成鲜明对比，究其根源，是与创始人的经营风格直接相关的。

Q 医院的绩效管理总体思路最早源于创办人 Q 企业许文龙董事长提出的医院年度盈余"三分之一用于服务病患，三分之一用于扩充医院，三分之一用于照顾医院同仁"。三分之一用于服务病患，即指将医院盈余用于购买先进医疗设备、提高医疗服务水平等更好服务病患；三分之一用于扩充医院是指新建医疗大楼、分院区等；三分之一用于照顾医院同仁即指发放奖金。从这种盈余管理及奖金分配方式可以看出，Q 医院的员工绩效与整个医院的经营盈利状况直接相关，而未体现与部门科室绩效的直接关系。后来随着医院的发展不断更新改善，迄今已发展成为 50% 用于照顾医院同仁。

对于发放员工奖金的部分，现行做法是将医院员工分为医师和非医师人员，非医师人员再分为主管和其他员工。需要指出的是，由于医师的薪酬采用医师费制度，因此不再参加年底医院盈余的奖金分成；非医师人员平时实行固定薪资，参与年度盈余分配。年度医院盈余的 50% 中的 15% 发放给非医师人员中的主管人员，85% 发放给其他人员。在发放给其他人员的 85% 份额中，主要参照人数和底薪的标准进行分配；举例来说，个人发放奖金数额，按人数每人发放 1.5 万元，再加上个人 100 天底薪。

对于医师实施医师费制度，医师费制度源自美国，核心思想是将医师医疗收入在医院和医师之间进行拆账分成。分账的主要原则与方法包括考虑医院的战略倾斜、医师亲力亲为的项目抽成、开药检查的项目无抽成、医师费参与重分配、设置奖金分配天花板等。Q 医院的医师费分配首要的是要保持和医院战略一致，与医院不同发展时期、不同发展侧重点一致，以修订相应的管理制度。由于起源相同，而且 Q 医院在制定医院绩效管理制度时也曾对中国台湾包括长庚医院等在内的医院进行了考察研究，医师费制度在操作细节上具有很大相似性。

二、案例医院成本管理的成功实践

随着健保总额控制推行，中国台湾各医院面临健保给付缩减的压力，成本管理的重要性日益突出。在成本管理实践方面，本书将着重介绍具有代表性的两家医院，分别是 C 医院的成本管理模式和 T 总医院的作业成本法（Activity Based Costing，ABC）。

（一）C 医院成本管理经验

C 医院的成本管理亦参照台塑集团的单元成本管理模式，基于责任经营制度，将目标成本、标准成本、作业成本等管理会计思想应用其中。

1. 单元成本分析方法

单元并非特指，而是为满足成本管理需要，本着"止于至善"的理念，不断挖掘和发现更小更深层次的理想成本，正如王永庆比喻："成本分析之于管理，如劈柴生火，树木劈为木头，木头劈为薪材，薪材之大小以能产生最大热量为准，成本分析之细度亦如此，当以达成管理上之需要为限度"。

第五章 C、Q、T医院绩效与成本管理的经验借鉴——基于促进厦门公立医院发展的视角

单元成本分析需要建立在作业整理基础上。C医院初建时,由于缺乏经营管理经验,最早是基于美国医院的作业规范运行起来的。在台塑集团派驻专业管理幕僚之后,开始整理医院的作业流程,按照台塑集团的成本管控方法,进行作业整理,修订了各项医疗服务项目的流程标准、工作规范和作业准则。这为C医院日后推动标准治疗程序、临床指引与临床路径打下了坚实的基础。

单元成本分析是在科室成本基础上,针对每个医疗项目或处置的成本结构进行明确,为按诊断相关组(DRGs)或论病例计酬以及前瞻性付费奠定了基础。一般单个医疗服务项目的成本分析分为用人成本、不计价卫药材成本、设备费用、作业费用、行政管理费、教学研究及社会服务费用。以鼻黏膜下中隔矫正术为例,其单元成本分析如表5-1所示:

表5-1　　　　　　　　鼻黏膜下中隔矫正术单元成本分析范例　　　　　单位:元(新台币)

	人员类别	人数	月薪资	耗用时间	成本总计
用人费用	主治医师	1	180000	20分钟	755.56
	住院医师	1	60000	60分钟	565.52
	护理人员	1	30000	60分钟	282.76
	医技人员	1	35000	10分钟	54.98
	行政人员	2	25000	10分钟	78.54
	其他人员	2	20000	10分钟	62.84
	项目	单位	单价	用量	成本总计
	1. 鼻棉	包	3.15	2	6.30
	2. 可卡因	瓶	63.50	1	63.50
	2. 5%塞罗卡因E	瓶	55.00	1	55.00
	4. 2×2纱布	包	17.00	2	34.00
	5. 酒精纱布	块	17.00	4	68.00
	6. 抽吸管(Suction Tube)	条	55.00	1	55.00
	7. Furacin纱条	条	1.00	10	10.00
	8. 大手术包	包	200.00	1	200.00
	9. 大手术衣	包	180.00	1	180.00
	10. 手套	副	4.50	4	18.00
	11. 小手术包	包	50.00	1	50.00
	小计				739.80
	项目	取得成本	月折旧金额	使用时间	成本总计
设备费用	房屋折旧(平方米)	(60平方米)	2115.60	60分钟	11.75
	设备折旧　吸引器	17000	472.00	60分钟	2.62
	小计				2.62
	维修费用　吸引器	17000	340.00	60分钟	1.90
	小计				1.90
合计			2556.27		

续表

作业费用 (14.92%)	381.40
行政管理费用 (5.00%)	127.81
教学研究费用 (5.00%)	127.81
成本总计	3193.29

资料来源：王冬、黄德海．2013．非营利性医院的企业式经营：向长庚医院学管理，化学工业出版社，p97.

以上是单元成本分析的操作示例，可以看出，单元可能是某科室或是某科室的某项医疗项目或是某病种，也可能是某个作业步骤。单元成本分析一方面基于责任经营制度基础，体现了责任中心思想的应用，如以上成本分析是在某科室的某个医疗项目成本基础上进行；另一方面基于作业流程步骤，体现了作业成本法的应用，比如表 5-1 中的人力资源人数及工作时间、卫药材耗用数量、设备耗用时间，均构成了资源消耗的作业动因。单元成本分析是一个持续改善的循环过程，需通过成本分析与改善流程来实现。

2. 成本分析与改善流程

C 医院成本分析与改善流程如图 5-1 所示：

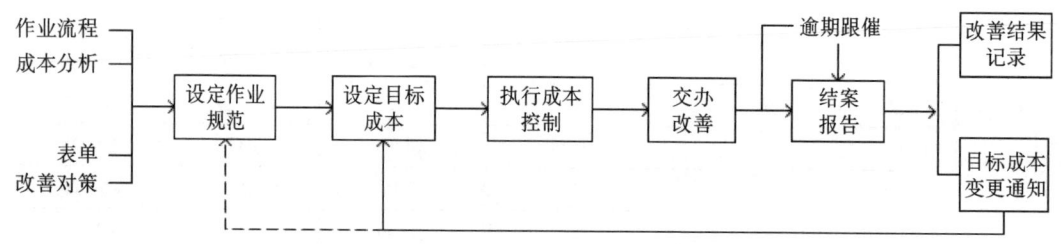

图 5-1　C 医院成本分析与改善流程

资料来源：王冬、黄德海．2013．非营利性医院的企业式经营：向长庚医院学管理，化学工业出版社，p99.

由图 5-1 可以看出，在作业整理和设定作业规范的基础上，设定目标成本，并在执行中进行控制；如有异常，交办改善，并根据情况决定是否需要重新设定目标成本与作业规范。如需重新设定作业规范，则重新从作业流程、成本分析、表单、改善对策等方面进行作业整理。

目标成本即标准成本，需本着"细之再细"的原则，按照单元成本分析的精神，要求每个科室都要对人员经费、材料消耗、管理费用做出详细的预算（一般每年 10-12 月开始编列次年的目标预算），并呈报院方批准执行。医院设定目标成本，一般可以下标准作为参考依据：科学理论，如水电费；同行业先进水平；本医院历史最优或近年平均水平；部分成本费用管控项目及目标费用设定基准。

成本差异分析与改善。C 医院每月由电脑系统生成各项成本的实际值与目标值并作差异对比，并填写《部门费用管制差异分析表》。

对于超出目标成本者输出《成本差异反映单》，供费用发生部门深入了解差异原因，然后加以检讨改善，之后生成《成本差异报告单》，最后再拟定改善对策呈报主管核准后执行；若涉及需要目标成本变化情形，则生成《目标修订通知单》，通知各单位参照新的目标成本执行。

对于重大异常案件及改善对策须专案办理者,需另填《专案改善提报表》并呈核后依期限加以执行,其结果应填《专案改善执行报告表》列入各月经营报表,并检讨修正其目标。

成本差异分析与改善结果应作为各科室及员工绩效考核之依据。

(二) T总医院作业成本管理经验

T总医院是中国台湾最大的公立医院之一,在健保支付改革背景下,也面临着收入缩减的压力,节流的需要随之显现而且急迫。中国台湾健保局近年大力推行DRG支付方式改革,这要求医院必须有准确掌握病种诊疗成本的能力,在申报健保点数时才能准确把握医院的损益状况。

1. 实施背景

DRGs（Diagnosis Related Groups）中文为（疾病）诊断相关组,根据病人的年龄、性别、住院天数、临床诊断、病症、手术、疾病严重程度,合并症与并发症及转归等因素把病人分入500-600个诊断相关组,然后决定应该给医院多少补偿。DRG是当今世界公认的比较先进的支付方式之一。其指导思想是:通过统一的疾病诊断分类定额支付标准的制定,达到医疗资源利用标准化。有助于激励医院加强医疗质量管理,迫使医院为获得利润主动降低成本,缩短住院天数,减少诱导性医疗费用支付,有利于费用控制。在实施过程中,许多国家发现了其进一步的优点:有效地降低了医疗保险机构的管理难度和费用;有利于宏观预测和控制医疗费用;为医疗质量的评估提供了一个科学的、可相互比较的分类方法。

DRG支付方式的核心是按诊断相关组对健保的支付标准分类。和按病种计费类似,但不同之处在于DRGs还考虑病人的不同情况进行细分,包括合并症和并发症。不论是按病种计费还是按DRGs计费,都要求医院对医疗项目的实际成本有准确的掌握,对医疗项目的临床路径标准化,而这一点与作业成本法的思路不谋而合。

因此,T总医院管理层在2011~2012年尝试作业成本法的建模尝试之后,于2013年开始进行系统导入。到2015年已开始在医院运营管理中应用作业成本法推行后所取得的数据成果。

2. 作业成本法推行经验

T总医院推行作业成本法是一个系统而完整的过程,大致经历了专案推动、建立模型、构建信息系统、ABC应用四个阶段。成功经验包括:

(1) 领导重视:院长或副院长挂帅,成立医院专案团队。

(2) 引入"外脑":聘请外部专业咨询机构如毕马威主导推动。

(3) 专案推动:包括成立专案办公室、设定相关人员权责、系统梳理分析等内容。

(4) 建立模型:建立模型是推行ABC项目最为核心的部分。模型框架包括辨识责任中心、辨识资源成本、辨识作业活动、设定成本标的四个模型要素。

(5) 构建信息系统:完成ABC模型建立后,必须将模型植入信息系统,并输入模型要素对应基本资料,建立ABC信息系统。ABC模型通过信息化推行后,实现了作业成本法在医院的落地和运用。

限于篇幅，T 总医院推行作业成本法的过程和具体做法详见附件 2。

第三节　对厦门公立医院管理改善与提升的建议

一、厦门公立医院管理的基本现状

2016 年厦门市拥有公立医院共 13 家，平均在职职工总数超过 1.53 万人，其中医师 4534 人，占 29.61%，注册护士 6615 人，占 43.2%，医技人员 1513 人（其中药师（士）674 人，技师（士）839 人），占 9.88%，行政管理人员 2343 人（其中管理人员 912 人，工勤技能人员 1431 人），占 15.31%；年服务量约 1465.74 万诊疗人次，占厦门市卫生医疗机构诊疗人次（3393.89 万）比重 43.19%，出院人数占比 78.3%。全体系拥有近 11128 张病床，提供了 400 万住院床日服务。

为取得案例研究第一手资料，我们对厦门市数家三甲公立医院绩效及成本管理现状进行了调研。我们认为，与各级政府对公立医院管理改革相关政策要求相比，厦门市公立医院和国内多数公立医院一样，在绩效管理及成本管理方面还有较大差距，存在着诸多不足。

（一）厦门公立医院绩效管理实践状况

1. 医务人员绩效考核意识薄弱。公立医院院长等医院管理高层出身于医疗专业，对于运营管理缺乏足够重视度和专业性，对于医院绩效管理也无法给予充分支持；此外，医务人员缺乏平等交流平台，未充分参与绩效考核指标的设定，且医院宣导和培训不足，医务人员对考核标准不清晰，只能被动接受考核方案和考核结果，因此考核意识不强，对绩效制度认同度低。

2. 绩效考核评价指标设置不科学，指标权重分配不合理。考核指标未充分考虑公益性和病人的需求及利益；存在行政主导色彩，偏向于行政人员；不能体现医疗岗位高技术含量、高风险、高强度的特殊性，未照顾到一线的医务人员，难免滋生收取红包、回扣等现象。

3. 绩效考核评价程序不健全，缺乏及时有效的反馈机制。医院内部的绩效考核评价制度不完善、绩效管理组织不健全、缺乏评价考核结果的跟踪与反馈机制。医院的绩效考核基本上都是由经办部门组织和实施，从制度的制定、方案的实施、数据的核算到日常监督和记录都是该部门负责；由于没有专家组及职能科室的参与，受科室专业水平所限，导致很多方面的考核流于形式。

4. 绩效奖励方法和考核评价激励机制不完善。绩效考核的结果未与员工工资、职务评级等真正挂钩。作为公益性事业单位，公立医院实行事业单位职工工资收入，分为岗位工资、薪级工资和绩效工资。岗位工资与职称密切联系，薪级工资与工龄关系紧密，津贴补贴随地区差异，绩效工资通常采取全成本核算，结余提成；或者定经济指标，超出提成；或者按收入总额固定提成等做法。这几种做法，都是为计算奖金设计，缺乏科学化管理手段。

5. 绩效管理手段落后，没有充分应用现代信息集成平台技术。医院绩效管理是一项涉及范围广、核算要求高、计算关系多、数据操作繁杂且与员工切身利益相关的工作，因此，绩效评估、信息收集、绩效分析等环节与医院的信息化是相辅相成的。但是，目前医院绩效考核、奖金核算都仅依托于 Excel 表格进行编辑处理，工作效率极其低下，重复性劳动太多，与精、准、细、严的精细化管理要求相比，存在较大差距。

（二）厦门公立医院成本管理实践状况

1. 成本管理观念和意识不到位。目前，各医院的成本管理工作主要是完成日常的成本核算工作，局限于对成本的简单分摊核算，对费用和支出以事后分析为主，其目的只为编制财务报表和医院内部分配，成本预算、控制、考核与评价等管理工作不到位，未能有效实施；一线临床人员大部分缺乏成本意识，认为成本管理是领导层和财务部门的事，因此医院内部浪费现象严重、投入产出不配比。

2. 成本管理的组织设置和人才队伍跟不上。医院领导层对成本管理工作不够重视，没有设置明确的履行成本会计职能的工作部门；而医院财务的成本核算人员一般不是专职从事成本管理工作，没有足够的时间和精力做好成本决策、分析、控制、考核与评价工作；各科室的成本核算员由于成本意识不足，只专注于日常医疗工作，没有在各个工作环节找出成本可控制点，为科室、为医院减少不必要的成本，因此未能真正发挥成本管理的作用。

3. 成本管理方法落后，成本核算简单粗放。由于成本管理多数局限于简单分摊的成本核算，因此未能充分将成本管理其他方法应用于药品、耗材、设备、工程建设等采购、保管、支出管理上，未能通过合理的成本分类、分析、考核方法对各部门、科室、员工提高成本管理意识和能力形成有效约束与激励。同时，一些医院的成本核算工作仅限于科室成本核算，不能真实全面反映医院服务项目及病种的成本，成本核算不够精细。

4. 缺乏符合管理需求的成本管理系统，成本管理信息化程度低。由于医疗服务项目众多和分工精细导致医院成本会计工作量大、核算繁复，仅靠手工核算无法满足及时、准确生成大量财务数据的需要。为了准确处理成本信息，进行成本核算和成本管理，必须借助信息化管理系统。当前，厦门公立医院的成本会计信息化应用仍处于初级阶段，大部分停留在财务会计核算电算化，无法真正满足医院成本精细化管理需要。

二、持续改善厦门公立医院管理的若干建议

（一）以战略为引领，整合预算、绩效和成本管理三大管理会计工具，形成管理"铁三角"

预算管理、绩效管理和成本管理是管理会计中非常重要的三个工具。由于三者都与战

略紧密相连，所以在战略的统领下，三者不再是孤立的管理工具，而是具有相互依赖、相互支撑、互为依据、谋求共赢关系，并可有效整合在一起的管理会计工具。

预算管理是以战略为引领，优化并合理配置医院财务、实物及人力等资源，实现医院既定战略目标和年度经营目标的管理会计工具，是涉及医院全方位、全过程和全员的一种整合性管理系统。预算体系在分配资源的基础上，主要用于衡量与监控医院及各部门（科室）的经营绩效，以确保最终实现医院的战略目标。预算管理是连接医院战略以及医院绩效管理和成本管理的纽带，为成本管理和绩效管理提供"目标值"和"参照系"，对目标执行过程加以控制。因此，预算管理是贯穿医院运营管理的主线。

成本管理是预算管理和绩效管理的"数据基石"和"管控操作杆"。成本管理通过对科室、项目及病种的收入核算，准确掌握医院医疗业务及其他业务产生的收入；通过科室成本核算、项目成本核算及病种成本核算，归集整理医院运行过程中发生的方方面面的成本费用；通过对全院或某一类经济业务的成本效益分析，可以得到医院经济收入增长点、成本管控薄弱点、员工工作积极性激励点的各种可量化的经济指标数据。这些数据不仅是未来预算编制的起点和基础，也是员工绩效管理及项目绩效评价的数据支撑。

绩效管理是预算管理和成本管理的"试金石"和"指挥棒"。为适应公立医院改革需要，新的医院绩效评价体系必须涵盖医院预算管理、成本管理、经济运行等相关内容，且对医院开展各项活动的经济效益、社会效益及可持续发展影响进行全方位的评价。预算执行的科学性、资源投入的有效性、成本核算的精细度、成本控制的严肃性都将在绩效评价体系中通过各种指标一一体现。同时，对评价结果的奖惩，也将引导和指挥未来预算管理和成本控制的方向和重点，从而使医院整体经济运行既不偏离战略发展的轨道，又能满足公益性的要求。

医院运营管理实践中，只有以战略为引领，将这三大管理会计工具有效整合起来运用，形成管理"铁三角"，才能有效弥补目前厦门公立医院所实施的预算管理、成本核算以及绩效考核三大模块相对孤立存在和单循环发挥效用的缺陷，真正解决预算管理中忽略与战略、流程层面以及绩效管理的衔接，预算编制不科学、不系统，与绩效管理相脱节等问题；真正解决成本核算长期停留在医院、科室两级核算和仅为内部奖金分配提供依据的初级阶段，没有专职的成本管理组织，没有形成系统、科学、专业且全面的成本管理制度，核算范围、分摊方法的不同造成成本数据使用范围受限等问题；才能更好地解决医院员工绩效考核评价中考评内容和指标以创收能力、收支结余率、工作量等经济指标为主导，缺少反映预算执行情况、资金使用效率、资产利用率、成本管控效果、医疗质量与安全及学科发展等方面的指标，管理导向更加倾向于经济利益驱动，有悖于公立医院的公益性宗旨等问题。这些问题的存在，很大程度上是因为医院管理者在经济管理和运行活动中未能厘清预算管理、成本管理和绩效管理三者之间的关系。

中国台湾三家案例医院之所以在运营管理中取得令人瞩目的成就，就是因为它们都以医院战略为引领，有效整合运用了预算管理、绩效管理和成本管理三大管理会计工具（受研究主题所限，未对三家案例医院的预算管理做深入阐述）。因此，我们建议，厦门公立医院应以战略为引领，整合预算、成本和绩效管理三大管理会计工具，形成管理的"铁三角"。

（二）引入作业成本法

作业成本法是一种被实践证明先进而有效的成本管理方法。T总医院作业成本法的运用也充分证明了这一点。医院医疗服务产品的供给过程，从作业成本法的角度可定义为一系列相互联系的医疗服务作业的过程，而医疗服务作业的运作过程则是消耗医疗资源（成本）的过程。作业成本法依据"产品消耗作业，作业消耗资源"的原理，将间接成本较为科学地分摊到各个医疗作业中，可有效解决目前医院传统成本核算方法存在的信息不到位、控制不全面、计算方法不科学、对间接成本分摊不合理以及医疗服务成本核算对象过于笼统，不能满足新形势下医院预算管理、绩效管理的需要等问题，能有效识别出医疗作业中存在的无价值作业，并以此为依据，从根本上消除不必要的作业活动，改进和优化医疗作业流程，进而控制卫生资源的消耗和投入，真正实现对医疗作业的成本控制。作业成本法作为一种先进的成本管理方法，对于医院降低运行成本、优化工作流程、提高管理效益、增强市场竞争力有着重要的意义。

同时，从医疗卫生服务的宏观环境看，作业成本法的运用能准确核算出医疗项目成本、病种成本，不仅可为政府卫生行政部门、物价部门对医院建立动态医疗服务成本监控、定价决策、建立价格调整机制和监督管理提供较为准确的数据支持，也可为社会医疗保险机构在确定保险费率、保险覆盖面、支付方式及支付数额等关键问题上提供重要的参考。

T总医院ABC（作业成本法）项目推行的成功实践，是医院领导高度重视的结果，也与该院将作业成本法与平衡计分卡绩效管理工具二者有机结合密不可分。

本案例总结T总医院ABC项目的实践经验，为国内（含厦门）公立医院的临床路径改革与标准化、按病种计价或是DRG支付等提供了实操层面的指导和启迪，对于厦门公立医院成本管理改善与提升具有极强的借鉴意义。

因此，我们建议在厦门公立医院引入作业成本法，以大幅提升厦门公立医院的成本管理水平，力争在全国公立医院成本管理方面起到示范作用。

（三）建立健全责任经营制度

中国台湾C和Q两家案例医院在责任经营制度和科学合理的薪酬奖励制度上的成功做法，值得厦门公立医院学习和借鉴。这是做好医院绩效管理、"开源节流"与成本管理的基石和钥匙。因此建议厦门公立医院建立健全责任经营制度，完善医院员工绩效考核与收入分配机制。

1. 公立医院应参照C和Q两家医院实施责任经营制度的成功经验，将医院各部门和科室区分收益中心、准收益中心和成本中心，明确各自的责权利，实行责任会计制度，促进医院绩效管理和成本管理的全面改善与提升。

2. 完善医院员工绩效考核与收入分配机制。医院内部绩效考核体系突出岗位工作量、服务质量、行为规范、技术能力、医德医风和患者满意度等重要指标，重点向临床一线、关键岗位、业务骨干以及支援基层和有突出贡献的人员倾斜。

（1）实行医师费激励制度，实现医师和医院的双赢。

中国台湾 C 和 Q 两家医院对医师均实行医师费制度，这一做法在国际私立医院极为通行，它能积极地调动医生的切身感和主人翁精神，实现医师和医院的双赢。厦门公立医院如能借鉴这一成功做法，将会在医师薪酬绩效管理制度上实现一个大的突破与创新，具体表现在：

①可以较好地解决目前公立医院按照收支结余提成绩效工资，不能体现医务人员多劳多得，导致乱检查、多用药以增加收入，从而导致病人看病贵的问题。

②可以较好地解决医、护、技不分，医疗人员的实际贡献无法区分，存在大锅饭的问题。目前公立医院对于不同的工作价值如何进行有效的量化与评价，缺乏有效的评估与计算，同时也使奖金分配存在一定程度的矛盾进而形成大锅饭的平分形式。

③可以使科室绩效工资分配在有限体现个人价值的基础上，考虑团队协作，激励多劳多得，从而防止论资排辈按照岗位价值系数实行绩效工资分配带来的负面效应。

④可以使医师不仅要重视医疗工作量的完成，也要重视科研教学目标的完成，从而促使医师个人能力和水平的不断提升，也促进整个医院医疗水平的不断提升，形成一种医师和医院共同良性发展的态势。

（2）借鉴中国台湾案例医院非医师人员的绩效考核办法，完善非医师人员的绩效考核。

对于非医师人员，中国台湾 C 和 Q 两家医院采取的是固定薪资加绩效奖金方式。Q 医院的绩效奖金分配方法较为简单，是基于医院整体绩效的考核分配方式，不针对具体部门和科室进行绩效考核；C 医院采用的是台塑集团的绩效管理，实行建立在责任经营制度基础上的分科管理和分类管理，平时和年终的绩效考核精细到科室、个人，其一套完整而系统的精细化管理制度、流程、表单等更是具备实操上的借鉴意义。

从两家医院的经营实绩来看，这两种风格迥异的非医师人员绩效考核方式都取得了良好的运营效果；对国内（含厦门）公立医院来说，具体参考借鉴哪种方式应因地制宜，从最新的医改背景、体制环境、医院自身情况出发考虑，谨慎选择。

（3）遵循可控成本法，核算考核科室绩效的做法，也值得借鉴应用。医院成本核算切忌一刀切，死搬硬套，应引入责任会计制度，遵循可控成本法，对科室加以核算考核。

3. 有机衔接绩效管理制度与其他经营管理制度，实现制度标准清晰明确。C 医院绩效管理的突出特点是绩效管理与整个医院经营管理有机整合在一起，形成一个有机的整体，促进医院整体战略目标和年度经营目标的实现。C 医院除了建立科学合理的绩效管理制度外，还建立了经营分析制度、人事管理制度、财务管理制度、物料管理制度、设备管理制度、工程管理制度、医务管理制度、项目作业管理制度、环境安全管理制度等一系列制度，真正做到管理制度化、制度表单化、表单信息化，而且每个制度都有清晰的标准，制度之间环环相扣，表单信息化方面做到就源输入，一次输入，多次使用，所以整个制度体系都具有很强的逻辑性和操作性。

（四）推行目标管理循环

此处所指的目标管理循环是通常所称的 PDCA 循环，即包括 P（Plan 计划）、D（Do

执行）、C（Check 检查）、A（Action 改进）四个阶段，周而复始，循环往复。虽然这个管理工具一开始主要用于质量管理领域，成为质量改进不可缺少的工具，但其持续改进、螺旋式上升的管理思想几乎适合所有管理领域。目标管理循环不仅适用于医院整体质量管理，也同样适用于医院各处、科室、个人在绩效管理、成本管理等工作中的持续改进，并且可通过 PDCA 循环把医院各项工作有机联系起来，彼此协同，互相促进。PDCA 循环就是发现问题、解决问题的过程，能促进工作阶梯式上升。中国台湾 C、Q 和 T 总三家案例医院均在预算管理、成本管理和绩效管理等运营管理中有效利用了该循环的思想和方法，推行目标管理循环。比如，为了更好地管理成本，C 医院借助单元成本分析，设立管控标准，定期比较分析可控成本差异，不断优化目标管理，加强关键成本的控管。目标管理循环是推动这三家医院成本和绩效管理持续改善和提升并取得良好经营绩效的重要手段。

因此，建议厦门市公立医院在预算、成本、绩效等管理领域，广泛采用目标管理循环，使成本、绩效等各项管理都能实现闭环管理，不断进步，持续改善，呈阶梯式上升和发展。

（五）完善医院内部绩效评价指标体系，健全绩效管理流程

针对厦门公立医院在内部绩效管理中存在的不足，应进一步完善公立医院绩效评价指标体系，健全优化绩效管理流程，从而有效解决绩效评价指标及其权重设置不合理、不科学，绩效管理体系不完整，绩效考核等同于绩效管理，沟通与反馈机制不到位等问题。中国台湾 C、Q 等案例医院所实施的绩效管理的成功经验非常值得厦门公立医院借鉴。

（六）扎实推进公立医院管理信息化建设，不断提高医院综合管理水平

信息系统建设是医院做好预算、成本和绩效管理非常重要的技术支撑。中国台湾 C、Q 和 T 总三家案例医院无一例外都在医院整体信息系统规划和建设上出类拔萃，C 医院尤为突出，业务与财务系统，预算与成本、绩效系统等都实现了高度整合，没有信息孤岛，完全实现业财融合、一次输入多次使用、相互勾稽、实时预警、异常跟催，极大地提高了预算、成本和绩效管理及风险管控的能力和水平。

因此，我们建议厦门公立医院充分借鉴中国台湾 T 总等案例医院在管理信息化规划和建设上的成功经验，采取"咨询+信息化"的模式，充分利用专业咨询机构"外脑"的作用，全面梳理预算、成本和绩效管理中存在的问题，以医院战略为引领，有效整合预算、成本和绩效管理等管理会计工具和方法，将责任经营制度、目标管理循环等管理手段融入其中，提出一套实现整合或集成、能够有效解决医院预算、成本和绩效管理问题的管理制度、流程、表单等所构成的体系，在此基础上扎实推进厦门公立医院管理信息化建设。只有这样，才能避免落入"信息化就是上软件"的误区。其实，管理信息化首先要解决的是管理问题，管理本身的问题没有梳理、优化清楚，管理模型未真正建立起来，匆匆忙忙上软件，是信息化失败的根本原因。所以，管理信息化应是"管理梳理优化+管理模型建立+软件落地"的过程，这是管理信息化建设取得成功的保证。

附件1 C医院绩效管理案例

C医院绩效管理是参照引进于台塑集团的绩效管理实践经验。王永庆在经营企业过程中观察领悟出的激发员工切身感等理念成为台塑集团及C医院绩效管理的指导精神。所谓激发员工切身感，就是要让"员工为企业工作就像为自己工作一样努力"，只有员工的薪酬所得和自己的劳动付出直接相关时，才能真正激发这种切身感，从而建立绩效管理真正有效的激励机制。C医院的绩效管理制度正是基于这种精神建立的。

C医院的绩效管理做法在医务人员的激励机制、绩效管理制度、组织与流程、评价考核指标设置、制度宣导和员工培训等方面能够提供切实可行的操作借鉴。以下分别从责任经营制度、医师费制度和非医师人员的绩效管理方面进行介绍。

一、责任经营制度——绩效管理和成本管理的基石

C医院责任经营制度是建立在责任中心制基础上的分科管理和分类管理。责任经营制度既和成本管理相关，也和绩效管理相关，是C医院绩效管理和成本管理的基石。要全面、充分了解C医院绩效和成本管理实践经验，需要先了解责任经营制度。

C医院的责任经营制度从台塑集团引进，目的是发挥各科室的积极性，基于分权管理的思想，实行分科经营管理，把各科室当作责任中心。责任中心分为收益中心（对收入、成本负责）、准收益中心（收入取决于收益中心，主要对成本负责）、成本中心（无收入，仅对成本负责）。为方便管理与报表编制，C医院在信息系统中对责任中心进行编码。

对于收益中心，需要确认收入和成本归属，成本中心则只需确认成本归属；成本归属既包括可直接归属的成本，也包括需要通过间接分摊的成本。最终归属于收益中心的成本还需按可控性进一步分为可控成本和不可控成本；可控成本再细分为变动成本和固定成本。

责任中心的划分体现了分科损益管理，按可控性和成本性态区分成本体现了分类管理。

（一）分科损益管理

1. 收入归属原则。医疗收入包括门诊、检查、住院、手术及其他治疗项目收入，C医院按照"谁执行，谁收入"的原则将收入归属到各收益中心。以心脏内科门诊收入归属为例，如表5-2所示：

2. 成本分摊。包括成本归集、确定成本分摊基础、成本分摊至收益中心三步。

（1）成本归集。首先将成本按资源内容属性分类归集，通过会计操作系统设置各成本项目科目，如人事、药品、材料等及明细分类，汇总至成本库。

第五章　C、Q、T医院绩效与成本管理的经验借鉴——基于促进厦门公立医院发展的视角

表 5-2　　　　　　　　C 医院心脏内科门诊收入归属范例　　　　　　单位：元（新台币）

批价科别	收费项目	金额		归属科别	金额
内科	挂号费	100	→	心脏内科	312
	门诊诊察费	212			
	心电图	150		心电图室	150
	血液及体液葡萄糖	50		病理科生化组	50
	胸部 X 射线	200		放射诊断组	200

资料来源：王冬、黄德海.2013. 非营利性医院的企业式经营：向长庚医院学管理，化学工业出版社，p73.

（2）确定成本分摊基础。对于无法直接归属至收益中心的间接成本，通过设定分摊基础进行分摊，示例如表 5-3 所示：

表 5-3　　　　　　　　　医院成本分摊示例

成本项目	分摊基础
清洁费	依设定的清洁工时（如：面积×频率）
维修费	工务修缮及仪器修缮可依修缮工时，电梯费则依当月收入比例分摊
电力费	依照明灯具数、设备耗电量及动用率设定分摊权数
空调费	依面积、冷冻吨数及动用率设定分摊权数
蒸汽费	依蒸汽设备的耗用量
气体	依出口数及动用率设定分摊权数或依气体收入分摊
水费	依当月收入比例分摊
护理监理费	依各护理站护理人员数分摊
公共费用	依当月收入比例或服务人次比例分摊
护理费	门诊、住院、手术及护理行政等的分摊基准有所不同 门诊：依跟诊人次比例分摊 住院：依各科占床日比例分摊 手术：依手术时间比例或刀数分摊
医疗事务费	含挂号、批价、申报及病历等支援单位直接成本，按收入、申报件数或门诊住院人数日分摊
行政管理费	有关管理、计算机、会计等行政部门之成本，按医务收入比例、员工人数、服务人数分摊
洗缝费	依各单位送洗的重量数为基准或依种类的件数为基准分摊
药材费	药材依实际发生部门计算成本，药剂部门费用则依服务人次数或药材收入比例分摊
住院医师	依当月实际排班科别归属、依设定比例分配至科室，依设定分配比例分摊至门诊、住院、加护病房

资料来源：王冬、黄德海.2013. 非营利性医院的企业式经营：向长庚医院学管理，化学工业出版社，p75.

（3）分摊至收益中心。确定分摊基础之后，根据各成本中心特点，采取直接分摊法、阶梯分摊法、相互分摊法等进行分摊至各收益中心。

3. 分科损益计算。住院区专科经营助理负责各专科的经营损益分析，主要依据各收入减去成本计算该科损益，并与上月及往年同期数据对比。

(二) 分类管理

分类管理是在责任中心的组织结构下，以目标管理为原则，在责任会计基础上，根据专科成本的控制责任，对不同成本项目特性实施分类管理，目的是鼓励专科开源和节流；随着健保总额控制，医疗收入减少，分类管理更加侧重于节流。

分类管理的重点在于可控与不可控的划分以及可控成本项目的设定，需要结合实际情况进行分析判定。部分专科的可控成本项目列举如表5-4所示：

表5-4　　　　C医院部分专科实施分类管理可控成本项目一览表

可控制费用项目		牙科	解剖病理科	眼科	麻醉科	儿童麻醉科	X线科	放射肿瘤科	妇产科
用人费用	主治医师薪资	√	√	√	√	√	√	√	√
	住院医师薪资	√							
	护理人员薪资	√		√			√	√	√
	技术人员薪资（含行政及其他人员）	√	√	√	√	√	√	√	√
变动成本	计价药品费				√				
	不计价药品费	√	√	√	√	√	√	√	√
	计价材料费			√					
	不计价材料费	√	√	√	√	√	√	√	√
固定成本	杂项购置	√	√	√	√	√	√	√	√
	消耗品	√	√	√	√	√	√	√	√
	事务费用	√	√	√	√	√	√	√	√
	洗缝费用	√	√	√	√	√	√	√	√
	医疗供应费用	√	√	√	√	√	√	√	√

资料来源：王冬、黄德海．2013．非营利性医院的企业式经营：向长庚医院学管理，化学工业出版社，p81.

在分类管理时，需要特别考虑医院长久发展的需要，避免控制责任划分造成科室过度不当地削减成本。比如，绝大多数科室住院医师的成本由医院承担，是为了避免科室减少招聘名额或只招自己人的弊端。

在按控制责任划分成本项目的基础上，以设定可控费率方式进行绩效管理。可控费率＝基准可控成本/基准收入，也称分类管理费率，作为专科和医院拆分收入的比例；医院以（1-可控费率）的比例提取收入。其中的关键是可控费率的设定与调整。

可控费率的设定方法包括单一费率制（整个科室）、类别费率制、单项费率制（单个作业），具体采用哪种方法需考虑科室、项目、作业的具体情况；而且，C医院还规定了定期调整可控费率的检讨流程，根据设备更新、健保给付调整、作业流程或用料方式改善等情况，按照更加科学合理反映效益归属的原则进行主动检讨，重新调整可控成本项目和可控费率。（可控费率的设定与调整是下一步进行医师费和非医师人员的绩效薪酬分配的基础，至关重要。）

科室的管理绩效＝可控费用（当月医疗收入×可控费率）－实际成本（含主治医师

薪资），正的管理绩效可增加主治医师的收入，负的管理绩效需要主治医师"吐回"部分医师费以弥补负绩效的亏损。管理绩效的计算由专业管理幕僚将所有计算工作形成制度和流程后，再通过计算机程序自动计算。

科室分类管理增强了专科的自主管理意识，减少了医院对医疗专业的干涉，赋予专科更多的经营自主权，提高了专科的成本管理意识。但随着健保总额预算管制的推行，各专科医务收入增长空间被压缩，人力成本却日益高涨，成本降低的空间也越来越小，部分院区已停止实施分类管理制度。以C医院为例，目前仅牙科采取分类管理。

二、医师费制度（Physician Fee，PF）

由于医师才是医院医疗服务的真正提供者，其专业能力和职业精神直接关系到病人的安全和切身利益。所以，对包括医师在内的一线医务人员的绩效激励是医院绩效管理的重点。

医师费制度是针对作为医院主体的医师的报酬制度。其基本理念是在医师责任制下，医师与医院是合伙关系，医疗收入以拆账方式在医师和医院之间分配。C医院引进PF后，结合台塑集团的管理经验和医院自身情况，进行了合理化修正与细化，形成自身特色的"三三三"制（收入积分、年资积分和科内积分）、最高限额、超限基金等制度。

C医院医师费的来源如图5-2所示：

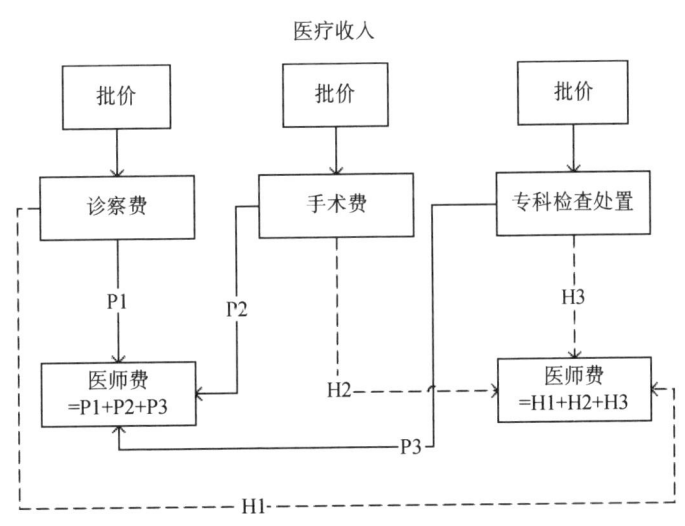

图5-2　C医院医师费来源

资料来源：根据C医院资料整理。

不难看出，各类医疗收入的医师费和医院费的分配比率（P-H比）如何确定，是医师费制度的关键。分配比率确定要点具体如下：

（一）RBRVS校正之前的医师费提成原则

基本上以医师投入的资源、心力及技术的贡献程度为基准，再参考市场行情（保险支付标准）与医院政策等因素订出医师费提成比例。主要归纳如下：

1. 医师亲自独立执行的服务项目，收入金额全归"医师费"；
2. 由医疗团体合作才能完成的医疗项目，则视不同项目性质而定，大致如下：
（1）危险性高、难度大、费时长，其提成比例高，如手术、侵袭性检查或处置；
（2）使用频率低、用量少者提成比例高，如肌电图；
（3）仅负监督责任而非亲自操作提成比例低，如临床检验服务项目；
（4）使用设备贵而涉及人员多者，提成比例低。

此外，根据收费特性，分为定额提成和定率提成；前者按固定金额提成，后者按收入金额一定比率提成。

（二）医师费提成比率的 RBRVS 校正

RBRVS 校正之前的医师费提成原则，虽然考虑了不同项目的性质，但是相对粗放，按单一比率或金额提成，未能充分反映医师人力投入与设备贡献。在适当参考 1974 年美国医院"加州相对值研究表"基础上，经检讨修正，C 医院设定了符合自身需要的"医疗服务收费标准表"，并与保险机构的医疗费用支出标准表共存，以医疗服务收费或保险医疗支付为基准定额或定率提成方式提成医师费。

（三）医师费比率确定的弹性

医师费提成比率不是固定不变的，而是根据医院市场行情、健保给付政策、医院整体发展及专科医师间收入平衡等因素的变动作相应弹性调整。例如，对于持续或阶段性鼓励发展的项目，特别核定或阶段性给予较高的提成比率；对于市场独占性技术、医院鼓励医师开展的项目，通常给予较高提成比率等。

（四）"三三三（年资积分、收入积分、科内积分）"制

基于医师群体执业的特点，为鼓励团队合作，C 医院并非按以上分配依据直接将医师费从医疗收入中拆分出来分配给医师，而是以"专科别"为单位，先计算出单一专科的整体医师费后（专科医师费以分科分类管理为基础，核心是专科可控费率的计算，具体参见前文责任经营制度部分），再按照"三三三"制重新分配给每一位医师。

1. 年资积分

C 医院依据主治医师的年资与职级来确定年资积分，既考虑了资深医师多年的辛苦贡献（苦劳），也考虑了对卓有成就的年轻医师的奖励（功劳）。如表 5-5 所示：

表 5-5 中第 1 行主治医师年资与末行积分标准的对照关系体现了医师的苦劳，而主治医师不同职级与积分标准的对照关系体现了医师的功劳。举例来说，对于一个没有教学研究成就的一般级医师，只能按照年资对照积分标准获取年资积分；对于一个教学研究成就突出的年轻医师被评为副教授级，虽然按年资假设只有 5 年，也可以按 41 点计算年资积分。依据贡献度的"成熟曲线"理论，年资积累到一定年限（20-25 年）后，其贡献度趋缓；而超过一定年资后，则年资积分不再增加。

表 5-5　　　　　　C 医院主治医师年资与职级的积分点数对照表

主治医师年资	0	1	2	3	4	5	6	7	8	9	10	11	12	13	14	15	16	17	18	19	20	21	22	23	24	25以上
本院主治医师职级分配	备任级					一般级																				
					讲师级																					
							助理教授级																			
												副教授级													
																						教授级			
积分标准	21	23	24	26	28	30	32	34	35	36	37	38	39	40	41	42	43	44	45	46	47	48	49	50	51	52	53

资料来源：王冬、黄德海.2013.非营利性医院的企业式经营：向长庚医院学管理,化学工业出版社,p177.

2. 收入积分

收入积分也称诊疗积分，指每位主治医师通过诊疗服务获得的医师费收入占该科所有主治医师医师费收入的比例而分配的积分。为保证一致的计算标准和比例关系，通常以该科室所有主治医师的年资积分总分作为该科室的收入积分的基准（二者比例一般为 1∶1）；而医师个人的收入积分则以其收入占科室医师总收入比例乘以科室收入总积分得到。

3. 科内积分

科内积分即医师个人对于该科室教学、研究与行政等方面的贡献得分。与收入积分类似，通常以该科室所有主治医师的年资积分总分作为该科室的科内积分的基准（二者比例一般为 1∶1）；而医师个人的科内积分则以其科内积分占科室科内总积分的比例乘以科室科内总积分得到。医师科内积分的评定主要考虑个人当月的"行政及职务代理""对该科的贡献程度""研究及教学"等得分，存在一定主观性；此外，为加强医院工作品质，还考虑病历品质优良、被实习医师推选为优良带教医师等加分项目，病理组织查核异常、担任委员会开会缺席、病历质量不良或逾期未完成等扣分项目。

4. 医师费积分重分配比例

医师费科内重分配是综合加权年资积分、收入积分、科内积分三者之和，一般三者权重为 1∶1∶1；但可以根据外部市场、保险支付、医院运营管理等需要签报核准后适当调整；为保证医师的生活保障和鼓励人才发展，收入积分不得低于 1/3，年资积分不得高于 1/3。

对于跨院区或跨科系的合作，还会先进行部系分配，比如部系与科的分配比例为 2∶8，签报核准后可以调整分配比例；分配为部系的收入则在部系层面进行重分配。

（五）其他诊疗收入及超限分配率

1. 其他诊疗收入

其他诊疗收入指不用参与科分配，直接计入主治医师的总医师费，比如正常门诊时间外的门诊、手术、麻醉等诊疗费和其他经呈报核准的项目，如健诊、特约门诊、厂区体检等医师费。

2. 超限分配率

经"三三三"制分配的个人医师费收入加上不参与科室分配的其他治疗收入后，再以超限基金为基准进行分配，超过最高限额的部分通过超限分配率分配后，余额应缴回超限基金作为医师共同基金。医师费最高限额及超限分配率如表 5-6 所示：

表 5-6　医师费最高限额及超限分配率

主治医师年资	0	1	2	3	4	5	6	7	8	9	10	11	12	13	14	15	16	17	18	19	20	21	22	23	24	25以上
本院主治医师职级分配	备任级						一般级																			
				讲师级																					
			助理教授级																						
								副教授级																	
																教授级									
上限金额/元（新台币）	21万	23万	24万	26万	28万	30万	32万	34万	36万	37万	38万	39万	40万	41万	42万	43万	44万	45万	46万	47万	48万	49万	50万	51万	52万	53万
超限分配率/%	无	40	43	45	46	49	52	55	58	62	66	70	73	76	79	82	85	85	85	85	85	85	85	85	85	85

资料来源：王冬、黄德海. 2015. 非营利性医院的企业式经营：向长庚医院学管理，化学工业出版社，p183.

类似于医师年资与职级积分的对照表，表 5-6 同样考虑医师年资、职级和最高限额及超额分配率的对照关系。对于一般级的医师，只考虑年资；对于非一般级的医师，则同时考虑年资与职级，以较高者为准确定最高限额及超额分配率。举例来说，一个年资 3 年的一般级医师，假定其按照"三三三"制和其他诊疗收入加总之后的医师费收入为 35 万元新台币，其对应最高限额 26 万元新台币，超过最高限额部分的金额为 9 万元新台币；对应超限分配率 46%，则应分配给医师 9×46% = 4.14（万元新台币），剩余 4.86 万元新台币应缴回超限基金。

3. 不设限制的诊疗收入

对于一些医院鼓励发展的项目，为了激励医师，不设置收入分配上限，如值班津贴、论病例计酬绩效、分类管理正负绩效、健保审核补贴、器官移植奖励金、诊断书医师费等。

（六）特殊因素

如果医师因为特殊因素，本月份都正常出勤、看诊、执行医疗任务，但是月收入欠佳，医院就会从超限基金中提拨基本保障薪资，以维持医师基本收入；健保审查核减的案件，若有不应发给医师费的，或违背健保已明令规定事项而核减者，则追回已核发的医师费。

综上所述，C 医院的医师费分配流程可概括如图 5-3 所示：

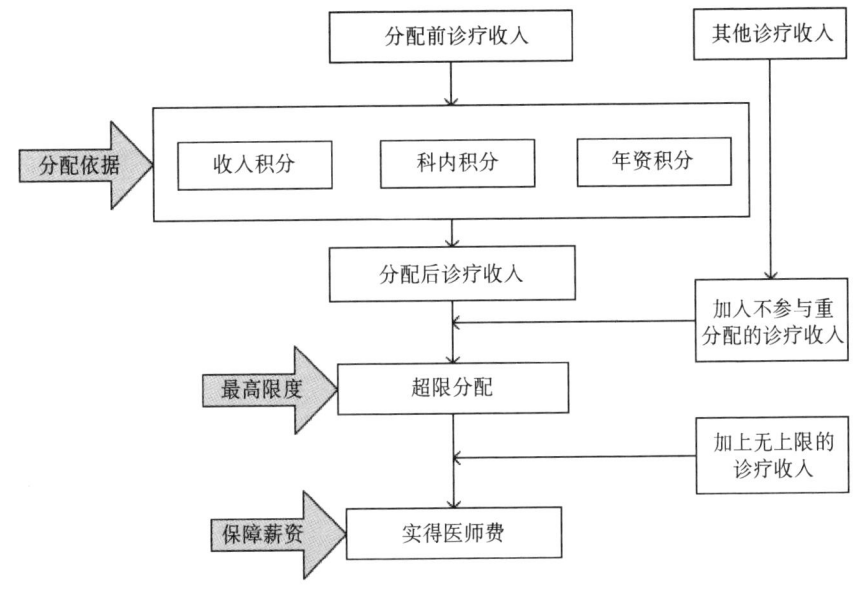

图 5-3　C 医院医师费重分配流程

资料来源：王冬、黄德海. 2013. 非营利性医院的企业式经营：向长庚医院学管理，化学工业出版社，p185.

总结 C 医院的医师费制度，是出于激发医师的切身感而进行医师和医院收入分成，并基于台塑集团责任经营制度和医院情况进行了独具自身特色的修正。例如："三三三"制下的收入积分、科内积分计算是建立在分科分类基础上，以及跨区跨系分配，均体现了责任经营制度的应用；此外，通过设定年资积分、设置超限基金等，使之更加符合医院长久发展的需要，在实现医院盈利的同时兼顾病人的就医需求，给病人提供更加安全、舒适、廉价、可获得性高的医疗服务。

三、非医师人员的绩效管理

C 医院非医师人员的绩效管理完全参照台塑集团的管理精神。非医师人员分为直接服务部门和间接服务部门，前者包括医技、护理、工务、医事等部门，类似企业的生产部门；后者包括行政管理部门，类似企业的服务部门。根据 2013 年 5 月数据，C 医院主治医师占医院总人力的 9%，意味着 91% 的人力属于非医师人员（含住院医师，不实行医师费制度）。

非医师人员绩效管理内容主要包括：绩效评核项目的选定；标准作业量的确定；设定绩效评核薪资比重；绩效奖金计算与分配；绩效考核程序。

（一）选定绩效评核项目

医技、护理、工务等部门的绩效项目大致包括服务量、品质和成本等指标；对于共同事务幕僚，如医事、会计等，除自身常规性工作内容外，一般还要着重依据其处理事务的效率和正确率进行评核;对于专业管理幕僚,更着重依据其完成管理专案的数量、品质和时效进行评审。部分评核项目示例如表 5-7 所示:

表 5-7　　　　　　　　　非医师人员绩效评核项目示例

序号	服务部门人员	评核项目
1	麻醉科麻醉技术师	麻醉费用
2	复健科物理治疗师	医疗收入
3	临床病理科临床检验师	检验项目费用
4	超声波检查室技术人员	检查项目数
5	血液透析室护理师	人次及耗材
6	一般病房和加护病房(ICU)护理人员	各科室患者照护处置项目
7	急诊、手术室、产房等科室护理人员	医务收入
8	医事(挂号、批价)人员	工作量

资料来源:根据 C 医院资料整理。

(二)标准作业量的确定

C 医院建院开始即沿袭台塑集团的作业整理法,采取实地观察,计算每个作业流程,并分析每个作业动作需要的标准工时或资源耗费,同时观察统计每个医疗服务项目每月标准作业量。这里的关键是通过观察与分析,如考虑不同人员或设备等平均水平,或改计时制为计件制,或以其他更合理方式确定,作为绩效评核项目标准作业量。

(三)设定绩效评核薪资比重

为更好地激励员工,更加突出体现效益分享的原则,在实施绩效奖励制度时,需要将员工原先全部或部分比例固定薪资转换为变动薪资,具体比例视不同部门不同医疗服务项目性质而定,一般分为全薪评核和津贴评核两种方式,前者是全部薪资都转换成变动薪资,后者是将扣除本薪的津贴转换成变动薪资。

(四)绩效奖金计算与分配

1. 绩效奖金计算

综合考虑各单位作业情况、员工需求及机构目标,C 医院的绩效奖金计算方式包括单价制、费率制。单价制的特点是按件计酬,适用于工作独立性高、作业变异小的项目,缺点是基准建立费时费力;费率制包括绩效费率制、用人费率制、可控成本费率制,适用于单价制之外的项目,缺点是需要适时根据收入与工作项目结构变化调整费率。

2. 绩效奖金分配

绩效奖金的分配流程如图 5-4 所示:

第五章　C、Q、T医院绩效与成本管理的经验借鉴——基于促进厦门公立医院发展的视角

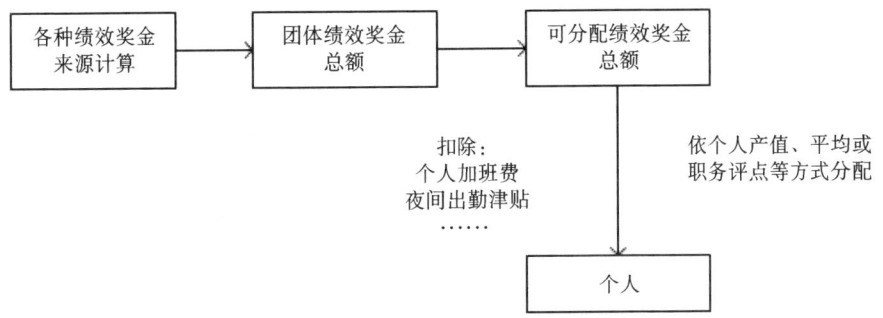

图 5-4　C 医院非医师人员绩效奖金分配流程

资料来源：王冬、黄德海.2013. 非营利性医院的企业式经营：向长庚医院学管理，化学工业出版社，p191.

需要注意的是，在计算完可分配绩效奖金总额后，需要先将属于个人部分的加班费、夜间出勤津贴等分配给个人，剩余可分配奖金再依个人产值、平均或职务评点等分配。

3. 实例说明

这里以某科室的 x 和 y 两项检查项目为例说明上述单价制和绩效费率制的应用。相关资料如表 5-8、表 5-9 和表 5-10 所示：

表 5-8　某科室日常作业情况　　　　　　　　　　　　　单位：元（新台币）

检查项目	收费	工时	件数/月	收入/月	工时/月
X	600（a）	0.8（c）	250	150000	200
Y	500（b）	0.6（d）	300	150000	180
小计			550	300000（e）	380

表 5-9　技术人员薪资结构　　　　　　　　　　　　　　单位：元（新台币）

人员别	本薪	工作津贴	伙食津贴	交通津贴	执照津贴	合计
甲	25000（f）	10000	2000	900	1200	39100
乙	22500（g）	9000	2200	900	1200	35800
小计	47500（h）	19000（i）	4200	1800	2400	74900

表 5-10　某科室某月份技术人员工作产量　　　　　　　单位：元（新台币）

人员别	项目 x/件	项目 y/件	检查收入/元	产量工时/小时
甲	100（j）	150（l）	135000（n） (a)×(j)+(b)×(l)	170 (c)×(j)+(d)×(l)
乙	150（k）	150（m）	165000（o） (a)×(k)+(b)×(m)	210 (c)×(k)+(d)×(m)
小计	250	300	300000	380（p）

表 5-11 是分别按全薪评核和津贴评核方式，单价制和绩效费率制下奖金的计算过程：

表 5-11 奖金计算表 单位：新台币

项目		单价或费率计算	绩效奖金
单价制	津贴评核	工时单价 = 总工作津贴/总产量工时 = 19000（i）/380（p）= 50（元/小时） 绩效单价 = 工时单价 × 单位工时 X 项目绩效单价 = 50 × 0.8（c）= 40（元/件） Y 项目绩效单价 = 50 × 0.6（d）= 30（元/件） 绩效奖金 = ∑（绩效单价 × 单月件数）	甲 = 40 × 100（j）+ 30 × 150（l）= 9500（元） 乙 = 40 × 150（k）+ 30 × 150（m）= 10500（元）
	全薪评核	工时单价 = 总薪资/总产量工时 = [47500（h）+ 19000（i）]/380（p）= 175（元/小时） 绩效单价 = 工时单价 × 单位工时 X 项目绩效单价 = 175 × 0.8（c）= 140（元/件） Y 项目绩效单价 = 175 × 0.6（d）= 105（元/件） 绩效奖金 = ∑（绩效单价 × 单月件数）- 本薪	甲 = [140 × 100（j）+ 105 × 150（l）] - 25000（f）= 4750（元） 乙 = [140 × 150（k）+ 105 × 150（m）] - 22500（g）= 14250（元）
绩效费率制	津贴评核	绩效费率 = 总工作津贴/基准收入 × 100% = 19000（i）/300000（e）= 6.33% 绩效奖金 = 单月收入 × 绩效费率	甲 = 135000（n）× 6.33% = 8545.5（元） 乙 = 165000（o）× 6.33% = 10444.5（元）
	全薪评核	绩效费率 = 总薪资/基准收入 × 100% = [47500（h）+ 19000（i）]/300000（e）= 22.17% 绩效奖金 = 单月收入 × 绩效费率 - 本薪	甲 = 135000（n）× 22.17% - 25000 = 4929.5（元） 乙 = 165000（o）× 22.17% - 22500 = 14080.5（元）

表 5-11 绩效奖金计算结果显示，不论是单价制还是绩效费率制，采用全薪评核方式（即人员所有薪资均转为变动薪资，参与评核分配）下，甲、乙两人的绩效奖金差别更大，激励效果更为显著。

（五）绩效考核程序

绩效考核包括平时定期主管评核和年终考核。

1. 平时定期主管评核

部门主管对部属的平时工作表现应该详细考核，部属平时如有特殊优良或异常的工作表现，应随时记录，作为每月绩效奖金发放及定期、年终考核的依据。包括部处长级及以上人员和课长级及以下人员的考核。

部处长级及以上人员相当于台塑集团一级主管及以上人员，包括院长级［决策委员会主任委员（副）、行政中心主任（副）、特助］和处长级主管［组长、部处长、高专、护理主任（副）、医技部主任（副）］。由其上级主管按其职责范围内的整体绩效，突出其经营管理层应具备的素质和能力，综合考核评定。除病患量、品质、用人等常见指标外，强调进步率、创新与专案能力等。

课长级及以下人员相当于台塑集团二级主管及以下人员，包括课长级主管［课长（副）、专员、督导、医技主任（副）］、主办级主管［主办、技术组长、护理长（副）、领班、班长、技术班长（副）、专科护理室 1~4 级、手术专责护理师 1~2 级〕和一般基层人员，采取"计件方式"为基础进行评审。由部门主管平时对其部属的服务态度、作业时效、工作品质、工作执行（协调）、安全卫生等项目进行评核，二级主管人员的评核还包括计划能力、领导领域。若有特殊优良或异常的情况，则登记于《平时工作评核记录表》。

对于绩效出现较大异常的部属，则需要安排说明及提供改进意见后，填写《人员工作考核辅导记录表》，经受评人签认列入追踪改善计划。

平时定期考核结果每半年汇总一次，每年 6 月 5 日及 12 月 5 日，部门主管分别汇总上年 12 月至本年 5 月与本年 6 月至 12 月的评核分数，相关人员在《平时工作评核记录表》上签字确认。

2. 年终考核

（1）考核内容。部门主管进行年终考核应基于部属的平时工作表现、平时工作评核、考勤奖励记录、评定考绩等级，作为薪资调整及年终奖金发放的依据，供将来晋升调任参考。不同级别人员的考核内容根据职级岗位要求而有所差异。

（2）考核结果。对于评核结果出现较大异常的情况，需安排说明并提供改进意见后，填写《人员工作考核辅导记录表》，经受评人签认列入追踪改善计划。

全体员工的年终考绩按照得分高低区分为优、良、甲、乙、丙五个等次，对应关系：90 分及以上为优、85-89 分为良、75-84 分为甲、60-74 分为乙、59 分及以下为丙；同时优、良等人数控制在 10%、20% 以内。

（3）考核结果呈报批准。按照医院制度规定的年终考核结果批准权限审批。

（4）考核结果跟踪处理。对于年终考核未达到基本标准（乙等及以下），属于异常情况，电脑会自动打印《考绩异常人员检讨处理提报表》。按照医院绩效考核相应制度规定进行检讨，并办理降职、降级或资遣手续。

年终奖励的发放包括基本奖励、考绩奖励、出勤奖励三块。基本奖励视医院当年度医疗绩效而定；考绩奖励根据主管评核考绩等级（如表 5-12 所示）再按相应奖励比例计算；出勤奖励分为平日出勤与台风等天灾假出勤两项。

表 5-12　　考绩奖励比例

考绩等级	优	良	甲	乙	丙
奖励比例	130%	115%	100%	80%	40%

资料来源：王冬、黄德海. 2013. 非营利性医院的企业式经营：向长庚医院学管理，化学工业出版社，p204.

总结 C 医院的绩效管理，是在责任经营制基础上，包括对主治医师和非医师人员的绩效管理。C 医院的医师费制度体现了责任经营制度的应用；非医师人员的绩效评核也是建立在分专科分部门（责任中心）的基础上，视不同科室、部门特点设定不同绩效评核项目。其核心则是激发员工切身感，真正发挥积极性和主人翁精神，为了自己、医院、病人而提供更好的服务。

附件 2　T 总医院作业成本管理案例

T 总医院是中国台湾最大的公立医院之一,在健保支付改革背景下,也面临着收入缩减的压力,节流的需要随之显现。中国台湾健保局近年大力推行 DRG 支付方式改革,这要求医院必须有准确掌握病种诊疗成本的能力,在申报健保点数时才能准确把握医院的损益状况。

一、实施背景

DRGs(Diagnosis Related Groups)中文为(疾病)诊断相关组,根据病人的年龄、性别、住院天数、临床诊断、病症、手术、疾病严重程度,合并症与并发症及转归等因素把病人分入 500-600 个诊断相关组,然后决定应该给医院多少补偿。DRG 是当今世界公认的比较先进的支付方式之一。其指导思想是:通过统一的疾病诊断分类定额支付标准的制定,达到医疗资源利用标准化。有助于激励医院加强医疗质量管理,迫使医院为获得利润主动降低成本,缩短住院天数,减少诱导性医疗费用支付,有利于费用控制。在实施过程中,许多国家发现了其进一步的优点:有效地降低了医疗保险机构的管理难度和费用;有利于宏观预测和控制医疗费用;为医疗质量的评估提供了一个科学的、可相互比较的分类方法。

DRG 支付方式的核心是按诊断相关组对健保的支付标准分类。和按病种计费类似,但不同之处在于 DRGs 还考虑病人的不同情况进行细分,包括合并症和并发症。不论是按病种计费还是按 DRGs 计费,都要求医院对医疗项目的实际成本有准确的掌握,对医疗项目的临床路径标准化。这与作业成本法的思路不谋而合。

因此,T 总医院管理层在 2011~2012 年尝试作业成本法的建模尝试之后,于 2013 年开始进行系统导入。到 2015 年已开始在医院运营管理中应用作业成本法推行后取得的数据成果。

二、作业成本法推行过程

T 总医院推行作业成本法大致经历了专案推动、建立模型、构建信息系统、ABC 应用四个阶段:

(一)专案推动(成立专案办公室、设定相关人员权责、系统梳理分析)

在医院管理层决定推行作业成本法后,首先要进行的是成立专案办公室及专案组织,如图 5-5 所示:

从图 5-5 可以看出,T 总医院 ABC 项目是由外部顾问团队和医院内部专案团队共同合作推动。医院内部委任一名副院长作为专案负责人,统一协调管控项目的全面事务,体

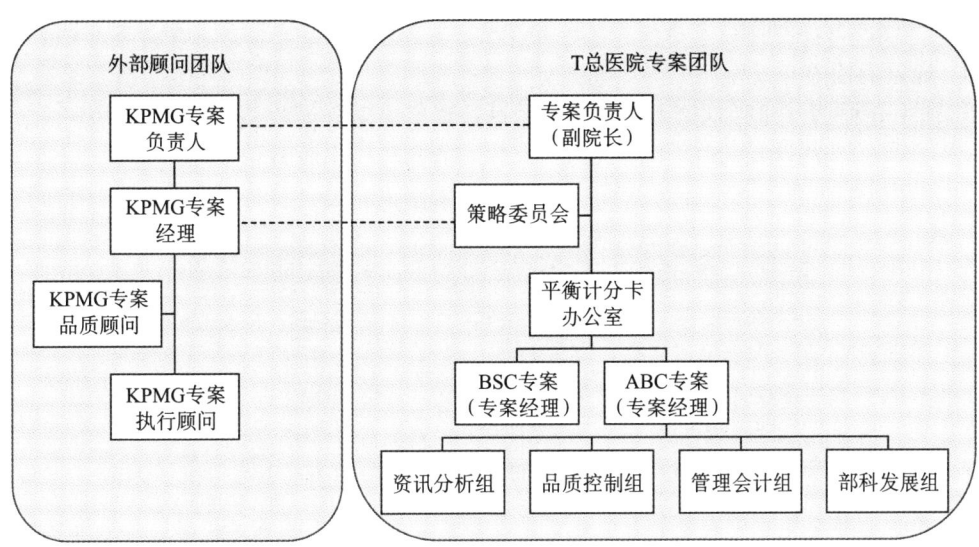

图 5-5 T 总医院 ABC 项目专案办公室

现了医院高层对该项目的重视。

接下来是设定相关人员专案权责,如表 5-13 所示:

表 5-13　　　　　　　　　　相关人员专案权责表

人员	权责
ABC 项目负责人	掌握成效
ABC 项目经理	协调内部资源、部科沟通、项目进度管控
部科发展组	提供参与名单、作业流程、动因讨论
管理会计组	收集成本信息、建立计算模型
信息分析组	信息系统接轨、程序检核、后续维护

由于本项目覆盖医院的整个作业流程和成本核算分析体系,涉及部门科室及事项繁多,在项目启动之初即需明确专案成员的职责分工,以便确保项目推行过程中团队的合作与协调。

在建立起专案组织及权责设定之后,需要对医院现有的各个业务系统现状进行全面盘查、了解与分析,以掌握各系统存在的主要问题以及可能对实施 ABC 项目造成的潜在障碍,并为下一步如何排除这些障碍奠定基础。主要包括的系统有:医疗资讯系统(门诊、住院、急诊系统)、护理系统、人事及薪资系统、补给系统、药库系统、财产管理系统、一般会计及成本会计系统。

(二) 建立模型

推行 ABC 项目,最为核心的部分便是建立 ABC 模型。ABC 模型展示了如何将成本从各个责任中心(C-Center)耗费的资源(R-Resource)分摊到作业(A-Activities),再从作业(A-Activities)分摊到成本标的(O-Objectives),即作业成本法的核心思路。具体来说，可分为以下步骤：

1. 辨识责任中心（C）

责任中心根据各部科对是否产生收入的可控程度，划分为收益中心、半收益中心、费用中心三大类；收益中心是能主动直接产生收入的部科，半收益中心不直接产生收入，其收入来源依赖于收益中心的作业活动，费用中心不产生收入。具体示例如图5-6所示：

收益中心	半收益中心	费用中心
• 内科部 • 外科部 • 独立部科 • 心脏血管中心 • 神经医学中心 • 疼痛科 • 营养室	• 病理检验部 • 药学部 • 放射线部 • 核医科 • 麻醉部	• 护理部 • 公用部门 • 行政部门 • 医学研究部 • 教学部

图5-6 辨识责任中心

责任中心的划分是下一步确认收入、成本及费用的归属与分摊的前提条件。划分责任中心的目的在于明确该中心对其可控范围内的收入、成本、费用以及损益的责任，因而也是进行绩效管理的基础。

2. 辨识资源成本（R）

资源成本是指具体消耗了哪些资源，按大类可分为料（包括药品、耗材）、工（人力成本）、费（水、电、其他费用等）。示例可参见图5-7：

用人	设备	药品卫材
• 主治医师 • 住院医师 • 技术人员 • 护理人员 • 行政人员 • 研究人员	• 房屋建筑 • 医疗设备 • 手术设备 • 检查设备 • 检验设备 • 治疗处置设备 • 杂项设备	• 计价药品 • 计价卫材 • 不计价药品 • 不计价卫材 • 三合一卫材

图5-7 辨识资源成本

资源成本是最原始的成本耗费，可以直接以货币金额体现，因此也是最真实的成本，原先的财务会计报表体现的成本项目都是资源成本项目。但资源成本的不足在于未和医院的具体业务（各流程作业）相联系，无法反映各项业务的真实资源耗费。

3. 辨识作业活动（A）

由于医院的资源是通过各项作业而消耗的，所以辨识作业活动相当关键。作业活动是作业成本法的一级分摊对象，示例参见图5-8：

第五章　C、Q、T 医院绩效与成本管理的经验借鉴——基于促进厦门公立医院发展的视角

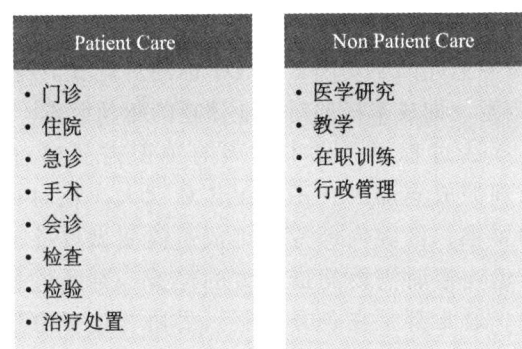

图 5 - 8　辨识作业活动

图 5 - 8 中 Patient Care 类的作业是医院和病人直接相关的医疗作业活动；Non Patient Care 类的作业是不和病人就医直接相关，但存在间接关系的活动，因此也需要作为成本分摊的对象。图 5 - 8 显示的作业分类是按医院业务活动的基本大类来分，在应用作业成本法时可根据实际需要，结合每项医疗作业流程进行细分，这也是作业成本法精髓所在。

4. 设定成本标的（O）

本模型中的成本标的是指作业产生的结果（医疗产品与服务），即作业需要分摊到的对象，是作业成本法的二级成本分摊对象。成本标的根据不同的管理需要可分为不同类别，如按部科、按病人、按产品（医疗项目）、按专案等，但最基本的元素是医院计价码。计价码之所以可以成为成本标的的最基本元素，是因为医生在诊治病患时所开医令即包含一个或数个计价码（对应不同收费项目）。计价码是向病人计价收费项目的编码，体现医院每项作业收入；标的成本以计价码为最基本元素，能够将每项医疗作业的收入与成本一一对应起来，更有利于进行每项作业的损益分析——即 ABC 损益分析。此外，如后文 ABC 应用部分介绍，计价码还可以应用于健保 DRG 结余和个案 DRG 损益分析。

5. 辨识成本动因

在辨识了资源成本、作业活动、成本标的之后，接下来是要辨识三者之间的分摊关系，即成本动因。这是 ABC 模型建模的主线，如果说 C、R、A、O 是 ABC 模型的四个基本要素，成本动因则是将这四个要素衔接的关键脉络。示例如图 5 - 9 所示：

资源动因 [资源到作业]	资源动因 [资源到标的]	作业动因 [作业到标的]
• 员工工时表 • 设备归属 • 不计价药品归属 • 不计价卫材归属	• 计价药品1对1 • 计价卫材1对1 • 三合一依成本价 • 设备依运作时间归属标的	• 准备时间 • 执行时间 • 报告时间 • 品质复核时间 • 成本标的数量

图 5 - 9　辨识成本动因

图 5-9 显示成本动因分为资源动因和作业动因。其中，资源动因是指对资源的消耗驱动因素，包括作业对资源消耗的驱动因素和成本标的对资源消耗的驱动因素；作业动因是指对作业的消耗驱动因素，即成本标的对作业消耗的驱动因素。

在实际推行作业成本法过程中，成本动因的辨识需要通过专案组和医院各个部门、科室讨论来确认合理的成本动因，不仅工作量巨大，耗时长，而且对专案组的沟通协调能力也有很高的要求，医院内部专案组成员需要做好外部咨询顾问和医院内部各部科之间的沟通。讨论沟通时需要凭借各方的经验、判断进行融合，实际上并无铁定的唯一正确标准答案，通常都是在各方说服、妥协、让步中达成一致，具有一定的弹性。

表 5-14 员工工时表，是通过专案组和各部科讨论确定后填写，并作为人力资源分配到各作业的资源动因。

表 5-14　　　　　　　　　　　　员工工时表

职称群组	职称	人数	作业总时数	Patient Care										Non Patient Care				
				门诊	急诊	住院	会诊	院外支援	执行检查及治疗				合计	学术研究	教学	在职训练	行政管理	合计
									HD	CAPD	治疗	检验检查						
主治医师	医务科主任	1	52.0	25.0	0.0	0.0	0.0	2.0	5.0	0.0	0.0	0.0	32.0	1.0	8.0	1.0	10.0	20.0
	医师	9	54.1	17.6	1.5	12.0	4.0	4.0	0.0	0.0	0.0	0.0	39.1	6.0	6.0	2.0	1.0	15.0
住院医师	总医师	5	64.0	6.0	6.0	20.0	5.0	0.0	6.0	2.0	1.0	1.0	47.0	10.0	5.0	1.0	1.0	17.0
	住院医师	3	51.0	0.0	1.0	35.0	0.0	0.0	5.0	1.0	1.0	1.0	44.0	0.0	5.0	0.0	2.0	7.0
医事技术人员	技术员	1	40.0	0.0	0.0	0.0	0.0	0.0	0.0	0.0	0.0	0.0	0.0	40.0	0.0	0.0	0.0	40.0
	契约医事技术师	2	40.0	0.0	0.0	0.0	0.0	0.0	0.0	40.0	0.0	0.0	40.0	0.0	0.0	0.0	0.0	0.0
	副技师	1	40.0	0.0	0.0	0.0	0.0	0.0	0.0	0.0	0.0	0.0	0.0	0.0	0.0	0.0	40.0	40.0
护理人员	护理长	1	60.0	0.0	0.0	0.0	0.0	0.0	5.0	0.5	0.0	0.0	5.5	1.0	15.0	3.5	35.0	54.5
	副护理长	1	58.5	0.0	0.0	0.0	0.0	0.0	20.0	0.0	0.0	0.0	20.0	1.0	17.0	3.0	17.5	38.5
	护理师	11	45.5	0.0	0.0	0.0	0.0	3.6	25.5	10.9	0.0	0.0	40.0	0.5	2.0	2.0	1.0	5.5
	契约护理	12	42.0	0.0	0.0	0.0	0.0	0.0	36.7	3.3	0.0	0.0	40.0	0.0	0.0	2.0	0.0	2.0
	护士	11	43.5	0.0	0.0	0.0	0.0	0.0	36.4	3.6	0.0	0.0	40.0	0.5	1.0	2.0	0.0	3.5

表 5-15 设备使用分配表作为设备资源归属与分配到各作业的资源动因。

表 5-16 材料使用分配表作为各类材料资源归属与分配到作业的资源动因。

作业动因可从以下示例中得到体现，人力与设备资源的作业动因一般是各类医务人员与设备的作业时间，如表 5-17 和表 5-18 所示：

表 5-15 设备使用分配表
R→A 骨科部

设备群组	设备名称	门诊	急诊	住院	手术	会诊	院外支援	学术研究	教学	在职训练	行政管理
医疗设备	手术器械				100%						
	电烧刀				100%						
	骨钻				100%						
	关节镜				100%						
	骨科手术器械				100%						
	牵引治疗机	100%									
	标本切片机							100%			
机械设备	个人计算机										100%

表 5-16 材料使用分配表

材料名称	门诊	急诊	住院	会诊	院外支援	执行检查及治疗		治疗	检验检查
						HD	CAPD		
CALCITRIOL INJ 1UG 25'S						100%			
Epoetin inj 5000u						100%			
ALCOHOL 75% GEL 1GAL 1'S						60%	40%		
FRAGMIN INJ 10000IU 10'S						100%			
Heparin 5000u/ml						100%			
N. S. INJ 500ML (SOFT BAG)						90%	10%		
Nesp inj syringe 20mcg						100%			
HI-BI SCRUB 5000ML						50%	50%		
N/S INJ 1000CC - PLAS. PAK						100%			
全自动腹膜透析机费用							100%		

表 5-17 计价码人力资源耗用时间分配表
基 本 资 料 作 业 流 程
计价码人力资源耗用时间（范例）

O→A→R
成本标的→作业→资源   肾脏科

填列部分

计价码	名称	次数	主治医师（分钟）	住院医师（分钟）	透析护理人员（分钟）	医事技术师（分钟）
91311100	缓慢低效率每日血液透析过滤治疗	21	5	10	90	0
91311201	血液透析术	18809	5	10	60	0
91311401	血浆置换术	74	5	10	120	0
91321323	双重过滤透析	160	5	10	120	0

表 5–18　计价码设备耗用时间分配表

基本资料作业流程
计价码设备耗用时间（范例）

O→R　　　　　　　　　　　　　　　　　　　　　放射线部

计价码	计价码英文	使用设备1		使用设备2		使用设备3	
		群组	分钟	群组	分钟	群组	分钟
15001010	CHEST PA VIEW	X-ray	4	CR	2		
15001230	CHEST FLUOROSCOPY	Fluoro.	10				
15001240	STERNUM	X-ray	7	CR	3		
15001270	MAMMOGRAPHY L'T	Mammo.	20				
15001275	Mammography and SONO Breast(LT)	Mammo.	20	SONO	30		
15001280	MAMMOGRAPHY R'T	Mammo.	20				
15008070	IV CHOLANGIOGRAPHY	X-ray	28	CR	5	Fluoro.	5
15012010	CT SCAN,BRAIN	CT	10				
15015045	ARTHRO & MRI, HIP (RT)	Fluoro.	35	MRI	45		
15015046	ARTHRO & CT SCAN, HIP (RT)	Fluoro.	35	CT	15		

材料资源按是否直接向病人收费分为计价材料和不计价材料，示例如图 5–10 所示：

基本资料作业流程
部科各类材料群组（范例）

R

骨科部

材料名称	群组
复合维他命 B 注射液	不计价药品
艾罗迈人工骨骼替代品	计价卫材
锯片	不计价卫材
外科含碘开刀巾	不计价卫材
腰椎软骨止血气化枪	计价卫材
伏血凝止血剂	不计价卫材
摆动式小骨锯片	不计价卫材
人工减压垫片	计价卫材

放射线部

材料名称	群组
GADOVIST INJ 15ML	含钆对比剂
IOPAMIRO-370	含碘对比剂
卫汝心注射液	不计价药品
周边血管扩张导管	计价卫材
电极片	不计价卫材

图 5–10　材料计价属性分类

计价材料是直接按 1 对 1 分摊到成本标的——计价码（即 R–O 路径），不计价材料是按用途以 R–A–O 路径分摊。

6. 完成模型建立

完成上述 1–5 步骤，便形成了 ABC 模型的基本框架，如图 5–11 所示：

上述模型框架体现了责任中心、资源成本、作业活动、成本标的（C、R、A、O）这四个基本要素，但未体现具体的成本动因这一衔接主线。

图 5–12 以心脏内科为例，体现了对成本动因的辨识。如人力成本的驱动因素基本是作业活动时间，可以在作业时间表中记录和体现；药品和耗材则根据用途进行分摊与归

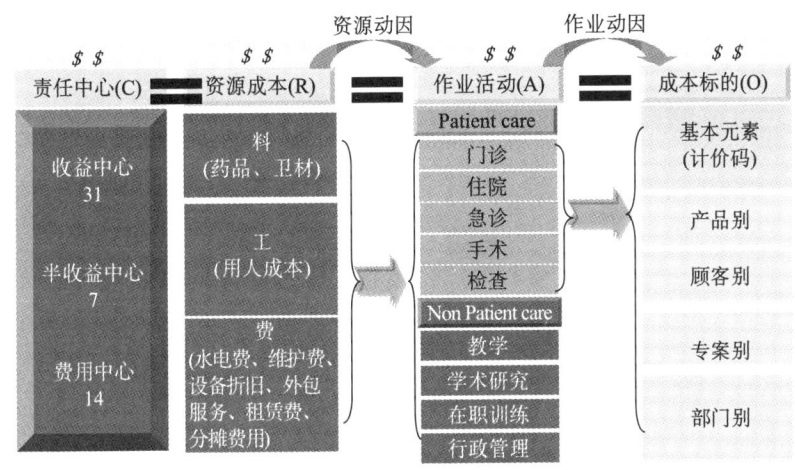

图 5-11 ABC 成本模型

属,部分耗材可以直接从资源成本按 1 对 1 分摊到成本标的;作业分摊到成本标的一般按作业时间分摊。

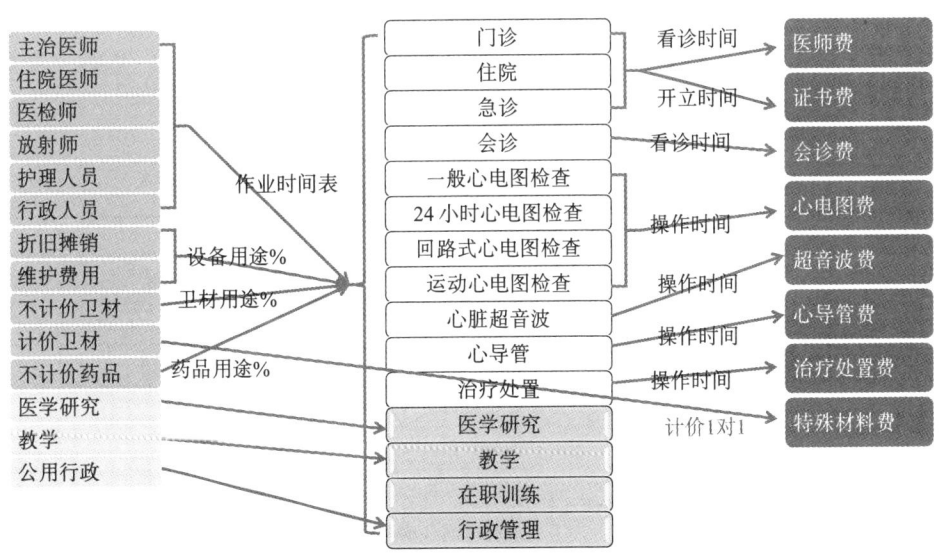

图 5-12 ABC 成本模型之动因讨论(心脏内科)

(三)构建信息系统

完成 ABC 模型建立后,要真正推行实施,必须借助信息系统,将模型植入信息系统,并输入模型要素(C-R-A-O)对应基本资料,建立 ABC 信息系统。主要步骤包括:

1. 信息系统整合

医院原本存在多个信息系统,如医疗业务系统(HIS 系统)、人力及薪酬系统、补给系统、药库系统、财产管理系统、会计系统等。建立 ABC 信息系统,首要的是要避免信息孤岛,确保各系统之间的信息顺畅传递和数据有效同步。所以,需要结合前期所做的系统现状分析结果，整合 ABC 信息系统和原有信息系统。医院各系统如图 5-13 所示：

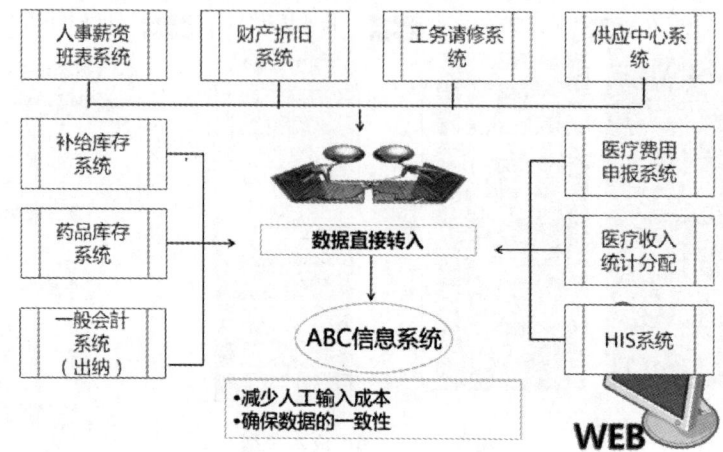

图 5-13　ABC 信息系统构建

2. 资料汇入（系统转入和人工输入）

在整合医院各信息系统的基础上，要将其他系统的数据资料转入 ABC 信息系统，如图 5-13 示。系统资料直接转入的方式，相较于人工手工输入的优势：一是减少人工作业量和人力成本，二是确保各个信息系统资料的一致性。

资料汇入示例如表 5-19 所示：

表 5-19　　　　　　　　　汇入系统资料汇总表

汇入方式	汇入资料类型	汇入资料内容
系统转入	资源	人力资源基本资料（人事管理系统）
		设备资源（财产管理系统）
		药品卫材（补给系统、药品库储管理系统）
	成本标的	计价码数量（医收系统）
	动因	医师看诊时间（门诊系统）
		医师手术执行时间（手术计价系统）
		麻醉时间（麻醉计价系统）
		恢复室时间（护理记录系统）
		病人分类、护理点数（护理记录系统）
		住院人日（住院系统）
		处方笺笔数（药品库储管理系统、医嘱系统）
人工输入	R-A（资源-作业）	人力作业时间表
		设备用途归属
		不计价药品卫材归属
	A-O（作业-成本标的）	计价码作业时间
	R-O（资源-成本标的）	计价码耗用不计价药品卫材（直接对应，如：发射线部）

3. 系统运算

完成资料输入之后，进行系统运算，以检验 ABC 系统是否能够正常运行。在后续的试运行和正式运行中，定期或不定期持续检验系统运行结果。

（四）ABC 应用

ABC 模型通过信息化推行后，实现了作业成本法在医院的落地和运用。运用作业成本法的目的是将该方法及其成果应用于提升医院管理绩效。作业成本法的作用主要有：

1. 提供更精确的管理信息

在运用 ABC 模型中，系统将生成可应用于改善和提高医院内部经营管理的数据与信息。

作业成本法是为满足医院内部管理需求，对原始成本进行加工处理，以提供反映医院各业务真实成本的管理会计报表。作业成本法与传统的成本核算方法（仅核算部门科室的资源成本）相比，最大的优势是可以和作业流程结合，通过 ABC 模型 C – R – A – O 的途径较为准确地反映各个作业的成本，进而反映每个收费项目的实际成本（计价码对应的作业成本），有助于管理层准确把握医院各个收费项目的真实盈亏。

两种不同的成本核算方式差异如表 5 – 20 所示：

表 5 – 20　　　　　　　　　科损益表（骨科部）

2014年度　万元（新台币）

科目别分类	科目名称	金额	%	作业别分类	作业名称	金额	%
业务收入	门诊收入	4057	7.5%	业务收入	门诊收入	4057	7.5%
	急诊收入	708	1.3%		急诊收入	708	1.3%
	住院收入	31759	58.6%		住院收入	31759	58.6%
	……	×××			……	×××	
	总计	54191	100%		总计	54191	100%
业务成本	薪资	2810	5.5%	ABC成本	门诊	9486	18.4%
	奖金	3957	7.7%		急诊	1185	2.3%
	药品	15	0%		住院	32337	62.7%
	卫材	14128	27.4%		手术执行	2705	5.2%
	水电燃料	19	0%		会诊	143	0.3%
	折旧摊销	501	1.0%		院外支援	249	0.5%
	医事成本	12401	24.1%		学术研究	229	0.4%
	总计	47394	92.0%		教学	396	0.8%
直接损益	直接损益	6796	13.2%		在职训练	290	0.6%
分摊费用	分摊费用	4149	8.0%		行政管理	4521	8.8%
本期损益	本期损益	2647		本期损益	本期损益	6796	13.2%

表 5 – 20 左边是按资源成本列示的成本项目，右边是按作业成本列示的成本项目。可以看出，虽然二者总金额相等，但作业成本法能分别体现不同作业的成本，资源成本无法做到这一点。

ABC 系统还可以提供相同病例不同主治医师（所在科室不同）的作业成本，如表 5 - 21 所示：

表 5 - 21　　　　　　　　　　ABC 系统不同医师主诊断成本报表

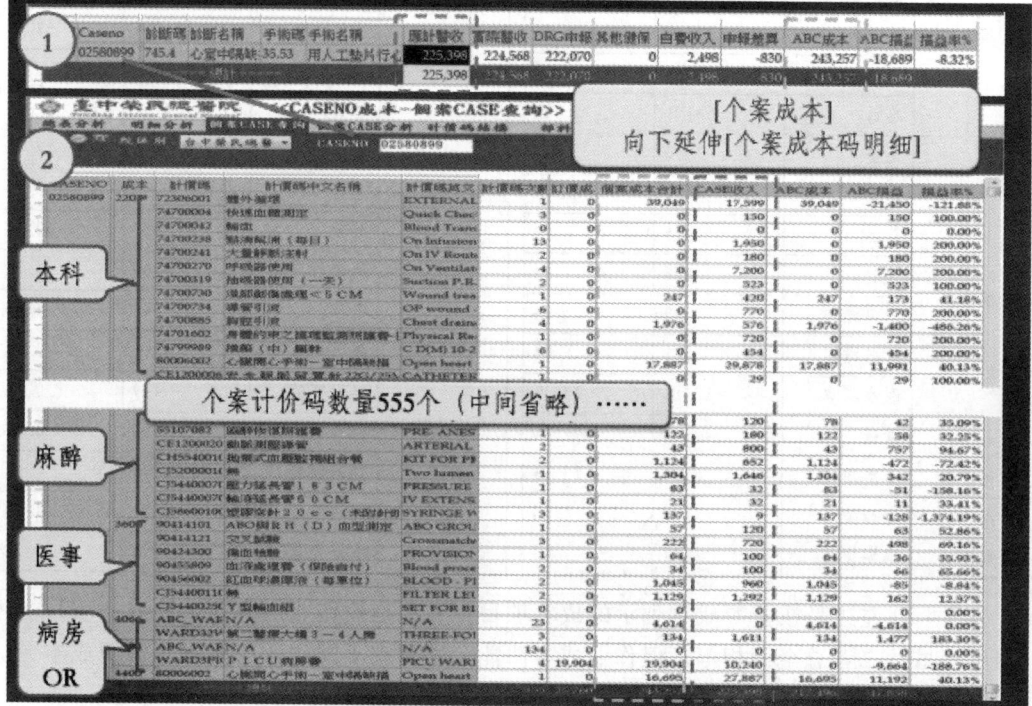

可以按 Case 显示一个 Case 下的所有计价码，如表 5 - 22 所示：

表 5 - 22　　　　　　　　　　ABC 系统个案成本报表

某一计价码下的资源成本也可以具体展开，如表 5-23 所示：

表 5-23　　　　　　　　　　ABC 系统个案成本报表

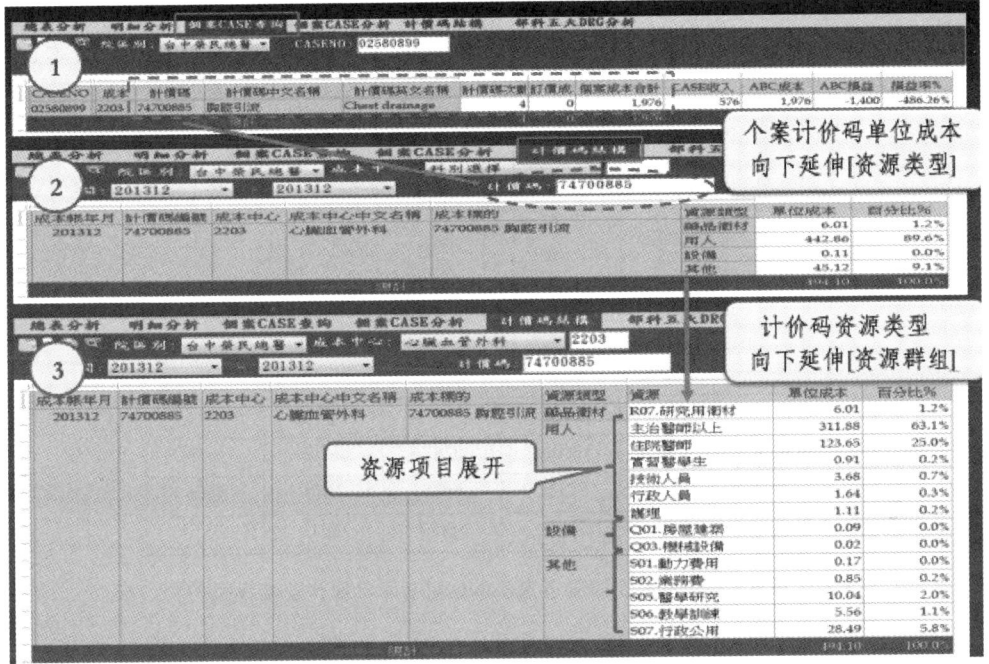

通过 ABC 仪表板呈现按部科、按医师、按 Case 分别统计 DRG 收入与成本数据，如图 5-14 所示：

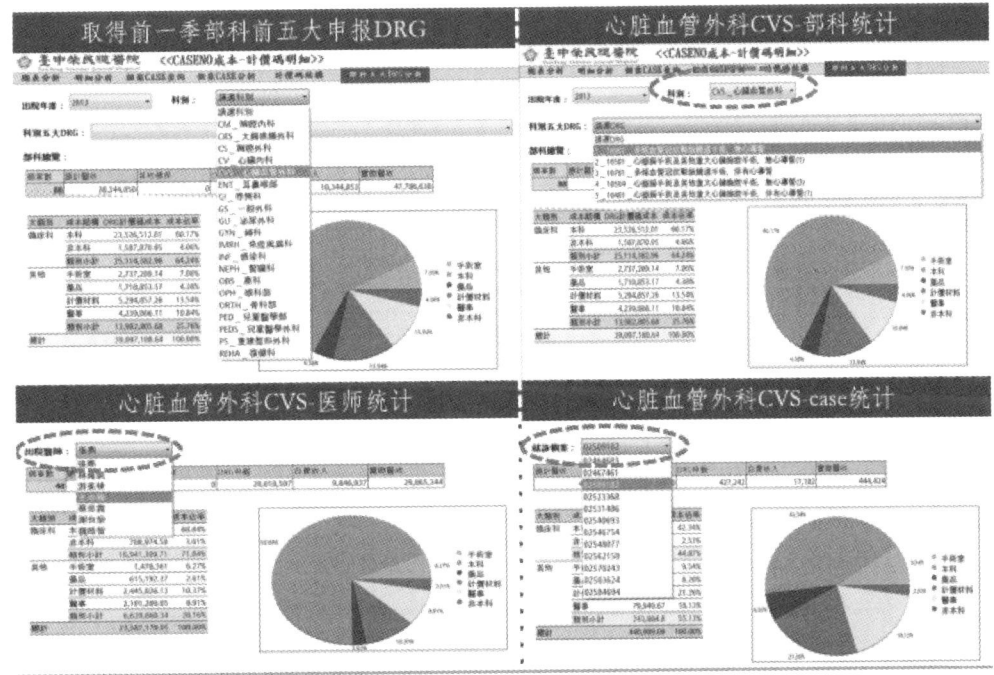

图 5-14　ABC 仪表板呈现——DRG 收入与成本分析

2. 分析与改善作业流程步骤

正如建模部分指出，识别作业和根据实际需要进行细分作业，是作业成本法的精髓所在。作业成本法既来自于作业与流程，也可以且应该应用于作业与流程的分析、改进。

以骨科全膝关节置换术（按Case）为例，其作业流程分解过程如图5-15所示：

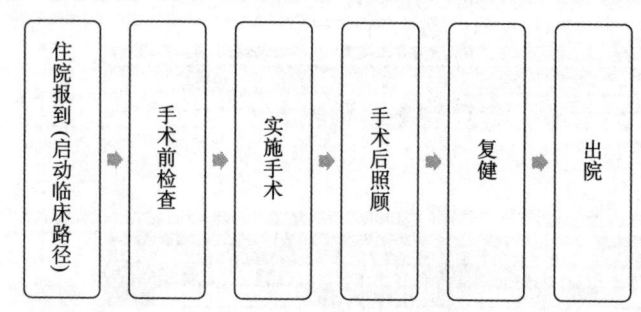

	手术前	手术当天	术后1天	术后2天	术后3天
医收	3280	126065	5248	2437	1933
成本	4148	92751	6675	3648	3486
损益	-868	33314	-1427	-1211	-1553

图5-15 骨科全膝关节置换术住院手术标准作业流程图

图5-15作业步骤的作业成本进一步分解如表5-24所示：

表5-24　　　　骨科全膝关节置换术住院手术标准作业成本

DRG 20905 CASE 范例　　医疗收入138963；成本110708；损益28255

金额单位：元（新台币）

	手术前		手术当日		术后第1天		术后第2天		术后第3天	
医收		3280		126065		5248		2437		1933
医师费	四人房医师费	1424	四人房医师费	1424	四人房医师费	1424	四人房医师费	1424	四人房医师费	1424
护理费	护理点数	951	护理点数	1537	护理点数	3219	护理点数	1902	护理点数	1683
放射	胸部X光检查（正面）	297	床边膝部摄影（正面）左边…	776						
麻醉+POR			半闭锁式或闭锁循环式气管内插管全身麻醉（含POR）…	16613						
特殊材料			全人工膝关节组高弯曲…	53192			塑料空针10cc	0	弹性细带6x5y	0
计价医嘱	心电图…	297	全膝关节置换术（含OR）…	18505	换药（中）左下肢	0	换药（中）左下肢	0	肌力测验<30MIN	0
其他等	……	……	……	……	……	……	……	……	……	……
成本小计		4148		92751		6675		3648		3486
损益		-868		33314		-1427		-1211		-1553

从图 5-15 和表 5-24 可以看出，骨科全膝关节置换术这个案例的作业流程涉及的主要步骤以及每个主要步骤对应的作业成本都可以分解出来，且作业成本还可以细化为资源成本，实现了 C-R-A-O 的闭环。这有助于分析每个医疗作业步骤的真实损益，以及有哪些作业步骤需要改进提高，以改进与提升医院管理绩效。

3. 健保 DRG 结余与个案 DRG 损益分析

医院计价码与健保 DRG 支付码是一一对应的，可以进行健保给付的损益分析，如表 5-25 所示：

表 5-25　　　　　　　　成本标的（计价码）成本表（骨科部）

2014 年度　　　　　　　　　　　　　金额单位：元（新台币）

计价码	计价码名称	数量	单位成本（骨科部+手术室）	健保码	健保点数	差异（健保点数-成本）
80003431	全股关节修正术	72	17501	64201B	24984	7483
80003432	全膝关节修正术	14	31234	64202B	24984	-6250
80003433	全踝关节置换术	1	26807	64167B	8830	-17977
80003434	全肘关节置换术	7	20939	64165B	9035	-11904
80003435	全股关节置换术	269	16822	64162B	18891	2069
80003436	全膝关节置换术	649	14866	64164B	19170	4304
80003437	全肩关节置换术	2	17334	64163B	8876	-8458

表 5-25 显示了骨科部的计价码和健保码对应关系、健保点数以及单位成本与健保点数差异（损益），可以进行健保 DRG 结余分析。

从收入角度，计价码是单个医疗项目收费的编码，属于最基本的层级；从成本角度，计价码收费是基于成本而计价的，其成本构成可依 O-A-R 的路径进一步还原为人工、设备、材料等资源成本。以表 5-25 中计价码 80003436 全膝关节置换术为例，明细如表 5-26 所示：

表 5-26　　　　　　　　　　计价码成本展开明细表

2014 年度　　　　　　　　　　　　　金额单位：元（新台币）

计价码	成本标的	成本中心	作业活动	资源类型	资源	金额	%
80003436	膝关节置换术	骨科部	手术服务	用人	部主任	392	6.09%
				用人	主治医师	2687	41.71%
				用人	住院医师	2208	34.27%
				设备	医疗设备	937	14.55%
			学术研究	用人	部主任…	186	2.89%
				设备	医疗设备	32	0.49%
		开刀房	手术服务+学术研究			8425	
合计						14866	

上述例子是以单个手术（Case）为例，若进行骨科该 Case 健保 DRG 给付损益分析，则需基于骨科部所有全膝关节置换术数据，如表 5-27 所示：

表 5-27　　　　　　　　全膝关节置换术损益分析
DRG　20905
全膝关节置换术（损益）

骨科部 2014 年　个案数：533　　　　　　　　　　　　　　　　　金额单位：元（新台币）

应计收入			实际收入			DRG 结余	ABC 成本合计	DRG 个案损益
健保收入	自费收入	小计	DRG 收入	自费收入	小计			
109992	20059	130051	127850	20059	147909	17858	125838	22071
			DRG 收入%	自费收入%		DRG 申报结余率	ABC 成本%	DRG 个案损益率
			86%	14%		12%	85%	15%

表 5-27 相关项目的计算公式如下：

应计收入 = 健保收入 + 自费收入，代表医院的计价收费；

实际收入 = DRG 收入 + 自费收入，代表医院的实际收入；

健保 DRG 结余 = 实际收入 - 应计收入；

DRG 个案损益 = 实际收入 - ABC 成本，代表作业成本法下，医院全膝关节置换术项目的真实损益。

ABC 成本代表以作业成本法核算的成本金额，其明细参见图 5-16：

骨科部 2014 年　个案数：533　　金额单位：元（新台币）

项目	平均成本	%
骨科—Patient Care	10023	8%
其他临床科	2356	2%
医事单位	16727	13%
病房	9876	8%
手术室	13773	11%
药品	3376	3%
计价材料	61902	48%
不计价材料	5884	5%
部科—Non Patient Care	1137	1%
行政公用教研	785	1%
成本合计	125838	100%

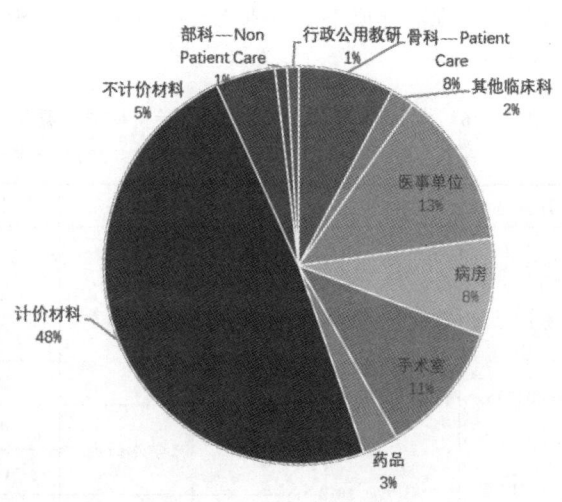

图 5-16　全膝关节置换术成本结构

一般情况下，以作业成本法计算的 DRG 个案损益不同于原先算法下的 DRG 结余。比如，可能 DRG 结余为正损益，DRG 个案却为负损益，按原先的算法医院是盈利的，但按作业成本法却是亏损的；反之亦然。

T 总医院作业成本法推行的实践经验，对于厦门公立医院成本管理改善与提升具有极强的借鉴意义。

（1）T 总医院推行 ABC 项目所经历的专案推动、建立模型、构建信息系统、ABC 应用四个阶段的路径，具有很强的可操作性。

在专案推动阶段，在医院管理层决定推行作业成本法后，首先从组织上成立了专案办公室、设定了相关人员权责、开展了信息系统梳理分析。ABC 项目是由外部咨询顾问团队和医院内部专案团队共同合作推动。医院内部委任一名副院长作为专案负责人，统一协调管控项目的全面事务。

建立 ABC 模型是推行 ABC 项目最为核心的部分。ABC 模型展示了如何将成本从各个责任中心（C – Center）耗费的资源（R – Resource）分摊到作业（A – Activities），再从作业（A – Activities）分摊到成本标的（O – Objectives），即作业成本法的核心思路。具体包括以下步骤：

①划分责任中心（C）。责任中心的划分是下一步确认收入、成本及费用的归属与分摊的前提条件。划分责任中心的目的在于明确该中心对其可控范围内的收入、成本、费用以及损益的责任，因而也是进行绩效管理的基础。

②辨识资源成本（R）。资源成本是指具体消耗了哪些资源，按大类可分为料（包括药品、耗材）、工（人力成本）、费（水、电、其他费用等）。

③辨识作业活动（A）。由于医院的资源是通过各项作业而消耗的，所以辨识作业活动相当关键。作业活动是作业成本法的一级分摊对象。

④设定成本标的（O）。成本标的是指作业产生的结果（医疗产品与服务），即作业需要分摊到的对象，是作业成本法的二级成本分摊对象。成本标的根据不同的管理需要可分为不同类别，如按部科、按病人、按产品（医疗项目）、按专案等，但最基本的元素是医院计价码。计价码之所以可以成为成本标的的最基本元素，是因为医生在诊治病患时所开医令即包含一个或数个计价码（对应不同收费项目）。计价码是向病人计价收费项目的编码，体现医院每项作业收入；标的成本以计价码为最基本元素，能够将每项医疗作业的收入与成本一一对应起来，更有利于进行每项作业的损益分析——即 ABC 损益分析。计价码还可以应用于健保 DRG 结余和个案 DRG 损益分析。

⑤辨识成本动因。成本动因是 ABC 模型建模的主线，如果说 C、R、A、O 是 ABC 模型的四个基本要素，成本动因则是将这四个要素衔接的关键脉络。在实际推行作业成本法过程中，成本动因的辨识需要通过专案组和医院各个部门、科室讨论来确认合理的成本动因，不仅工作量巨大，耗时长，而且对专案组的沟通协调能力也有很高的要求，医院内部专案组成员需要做好外部咨询顾问和医院内部各部科之间的沟通。讨论沟通时需要凭借各方的经验、判断进行融合，实际上并无铁定的唯一正确标准答案，通常都是在各方说服、妥协、让步中达成一致，具有一定的弹性。

⑥完成模型建立。完成上述①－⑤步骤，便形成了 ABC 模型的基本框架。

在信息系统构建阶段，就是在完成 ABC 模型建立后，必须将模型植入信息系统，并输入模型要素（C-R-A-O）对应基本资料，建立 ABC 信息系统。主要步骤包括：（1）信息系统整合。建立 ABC 信息系统，首要的是要避免信息孤岛，所以必须整合 ABC 信息系统和原有信息系统，确保各系统之间的信息顺畅传递和数据有效同步。（2）资料汇入（系统转入和人工输入）。在整合医院各信息系统的基础上，要将其他系统的数据资料转入 ABC 信息系统。（3）系统运算。完成资料输入之后，进行系统运算，以检验 ABC 系统是否能够正常运行。在后续的试运行和正式运行中，定期或不定期持续检验系统运行结果。

在 ABC 应用阶段，就是借助 ABC 信息系统将作业成本法及其成果应用于提升医院管理绩效。

（2）作业成本法的应用价值体现在：

①提供更精确的管理信息。ABC 系统将生成可应用于改善和提高医院内部经营管理的数据与信息。

②分析与改善作业流程步骤。作业成本法最大的优势是可以和作业流程结合，能较为准确地反映各个作业的成本，作业成本数据可以应用于作业与流程的分析、改进。

③健保 DRG 结余与个案 DRG 损益分析。医院计价码与健保 DRG 支付码是一一对应的，可以进行健保给付的损益分析。

第六章　企业可持续高质量发展的利器*

——基于 A 公司的成功实践

提炼出中国特色管理会计的基本思想,并付诸更广范围的管理实践,是过去一段时期里我国管理会计研究的核心话题之一,它也是社会科学领域研究中充分体现理论与制度自信的具体体现。对于企业来说,如何应用管理会计来提升企业创造价值的能力和提高竞争力,是一个关键问题。从企业创新视角看,这也使得管理会计理论和实务的发展将更广泛、更为集中地侧重于价值创造和提升竞争力。推之于中国企业乃至全世界企业,要保持企业原有的产品成本优势,不再过度地依赖于廉价的劳动力资源和高消耗的自然资源,应该考虑从管理创新、技术创新方面寻找突破点。

尽管从理论及其实践应用角度出发,管理会计服务于企业内部管理和决策支持应该是多样化的、与时俱进的、可实现的和可复制的,但是,整体上来看,目前的管理会计理论研究发展相对滞后,迫切需要管理会计理论研究有所突破。管理会计创新如何让我国企业继续保持低成本优势来创造经济效益,在切合供给侧结构性改革、注重高质量发展与提高生产要素生产率前提下使得成本核算整合企业财务、业务,已然成为一个复杂的、具有挑战性的时代命题。

然而,随着互联网(特别是移动互联网)、大数据以及云技术等新科技技术的普及与深度应用,人们的日常生活已经与这些新科技高度融合,尤其是互联网已经成为今天人们日常生活乃至社会经济运行的核心基础之一。基于互联网和大数据服务而生的亚马逊、阿里巴巴等互联网平台性企业,在改变传统商品销售的商业模式同时,也正在将新兴技术嵌入或根植进入传统制造行业,对企业资源进行创新性的优化整合。即便是本案例关注的生猪企业——一个传统、古老的制造、销售型企业,也离不开互联网、大数据甚至云计算等新兴技术的创新性应用。在大数据和互联网实时信息获取与传递的基础上,将"财"整合、融入云会计系统,形成一个经营业务、资金管理、信息系统完全一体化的系统,也就是云会计 2.0 系统,不仅是社会经济发展到这一阶段的自然产物,也是企业运行中的必然要求。

在管理会计演进与信息化发展过程中,企业一直高度关注和致力于解决信息"孤岛"现

---

* 本案例是厦门市社会科学界联合会学会重点调研课题(2018 年度)。课题组组长刘宗柳、刘峰,课题参与人钟徐新、齐培英、蓝兴生、薛伟、周曦楠、何玉生。课题执笔人:周曦楠、薛伟、刘峰,刘宗柳审定。本课题调研过程中,得到福建傲农、厦门航空、厦门路达、云南中烟等单位的大力支持。案例以厦门傲农的信息化为依据,同时揉合了多个公司的实践。

象，但是，解决方案并不理想。究其原因，除了人为因素外，信息技术上也存在一定的难度。以至于即便企业在业务流程管理和财务成本核算管理中嵌入先进的信息技术系统，将传统行业宏观层面上的业务端口与财务端口之间的信息传递障碍消除，但业务信息仍未能完全从业务流程的各个"毛细血管"中借助信息技术提取出来并融入财务层面的成本核算管理中。也就是说，在传统行业（尤其是制造业、商业企业）的管理能力提升和资源整合过程中，管理会计应着眼于供给侧结构性改革和高质量发展，从而提高要素生产率进行创新。

如何应用管理会计来提升企业创造价值的能力和提高竞争力，我们认为现有的管理会计理论和方法的创新突破应重点从下面两个问题切入：

一是成本管控是企业创造经济效益（价值）的永恒话题，能否对实际案例进行研究，从而提炼出中国特色管理会计的基本思想，并付诸更广范围的管理实践，从而建立可推广的管理会计应用指引？

二是嵌入信息技术工具用以建立业务部门与财务部门之间有效信息的传导、加工和再反馈的无障碍通道，以此来管理控制企业成本并整合资源增强企业创造价值的能力，已成为当前企业正在追随和寻求的管理方法。能否从"业财信"融合的企业应用案例中探寻和建立精准的业务流程管理控制模式，为企业提高竞争能力和创造价值提供有力支持？

上述两个问题实际上也是中国管理会计理论和实务研究面临的前沿问题，同时也是本案例的研究重点。我们试图从一个案例的研究着手，结合多学科（信息技术、成本管理等）交叉视角和综合研究来破解这两大问题。

基于社会制度变革的大前提，本案例的核心内容是在对我国现有企业管理会计应用经验基础之上，提炼出基于互联网和云技术的生产和运营管理、管理会计、财务管理的整合体系的基本框架，即业财信融合系统或云会计2.0系统的基本框架。本案例将以厦门的重点企业和部分行业为切入点，总结基于新时代、新经济环境下企业管理会计实务的精髓，提炼、总结并借助信息化方式予以模块化，形成业、财、信融合的，一体化的管理会计操作体系，以期为厦门的企业管理水平提升发挥积极作用。本案例研究框架如图6-1所示。

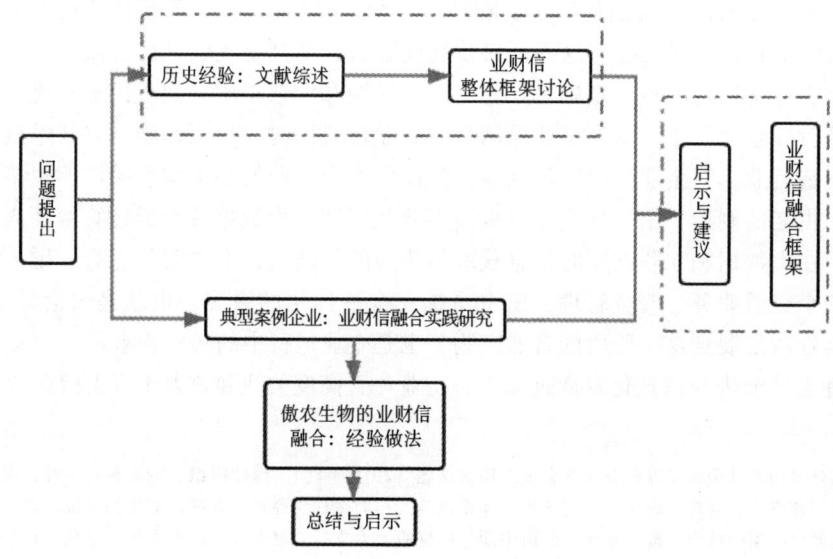

图6-1 研究框架逻辑图

第一节　企业高质量发展问题的提出：业、财、信融合

从移动互联网到"大智移云"的迭代，信息技术已渗透到社会经济生活中的每一个角落。现代信息技术在不断地改变人们生活方式和需求的同时，也使得企业的商业模式发生巨大改变，以致传统管理模式不再适用于现代化企业。在信息化时代，企业需要谨慎思考何种管理模式更加有效。

一、改变的环境与变革的管理

社会经济发展到今天，以业、财、信融合为核心特征的云会计2.0系统可以说是一种必然。因为社会是一个相互关联、相互影响的大系统，社会的发展是一个综合、系统的概念。随着互联网特别是移动互联网的普及与深度应用，人们的日常生活已经与互联网高度融合，互联网已经成为今天人们日常生活乃至社会经济运行的核心基础之一。这便使得企业运行所依存的外部环境改变了，企业生存所依赖的市场环境改变了，企业的运行方式改变了，企业的会计与管理系统，必须要改变。

基于社会制度变革的大前提，本案例的核心内容是在对我国现有企业管理会计应用经验基础之上，提炼出基于互联网和云技术的生产和运营管理、管理会计、财务管理的整合体系的基本框架，即业财信融合系统或云会计2.0系统的基本框架。其大致内容或核心组成要件包括以下部分。

一是大数据与云技术的基本平台与运行机制。这是云会计2.0系统的核心基础。可以说，没有基于计算机普及所带来的高速数据处理能力、互联网广泛应用带来的高速数据传递能力、将大数据作为相对独立资源的思维模式，就不可能有"云"的概念；没有云概念和相应的技术平台，就不可能有业、财、信融合的整合系统。

二是基于互联网、大数据的财务管理。传统的财务管理或企业理财，是基于20世纪80年代和90年代的经济环境，即以制造业为主体，企业根据市场需求，确立未来一段时期的制造计划，并将计划按照生产环节、生产周期来分解；在此基础上，确定具体的原材料等各种制造要素的需求量、时机分布；相应地，可以分解、确定出企业具体的资本需求量，包括环节、时机分布等；适时、有效地筹措到生产所需的资本，以保证企业生产经营的顺利、有效运行，是财务管理的主要任务；当然，在代理理论等引入后，如何配置企业的各种资产、合理安排负债、保证现金有效配置和安全使用，也是财务管理的内容之一。

在大数据和互联网实时信息获取与传递的基础上，将"财"整合、融入云会计系统，形成一个经营业务、资金管理、信息系统完全一体化的系统，也就是云会计2.0系统，不仅是社会经济发展到这一阶段的自然产物，也是企业运行中的必然要求。

三是基于大数据和云技术的管理会计系统。目前，基于全面预算的管理会计系统在企业应用层面相对已经比较成熟，各种商业化的软件系统已经能够部分实现这一功能。大数

据可以带来相对更相关、更准确的信息，同时，云技术让数据的读取、传输更便捷。因此，动态的管理会计系统，就不仅仅限于根据事先确定的全面预算信息，对企业运营过程进行控制，包括对偏差的及时调整；而是延伸到实时修订企业运营的数据，包括对企业经营目标的动态调整，并根据所调整的动态目标来更新、修订相应的运营计划，以更好地实现企业价值等经营目标最大化。

换言之，基于大数据和云技术的管理会计系统，不再仅仅是对预算过程的执行情况进行控制，它还往前延伸，根据动态的信息来调整企业的生产、经营计划和相应的经济指标，实现基于大数据之上的经营全过程的信息化、自动化管理。

四是整合生产运营管理体系的业财信系统。从信息化发展的路径来看，最先引入计算机系统来代替手工作业的是工资系统；之后，企业根据实际经营需求，逐步设立各个子系统，如物料管理、绩效考核、销售管理、现金管理等。不同部门也会根据自己的需求，建立相对独立的子系统。即便一个中等规模的企业，一段时期积累后，往往会形成上百个甚至更多的子系统，系统与系统之间往往不兼容，形成一个个的信息"孤岛"。

在信息化发展过程中，信息"孤岛"现象一直被高度关注，但是，解决方案并不理想，究其原因，除了人为因素外，技术上也存在一定的难度。"云"概念的出现，为信息"孤岛"的解决，在技术路线上提供了比较好的平台基础。从技术上看，基于"云"平台的数据存储，可以称为一个企业共同的数据仓库；基于"云"技术的数据读取技术，无论企业的各个分支机构处于地球的哪个角落，都可以实时地读取并进行相应的分析；事先设定若干通用的数据标准，让各个不同来源的数据能够在数据仓库里分门别类地保存，并方便地被读取，这是云时代的通用要求。

基于上述内容，一个整合的业、财、信全面融合系统呼之欲出。这一系统的特征是：基于大数据基础和云技术平台，将企业全面经营管理活动流程化、信息化，最终实现企业运营管理全流程信息化、自动化。

二、变革的社会环境：本案例的基本前提

本案例所提出的云会计2.0思想和基本框架基于如下基本前提条件。这些前提条件既有客观的、可观察的社会环境变化的内容，也有一些来自我们对变化环境的理解和预测。当然，正如前文所述，社会环境的变化是复杂、多维、全方位的，我们无法也无力穷尽这些变化，而仅仅描述与云会计2.0系统搭建最为相关的若干环境变化特征。

（一）互联网的深度嵌入

互联网的出现改变了人类获取与传递信息的方式，它对人类社会的影响意义堪比大航海。互联网拉平了地理空间的阻隔，"不出户，知天下"，它已经并将继续对人类社会的各种文化、习俗、制度等产生颠覆性影响；同样，它也会像土豆能够供养更多人口那样，大大增加人类社会的商业空间，提升各地经济发展。智能手机的发明以及智能手机应用的普及，更是推动了各种产业，如亚马逊、淘宝等基于互联网的公司，以及Airbnb、Uber、滴滴出行、共享单车等只有互联网时代才可能出现的公司，等等。从经济学角度看，互联网

的普及与应用大大提高信息透明度、减少信息不对称程度、降低了交易成本，这必然会推动社会经济发展。

由于互联网彻底改变了人类产生、获取与传递信息的方式，"互联网思维"或"互联网+"等术语也相继产生。究竟什么是互联网思维，尚缺乏相对统一的界定。但是，基于互联网所产生的跨地域（互联网空间里信息传输瞬间可达，不受地域限制）、近乎于零时空（任何一个时点，都可以实时地将信息上传或下载，传播速度快）、大容量（与现实世界账簿资料存储占用空间、定期销毁以节约空间不同，互联网的世界里信息存储容量无上限，每天都要生产海量信息）、瞬间处理（随着计算机物理计算能力越来越强大以及互联网传输速度的提高，人类处理数据的能力以几何级数增长）等特征，人们思考问题的方式发生改变。基于互联网的"共享经济"，就是互联网思维的最直接、最经典的表现。没有互联网思维，就不可能有 Airbnb 这样的企业：自己不拥有一间客房，却成为全球最大的酒店企业，并且，它的酒店房间增长速度是任何一家酒店集团都无法比拟的。

基于互联网和大数据，一个新的术语"区块链"也在逐步引起实务界的追捧。目前，对区块链的讨论，往往会被引入比特币等互联网虚拟货币，不在本案例关注之列。从现实经济活动来看，区块链的存在可以帮助最大限度地降低数据造假的空间，让云平台能够更加安全、可靠地运行。由于互联网的普及，特别是在移动互联网广泛应用后，整个社会可以说是建构在互联网之上，这是本案例所尝试探讨的"业财信融合系统"或"云会计2.0系统"的核心前提。

（二）不同社会阶段的经济运行模式是不一致的

社会经济的运行是由一个个微观企业所组成的，它会因为个体企业的运行模式而逐步改变，因此，下面对社会经济运行模式的讨论，将主要从个体企业入手。

从人类社会发展历程来看，大致经历了农业经济社会、工业经济或制造业经济社会、后工业时代，以及今天的互联网时代或信息时代。不同社会阶段，企业的运行模式或商业模式特征不同。

在农业社会阶段。农业社会的经济运行模式总体是一种自然状态，遵循农作物的自然生长周期。无论是养猪还是种稻子，都要等猪长大了、稻子成熟了，才能够收获。相应地，农业社会的商业模式为：投资购买农业生产所必需的生产资料（如农具）和原材料（如种子等）——继续投入资源进行生产——在一个自然周期结束后取得相应的收成——在市场上卖掉多余的收成如粮食、猪肉等，取得相应的收入。

在工业社会阶段。工业社会的商业模式或盈利模式为：投资购买制造产品所需的各种机器设备、原材料等——按照制造业的周期进行生产——产品完工后销售出去——以收抵支、取得盈利。从本质特征上，制造业与传统农业的商业模式基本相似，都是通过销售最终商品、实现盈利，都需要先投入；所不同的是：农业社会的自然生产周期决定了商业模式不能像制造业社会那样可以以月为单元，甚至以天为单元。

在后工业社会（金融社会）阶段。金融化社会的特征是金融创新遍及社会生活的各个领域，几乎一切都可以被证券化。金融化社会的标志之一就是各种金融创新。金融机构可以帮助农业生产者（如褚时健）为该农场未来期间的收成（比如：褚橙）设计一个合约，并将合约卖出去，取得收入；可以用这部分收入来投入生产。

高度发达的金融化社会，可以将一切都证券化，也就是说，高度发达的金融市场可以对这个社会所有要素进行估计，即便一个企业/主体尚未取得任何收入。我们熟悉的共享单车，仅仅一个商业理念，就吸引各类风险投资资本的天文数字的投资。金融化社会，一切都可以量化估价；企业的商业模式不再是生产产品并销售出去，很多时候，企业可以被整体买卖。

在互联网社会阶段。互联网已经改变了企业的生存环境与运行方式。对那些完全基于互联网的企业如我国的淘宝、滴滴或美国的Facebook、Uber、Airbnb来说，它们不存在传统企业的物理空间限制，企业运行范围理论上可以遍及全球每个国家/地区，因此，它们的信息天然地就是已经在"云端"了。基于互联网的运营环境下，企业的盈利模式复杂、多变，并会根据商业环境的改变而及时、迅速调整。这也使得企业构建一个业、财、信融合的信息系统，不仅技术上可行，管理上也必需。

（三）资本环境是多变的且风险不断扩大

2018年，因为之前的过度扩张，众多民营上市公司陷入资金困局，很多公司的控股股东因为股权质押爆仓而被迫出局。所有这些都表明，多变且风险不断扩大的资本环境，对企业正常运营的挑战和冲击越来越大。

市场经济环境下，资本市场波动性大，筹资渠道复杂，各种筹资渠道的成本、风险等存在相应差异，利率、汇率的风险随时存在。这些风险的存在，增加了企业在货币资金筹集、保有、使用和耗费等方面的风险。如果企业管理当局在经营过程中不能有效地安排资金的筹集、使用等，将会增加企业的运行成本。

进言之，保有一定数量的资本，不仅是企业日常经营的需要，它还是企业生存的需要。因为市场经济是法制经济，企业的各种行为必须遵守市场的既定规则。企业在经营活动中所发生的各种负债都有相应的到期时限，合理地安排企业的资本保有量，让企业具备充足的偿债能力，不仅能提高企业的效益，还能有效地降低企业的失败风险。这样，财务管理对企业的意义就更为重要。财务管理在企业经营活动中的地位主要取决于外部资本市场。随着我国市场经济体制的逐步确立，资本市场逐步形成，企业需要自己解决经营中所面临的资金问题，财务管理的地位越发重要。正因为如此，将"财"整合进业财信系统，对企业的生存至为关键。

（四）在多变的市场环境下企业运营不断地动态调整

小米是一家生产、销售几乎所有种类电子产品的互联网企业。在它的官网上，它将所生产、销售的产品分为10类；每一大类下又有若干小类；由于小米强调"薄利多销"，为了最大限度地控制成本，就必需要根据市场的动态需求来调整企业的生产运营。

现在，因为互联网的普及，社会各种信息交流加快，各种商业创新日新月异，同样，人们的需求变化、更新迭代，节奏大大加快。因此，通过构建一个业、财、信全面融合的系统，来及时发现市场需求及其变化，并将这一信息整合进企业的实际运营体系中，能够更好地帮助企业降低运行风险、提高企业的生存机率。

三、云会计 2.0 系统：目标、框架、实现路径

基于上述讨论，我们提出一个关于业、财、信高度融合的云会计 2.0 系统的初步设想与框架。

（一）云会计 2.0 系统：目标

云会计 2.0 系统的终极目标是构建一个企业数字化运营的智能系统，满足企业日常运营管理的需要。也就是说，企业在常规管理状态下，可以实现智能的自动化管理；当然，它只是在没有重大技术变革、没有重大外部环境变化的情形下。由于云会计 2.0 系统及其迭代系统的应用，大量管理人员被解放出来，可以从事更具创造性的工作，从而可以极大地推动技术、管理等的进步。

（二）云会计 2.0 系统：框架

一个能够融合业、财、信并涵盖企业运营全过程的操作系统，包括的内容将是多维且开放的。这里，对几个最底层架构给出关于云会计 2.0 系统的初步框架。

——数据仓库。这是基于互联网环境下云系统的核心内容。我们通常所说的云系统要求的是：任意时间、任意地点均可接入；为了实现这一要求，就需要将数据存储在云空间。当然，数据仓库是云会计系统的核心构件之一，它至少要满足这些通用要求：开放的数据采集系统，包括企业运营过程中生成的，也包括与外部环境交换形成的，还包括那些可能会影响到企业运营的外部环境的变化；通用的数据接口和数据格式，形象地说，就是任何经过授权的人，都能够通过指定的钥匙，打开数据仓库的门，进入到指定的房间，读取所需的数据；如果数据格式不兼容，可能你读取不了；如果数据接口不兼容，就等于是你拿了钥匙，但打不开门；或者，开门了，混乱无序，无法找到你所需要的数据。

——通用接口。期望用一个系统来包罗万象，不现实，也没必要。企业在实际运营过程中，会根据业务的需要，开发出适用的子系统；多个子系统在实际运行过程中，往往会形成"孤岛"；为了最大限度地消除"孤岛"现象，实现信息的通用化，需要最大限度地提高通用性，需要设计通用的接口，包括数据接口和其他必要的通用接口。当然，这里既需要有一个类似于电源插头中的万能转换头，也需要各个地方尽量减少电源插头的"个性化"，以期能够最大限度地提高整个系统最后的集成度。

——各个功能模块。企业本身就是一个多种功能整合的大系统，它会根据行业特征、企业所处阶段、管理需求等，设立各个功能子系统。这些系统也会因为管理目标、不同的开发技术等而存在差异。

——数据接入与读取。早年的 ERP 系统或企业内部的会计系统都是基于一个组织内部、实体空间统一的情况下实现的，企业甚至会指定专门用于登录的计算机。云系统下，要求企业授权人士能够在任何地方、任何时候都能接入授权的数据库，进行授权范围内的处理。这就需要云系统能够建立有效的接入云端的方式，读取或上传数据。

（三）实现路径

从我们所调研的企业以及我们对大量文献的分析来看，云会计2.0系统的实现应该是一个逐步推进的过程，它同时还涉及企业组织结构和激励体系的变革。从操作层面来看，我们所建议的实现路径是：

——先易后难。比如，先将云会计的操作系统搭建起来，解决技术上的问题。然后，再将比较困难的部分逐步纳入，包括财务管理系统、全面预算系统等。最后才应该是一个开放但完整的云会计2.0系统。

——开放系统与底层语言。在保持系统开放、能够根据管理需要和环境变化调整的同时，也要采用成熟、通用的底层技术语言，以最大限度地保持各个系统之间的兼容与通用。

——企业组织架构重构。互联网时代带来的不仅仅是海量、实时的信息，它还在不断地改变人们的思维方式与生活方式。同样，云会计2.0系统不是将现有的管理系统搬到云上，而是根据互联网思维来重新安排公司的组织架构，还需要相应的改变企业的绩效评价与考评体系。如果达不到以上要求，最后的云会计2.0系统就只能停留在云上，不能落地，也无法提高公司的运营效率。

第二节　业、财、信融合：文献综述与框架讨论

近些年来，管理会计研究视角越来越丰富，比如，成本视角（Cooper和Slagmulder，1998a～1998d；李玉周和聂巧明，2005）、预算管理视角（Ferreira和Otley，2009）、社会责任视角（冯巧根，2009）以及供应链视角（殷俊明等，2010～2014）等，这些研究极大地丰富了管理会计理论体系，并提高了管理会计理论在企业管理中的应用效率。

我们通过对现有管理会计研究文献进行梳理，依据其发展脉络和研究内容并切合本案例研究主旨，将从业务流程管理、财务管理和信息系统管理三个角度分别对国内外研究现状进行述评。

一、文献综述

（一）研究综述

1. 从业务流程视角的相关研究来看，企业管理会计的主流理论与实践探索是围绕业务流程管理来展开研究的。

在国外研究中，多数研究是从流程管理与利益相关者、管理控制系统结合等方面来展开研究的。比如，哈默（2002）提出了企业应当从客户的角度看待问题并围绕客户需求设计和实施流程。又如，Dent（1990）、Simons（1994）认为管理控制系统对于传递战略安

排、组织实施战略、通过奖惩措施确保持续关注具有重要作用。进一步地，Hall 等学者（1994）提出了流程管理的关键在于流程塑造，其重要推动力量是组织管理层支持的观点。罗宾斯和库尔特（2003）也支持了以上观点，并认为管理会计的工作扩大化和丰富化必须与信息系统相结合，才能成为具有激励作用的工作设计。

在国内研究中，我国企业的业务流程管理晚于美国并随着 ERP 应用逐渐兴起，直到 2008 年金融危机后，流程管理的应用与发展才进入到普及阶段。早期研究中，梅绍祖和 Teng（2004）认为企业使用适当的会计信息和奖惩资源更能取得流程管理的成功和获得持续性的改善。进一步地，于增彪等（2007）研究认为实施流程管理应先将企业看成为一组流程构成的经济主体并将每个流程依次分解为作业、任务、步骤和动作。于增彪等（2014）从机制设计角度研究业务流程管理发现，流程管理与管理会计系统的结合使用，有助于组织的价值创造和流程管理中的信息效率问题。更进一步地，于增彪和桑向阳（2017）使用调查问卷数据并构建三要素的流程管理系统和管理会计系统，考察了管理会计系统与流程管理对提升组织业绩的效应，解释了企业流程管理面临失败的原因是缺乏对管理会计系统的使用。

2. 从财务管理视角的相关研究来看，预算管理和成本管理等成为管理会计研究领域的主要话题。

在预算管理研究中，如何超越预算模式已成为热点话题。欧洲学者提出"超越预算"的概念（Hansen 等，2003），其目的在于否定现行预算理论和方法。Ferreira 和 Otley（2009）从绩效管理和管理控制系统融合角度对"超越预算"理论进行了探索。在国内研究中，部分学者认为超越预算中所包含的一系列先进思想有助于改进当前全面预算管理中的弊端（于增彪，2004；冯巧根，2005）。

在成本管理研究中，Blocher 等（1999）将成本管理视为一个将财务信息（成本与收益）和非财务信息（有关生产、质量以及其他关键成功要素）集成于一体并为管理者进行管理控制提供可靠成本信息的信息系统。Cooper（1997）对包括日本丰田汽车公司等在内的多家日产企业实施目标成本管理进行了研究。而 Shank 和 Govindarajan（1992）提出了 Shank 战略成本管理模型，并提出一系列能够透视战略管理的分析方法。其后续相关研究中，Tomkins 和 Carr（1996）提出的战略投资模型为战略制定、价值链分析和成本动因分析之间的联系搭建了重要桥梁。在以 Cooper 和 Slagmulder（1998a – 1998d）提出"把作业成本法应用到战略管理中"为核心思想的战略成本管理模型研究基础上，Anderson（1995）、Ittner 等（1997）也获得了相似的研究成果。

3. 从信息化视角下的研究文献来看，管理会计信息系统化研究主要集中在管理会计信息系统设计、管理会计信息化应用等领域，专门进行管理会计信息化研究的文献数量和成果较少、研究群体不固定（毛元青等，2015）。

在国外研究中，Cooper（1998）提出管理会计在 ERP 实施环境下的主要功能是积极提供即时的成本信息并根据动态的会计信息更好地做各种预算，Scapen（2000，2003）认为 ERP 系统代替管理会计人员完成会计数据收集、记录、存储等此类繁琐而常规性的工作，管理会计从传统的记录员转化为企业的业务分析家，越来越多地参与到企业日常业务处理中，成为管理团队的一员；Dechow 等（2008）研究表明，信息技术对企业模型的推动，带来的质量、弹性等优势，提出了如何解释新流程、改变管理控制的焦点等问题。

在国内研究中，早期学者就提出了使用先进的技术手段，逐步建立以电子计算技术为基础的会计信息系统，以便于各有关单位充分地利用信息资源提高经济效益服务（余绪缨学术论文集，2000）。在应用现状方面，张继德等（2014）研究和分析了我国管理会计信息化的应用现状及信息系统实施效果存在的问题，韩向东（2014）、韩金财（2014）和张春林等（2015）通过介绍信息技术在管理会计的单一领域以及在企业整体应用的成功案例，阐述了管理会计信息化的必要性和重要性。在管理会计信息化的行业应用方面，王东旭（2013）基于生命周期理论和组织特征进行了房地产行业管理会计信息系统的分析设计，刘云霞（2015）对事业单位的管理会计信息化建设进行了研究，而刘梅玲（2016）通过分析 TL 支付管理会计信息化战略制定和战略落地过程，提出了第三方支付企业的管理会计信息化之路。

（二）研究述评

综合上述文献的不同研究角度，我们发现国内已有的研究：（1）对于现代绩效评价系统在个人行为、组织能力及绩效方面所产生的真正影响还缺乏一致的观点，更是缺少实务案例经验研究。（2）仅有部分学者对管理会计的业、财融合进行了研究（郭永清，2017；王简等，2017），但仅限于理论研究，实务案例分析研究较少。（3）已有学者对管理会计信息化的研究取得了一定成果，但仍存在研究内容比较分散、研究深度不够、研究成果对管理会计信息化实践指导性不强等问题，符合制造业未来发展要求的管理会计信息化研究比较匮乏（徐汉友等，2017）。

从以上分析可以看出，在我国乃至国外当前管理会计理论和实务研究中，尚未对企业的业务流程管理、财务管理与信息系统相融合的管理会计进行框架整合研究和实践性探索。因此，本案例将基于现实企业管理会计操作实践，突破现有理论研究框架模式，从调研企业在管理会计整合业务、财务和信息系统的视角进行创新性研究，其研究成果必将拓展现有理论研究边界和实践路径，为中国特色的管理会计研究与发展开辟新思路。

二、经验讨论：以养猪行业为例

（一）养猪行业现状

养猪业是我国农业的重要产业，是我国肉类食品的主要产品。近年来，中国的养猪业一直在朝着现代化、产业化和规模化的方向发展。生产规模已经从过去的小规模和分散性转变为现在的大规模和集约化，养殖模式也从原来的副业转变为主业，分布区也从东部经济发达地区转移到西部欠发达地区（李保坤，2013）。中国生猪存栏量、出栏量一直位居世界前列，2013 年存栏量 474.11 亿头，占世界总量的 59.3%，紧随其后的是 27 个欧盟国家和美国。中国、欧盟和美国生猪存栏量占世界生猪存栏量的 85%。在生猪出栏量方面，2013 年中国生产 71557 万头，占世界总量的 57%，紧随其后的是 27 个欧盟国家和美国。与此同时，中国的生猪产量保持了总体增长趋势。2013 年，中国生猪存栏量和出栏量是 1978 年的 1.57 倍和 4.44 倍，平均年增长率为 1.30% 和 4.35%（黄俐晔，2015）。根据农业部《全国生猪产业发展规划 2016—2025》，中国的猪肉消费量在未来十年仍占肉类消费量的 60%；在过去的十年里，养猪业的年均增长率为 2.38%，在未来十年将降至 1%~2%。在过去的十年里，饲料生产以年均 7.3% 的速度增长，并将在未来十年下降到 1.5%。

随着国家政策的逐步调整，在取消城乡限制后，农民务农减少、农村养猪也开始逐步减少，规模化养猪场逐步铺开。2006 年、2010 年疫情肆虐造成 2007 年、2011 年的产量下滑，让规模化养殖模式、投资方式、投资商等被迫多轮洗牌。养猪资本的来源渠道变得多元化，"中"字头的国企巨头、房地产商、IT 企业、国际投行等纷纷进入养猪业，业界认为的三年一个周期的现象变得越来越模糊，难以预测。靠投机获取暴利时代已经过去，尤其在 2015 年 1 月 1 日新《环保法》实施后，养猪行业逐步成为一个更有社会责任感的行业，开始自我完善，而资本市场、投资模式开始回归理性。未来十年是我国养猪行业逐渐走向成熟的重要时期。

（二）养猪企业的业务流程

养猪企业的业务流程主要由与生猪产品密切相关的功能环节组成，这些环节可以分为原料加工或采购环节、育种环节、养殖环节、加工环节和销售环节。具体包括猪饲料的加工采购、猪苗的培育、生猪的养殖、生猪的屠宰加工、生猪及肉制品的流通、肉制品的销售。其业务流程描述具体如下：

1. 原料加工或采购环节：养猪企业可以选择成立研发团队，根据自身养殖阶段，自己生产所需要的饲料，也可以选择从饲料供应商处采购。

2. 育种环节：生猪育种是指企业根据生猪的基因进行对比分析，选择适合的品种猪进行交配重组基因，培育出优良的品种。

3. 养殖环节：仔猪饲养 8 个月后，经过筛选，可称为具有产能的母猪。配种后怀孕的母猪，经过 114 天的妊娠期后产仔，仔猪育肥需要 150-160 天才能出栏上市。

4. 加工环节：生猪经屠宰后，一是直接进入市场销售；二是经过加工，以肉制品形式供应市场；三是对于在生猪屠宰过程中产生的副产品进行深加工。

5. 销售环节：养猪企业可以直接销售仔猪，也可以销售育肥猪以及经屠宰加工的肉制品。仔猪一般销售给其他养殖户或没有育种能力的养殖场。白条肉或深加工肉制品一般销售到集贸市场和生鲜超市。

（三）工厂化养猪

从目前来看，我国的工厂化养猪大致经历了机械化、信息化和智能化三个阶段。机械化阶段通过控制设备执行各类操作，完全不感知外部信息，是信息孤岛的系统；信息化阶段可以通过人工录入或传感器技术感知外界各类状态信息，通过基本的数据分析指导操作，是简单的信息反馈和交互的系统；智能化阶段将各类数据信息互联互通，相互融合形成智能决策和控制网络，这个阶段实质是一种全新的、复杂协同的知识自动化系统。

（1）机械化阶段。养殖机械化即在生猪养殖全程各个生产环节（饲喂、环境控制、消毒、防疫、清粪、废弃物处理等）使用机械化作业代替人工操作。机械的使用节约了人工,降低了养殖成本,提高了养殖的规模化、集约化、标准化生产水平。养殖机械化存在一些不足与缺陷:畜牧养殖个别环节的机械化水平很高而某些环节水平很低,各个环节机械化水平呈"断崖式"差别,全程机械化水平被拉低;养殖机械在不感知外部环境的情况下执行标准划一的操作,不能针对具体环境变化做出调整,更没有考虑通过长期积累经验数据指导决策。

目前我国大部分中小规模猪场处于这一阶段或向信息化转型阶段。

(2) 信息化阶段。早期数据采集主要依靠人工录入完成,随着物联网和信息技术的发展,逐渐实现了数据自动采集,同时利用信息管理软件高效地完成基本信息统计和分析,开启养殖行业的信息化高速发展。采集的数据包括环境信息、猪只体征数据、猪只运动行为特性和生产管理数据,甚至屠宰、分销物流信息等。信息化面临的困境则包括:采集数据间缺乏互联互通机制,各种信息没有高效融合;数据信息缺乏有效算法模型来形成闭环控制,难以实现实时、动态的精准操作和决策;没有建立精细养殖模型,决策和处理主要基于人的经验,与实际需求仍有差距。

目前我国集团化养猪企业大多处于这一阶段。

(3) 智能化阶段。随着移动互联网、物联网、大数据、云计算、人工智能等技术的不断成熟,新技术与猪场生产更广泛、更深入地结合,并逐步尝试替代人的操控来自主智能化决策,使智能养殖的应用环境越发成熟。智能养殖模式是畜牧行业的第三次革命,传统的养殖技术和管理经验将被精准化的养殖管理体系和经营模式取代,从而提高劳动生产率,降低劳动成本,为畜牧业发展带来更多效益。

(四) 养猪行业信息化

信息化和数据化管理是养猪场现代化管理模式的关键标志。从20世纪后期到现在,国内外养猪业的数据管理逐步从原始的手工账本阶段发展到计算机软件信息化管理阶段。

(1) 第一阶段是从20世纪90年代到2005年。在这个阶段,只有GPS软件适用于猪场的生产管理。其主要功能是统计数据、分析生产和销售数据,缺乏实时性。

(2) 第二阶段是2005年到2012年的网络版管理系统发展阶段。一些饲料、养殖企业已经为养猪户开发了互联网版管理软件。

(3) 第三阶段是从2012年到现在,是移动云平台的开发阶段。现阶段,既有专业软件公司的全力推动,也有大型养殖企业的积极参与。

在"互联网+"时代,随着物联网、大数据、云计算等技术的成熟,发展养猪业信息化是大势所趋。传统的农业和畜牧业企业应紧跟时代潮流,运用先进的信息技术,对生猪产业的生产、加工、销售和其他方面进行建设,建立生态产业链,提高流通效率。

目前,我国养猪业信息化的发展方向主要体现在以下三个方面:(1) 科学养猪场管理;(2) 生猪贸易电子商务;(3) 生态养猪业。

(五) 智能养猪

工业领域认为恒定智能系统的特征是四方面,即:

(1) 状态感知:通过图像及视频识别、声音识别、步态识别、RFID技术、智能设备等技术及设备进行数据采集。

（2）实时分析：以大数据为基础，构建不同应用场景下的算法模型，通过云计算实时分析出最佳的方案。

（3）自我决策：通过专家系统及网络传输，无需人工进行确定即可自动向设备、系统或人发出决策指令。

（4）精准执行：根据实时收到的指令，设备、系统，自动进行操作。

智能养猪是把工业上智能制造的理念迁移到养猪业，围绕养猪管理构建更广泛的网络化平台，在此平台基础上可以更广泛地协同集成各类软硬件和最新的技术，从而基于养猪产业生产等多场景开发相应的产品和服务，带动整个行业的转型升级。智能养猪是围绕数据信息采集网络、数据互联网络和决策智能网络不断建网的过程。数据信息采集网络是通过各种传感器技术采集多种状态信息，有如人的眼、鼻、耳等感觉器官；数据互联网络完成各种数据信息的互联互通，有如遍布人体的神经传导和连接；决策智能网络则是在万物互联的数据信息融合基础上，实现智能决策和驱动控制，有如人的大脑汇聚所有信息并进行处理和计算。这三个网络构建的是感知智能、数据融合智能、预测决策智能的合体，实现在知识层面的思考，自动、自觉地完成系统知识自动化功能。技术必须发掘生产上的需求，找到具体的应用场景，才能有"用武之地"，否则即是"无本之木"。实现智能养猪，要将最新的设备和技术应用到养猪业的生产场景中，不断加强对养猪业各种场景、各种事物的多层次特征提取、描述、还原及控制能力。智能养猪的主要应用场景与技术实现参见表 6 – 1。

表 6 – 1　　　　　　　　智能养猪的主要应用场景与技术实现

应用场景	功能描述	技术实现
个体识别	为每一只猪建立唯一的身份证，记录每头猪的品种、系谱、体重、运动量、体温和异常等行为，是猪场实现精准管理的基础	RFID 技术、物联网、计算机视觉、机器学习
母猪管理	监测母猪的发情、配种和膘情	传感技术、视觉技术
饲喂管理	得到每头猪每天的实际采食量、饮水量，实现精准投喂	RFID 技术、视觉识别
生长曲线	根据每头猪每天的采食、体重、健康状况绘制猪只的生长曲线，分析全程料肉比，为生产和经营决策提供参考	三维重建、大数据分析
疾病防控	猪只疾病监测、免疫提醒、异常提醒、疫病预警	传感器技术、视觉识别、数据挖掘
环境控制	结合动物行为，对猪舍内温度、湿度、通风、采光等多因素的综合智能控制	传感器技术、物联网
转群管理	猪的整个生产周期内各个生产节点智能分群、转群，如自动根据猪只体重分群并转至相应栏位，自动筛选达到出栏标准的育肥猪	RFID 技术、大数据分析与物联网

目前，国内的智能养猪市场主要包括猪场大数据服务平台、猪场物联网平台与设备、人工智能技术及解决方案等领域。猪场大数据服务平台主要服务中小规模猪场，这部分猪场对于数字化管理有强烈的需求，又无力自己搭建信息化平台。猪场大数据服务平台为数字化、移动互联网、物联网、大数据、云计算等新模式、新理念、新技术在养猪业的普及和推广作出了重要贡献。如果说以 BAT 为代表的传统互联网企业完成了对消费领域的互

联网化启迪和培育，那么，以农信互联为代表的最早一批猪场大数据服务平台则完成了对生猪产业的信息化、互联网化的培育。在智能养猪时代，这些平台将成为推动行业向智能化迈进的重要力量。

猪场管理软件则主要包括育种分析、猪舍环境监控、疫病诊断、精准饲喂、财务管理、销售管理等内容，通过对智能管理系统的使用，帮助猪场节本增效，同时根据积累的行业大数据帮助猪场、农资企业等制定生产决策，进一步推动行业升级。

第三节　管理会计创新：业、财、信融合的典型案例研究

一、傲农生物简介

福建傲农生物科技集团有限公司（以下简称傲农生物）成立于2011年4月，是一家以标准化、规范化、集约化和产业化为导向的高科技农牧企业，公司主营业务包括饲料、养猪、食品、原料贸易等产业。2017年9月，傲农生物在上海证券交易所挂牌上市。

傲农生物围绕"以饲料为核心的服务企业，以食品为导向的养猪企业"品牌定位，自成立以来，通过持续的技术创新、产品升级和品牌推广，竞争力不断增强，现已成为国内大型禽畜、水产饲料生产商之一，市场覆及全国大部分省、市、自治区，拥有百余家分子公司、4500多名员工。

傲农生物2011年以猪饲料业务起步创业，2014年开始涉足养猪业务。当前公司实行"饲料+养猪"双主业发展战略。养猪业务自2014年开始起步，2019年增长速度较快，通过5年多来的持续规划、布局和发展，目前已初步形成了一定规模的养殖业务链条，搭建了以原种猪场为核心、种猪扩繁场为中介、商品猪场为基础的上小下大金字塔式繁育体系，稳步推进母猪产能的自主供应。公司母猪产能主要分布在江西、福建、湖北、贵州、四川、浙江、广西、陕西、山东、云南等地，产能分布主要在南方消费区域。公司发展历程见图6-2。

公司一直专注于提升生猪产业链价值，着力打造为生猪养殖行业提供整体解决方案的能力。公司以"饲料+养殖"业务为主业，兽药动保、原料贸易、猪场信息化管理等业务共同发展，形成了产业链一体化经营模式。公司兽药动保业务主要从事兽药的研发、生产和销售，产品主要为兽用药物制剂。原料贸易业务主要是依托自身采购规模优势开展相关饲料原料贸易，为同行饲料企业和下游客户提供饲料原料产品。信息化业务主要是基于自身在生猪养殖产业链信息化领域较强的技术开发能力，为同行企业和下游养殖客户提供专业信息化管理平台开发和服务。

公司于2011年设立并于2017年在上交所主板上市，且获得诸多荣誉：2015年福建省名牌产品称号；2018年第五届中国畜牧行业"先进企业"；2019年福建省民营企业百强、农业产业化龙头企业500强；2020年全国农产品加工业100强等。

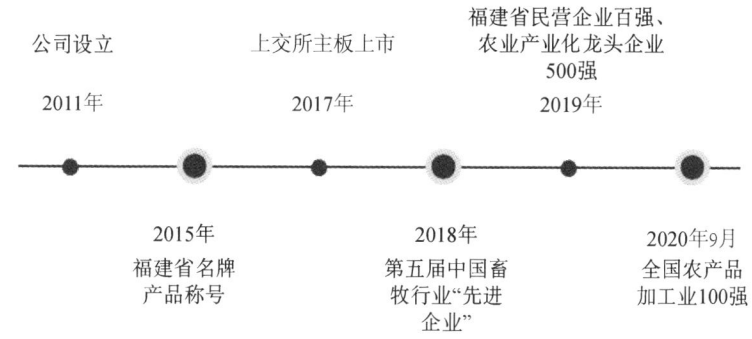

图 6-2 傲农生物发展历程

二、傲农生物在业、财、信融合中的实践

(一) 傲农生物业、财、信融合实践的主要内容

傲农生物主营业务包括饲料、生猪养殖、兽药动保、原料贸易等核心产业,并搭建了"猪OK"猪场管理信息化系统,以下游客户养殖数据为基础,协助下游客户获取银行融资支持等全方位服务。公司下设71家控股子公司,市场布局覆盖全国31个省、市、自治区。傲农生物主要分为四个板块:分别为饲料业务、养殖业务、动保业务和原料贸易,其中,饲料业务收入超过营业收入的90%,为公司的主要业务。其中,饲料业务收入超过营业收入的56%,为公司主要业务。2018到2021年,公司营业收入分别为57.62亿元、57.88亿元、115.17亿元和180.38亿元,净利润分别为1.08亿元、0.30亿元、5.73亿元和-15.2亿元。

目前,傲农生物的主要产品为猪用饲料。公司提出"前期营养领先者"的品牌定位,推出了针对父母代母系大白猪的特色营养产品,并推出了行业稀缺的种公猪和后备母猪的营养产品,在国内猪前期营养产品和母猪营养产品的销量上处于领先。在"以前期料带动中期料、后期料"的市场营销策略推动下,公司的饲料产品在激烈的市场竞争中崭露头角,销量增长迅速。

在饲料产品逐渐打开市场后,傲农生物以"专业养猪服务商"为理念,以覆盖全国的饲料营销体系为依托,逐步拓展生猪养殖、兽药动保、饲料原料贸易业务,以"产业平台(包括饲料、生猪养殖、兽药动保、原料贸易四大业务板块)+信息化服务+客户支持服务"的农牧行业综合服务商为定位,重点打造为客户提供整体解决方案的能力,形成产业链一体化服务优势。通过饲料、生猪养殖、兽药动保、原料贸易、猪场信息化管理等业务共同发展,傲农生物形成了产业链一体化经营模式,这使公司可以在充分发挥研发、销售、服务等系统的作用,提升公司的综合研发和技术服务能力的同时,节约公司研发支出和销售费用。通过为客户提供高附加值的一站式解决方案,相比分散采购可以有效节省客户筛选供应商的时间成本及财务成本,大幅提升客户体验,增加客户黏性。相比单一饲料生产商,产业链一体化服务能力使公司在行业竞争中处于优势地位。

傲农生物四大业务板块，通过同一个财务中心，即傲网，串联所有数据，将业、财、信融合。傲农生物的信息化系统均由公司自主研发，目前已经打通了从供应商到最终消费者的产业通路，产业通路如下所示。

供应商——ERP 系统——客户网——猪场——屠宰管理——电子商务——消费者体验

傲农生物信息化管理主要分为生产管理、物资管理、成本管理、财务管理及数据分析。生产管理主要包含育种管理、种猪管理、肉猪管理等，各业务环节相互匹配，流程化要求可配置，满足不同管理要求的猪厂的经营需求。

在销售端，公司的财务信息系统能实时统计各个门店所卖猪肉的数量、料肉比、质量等数据，并将数据反馈到养猪板块。这些数据最终能指导猪只的养殖、猪肉的定价，使整个业务流程良性循环。生猪销售流程参见图 6-3。

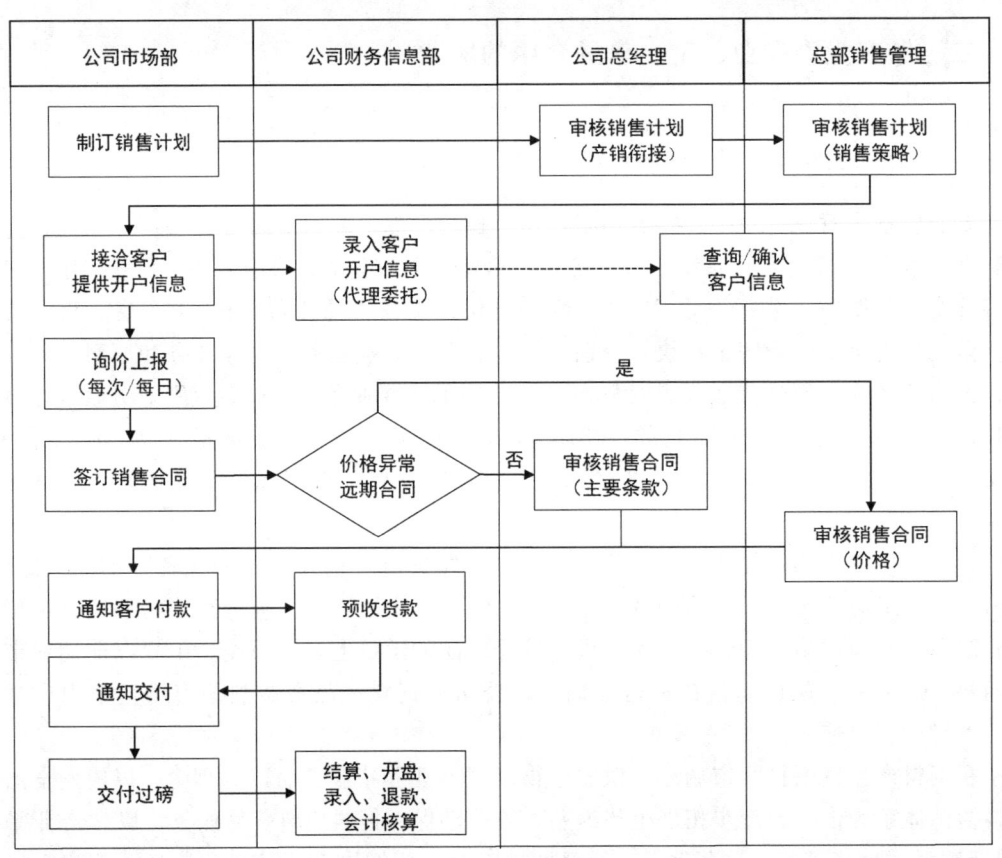

图 6-3 生猪销售流程图

在采购端，公司的信息系统能及时根据本月需求、上月库存量以及本月入库数量来决定本月原料采购量。同时，信息系统实时对供应商进行在线招投标。在供应商中标后，公司与其饲料采购合同采用电子签章，所有的合同只需要通过人脸识别即可授权签订，公司管理更为灵活。

在养殖业务板块，猪场信息管理系统即猪 OK 管理平台，能够根据生产标准和猪场的具体情况来对当前生产状况进行预警、对未来的产出和销售计划进行预估。

傲农生物通过设立生产标准，并利用猪 OK 信息化平台，参见图 6-4。可对猪厂的生产管理进行实时预警，如连续配种不孕母猪预警、分娩超过 x 胎次母猪预警、连续 x 胎活产仔猪少于 x 头母猪预警等（x 表示参数）。在其统计数据系统中，每周统计分析配种和返情母猪头数、产仔窝数、总仔数、健仔数、弱仔畸形等指标进行短期分析；每月统计分析分娩率、流产率、返情率、窝平活仔数等指标进行同期对比分析，并将分析数据上传下达，同时作为依据指导后续生产工作计划安排，且能第一时间做出预警，为管理层提供重要依据。

图 6-4 猪 OK 管理平台主要功能预览

(二) 傲农生物信息化系统的创新

傲农生物信息化系统的创新表现在以下几方面。

其一是猪 OK 电子秤端的数据可以了解和掌握消费者市场。公司专门提供了物联网 4G 电子秤，把传统的电子秤与云相结合，专门为商家提供便捷的进销存管理服务，提供了猪肉销售等一系列优秀的解决方案，通过智能的销售单据，便捷的每日盘点与丰富的数据报表让销售门店可以管理销售过程中的每个点，做到全程把控，实时了解。其在销售列表端，可以显示出物联网 4G 电子秤打出的销售单，并实时上传到服务器，通过管理系统实时可以查看销售情况与统计汇总；在盘点列表页面，支持每个商品每天进行配送入库、销售出库、最后剩余盘点，可每日查看具体进销存状况；在仓储列表端，支持入库确认与配送出库，由接收方确认入库，保证数据准确，支持总库配送，也支持门店直接内部调拨，配送库单由配送方填写；管理中心是傲农物联网 4G 电子秤的核心模块，支持查看商品信息，商品价格统一设置，通过便捷的增减单价以适应市场的需要，支持每日录入库存数据盘点查询，实时监控损耗，随时了解销售情况。公司每销售一定量的白条肉，其研发的猪 OK 电子秤端会生成一个二维码，记录该白条肉的来源信息，消费者可以通过二维码追溯所购买猪肉的来源。这个二维码同时匹配该白条肉的重量信息，当白条肉销售完毕，这个销售的二维码也同时打完，并将销售信息及时反馈到公司的信息中心。

根据二维码反馈的信息，首先，管理层能够掌握哪些产品最热销、单价最高。公司将生猪屠宰后，把白条肉（屠宰完后对半切开的猪肉）批发给各个门店。白条肉中哪个部位价格高、哪个部位好卖，门店相关数据可以及时得到反馈，这些数据可以为养猪单位所用。同时，白条肉是哪个养猪场养殖的、在哪里屠宰的以及使用了哪些饲料都可以追溯。这将业务流程全部打通。另外，这些数据也能为财务所用，哪个部位的肉价格最高、最好卖，对业务的销售有帮助，财务可以根据猪肉的组成系数（一份白条肉中五花肉、排骨、前后腿肉的占比），来决定怎么卖肉。

其次，管理层能够掌握哪些时段是消费高峰期。公司根据销售单数可以统计销售高峰期。不同的销售高峰，针对的消费者群体也不同。例如，工作日的销售高峰期在 5 点到 8 点，消费者大多为老人；而周末的销售高峰期在 9 点到 10 点，消费者大多为年轻群体。不同的消费群体，为公司何时投放产品、日后开发什么样的产品投放销售提供了方向。

最后，管理层能够掌握哪些地点销售效益最好。公司利用猪 OK 电子秤端反馈的门店销售额，可以较好掌握各个门店的效益，为日后的门店布局提供有力的参考依据。

猪 OK 电子秤对销售信息和业务的精准掌握，使得管理层可以准确了解客户需求，了解市场在哪里，精准把握市场的大小；了解消费者是什么群体、在哪里。从而，公司能够开发符合市场的新产品，多批发产品给畅销的门店，这真正将企业的经营、市场和最终端消费者的利益相融合。

其二是实时的供应商招投标竞价系统与饲料 ERP 系统，能够降低原料成本。

傲农生物所有的原料和饲料都采取线上的供应商管理和招投标。公司利用爬虫技术选取符合公司原料标准的供应商，并在每次招投标中都选取两个新的供应商参与竞标，让新的竞争对手刺激原有的供应商，以达到降低原料成本的目的。实时竞标中，公司采用星号遮盖供应商投标金额后两位，避免业务员联系熟悉供应商在截止前改价，减少了舞弊现象，为原料成本下降起到了重要的作用。同时，竞标中，各个供应商只有一次出价机会，相比此前每个竞标者有三次改价的机会，这样的措施降低了大约 4% 的原料成本。

公司通过搭建饲料 ERP 管理平台，参见图 6-5。运用科学管理理念，将企业各方面资源充分调配和平衡，为提高企业资金运转水平、建立高效供销链、减少库存、提高生产效率、降低成本等方面提供强有力的支持，同时为高层管理人员经营决策提供科学依据，最终提升企业盈利和市场竞争力。

其三是通过二维码、手机 APP 等工具的应用有效提高数据采集的方便性、及时性和准确性，保证数据的真实有效。除了此前提及的猪 OK 电子秤，利用秤端的二维码记录销售信息外，公司还利用手机 APP 进行猪场的生产管理，也体现了企业的精准化管理。例如，公司和农户合作，将仔猪放养在农户的猪场。要求农户每天都要做巡栏记录，通过手机上传照片打卡，以确认是否是傲农的猪苗、饲料。农户的领料、饲料的价格均能实时记录。当出现猪只死亡时，也需要拍照记录防止农户私下销售。因此，农户合作猪场的销售价格和成本在业务进行时都能得到记录，最终形成统计分析。

同时，依赖于智能测定系统的生猪管理，采用"饮水区"与"采食区"分离的原理，使猪只按"采食区→通过单向门→饮水区→通过体重测量系统→采食区"的固定路线运动，无需人工干预，通过全自动智能化下沉式应用，提高集团生猪管理水平。

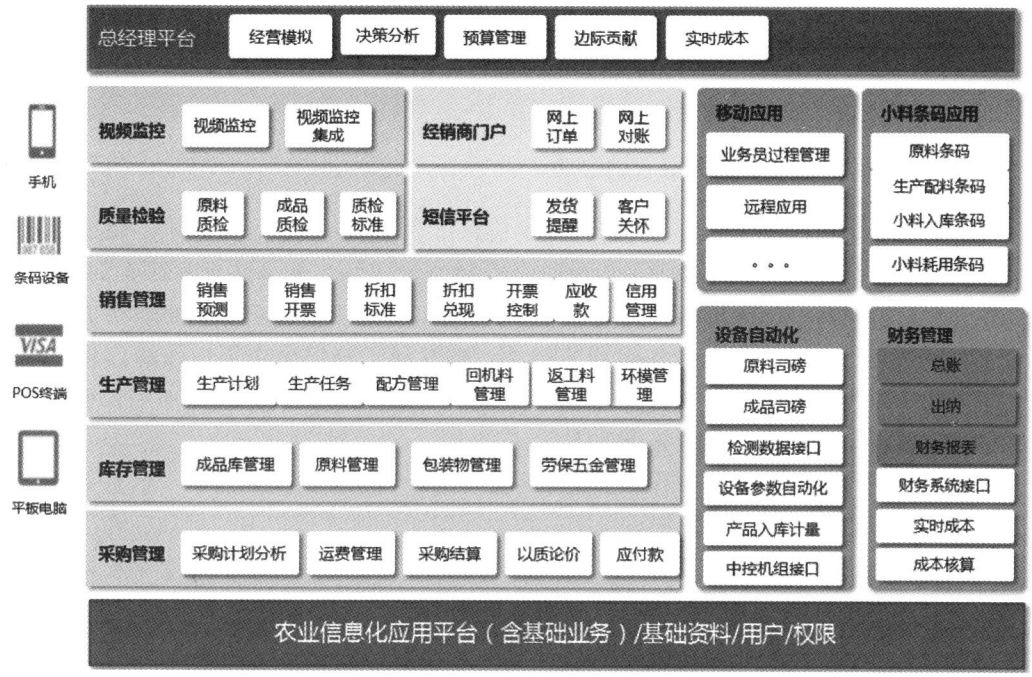

图 6-5 饲料 ERP 系统框架图

傲农生物通过猪 OK 电子秤端的数据了解和掌握消费者市场，通过实时的供应商招投标和竞价系统与饲料 ERP 管理平台，将企业各方面资源充分调配和平衡，通过二维码、手机 APP 等工具的应用有效提高数据采集的方便性、及时性和准确性。基于以上云平台驱动的农业信息产业创新，促进业、财、信产业融合，提高了企业的核心竞争力。

通过不断的技术创新与管理理念升级，傲农生物净利润持续增加，参见图 6-6。切实证明了在业、财、信融合领域的创新对本公司良好发展有着巨大推动力。

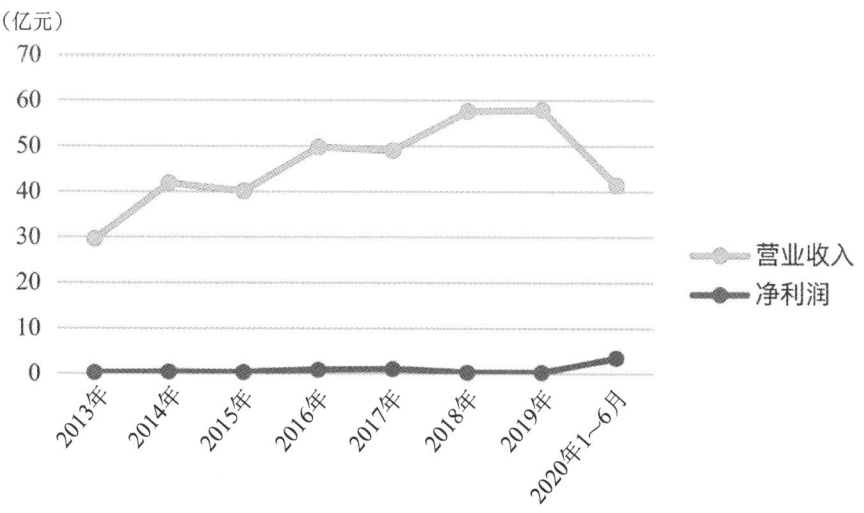

图 6-6 企业收入利润数据

三、傲农生物在业、财、信融合过程中的经验和未来发展方向

（一）傲农生物业、财、信融合的经验

以实现业务流程的优化为起点，据此开发信息化平台，更有利于业、财、信的相互融合。为了使自主研发的信息化管理平台更符合养猪生产实际，从事该产品研发的IT团队成员在几个月的时间里，在猪场和一线员工一起喂料、配种和接生仔猪，把整个养猪生产流程都理解透彻了。通过实际操作得到的想法，更有利于开发出实用性强的信息管理平台，更有利于对生产经营过程中的数据和信息进行快捷简便收集、整理和加工，更有利于形成管理者值得信赖和决策的财务报告体系。

及时、预判性强的信息传递有助于财务的分析记录和业务的流畅运转。信息系统支持公司的业务流程和财务系统，数据可以实时地、动态变化地进行传递。例如，在生产环节和销售环节的衔接上，公司会事先根据养猪业务的情况制定销售计划。每个猪场根据猪场的情况：有多少母猪、有多少仔猪可以断奶（24~28天）、母猪怀孕周期（114天）、两个时长相加、配种分娩率、仔猪成活率以及自留的仔猪数量，可以预估可供销售的仔猪数量。这样，事前制订好销售计划能够较好地和销售业务进行对接。

同时，根据这些预估数据提前制定销售计划，有助于及时进行下一轮的母猪配种、产仔等流程。当业务循环借助精准的数据衔接良好时，生产效益随之提高，生产成本也会随之下降。

（二）对未来发展方向的思考

1. 将猪OK管理平台打造成管理和交易的平台，构建猪产业互联网

构建猪产业互联网，即通过互联网的思维和技术手段，将与生猪有关的主体、资源、产品、品牌、渠道、金融、服务连接起来，在大数据引擎下构建产业生态协同运营新平台。

傲农生物希望其开发的猪OK管理平台建设成为以猪群管理平台为核心，同时具有电子交易平台、金融服务平台的功能。目前已建立的猪OK门户网站是聚焦行业资讯、养猪技术、养猪行情、生猪价格、猪病防治、育种繁殖、饲料技术、兽药疫苗、猪场设备、猪场管理、供求信息、人才招聘的养猪行业综合门户网站，在该门户系统中，已经研发出的OK搜猪可供屠宰场和消费者使用，将消费者和养猪人对接起来。今后，在这个平台上，猪场可以自己去做P2B形式的融资。例如，猪场的猪断奶后就可以让消费者来认购，养大后交货；如果养到后期猪价跌了，消费者不想要猪了，可以按照一定的年利率付给利息，具体利率由猪场制定。

猪OK管理平台还收集了大量有价值的用户猪场数据。一个猪场如果拥有完整科学的数据，银行或金融租赁公司通过数据溯源可以判断猪场过去一段时间管理的规范性，发放贷款或融资给猪场会更加放心。对猪场融资和金融租赁有极大的帮助。因此，所有要采用这个OK搜猪平台卖猪的猪场，傲农可根据猪场管理收集的数据对它进行风险评估包括资

金实力够不够、猪场管理的规范性、诚信力度够不够等，作为担保人向银行担保数据的真实性。

养猪人、宰猪人甚至消费者都聚集到这个平台上，就会有交易产生。在交易完成后，平台要收取一定的费用。平台的主要职责在于制定平台规则，整合各类行业资源，为生态圈中的合作伙伴提供信息、金融、物流等公共服务。通过互联网、移动互联网、大数据的思维和技术解决信息不对称问题，大幅降低市场交易费用，优化资源配置。

同时，与传统的龙头企业不同，平台不以自身企业的利益最大化为核心，而是力求与整个生态圈的合作伙伴互利共生，因此能够带动整个行业产业链降低成本、提高效率。以"管理+交易+金融"模式打造生猪产业互联网平台。猪管理为生猪产业各类上下游生产企业、经销商等主体提供数字化工具，用 SaaS 化大数据打通整个养猪生态链，用信息化和智能化的方式解决猪场和企业的管理效率问题；猪交易是面向生猪产业链中生产资料生产企业、经销商、猪场、猪贸易商、屠宰场等各个生产经营主体提供的交易平台；"猪金融"通过"猪管理"获取的生产经营数据和"猪交易"获取的交易数据，利用大数据技术建立农信资信模型，形成较强的信贷风险控制力，为符合条件的用户提供征信、借贷、理财、支付、保险等产品。

未来，猪 OK 管理平台将实现不断的发展、融合，实现猪群管理、肉猪销售、金融担保等服务为一体的多功能平台。

2. 打造一个跨行业的信息化管理平台

目前，傲农生物的信息化管理平台是为养猪行业量身打造的，是在明确业务流程之后搭建的信息化平台。未来，公司会尝试打破当前平台的局限性，将它扩大为养殖业适用的管理系统、扩大为一个通用的企业操作系统。如目前已经上线的饲料 ERP 管理系统，为公司积累了产品采购方面的平台经验，基于已有的管理 ERP 系统，通过整合销售生产的各个方面，将其扩展至养殖业范围，涉及行业上下游企业，将上游生猪生产与下游零售商铺产业结合起来，打造一个跨行业的信息化共享与管理平台。未来，随着技术的不断成熟和与产业的深度融合，平台化的优势会更加突出。一方面，猪场大数据服务平台拥有庞大的猪场用户群体，能够提供广泛的应用场景和海量的行业数据，为技术的发展提供丰富的分析、训练与应用资源；另一方面，平台能够整合软件服务商、技术服务商、设备提供商等各类行业主体，提供优质高效、低成本的运算能力和服务。通过海量优质的多维数据结合大规模计算力的投入，以应用场景为接口，平台将构建起覆盖全产业链生态的商业模式，满足用户复杂多变的实际需求。

3. 打造一个成熟的市场解决方案

目前，傲农生物的信息化管理包含物联网 4G 电子秤、猪 OK 管理平台、饲料 ERP 管理系统、智能测定系统、猪 OK 门户网等，旗下的傲网信息科技基于互联网+农业的发展趋势，通过互联网、物联网、大数据分析、电子商务等技术和手段帮助农牧行业提升管理水平和生产业绩，减少人工、产品溢价销售等，让"传统养殖业"转变为"现代服务业"，让养殖管理从"人治"转变为"数治"。虽然现阶段通过猪场物联网设备和管理软件汇集了大量的猪场生产管理数据，但这些实时感知的数据没有得到充分挖掘和利用。首先，目前在猪场知识模型、模式识别、知识表示、业务模型的机器学习方面已有突破性进展,但部分模型、算法不足以反映客观现实,以至于达不到指导猪场精准生产的实际需求。其次,现阶段的自动化控制或局部的智能化还是基于人的经验,而人的经验有两个局限性:一是并不精准,可能与实际情况有出入;二是受限于具体的环境,不同的环境下经验不能通用。最后,目前主要还是时序控制、单一指标控制,难以实现按需控制和多指标控制,应用系统的智能化程度需要提高。未来,傲农生物可尝试基于自身已有的市场策略与云平台网络部署,建立在养殖业领域从生产到销售完整的智能养猪解决方案。

第四节 信息平台驱动的高质量发展:问题讨论、经验总结与建议

一、问题讨论

在对案例企业进行实地调研与分析,以及持续构建"业财信"融合的整合框架过程中,尽管已经感知到企业在管理会计创新方面的新经验,但是,由于受到时间、空间和人力资源配置的限制,在取得当前的研究成果下,我们一致认为还应着重于以下四个方面的问题进行讨论。

其一,企业基于信息化平台驱动的高质量发展下,在对我国现有企业管理会计应用经验基础之上,应该提炼出基于互联网和云技术的生产和运营管理、管理会计、财务管理的整合体系的基本框架,即业财信融合系统或云会计2.0系统的基本框架以及经济环境变化和技术环境变革下,我国管理会计在技术方法和理论框架等方面进行创新突破的研究方向。

其二,企业基于信息化平台驱动的高质量发展下,业、财、信的融合如何有效地解决对公司经营状况进行本量利分析的难题,对现有数据的挖掘与运用的欠缺是什么?这也恰恰是未来应该改进和压缩企业成本空间的研究方向。

其三,企业嵌入新信息技术工具后如何建设数据仓库或财务服务共享中心,以期全方位解决企业"信息孤岛"问题并充分优化资源整合,进行供给侧结构性改革和提高企业要素生产率。

其四,企业基于信息化平台驱动的高质量发展下,业、财、信融合与消费者对产品追本溯源的消费需求如何整合与管理,增加财务透明度与消费者信任,进行生产—销售全链可溯源追踪,成本—盈利全链透明记录,以提高企业的财务透明度与消费者信任程度。

二、经验总结

本案例经过对傲农生物的管理会计创新进行实地调研,通过分析和总结案例企业在"业财信"融合过程中的创新与不足,经验总结如下:

经验一：业、财、信融合从根本上是作用于资源的一种优化整合方式，从而创造一个企业适宜的生态链，具有开放、包容、互补、互促以及共同成长的关系，以至于更大限度地在良好生态环境中创造价值。我们认为，企业要对业务、财务和信息系统融合以期控制成本、提高要素生产率，促进经济利润的不断增长，需要具备如下条件：一是企业领导的高度重视和大力支持，各级领导要给出正确决策和具体指导，保证有效推动企业甚至行业信息化协调有序发展。二是集中发挥体制优势，通过典型带动和示范效应推进企业甚至行业信息化的整体发展，使得企业各部门之间的业务信息流、财务信息流嵌入企业信息系统中，形成强大信息系统，提取和加工有效信息并及时反馈给业务部门和财务部门，以此优化整合企业信息资源，提升竞争力。三是业务部门、财务部门与信息部门相互之间的统筹规划、系统设计和高度配合，对企业业务创新、管理变革积极性和主动性的充分发挥以及企业进行经济效益高质量发展与提高要素生产率，是具有决定性作用的先决条件。四是案例企业并不是从一开始就将业务流程和财务管理流程嵌入企业信息系统来构建业、财、信融合的整合框架，而是通过重点项目的带动，逐步建设全局性、基础性、集成性的重点项目，进一步推动集成整合，最终提升企业信息化大项目组织管理的能力。

我们总结、归纳案例企业的经验做法并抽象出其业、财、信融合的整合框架，如图6-7所示。

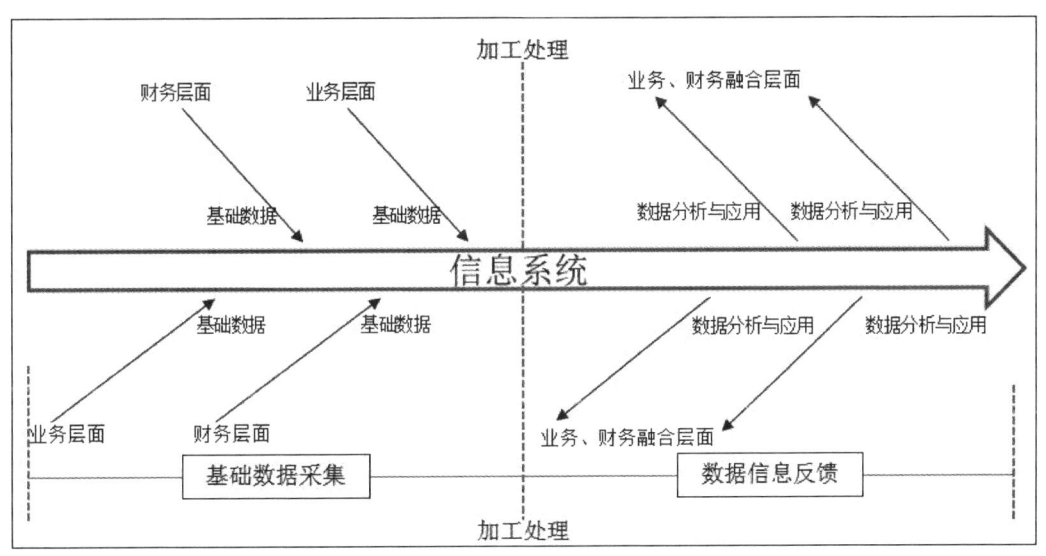

图6-7 业、财、信融合的整合框架图

经验二：管理会计和成本管控融合融入信息系统，不断改造传统产业的业务流程管理，疏通企业各业务端口与管理端口之间的隔断，解决企业"信息孤岛"问题，以此管理控制企业成本并整合资源来增强企业创造价值的能力。因此，基于企业管理会计操作实践，突破现有理论研究框架模式，从调研企业在管理会计整合业务、财务和信息系统的视角进行创新性研究，其研究成果必将拓展现有理论研究边界和实践路径，为中国特色的管理会计研究与发展开辟新思路。我们基于案例企业的实际做法与经验发现，企业的业务、财务与信息系统的融合在一定程度上拓展了管理会计创新的可能性边界，信息系统在企业务流程和财务管理中的引入，也在一定程度上降低了企业生产成本并极大地提高了企业的要素生产率及其经济效益。

经验三：案例企业在持续不断地贯彻和推行精细化财务管理理念，结合企业自身发展情况，持续改善和探索创新其财务管理模式，在精细化财务管理的基础上进一步构建大财务管理模式。总结案例企业业、财、信融合的成熟做法与经验借鉴，我们发现，企业上线先进信息系统，以此驱动业务、财务和信息系统融合的主要动因是企业的规模日益壮大和信息资源的优化整合需求，需要强大的信息系统给予支持，急需把企业的业务信息流、财务信息流与信息系统处理过的信息流进行融合统一，需要把企业的业务全流程嵌入信息管理系统中进行操作和管理。

经验四：随着区块链技术的进一步发展及其在产品溯源、金融产品等重要领域越来越多的应用，企业应持续保持对高新技术的探索与应用，进一步构建与探索新型财务管理模式。案例企业在持续不断的技术推新与发展中，能够结合自身的业务特点进行业、财、信融合创新。我们发现，案例企业尤其是农产品等重要食物原材料企业十分在意农产品溯源与消费者信赖，从生产到出笼需要可追溯、不可篡改的信息化流程记录。基于信息化平台驱动与区块链信任链部署，可以极大地提高企业自身产品的可信任度与安全性。同时，基于可溯源的产品产业链同样可对财务信息管理进行严厉监管，从而将企业自身的业务流程与财务记录链高度绑定，二者相辅相成融合统一，把企业的业、财、信完美融合，实现业、财、信融合对企业发展的高度统一与强大助力，提高企业的核心竞争力并进一步降低生产成本。

三、建议

在现代管理会计中，企业必须形成企业战略、业务流程和信息系统三者管理集成的"业财信"融合框架，从整合资源和管控成本视角进行管理会计的方法和理论创新。尤其是嵌入信息系统的业务流程管理会计是"业财信"融合框架形成的前决条件和必要基础。在我国乃至国外当前的管理会计理论和实务研究中，尚未对企业的业务流程管理、财务管理与信息系统相融合的管理会计进行框架整合研究和实践性探索。我们通过调查研究与系统分析，借鉴有关供应链管理和业务流程管理融合、实施流程精益化管理的先进经验，对构建"业财信"融合框架提出如下建议：

第一，实现业、财、信融合的框架整合必须要有正确的流程管理和领导层面的积极支持与推动。信息化平台的搭建必须要业务架构先行，后做业、财融合的落地与实施。建议"业财信"融合的正确步骤应该是先梳理业务流程，再搭建数据架构，最后搭建信息系统架构。这一过程中，还存在着亟待解决的问题，主要表现在：一是业务应用集成整合不足，应用系统建设的条线化、单一化，导致行业纵向管控集成性、横向供应链协同性不强，跨层级、跨单位、跨部门之间流程贯通、信息共享不够，行业各单位综合集成水平参差不齐，信息化整体效率有待进一步提升。二是信息资源开发利用程度不足，信息资源共享机制和信息资源服务决策的能力不够健全，信息化整体效能有待进一步提升。三是信息化基础技术能力不足，基础设施集约化、基础平台集成性、标准规范体系化有待进一步提升。四是安全运维保障能力不足,安全保障尚未全面融入信息化建、管、用各环节,对运维工作的认识仍未到位,安全综合防范能力和运维保障体系建设有待进一步提升。

第二,借助信息系统建立业务流程管理会计是管控成本的关键步骤。为此,我们建议应明确其三大目标:第一,管理会计在业务流程、客户保持、产品提升和管理创新方面发挥作用;第二,业务流程管理会计在资产利用、风险管控、价值创造等方面发挥作用;第三,发挥管理会计的参谋职能,从业务战略、产品开发、财务资源和人力资源配置、执行力和绩效评价、价值管理、风险管控等多方面进行业务流程的关联整合。

第三,"业财信"融合是企业的一个创新性和复杂性的难题,尤其是互联网、大数据、区块链等新兴技术在创新性方面的实际应用,对管理会计创新提出了新的挑战。因此,企业在持续进行成本控制管理、产业升级与产品提升过程中,管理会计的创新应更多地从新信息技术融合角度出发。总体来看,信息化对业务与财务的融合至少需要从两方面做起:一是要通过信息化实现对预算数据的高效采集;二是整合各个软件平台,以此加强财务对企业的管理能力。

第四,"业财信"融合是企业在互联网时代提高竞争力的重要手段。随着物联网时代信息兴起与传统消费者对产品来源的需求增大,对于传统销售企业,"业财信"融合充分利用互联网大数据、区块链等技术的特点,有助于实现销售物品的追本溯源,提高消费者的信任程度。同时,基于不可篡改的交易链数据信息也可对财务进行监督,有利于企业的健康稳定与发展。总体来看,信息化平台产品溯源与财务链追踪至少需要从三方面做起:一是基于不可篡改的农产品生产链的构建与维护;二是构建并行对应的财务流水链;三是整合整个业务与财务控制流程,控制管理整个生产销售流程中每一件产品的生产销售与成本收入盈利支出统计,以此加强企业对财务的管理能力与规划能力。

第七章 作业成本法应用创新*
——以 YNZY 原料业、财、信融合为例

自 2020 年以来，YNZY 对烟叶原料（以下简称原料）创造性地应用作业成本法，并取得可喜的成效，它们的做法和经验可资行业高质量发展借鉴和参考。

第一节 背景与缘起

一、原料成本精益管理是行业的重大难点

YNZY 是一家特大型农产品加工制造的国有集团公司，坐落于我国最大的优质原料产地。由于行业特性，其原料储备金额每年平均多达数百亿元。此外，他们还对原料科研、原料队伍和原料信息系统大量投入。可以说，YNZY 在行业内一方面具有原料资源的绝对优势；另一方面，原料成本及其管理也压力山大。

长期以来，行业存在着浓厚的计划经济色彩，加之原料标准化差异较大，市场供需矛盾不断变化，YNZY 与行业内大多数兄弟企业一样，原料库存普遍较高，去库存、降成本、精管理已成为公司的迫切要求。

二、原料作业链长、标准化低、复杂度高

YNZY 原料作业从农民的田间地头开始，参与烟叶种植环节的生产投入和育种科研，以及原料采购、运输、分选、烘烤、仓储、养护、供应等一系列业务环节，作业链很长，横跨了农、工、商、研四个领域。

由于原料是"靠天吃饭"的农产品，且由千家万户的烟农种植，造成原料不同年份、

---

* 本案例是厦门融恒德科技发展有限公司对 YNZY 公司的管理咨询项目，该项目组组长齐培英，成员包括刘宗柳、钟徐新、杨柳枝、王岳等。本章由王岳、刘宗柳、齐培英撰写。

不同地域、不同气候、不同品种的质量和产量差异很大。为满足卷烟产品的配方需要，对原料必须进行一系列的初加工和再加工，比如分选、配方、烘烤等。

但因为原料"娇贵"，导致作业复杂度高。以仓储为例，由于卷烟产品的工艺和质量要求，原料必须经过一年左右的存储醇化，期间还要因地制宜地开展防止霉变、虫害、毁损和陈化等养护作业。

三、整合与统一是公司经营管理变革的大趋势

YNZY为了整合品牌和优化资源配置，近十年来，不断开展对所辖企业的整合与变革，完成了研发和营销两大业务模块的整合，集团统一的一体化信息平台已在建设，精简、高效、统一的体制模式正在有序推进。而具体到原料业务，则直面数百亿元原料资产是否整合、如何整合；原料业务、财务、信息化如何统一，统一到什么程度；原料业务流程及资源配置如何根据品牌战略在两下属集团之间调整等。

基于上述背景，YNZY决定以原料业务、财务、信息化融合为前提建设原料作业成本体系，即原料的"业财信融合"。

第二节　作业成本法的导入

一、YNZY原料成本管理存在的问题

（一）所辖企业的原料业务模式和流程不同

如前所述，原料业务链条长且标准化低。长期以来，两下属集团旗下各企业原有的业务流程及资源投入重点差异较大，有些企业在农业种植环节投入较多，以提高原料入库前的等级纯度；有些企业则致力于初加工环节的标准化，从初烟入库后便开始精细分选和配方，以提高原料打叶复烤后的等级纯度。

从农业种植环节入手，更接近源头，但有相当部分的作业不属于烟草企业内部管理范围，且涉及三农问题，管控难度大，原料成本的可控性差。

从初烟加工环节入手，对原料等级纯度的稳定性把握更大，作业流程都在烟草企业内部管控范围。

怎样才能规范并统一YNZY原料成本管理呢？我们认为，切入点就是要梳理、厘清和规范原料作业链，设计和建设统一、标准、科学的作业流程。

（二）原料的业务数据与财务数据"两张皮"

调研资料显示：YNZY原料成本的"两张皮"，即数据不一致、不可比，主要原

因是成本的确认与计量存在差异。比如,原料研发费用、仓储费用、农业种植环节的资金扶持成本等都应纳入成本,而实际上并未纳入;又如,应按卷烟品牌或烟叶等级分类归集的原料精选成本却平均摊配,人为拉低了精选原料成本,而不合理地增加了非精选原料成本;再如,公司为品牌战略专项投入研发某种原料,从育种、种植、采收、打叶复烤、配方测试等,其发生的费用却平均摊配给当年所有采购的原料,致使一些高等级原料成本虚低,而使用该原料的卷烟产品却利润虚高,误导产品决策和用户消费。

同时,原料必须经过一年左右的醇化才能用于最终产品,这期间的仓储成本理应计入原料成本,但通常都计入仓储费用,直接与当期损益抵减。这种做法,不仅混淆了成本与费用的界限,而且掩盖了库存原料真相,导致长期积压的原料无法从成本角度引导卷烟配方技术人员遵循"先进先出"原则,造成原料过期报废损失。

(三) 原料质价倒挂,配方高低错位

由于原料生产和采购的计划性很强且原料价格由国家统一定价,但原料品质却与地域、气候、种植、初次烘烤、分等分级等高度相关,致使原料采购价格与其使用价值往往产生较大的偏离。比如,同样品种、部位、等级的原料,一价区与二价区、二价区与三价区的价格差异率通常达15%至20%,而原料的"性价比"却未必成正比。

事实上,原料质价倒挂,配方高低错位的现象普遍存在,从技术配方的角度,高价低质的原料只能用于低端产品,这会造成低端产品的成本过高,导致产品亏损,尤其当公司对产品要实行绩效管理、考核利润时,配方师就不会考虑使用这类原料,从而造成原料长期积压,超期储存,最终报废。

究其根源,是原料成本管理缺位。换言之,是原料业务(包括研发、采购、打叶复烤、物流、仓储、配方、制丝、卷烟生产及其流程等)、财务(包括原料成本预算、成本标准制定、成本核算、成本管控、成本分析及其流程等)、信息化(尤其是借助信息化技术打通业务与财务的关联和链接)尚未有效融合。

(四) 所辖企业对原料成本采用不同的会计处理方式

如前所述,YNZY所辖企业有的为了提高原料质量在农业种植环节进行投入,计入研发费用;有的企业为了提高原料等级纯度进行分选、精选等,将初加工发生的费用计入原料成本;有的企业将初加工前发生的仓储费用部分计入期间费用,部分计入原料成本;有的企业将原料运输成本平均分摊,或者按作业内容进行归集等。

类似业务的不同会计处理还有很多,它们最终都导致原料信息系统中业务数据与财务数据不匹配,差异大,加之会计核算时的成本归集口径和方法不尽一致,造成企业之间的原料成本不可比。

如果能够按照原料作业实时归集作业成本,将可以在一定程度上破解原料成本管理的难题。

二、导入作业成本法，迭代传统成本管理

（一）传统成本管理的缺陷

1. 注重"节流"，却无法满足企业战略"开源"需求

传统成本管理侧重于减少支出、降低消耗、节约费用等"节流"措施，而忽视成本对"开源"及其品牌战略的支持，往往"就成本论成本"，以成本最低作为管理目标，而忽略企业市场定位、品牌竞争力和企业战略需求，可能导致许多短期行为，例如"偷工减料"、以次充好、紧缩投资、质量波动等，最终影响企业品牌战略的可持续发展。

2. "控""管"分离，无法满足企业内部管理需求

传统成本管理基于会计逻辑而非管理逻辑。在信息提供、指标设计、管理措施等方面，往往以"控"财务指标为主，可能误导管理目标，比如，片面地以产品单位成本作为考核指标，可能误导企业通过扩大产量或影响质量来降低成本，提高利润；又如，有些企业制定费用预算时，不加分类地提出降幅标准，可能导致压缩对员工的各种培训、减少客户服务等。

同时，传统成本管理中的会计惯例，必将导致企业的成本管理与费用管理分离，人为地割裂企业内部管控，比如，将成本管理的重点放在生产环节，过度关注制造成本，而忽略其他间接费用；无视"成本是设计出来的，而不是生产出来的"全局成本观，忽视研发设计对成本的巨大影响，甚至对成本管理本末倒置。而所谓费用管理，则完全脱离产品，几乎成为"一匹脱缰的野马"，比如，销售费用、管理费用从预算编制到评价分析，都难以建立令人信服的依据和标准，根源是与产品或产品成本不直接相关。

3. 以"内"为主，无法满足企业外部管理需求

随着企业外部环境重要性提升，企业外部供应链成本等逐渐成为焦点，而传统的成本管理几乎不考虑企业与上游供应商、竞争对手、下游顾客及社区的关系，比如，一味压榨供应商让其降价、减少售后服务费用、最小化环境保护投入等，这些行为都可能导致供应链脆弱、"羊毛出在猪身上"，招致外部带来更大、更多的隐性成本。

4. 以"史"为主，无法满足企业对未来的管理需求

传统成本管理的目光相对短浅，主要聚焦于已经发生的内部成本上，将资源低消耗和高利用作为成本终极目标，对企业战略拓展、外部环境、未来谋划、机会成本等未纳入成本管理，束缚了企业的视野。比如，战略性投资成本巨大，可能造成中短期亏损，往往不符合传统成本管理的目标而被否决。

5. 以"法"为主，无法满足企业对真实成本的需求

传统成本管理以企业会计准则及税法等为主要依据，只要满足外部法律法规要求，其他方面则采用简化处理，不利于对产品真实成本的反映。外部法律是"以企业法人为单位"判断成本计量的准确性，不关心单个产品成本的分配是否准确；而企业管理特别是产品策略、品牌战略决策等，必须"以产品为单位"计量每个产品的准确成本，以满足企业内部管理和品牌决策的要求。

于是，作业成本应运而生。因为作业成本法是"以产品为单位"，依据资源消耗及其动因关系来准确归集、计算和管理成本的。

（二）导入作业成本法

1. 作业成本法概述

参考我国财政部《管理会计应用指引第 304 号——作业成本法》（以下简称《指引》）中给出的定义，作业成本法，是指以"产出消耗作业、作业消耗资源"为原则，按照资源动因将资源费用追溯或分配至各项作业，计算出作业成本，然后再根据作业动因，将作业成本追溯或分配至各成本对象，最终完成成本计算的成本管理方法。

可见，作业成本法是将间接成本和辅助费用更准确地分配到产品和服务的一种成本计算方法。它通过对所有与产品相关联作业活动的追踪分析，为尽可能消除"不增值作业"，改进"增值作业"，增加"顾客价值"，提高决策、计划、控制的科学性和有效性，最终达到提高企业的市场竞争能力。采用作业成本法计算的产品成本是全部作业所消耗资源的总和。

2. 作业成本法的优缺点

（1）作业成本法的优点：

① 能够真实反映产品成本，支持品牌战略决策。作业成本法通过"扩大追溯、减少分摊、找准成本动因"等方法，将资源成本通过作业更精准地分配到产品上，因果相关性强，提高了单个产品的成本准确性。这对提高产品定价的准确性、明确产品策略、制定品牌战略、促进企业"开源"等，起到了极大的决策支持作用。

② 能够协同流程管理，优化资源配置。作业成本法通过准确识别、管理不增值作业、无效作业等，能够更有效地协同企业全域业务流程管理；同时，通过准确识别、管理冗余或闲置资源等，不断优化企业资源配置，从而对企业提高内部管理水平，持续高质量发展提供了更好的方法和工具。

③ 能够有效实施精益成本管理，服务全供应链。作业成本管理通过对供应商到市场客户"端到端"的全供应链作业流程进行成本识别，经营和管理人员能够从作业及资源配置的动因及其本质上精准管控成本，变"结果管理"为"过程管理"，变"内部管理"为"内外兼顾"，成本管控更全面、更有的放矢。

同时，作业成本法从作业和资源两层面解构了成本要素，从而可以通过"不同目的，不同成本"的信息提供方式，为各个成本点以及成本点上的责任单元提供更为细分的成本数据，比如，打叶复烤作业的成本，包括但不限于：人工成本、设备和房屋折旧费、燃动费、装卸费、质检费等。更重要的是，企业采用作业成本法获取的海量数据和成本信息，为制定和完善原料成本标准，有效管控作业过程，真实反映经营绩效奠定了坚实可靠的数据基础。

（2）作业成本法的缺点：

① 作业成本法的开发维护成本比较高。作业成本法基于作业和资源消耗进行成本管理，虽然直击本质、精准定位，但成本动因的识别难度较大，且作业流程和资源配置是动态管理过程，需要持续关注、分析和优化，体系建设和系统开发及其后续维护的成本较高。

② 作业成本法挑战传统成本管理，内部推动可能存在阻力。企业实施作业成本法，

将过去的职能驱动改变为作业驱动，作业库是按作业设计，而非按部门设计；作业优化不是从职能角度进行局部优化，而是从流程角度进行全局优化，需要大量跨部门的协同与配合。同时，由于作业成本法要求按动因关系归集和计算成本，彻底改变传统的成本核算组织和成本管理方法，企业难免在导入作业成本法的初期存在阵痛，甚至不被接受。

（三）作业成本法与 YNZY 战略契合

YNZY 为实现高质量发展的战略，提出了净管理、统一化的策略，推行精益化、数字化、智能化的业财信融合，正好与作业成本法契合。

1. 作业成本法是品牌战略的传导器

品牌战略只有落实到企业的每一个作业、每一项资源配置、每一位员工心中，才能落地生根，开花结果。而作业成本法正是将品牌战略传导至企业"细胞末梢"的传导器。

作业，就是企业日常的、具体的经济活动。企业选择或不选择哪些作业，与品牌战略息息相关。

一个企业想要突显品牌特色，必须由一系列相应的作业来实现，比如，打造卷烟品牌需要风格特色、相对高等级的烟叶，那么，烟叶的品种、种植区域、生产管理、初选或精选等，每一环节的作业都极其重要，都直接影响甚至决定着品牌战略的成败。

因此，作业的过程就是明晰和传导品牌战略的过程。原料作业是烟草工业企业需要长期、大规模、重复经营和管理的商业活动，必须精益求精，作业流程中哪怕只节省一个动作，节约一分钱，其意义却是价值传导。

同样，企业为一个产品、一项作业配置哪些资源，取决于对品牌战略的深刻理解。比如，高端产品配置高等级原料资源；低端产品不配置"精选"原料资源等，这些作业成本在归集和摊配时就要体现品牌战略意图，而不应基于"历史习惯"。作业成本法将资源与产品、品牌直接配置，使成本管控和绩效管理更合理、更简单、更高效。

2. 作业成本法助力优化资源配置

作业是一系列的经营与管理活动。而这些经营与管理活动的对象就是资源。资源该如何有效配置？我们认为，一是优化流程；二是数字驱动。

优化流程的核心是将原料作业和日常工作流程化、标准化，并将它们形成图文并茂的操作指南（或手册），要求员工做到知行合一，最大限度地减少人为因素带来的作业误差。

客观上，YNZY 由于历史原因形成的原料作业流程各异，更需要通过作业成本法来优化和完善作业流程，实现流程统一。

而资源配置要实现数字驱动的关键是在作业流程化基础上实现作业标准化，包括组织的定岗定员、作业的定时定额、工艺参数、质量标准等，比如，初烟等级标准、打叶复烤的出片率、烟叶分选损耗率、成本归集与分配标准等。

3. 作业成本法是实现净管理的抓手

YNZY 的净管理是指目标精确、过程简洁、结果真实，而作业成本法是助推净管理落地的抓手。之所以这样说，是因为：

首先，作业成本法通过将每一项成本细分为作业、资源、效率等要素，按动因关系归集和摊配资源消耗的"数据"，能够更准确、真实地预算成本目标、核算产品实际成本，改善成本管控。

其次，作业成本法以"事"为核心，以事实为依据，抓取作业全流程的细节和数据开展过程管理，避免人为"拍脑袋"。更重要的是，在数字化基础上，借助数据挖掘、智能算法等进行对比分析，能够精准、有效地定位成本管控关键点，实现经营管理过程简洁。

最后，作业成本法通过流程分析、资源分析等，可以发现无效作业和闲置资源，有效地排挤成本水分，改变传统成本归集和分配的不合理性，从源头、过程和结果来厘清YNZY庞杂的原料业务逻辑及其业务关系，还原真实的原料成本、产品成本和经营利润，引导企业品牌战略和精准产品策略形成螺旋上升的管理闭环。

三、YNZY创新作业成本法的意义

YNZY导入并创新作业成本法的目的与企业自身的管理需求高度相关，其重要意义大致包括：

（一）促进原料保障体系建设

YNZY对原料管理在导入并创新作业成本法的同时，还提出了原料保障体系建设五项引领，即经营管理的引领、业务运营的引领、技术创新的引领、资源拓展的引领、人才发展的引领。而作业成本法与五项引领一脉相承是显而易见的。

比如，经营管理的引领提出全面推进智能化系统运营及大数据分析工具应用，系统导入净管理方法，加快推进管理体系数字化和智能化转型，提升原料经营管理的目标导向和过程控制效率，深化原料经营管理的价值创造能力。可见，原料经营管理的核心是价值创造能力，而这种能力又源自原料作业成本信息化体系建设，只有运用智能化、大数据进行原料供应链全流程的作业管理、资源管理、成本管控，才能改变原料经营相对粗放、成本管理相对模糊的现状。所以，创新原料作业成本体系建设，可以有效助力经营管理的引领。

又如，业务运营的引领要求通过云、大、物、移、智等数字化技术驱动，达成全域、全量、全要素的高度集成，实现行业领先的原料业务一体化智慧运营。而原料作业成本体系建设，正是拟通过对YNZY原料全域供应链、全量作业、全部要素资源进行数字化、智能化运营管理，实现成本管控和价值增值，以奠定业务运营的引领的坚实基础。

同样，资源拓展的引领提出保障供应方面，坚持原料保障的差异化，梯次化保障云产卷烟各价类卷烟原料使用需求。原料作业成本体系建设是根据不同目的、不同成本原则，为差异化、梯次化原料保障提供数字化、价值化的依据及其管理方法。

（二）夯实了建立原料全流程价值管理体系的基础

YNZY原料作业成本体系建设的目标之一是建立科学的原料价值管理体系。根据作业成本法"产出消耗作业、作业消耗资源、资源体现成本、成本转化价值"的原理，可以创新打造"产品—作业—资源—成本—价值"的价值管理体系。价值管理体系就是对价值链条上每个环节进行解构并细化管理的过程，以保障原料不断增值和有效增值。

作业成本法将全量、全要素反映原料在全供应链投入的所有作业和资源的成本，体现

原料价值的增值过程和增值结果,通过解构价值要素、数字化价值链条,建立原料价值管理体系。

同时,树立全员作业成本意识,只有全员参与"过程成本",作业成本体系建设才可能成功。

(三)为 YNZY 全面导入作业成本法建立示范

原料作业成本体系建设的另一个更重要的目的是为 YNZY 全面导入作业成本体系建立示范。

创新作业成本是一个庞大的系统工程,有了原料的试点,再对公司不同业务部门进行分步导入,将更能做到心中有数,少走弯路。原料作业成本体系建设的经验和教训,也能够为同行业公司原料精益运营与管理建立标杆。

第三节 作业成本法的创新

YNZY 以原料为例,在导入作业成本法的基础上,大胆地提出要设计和建设作业成本体系,是难得的理论探索和实践创新。

YNZY 原料作业成本体系建设框架包括"九要素",如图 7-1 所示。也就是说,如果企业要引入作业成本法,并创新作业成本体系建设,必须对这"九要素"进行精心设计和持续建设。

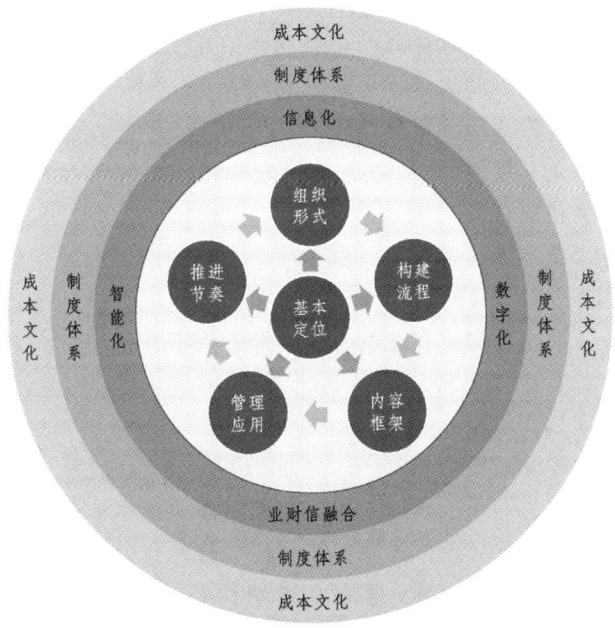

图 7-1 YNZY 原料作业成本体系建设框架要素图

关于图 7-1 中"九要素"主要内容介绍如下：

一、基本定位

基本定位是企业作业成本体系建设的核心价值观，将直接影响其他八大要素的选择方向。原料作业成本体系建设的定位可高、可低；可全局、可局部；可战略、可战术。任何一个企业在决定导入作业成本法之前，应先明确其定位。基本定位就是要明确原料作业成本体系建设的核心价值观，即建设原料作业成本体系的根本目的是什么？如何做好原料作业成本体系才是最有价值的。它决定着后续八个要素的设计方向。

二、组织形式

基于 YNZY 的发展历史并着眼未来，原料作业成本体系建设的定位是："战略导向、业务主线、价值增值"。

组织形式是作业成本体系建设的主体及责权配置。例如，是以业务为主，还是以财务为主？这会直接影响后续的"构建流程"。

1. 谁为主导

企业在确定了原料作业成本体系基本定位后，需选择体系建设的组织方式，即需要涉及哪些组织机构、岗位，谁牵头、谁配合、谁参与；最关键的是选择"以业为主"还是"以财为主"？即以业务部门为主导，还是以财务部门为主导来建设作业成本体系。

实践中，许多导入作业成本法的企业选择财务部门牵头，其理由是：作业成本法属于会计范畴，是企业成本核算和管理精细化的工具。

事实上，如果将原料作业成本体系定位于战略层面，则应以业务部门为主导，财务部门则是重要的作业支持部门。两者缺一不可，必须有效协同。

必须强调的是，原料作业成本体系建设"以业为主"，旨在满足品牌战略、业务经营及决策需求。从某种意义上来说，"以业为主"意味着原料成本核算和成本管理要侧重应用管理会计体系的方法和工具。

尽管财务会计与管理会计并不矛盾，但在很多方面，两者的关注点和思维模式是不同的。例如，YNZY 长期以来"烟梗不计价"是一项会计惯例，烟梗成本全部由烟叶成本承担。但从业务角度看，烟梗是实实在在的有价资源，它不计价将导致卷烟制造成本的计量不真实、不准确。

2. 人力资源

原料作业成本体系建设需要全员参与，才能取得实质性成功。那么，全员如何参与？不同岗位、不同职业通道、不同层级的人才，在原料作业成本体系运行中分别起到什么作用，赋予什么职责？员工利益与企业发展如何目标一致？我们将从横向的岗位职责、纵向的职业通道、员工个人成长三个方面，来说明原料作业成本体系的人力资源配置与管理，如图 7-2 所示。

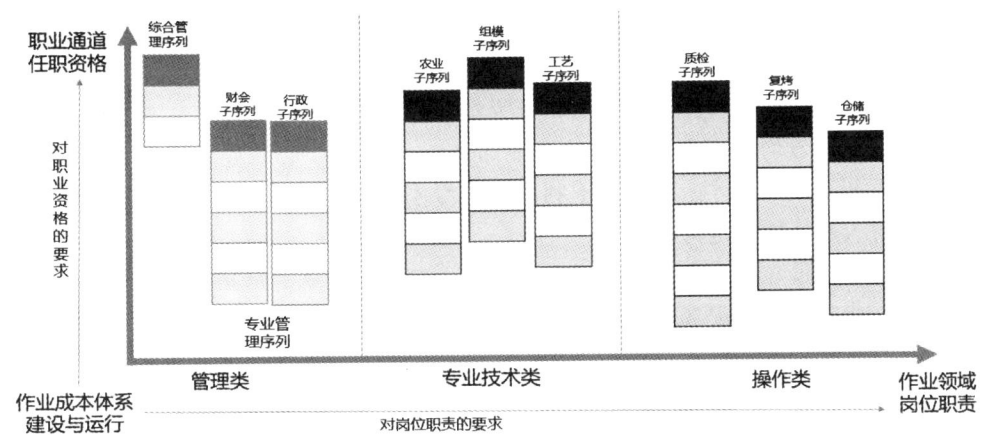

图7-2 原料作业成本体系建设与人力资源管理关系图

（1）岗位职责与作业成本。原料作业成本体系的建设和运行都是从作业入手，所有作业及其链条由一个个岗位衔接执行，这就使得全体员工的岗位职责与原料作业成本体系紧密相关，具体体现在以下三个方面：

① 履职前，在业务流程梳理、岗位职责及作业标准设计阶段引入作业成本思想，可确保每项职责及作业标准是增值作业或有效作业，坚决剔除无效作业；同时，可明确各项作业涉及的资源及定额标准被高效利用。例如，质检岗位设置，如果将工商交接质检与分选质检岗位分设，人力资源利用率可能不足，闲置率会过高；又如，在厂房或仓库内，多大面积或多少工作量配置一台搬运车，可确保资源既不会过分闲置，也不会过分紧张？这些都可以通过实地调研，在岗位的定额标准中予以明确。

② 履职中，岗位员工应当按职责及作业标准严格执行，以避免将增值作业或有效作业执行为无效作业，例如，出现返工或无效会议等。同时，要按作业标准投入资源，避免资源浪费或无效投入，例如，水电资源消耗的浪费、烟叶无效的搬运或翻垛等。

③ 履职后，企业对流程及资源配置进行审核、审计时，岗位员工根据执业经验，提出流程优化或资源配置优化的改进意见。这对基层员工而言属于附加要求，可以纳入"合理化建议"或"质量改进小组"等体系中（视企业目前运用的工具而定），对提出有效意见的人员予以奖励，同时与员工的职业发展通道相挂钩，将原料作业成本体系的运行和优化与员工成长紧密结合。

（2）职业通道与作业成本。如果说作业链、岗位职责是一条横向延伸的线，那么职业发展通道就是纵向发展的梯子。职业通道的层级就是梯子的等级数量。原料全域可以根据作业特点建立若干职业通道，每个通道分为若干层级。原料作业成本体系建设中，每条通道、每个层级都承担着相应的作业优化与资源优化之责任。

按照职业发展通道，全行业分为管理类、专业技术类、操作类、营销类、服务类五大类，其中，前三类都适用原料作业成本体系对职业通道的划分。

管理类，一般分为综合管理类和专业管理类两个子类。原料专业管理类可细分为质量管理类、基地管理类、会计管理类。

专业技术类，通常根据卷烟配方对原料的需求，分为烟叶基础研究子类、打叶复烤技术子类、烟叶仓储养护子类。

操作类，主要根据原料作业的特点，分为烟叶质检类、复烤加工类、原料仓储类。

重要的作业环节均可以建立相应的职业通道。一个企业的职业通道数量不宜过多过细，否则，不利于培养通才。反之，不利于培养专才。具体数量需要根据作业价值、作业复杂度、岗位人数等综合考虑。

不同的职业通道在作业成本体系建设与运行中应各司其职，承担本通道所辖范围内作业流程设计与优化、资源配置设计与优化的责任。例如，原料组模技术人才应负责组模研究作业设计与优化、资源投入设计与优化，还应考虑组模后片烟生产作业的可实现性及资源成本状况。

（3）职业层级与作业成本。职业通道的层级（以下简称职级）可以根据需要，设为4－6级，不同通道的层级交错后，一个公司总体可设8个左右的职级。

职级代表着员工的成长，一般从经验、知识、技能、业绩四大方面提出任职要求，并以此作为评聘员工的标准；更高的职级和待遇必然代表着更强的能力和更多的责任。

作业成本体系建设与运行相关工作应与各个通道、各层职级的任职要求相结合，更高的职级需要在作业流程设计与优化、资源配置设计与优化中承担更多的责任。例如：

- 总监级

除任职资格要求外，在作业成本体系建设中，应当对本职能环节的作业链，与上下游的作业无缝衔接，作业资源的配置方式三个方面，承担设计、优化责任，以烟叶质量总监为例：

第一，要负责制定烟叶质检作业链的总体规划，尤其是烟叶工商交接时的质检和打叶复烤时对烟叶分级的质检流程及其标准。换言之，为了提升原料整体作业效率（包括降低作业成本、确保质量稳定等），应当将质检作业设计为前紧后松，还是前松后紧，还是两者都紧（成本更高）？如果紧，紧到什么程度，作业标准如何？是按多少比例抽检？质量把关几个层次？质量总监应当从作业流程设计、作业标准设计、资源配置设计、作业价值等各个角度进行总体考虑，而不能只针对某个环节进行设计，避免局部最优，而整体次优。

第二，要负责烟叶质检与上游相关作业的衔接设计，例如，烟叶质检作业与仓储、出入库、分选等作业环节的衔接，如何在确保各项作业高质量完成的情况下，能够减少搬倒、拆包、称量等作业？

第三，要负责资源配置与优化的规划设计，例如，在质检过程及之后的称重、回收、入库作业中，是使用麻包还是篮筐等包装资源，整体成本更低、效率更高？

- 总检级

负责范围包括地域范围、作业链范围等，对其所辖的作业流程、上下游衔接、资源配置三方面承担设计、优化责任并向总监报告。例如，烟叶质量总检可以根据自己负责的范围，与原料部职业通道的设计方式、职责职能相衔接，重点是进行特色化创新。

- 主检级

主检级负责本职能所辖范围内一级作业、二级作业（如有）及其资源配置的优化建议。

- 质检员

质检员的任职要求是按作业标准完成本职工作，确保作业成本能够按照设计标准执行；不对其提出作业优化的任职要求，如果该层级人员能够提出合理化建议，应当奖励，并在后续职业通道发展中，给予业绩加分。

三、构建流程

构建流程，指作业成本体系技术框架的建设流程，包括关键节点、步骤、角色衔接等内容，是作业成本体系建设的基本程序，例如，是从作业开始，还是从资源费用开始？许多企业的选择都不同，甚至教科书讲解的流程起点也不同。不同的起点代表着不同的"定位"。YNZY的作业成本体系构建流程以作业为起点，主要包括原料作业流程梳理与优化、资源配置优化、作业成本归集与计算、作业成本信息报告等。

1. 原料作业流程梳理与优化

它以品牌战略及产品特色为目标，按照重要性和成本效益原则对原料作业进行流程梳理，建立作业层级。换句话说，就是对若干个相互关联的原料作业组成的作业集合，梳理出作业层级中的一级作业、二级作业或N级作业。比如，YNZY不仅拥有烟叶生产基地，而且还有自建的烟叶复烤加工生产线，所以，原料作业流程是从烟叶基地的作业开始梳理，烟叶复烤加工除了自建生产线，也有相当数量的委外加工，无疑，烟叶复烤加工作业流程就包括内部加工与外部加工之分。

原料作业流程优化包括但不限于作业识别与认定、作业颗粒度确认、增值作业与不增值作业识别、有效作业与无效作业识别及其管控。

之所以将作业流程梳理和作业流程优化分开，是因为后者在作业成本管控中起着很重要的作用。

（1）作业识别与认定：

作业识别，指对原料的一、二、三级作业进行分类和界定，明确作业目的（即作业在生产活动中的作用，这是进一步识别增值作业的基础，非常重要），旨在确定作业边界、作业步骤、编制作业说明、罗列作业清单，形成"作业库"。其中，明确作业目的、确定作业边界是重点和难点。

作业认定，根据产品与作业的关系，确定作业的类别，包括单位级作业、批次级作业、产品级作业或生产维持级作业4类。

①单位级作业。指生产每单位原料至少要执行一次作业，这类原料消耗的成本随原料产量成正比例变动。单位级作业是直接成本，可以追溯到每个单位原料上，即直接计入成本对象的成本计算单。

②批次级作业。指同时服务于每批原料或多个原料的作业，其成本取决于批次，而不是每批中单位原料的数量。批次级作业成本需要单独进行归集，计算每一批的成本，然后

分配给不同批次,最后根据原料的数量在单个原料之间进行分配。

③产品级作业。指服务于某个烟叶品种或者某个烟叶等级的作业,这些作业成本取决于原料生产批次及其数量。

④生产维持级作业。指借以维持企业一般生产和加工过程的作业,该类作业不作用于某个特定原料,而是维持整个企业的运作。

根据原料作业识别与认定,我们将YNZY原料作业划分为一级作业和二级作业,如表7-1所示。

表7-1　　　　　　　　　　原料作业成本库表

成本对象	一级作业	二级作业
各个物料编码片烟作业成本（自加工）	基地管理	基地建设管理
		基地建设资金投入
	初烟采购	初烟采购——成本类
		初烟采购——费用类
		初烟采购质检
		初烟工商交接
		初烟运输
	初烟分选	初烟常规分级
		初烟工业分级
		初烟精片选
		分选质检
		初烟仓储
	复烤生产	复烤产品设计
		组模配料
		真空回潮
		分切
		打叶复烤
		初次搬运（含初烟、片烟搬运）
		二次搬运（含初烟、片烟搬运）
		片烟包装
		复烤副产品处理
		片烟运输
		片烟品质提升
		感官质量评级
		理化指标检测
	生产性管理	复烤生产管理
		环保
		安保

续表

成本对象	一级作业	二级作业
各个物料编码片烟作业成本（自加工）	管理与研发	原料管理——非生产性
		原料研发——生产性
		原料研发——非生产性
		原料信息化
		原料资产保险
	原料仓储	仓储养护
		资金占用
各个物料编码片烟作业成本（委外加工）	基地管理	同上基地管理
	初烟采购	同上初烟采购
	复烤生产	委托加工
		监打
		片烟运输
	管理与研发	同上管理与研发
	原料仓储	同上原料仓储

（2）作业颗粒度确认：

作业成本的颗粒度选择与业务流程梳理的颗粒度选择目的不同，业务流程的颗粒度选择往往以岗位职责、岗位操作为判断标准。而作业成本的颗粒度选择一般以成本管控需求为判断标准。

颗粒度确认与作业识别在时间上是同时进行的，指以作业识别时对作业细度的确定，例如，烟叶过磅，要作为单独的作业，还是合并在"出入库"作业？这是可以选择的。作业颗粒度不是越细越好，过细的颗粒度，不仅需要海量的作业数据支持，而且可能导作业成本体系建设的成本过高，得不偿失。当然，作业颗粒度也不能过粗，否则，精益管理将成为一句空话。

作业颗粒度的确认应以有效管控成本为目标，比如，对成本影响较大且管控点较多的烟叶分选，其作业颗粒度就可以细一些，因为对照国家制定的42个烟叶等级标准就可见一斑。

（3）增值作业与不增值作业识别：

① 增值作业。增值作业是指能够增加客户价值，客户愿意为此价值付费，且增值大于投入的作业。比如，对烟叶进行分拣甚至精选，使卷烟产品更受消费者青睐。显然，作业是否增值的判断标准是由用户和市场说了算。但丝毫不影响原料作业就是要逐个研究其增值过程、增值数量，以及投入产出效率。

②不增值作业。除增值作业外，企业还有大量的不增值作业，这些作业消耗资源，但不产生客户愿意付费的价值，即客户购买时对此完全无感知，例如，文山会海、非专业培训、无效或低效管理、简单流程复杂化、停工待料等。相对于增值作业而言，不增值作业的识别难度更大。

2. 资源配置优化

资源配置优化包括但不限于作业资源的识别、建立资源库、资源成本的确认与计量、闲置资源识别与管理等。

(1) 作业资源的识别：

作业资源识别就是定义每项作业消耗的资源类型、资源数量等，比如，原烟等级分选作业需要消耗大量的人力资源，但是否分摊房屋建筑物资源就需要职业判断，一般来说，分选作业不一定分摊房屋资源，以及水电、安保等资源。这些资源耗用，可以全部一次性计入复烤作业。所以，作业资源识别的原则是"重要性"。

(2) 建立资源库：

通常，是对原料相关作业消耗的资源进行汇总、分类、分级、编码等，形成原料"资源库"，比如，对原烟分选作业所消耗的资源、数量进行确认和归集后，便形成"原烟作业资源库"。

(3) 资源成本的确认与计量：

资源在企业经营的各个环节被耗费，从而产生企业的各类成本和费用。对有效作业消耗资源的成本进行归集，就形成"资源成本库"。

(4) 闲置资源识别与管理：

闲置资源是指在作业中没有使用或没有充分使用的资源，包括人、财、物等。比如，由于技改，部分设备、房屋被闲置；又如，管理岗位设置过多，导致工作效率低下等。

闲置资源如何识别？我们主张按照"谁受益、谁承担"的原则，明确每项作业所消耗的资源及资源成本，这是作业成本管控的重点，也是作业成本不同于传统成本管理的特点之一。

需要注意的是，闲置资源识别及其管理必须通过"自下而上"，按作业实际消耗的资源进行归集，才有可能发现和识别闲置资源。现实中，有些企业虽然引入了作业成本法，但它们只"自上而下"地进行资源分解，不关注、不处理闲置资源对实际成本的影响。

3. 作业成本归集与计算

作业成本归集与计算指根据资源及资源动因关系，对每项作业的资源消耗即作业成本进行归集。具体包括资源成本动因与数据采集，资源成本分配与归集，作业成本计算等。

(1) 资源成本动因与数据采集：

资源成本动因是引起作业成本及其成本增加的"内在动力"，即每项作业消耗多少资源的计量依据。我们根据资源成本动因可以将"资源成本库"中的资源成本分配给各有关作业，比如，"设备折旧"可以选择"机器小时"作为资源动因来计提和归集该项作业成本。

但在实际工作中，如何选取与采集作业数据、资源数据、成本数据等实属难点。比如，复烤作业时的燃动费用，如果没有安装专门的计量设备，其数据如何精准采集，采集的颗粒度要达到何等程度，就成为难点。而安装专门的计量设备，又涉及购置和安装设备成本并直接增加原料作业成本，即增加了"计量设备折旧"成本。所以，数量采集的颗粒度要求，一定要遵循"成本效益匹配"原则，有所取舍。

(2) 资源成本分配与归集：

资源成本分配与归集指将资源成本库中的成本按资源成本动因，分配到某项具体作业中。比如，分选作业，确认其消耗了人力资源、设备资源两项资源，而房屋资源、水电资源等，不对分选作业分摊。这样，分选作业成本就确认为人力成本和设备折旧成本两项，其中，人力成本中的直接人工，即分选工成本，直接归集并计入分选作业成本；质检工、工厂管理人员的成本，则按实际人工工时归集后，通过分配计入分选作业成本。

（3）作业成本计算：

作业成本计算指将每项作业已归集或已分配到的资源成本汇总计算，形成作业成本。

比如，分选作业成本＝分选直接工人力成本＋分配的质检工、管理人员人力成本＋设备折旧成本。

由此类推，原料作业成本则根据表 7-1 中的一级作业成本项目或二级作业成本项目所归集的资源成本进行汇总计算，便可得出不同等级原料的作业成本。

在此基础上，我们还可以制定原料作业成本定额（标准），以健全和完善原料作业成本体系。

4. 原料作业成本信息报告

作业成本信息报告的目的是通过设计、编制、报送具有特定内容和格式的作业成本报表报告，向企业内部各有关部门和人员提供其所需要的作业成本及其他相关信息。其建设流程包括但不限于产品作业成本标准库表结构设计、基础信息报表报告设计、定制化报表报告的提供对象、提供流程、模型构建等。

作业成本报告根据企业的管理需求设计和完善，其报告形式可以是原料作业成本报表加附注，也可以是原料作业成本管理报告。

综上所述，原料作业成本体系构建流程如图 7-3 所示。

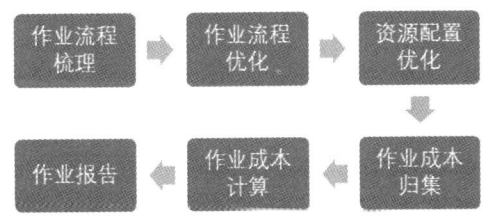

图 7-3　作业成本体系构建流程图

四、内容框架

内容框架，指原料作业成本体系建设所涉及的具体内容及其技术处理方法，主要包括但不限于作业成本对象、原料作业库、原料资源库、作业成本动因、作业成本库表结构、作业成本信息报告框架。

1. 作业成本对象

YNZY 原料作业成本对象确定如下：（1）分选后的初烟为中间成本对象；（2）打叶复烤后的片烟为最终成本对象。

为了方便作业成本的计算以及更好地对原料进行精准溯源，日常作业时，一般以物料编码对应的资源作为成本对象，每个物料编码对应的产品作为一个独立的成本对象，比如，收购的初烟，其物料编码就包括品种名称、产地、种植户姓名、数量、单价、总金额等。

2. 原料作业库

在原料作业库中，将原料作业分为两级：一级作业，包括烟叶基地管理、初烟采购、初烟分选（自加工）、复烤生产（自加工）、复烤质检（自加工）、原料管理、原料仓储、复烤生产（委外加工）；二级作业是对一级作业进行再细分。

3. 原料资源库

为了分类更加清晰准确，YNZY将原料资源分为四个层级，累计67项资源，基本涵盖了原料作业的全部重要资源，如表7-2所示。

表7-2　　　　　　　　　　　　　原料资源库

资源一级	资源二级	资源三级	资源四级	序号
人	生产性人力	管理人员	产品研发岗位	1
			原料研究岗位	2
			基地管理岗位	3
			采购调拨管理岗位	4
			分选管理岗位	5
			复烤生产管理岗位	6
			质检管理岗位	7
			仓储管理岗位	8
			其他生产性管理岗位	9
		直接生产人员	分选岗位	10
			复烤岗位	11
			质检岗位	12
			仓储岗位	13
			搬运岗位	14
			修理岗位	15
			安保岗位	16
			监打岗位	17
			其他直接生产岗位	18
		外聘人员	外聘分选人员	19
			外聘复烤人员	20
			外聘质检辅助人员	21
			外聘搬运人员	22
			外聘安保人员	23
	非生产性人力	管理人员	原料管理岗位	24
			原料研究岗位	25
		外聘人员		26

续表

资源一级	资源二级	资源三级	资源四级	序号
财	生产性资金	财政转移资金		27
		专项补贴		28
		原料研发投入		29
		资产保险（原料）		30
		片烟仓储投入		31
		原料资金占用		32
	非生产性资金	管理咨询投入		33
		培训投入		34
		会议投入		35
		其他非生产性资金投入		36
物	生产性物	原料		37
		设备	生产专用设备	38
			自有运输工具	39
			外包运输工具	40
			辅助设备、器具、家具	41
			电子设备	42
			闲置设备	43
		燃料动力	燃料	44
			蒸汽	45
			水	46
			电	47
		房屋建筑物	自有	48
			租赁	49
		周转材料	包装物	50
			低值易耗品	51
		备品备件		52
		运输	外部运输	53
		其他生产性资源		54
	非生产性物	管理用车辆		55
		办公用房屋	自有	56
			租赁	57
		办公设备	原料研究设备	58
			辅助设备、器具、家具	59
			电子设备	60

续表

资源一级	资源二级	资源三级	资源四级	序号
物	非生产性物	无形资产	信息系统购建	61
			信息系统维护	62
		水电	水	63
			电	64
		其他办公资源	办公用品	65
			低值易耗品	66
			其他	67

4. 作业成本动因

研究并对原料作业成本动因分类，旨在合理、科学、准确地归集和计算作业成本。作业成本动因包括但不限于人工工时、初烟重量、采购调拨批次、分选等级、研发工时、机器小时、片烟价值、片烟数量等。

5. 原料作业成本法与传统会计成本核算的区别

作业成本法是按照作业对消耗的资源进行归集，直接计算每项作业消耗的资源成本，与传统会计成本核算存在较大的差异和区别。比如，原料采购人员的工资，在传统会计核算中属于职工薪酬，通常归集在管理费用。当采用作业成本法，原料采购作业消耗的就是人力资源，采购人员工资直接归集为：原料作业成本——直接人力成本。

6. 原料作业成本报告

YNZY原料作业成本报告内容包括但不限于：

（1）原料作业库相关信息，如作业、流程、作业链（或价值链）持续优化的作业效率、时间和质量等。

（2）原料作业管理相关信息，如原料增值作业、非增值作业、有效作业、无效作业等的识别与管理状况。

（3）原料资源库表及其基础数据，包括原料成本动因相关信息、原料作业涉及的全部资源、费用及分布信息，当期发生的资源费用总额及其构成，闲置资源相关信息等。

（4）原料作业成本相关信息，包括每项原料作业（或作业中心）消耗的各类资源、数量、成本以及作业总成本计算表等。

（5）原料作业成本管理相关信息，例如，原料成本预算（定额标准）、预算执行、对比分析等；原料作业成本相关的对标与绩效评价信息；作业成本管理的其他定制化信息。

五、管理应用

管理应用，是指YNZY原料作业成本体系在企业的具体应用和执行落实，重在成本管控和优化资源配置。

由于YNZY的原料采购、仓储等业务既归属技术中心，又分别属于两下属集团运营，因此，原料作业成本体系的应用执行，就成为创新和建设能否成功的关键。从技术中心的业务角度来看,他们是全力支持的。但还需要财务、信息管理、人力资源等部门的大力配合和支持,即借助信息化系统将业务和财务融合或打通,达到原料作业成本体系管理应用全域、全员、高效的目的。

六、推动节奏

推动节奏,是指企业推动作业成本体系建设的切入点、顺序、速度等。这与"内容框架"和"管理应用"高度相关。

YNZY作业成本体系建设和实施的路径大致按三步骤推动:

(一)理论先导、总体规划

1. 理论先导

作业成本体系建设属于系统性、长期性的大工程,有必要开展前期应用理论研究,即将学院派理论与企业实际相结合,形成指导企业长期应用的理论框架,使之在推动过程中不变形、不走样,事半功倍。

YNZY首先确定原料作业成本体系的理论框架,包括理念定位、技术框架、组织方式、成本文化等;其次,广泛宣传、专业培训作业成本相关理论及实践方法,使广大员工充分地"知",以便实施时,才能扎实地"行"。

2. 总体规划

由于原料作业成本体系建设涉及内容多,建设成本高,应当"总体规划,分步实施",甚至制定一些子规划,比如,原料作业成本信息化规划等。

(二)建立组织、设定目标

1. 建立组织

建立并明确各级组织机构的构成、职责等,以便在建设推动过程中遇到任何问题,都能够有相应的组织负责处理。

2. 设定目标

设定总体建设目标、职能目标及里程碑,这应当是对总体规划的细化,以便落地。

(三)以用为本、突出重点

1. 以用为本

这里所指的"用",是指作业成本法对YNZY原料成本管理必须"有用"。之所以选择原料作为导入作业成本法的切入点,是因为原料成本占了整个卷烟产品成本的50%以上。

2. 突出重点

原料作业成本体系建设的重点是:确定作业流程和作业内容;规定作业成本归集和计算的方法;验证作业成本创新带来的经营效率和管理效率。

七、信息化、数智化、"业财信"融合

前述六要素是作业成本体系建设的"业财"构建阶段,但要实现"业财"融合,一定离不开信息化、数智化在企业的应用,否则,无法真正实现融合。

原料作业成本体系的信息化、数智化主要包括作业成本信息系统的规划、建设和运行维护等,并要求做好以下工作:

(一)对接好 YNZY 的一体化信息平台

原料作业成本体系信息系统应当是 YNZY 一体化信息平台的一部分,原料作业成本系统的基础业务数据大部分源自一体化信息平台的业务运行系统,这为作业成本法取代传统的会计核算奠定了基础,提供了"同源数据"保障,既可满足对外报送真实可靠的"财务会计报表",也能对内根据战略层、管理层、操作层的不同需求定制"原料作业成本报告",为经营决策和持续改善提供支持。

(二)科学设计原料作业成本信息系统功能需求

YNZY 原料作业成本信息系统应用架构如图 7-4 所示。

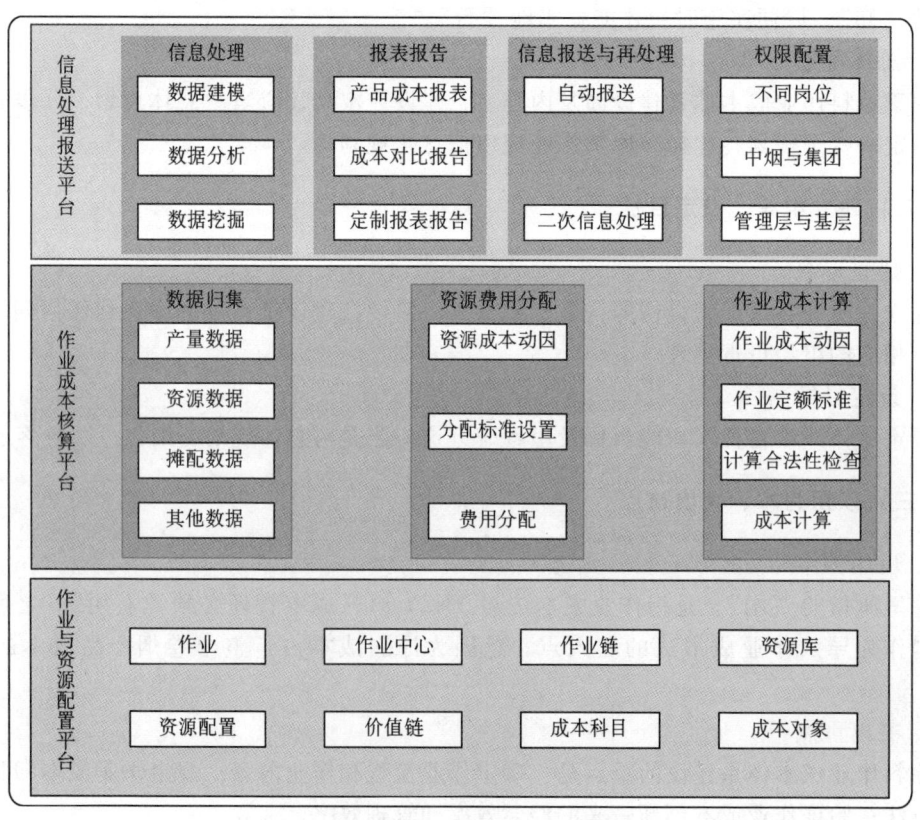

图 7-4 原料作业成本信息系统应用架构图

对图 7-4 的简要说明如下：

1. 作业与资源配置平台

关于作业：旨在根据经营和管理的需要来确定作业名称/代码、内容、功能、边界、层级、涉及的资源等。

关于作业中心：以企业战略为起点，明确应该设立哪些作业中心。比如，烟叶基地设立为一级作业中心，它是否还要设立以及如何设立二级作业中心。

关于作业链：就是要明晰作业流程，编制作业指导书（或手册），实现"制度管人，流程管事"。

关于资源库：根据作业需求，明确企业资源名称/编码、来源、作用、消耗定额（标准）等。

关于资源配置：就是要求每一项作业与资源做到有效、优化配置，防范和杜绝闲置资源，以及发生隐性成本，比如，企业内部沟通不畅，决策失误，试错不断等。

关于价值链：根据作业链及其关联资源，寻找和挖掘资源增值的逻辑链。

关于成本科目：根据作业及消耗的资源，要恰当地规范原料作业成本归集、核算的科目和管理项目，包括作业成本科目、资源费用科目等。

关于成本对象：指在 YNZY 一体化平台中有主数据代码的初烟及片烟。此外，根据经营和管理不同层级重点关注成本或烟叶质量的需要，还可以将打叶复烤生产线、复烤车间等作为成本对象，从更多维度管控原料成本和质量，更有效地支持公司品牌战略决策和落地。

2. 作业成本核算平台

YNZY 原料作业成本核算平台具备三大功能：数据归集、资源费用分配、作业成本计算。

① 数据归集。数据归集主要根据"作业与资源平台"的原始数据，按原料作业成本核算与管理的要求归集作业数据、资源数据和需要承担的摊配费用等。

② 资源费用分配。根据消耗资源动因和相关资源的分配标准，把各项资源费用分配到各项作业中，即某项作业成本 = 该作业所消耗资源或分摊各类资源费用之和。

③ 作业成本计算。某等级原料作业成本 = 该作业所消耗资源或分摊的各类作业成本之和。

在实际应用时，"作业与资源配置平台"和"作业成本核算平台"的系统中已设置好不同等级原料的消耗对象和归集方法，比如，某高等级片烟的作业成本 = 采购成本 + 运输成本 + 分选成本 + 复烤成本 + 质量管理成本 + 仓储成本 + 分摊的研发成本 + 分摊的基地成本 + 分摊的管理成本 + 分摊的其他成本（如保险费、资金占用费等），即该高等级片烟消耗或分摊了 10 项作业成本。

需要说明的是，第一，如果一些较低等级的片烟作业成本也许只消耗或分摊 8 项以下作业成本，因为它们可以不承担分选作业成本和研发成本等。第二，某高等级片烟的作业成本中，其中有的一级作业成本是由二级作业成本汇总而成，比如，复烤成本的二级作业成本包括初烟出库成本 + 真空回潮成本 + 人工除杂成本 + 复烤环节质检成本 + 复烤环节的搬倒成本等。第三，当年全部原料作业成本之和 = 当年投入的原料作业资源费用 + 闲置资源费用+无效作业成本。

3. 信息处理报送平台

要实现为公司决策层、经营层、管理层提供真实、及时、有用的原料信息,就必须做好以下工作:

①信息处理。信息系统能够根据经营管理需求,灵活开展数据的采集、建模、分析、挖掘等,比如,在 YNZY 集团层面,可以纵向和横向对比分析两下属集团一级作业成本和二级作业成本孰低,从而促进经营管理持续改善。

②报表报告。根据管理需求,原料作业及其作业成本的报表报告定制为某岗位或某事项的定期、不定期或一次性。比如,为了减少烟叶搬倒作业成本,要求定制搬倒作业报表,以管控搬倒作业发生的规律、资源投入、成本构成等;又如,为了研究仓储养护中防霉除虫作业的有效性、必要性及其与片烟存储质量的相关性,要求定制片烟存货报表和片烟存储质量报告。

③信息报送与再处理。将不同的报表报告报送给不同权限的用户,相关用户将会进行二次信息处理,比如,分选管理员发现当年的分选成本高于往年,经对比分析成本结构后发现,是某车间分选人员的工作效率下降,进一步分析后,确认是新员工数量过多,主要原因是培训时间不足所造成的。于是,及时报告给厂部要求加强培训,迅速提高员工专业技术分选水平。

④权限配置。由于原料作业成本报表报告可能涉及研发、采购、分选、复烤加工、仓储、制丝等岗位,以及高层、中层、基层相关人员,因此,必须严格和规范报表报告的权限设置。

同时,原料作业成本报表报告权限设置应体现前瞻性、"业财信"融合、协同性、友好性、可扩展性、安全性等,能够平滑地适应国家、行业和 YNZY 高质量发展的要求。

八、原料作业成本制度体系

原料作业成本制度体系包括但不限于基本制度、作业管理办法、核算办法、定额管理制度、作业成本管理应用细则等。

(一)原料作业成本基本制度

原料作业成本基本制度主要包括:

(1) YNZY 作业成本体系建设的理念、目标、原则、文化等;

(2) 原料作业成本体系建设的组织机构及职责;

(3) 原料作业成本体系建设的基本框架;

(4) 原料作业成本体系建设的基本流程;

(5) 原料作业成本报表报告的基本规范。

(二)原料作业管理办法

原料作业管理办法包括但不限于:

(1) 原料作业流程管理与作业优化；
(2) 增值作业/不增值作业、有效作业/无效作业的识别与处置；
(3) 原料作业资源管理与优化；
(4) 冗余资源、闲置资源识别与管理；
(5) 其他与原料作业相关的管理规定。

（三）原料作业成本核算办法

(1) 原料作业成本标准（或定额）；
(2) 原料作业成本预算管理；
(3) 原料作业成本归集；
(4) 原料作业成本计算；
(5) 原料作业成本报表与报告；
(6) 原料作业成本绩效管理。

九、成本文化

成本文化是 YNZY 原料作业成本体系建设的核心，要求知行合一、精工细作、全员参与、"业财信"协同、持续改进等。没有适当的成本文化和强有力的执行力，作业成本不可能成功。同时，作业成本的推动过程，又是企业形成"战略目标精准、作业流程简洁、价值增值真实"、全员协同改进等净管理文化的有力推手，与 YNZY 企业文化融为一体。

YNZY 原料成本文化主要包括战略成本观、过程成本观、数字成本观、全员成本观等。

（一）战略成本观

战略成本观是指原料作业成本的逻辑起点，即始终围绕着 YNZY 卷烟品牌战略的目标。比如，烟叶基地是否必要，分级精选做多大比例？回答这些作业要不要做，做到什么程度的判断标准只有一个，那就是卷烟品牌需求！

卷烟原料成本一定是企业最重要的战略性资源，而导入并创新原料作业成本法，就是为了战略资源更具有核心竞争力。

（二）过程成本观

"过程成本观"是相对于"结果成本观"而言。过程成本观是"从因求果、从因做功"，即通过层层解构成本形成的全过程，厘清和剖析每一项作业"细胞""毛细血管"的结构，通过优化作业流程、优化资源配置等"因"，达到成本管控之"果"的方法。原料作业成本体系的建设与应用正是体现了过程成本观。

（三）数字成本观

"数字成本观"是相对于"经验成本观"而言。在没有信息技术手段支持下，企业往往根据模糊的数据及职业经验判断成本管控点及产品成本策略，缺少详细的成本数据支持，即使管理者有"过程成本观"，也因庞大的数据量，很难由人工进行"毛细血管级"的分析。而作业成本，作为"业财信"融合的工具，借助数字化手段，才有可能将成本管理到"毛细级"。因此，作业成本体系建设必须借助信息化、数字化工具。

（四）全员成本观

作业成本需要匹配的是全员成本观，成本是全员的事，而非财务或少数管理者的事，比如，作业梳理及优化、无效作业识别等，是作业成本的第一步，财务会计人员不深入作业现场，也很难判断哪些作业流程应当优化。凡是有岗位配置的作业，一定需要职业判断，也就需要全员有作业优化的意识。

即使作业流程优化后，也需要全员成本理念，因为市场瞬息万变。另外，增值作业、有效作业也有可能被执行为无效作业，比如无效会议、产品返工等。

第四节　YNZY作业成本法创新的启示

一、创新必须基于品牌战略

YNZY创新原料作业成本法的根本目的是支持品牌战略，以期实现品牌的价值创造和不断增值。如前所述，烟叶原料是卷烟产品的基础，卷烟产品的成本60%以上是由烟叶原料组成，从某种意义上来说，原料作业成本法创新其实就是卷烟品牌创新的序幕。

原料作业成本法是以"提高企业的客户价值、增强企业市场竞争力"为目的，即使是原料作业流程的梳理，也是明晰和传导品牌战略的过程。因为以作业为核心、以资源为基础的成本管理方法，它通过追溯成本形成的全过程，采用作业分析、资源分析等方法，消除、转换、控制不增值作业和低效、无效资源，有效管控成本和持续优化价值链，最终实现卷烟品牌的高质量发展。

二、"业财信"融合是创新作业成本法的"秘方"

近年来，理论界和实务界都在研究和实践"业财"融合。其实，"业财"能否融合关键取决于企业信息化和数智化的能力与水平。

借鉴我们长期管理咨询的成功经验，在YNZY导入原料作业成本法时，同样大胆地采用了"业财信融合"的"秘方"，即创新性地提出以信息化、数智化为驱动力，并将"业务"和"财务"之间在组织机构、岗位职责、作业流程、成本管控以及风险评估的阻隔打通，形成原料作业与原料作业的边界和实操，既清晰透明，又简捷高效，实现"业财信融合"良性闭环。

三、作业梳理是成本体系建设的基础

YNZY原料成本核算和成本管理的传统方法在实务中根深蒂固，而要导入并创新原料作业成本法，可以想象，阻力和压力一定无比巨大。

然而，YNZY没有被困难吓倒，在管理咨询公司的帮助下，他们选择以原料作业梳理为切入点，通过梳理，厘清了原料作业的一级作业项目和二级作业项目，以及这些作业项目与企业资源库之间的关系，并由此创造性地提出原料作业成本体系建设，以及建设框架，即"九要素"。重点强调：要提升信息化、数智化水平，创新"业财信"融合，健全完善相关制度体系，打造原料成本文化，以驱动作业链和价值链的资源优化配置，实现原料管理"目标精准、过程简洁、结果真实"，确保YNZY的行业领先地位：原料有优势，卷烟品牌有核心竞争力，高质量发展可持续。

第八章 大型公司的"非法人单元"经营与管理*

——以 LY 公司为例

2007 年,中国烟草商业系统全部取消县级公司法人资格,LY 市烟草公司(以下简称 LY 公司)所属的 7 家县级公司也不例外。

截至 2020 年 7 月,LY 烟草专卖局(公司)下辖 7 家非法人企业(亦称分公司,以下简称非法人单元),企业总资产 26.52 亿元,全日制员工 1889 人。同时,LY 公司还对外投资两家全资子公司、一家控股公司,但不列入本案例研究范围。

十四年来,LY 公司在"大企业"集中管理过程中,对人员结构、业务流程、资源集中、利益分配等方面进行了一系列的改革,尤其是 2008 年至 2014 年期间,经营业绩大幅度增长,其中,2014 年"两烟"销售收入达到历史最好水平。

然而,好景不长。由于受到政策因素和经营环境的双重影响,2015 年 LY 公司销售收入和税利总额出现双降拐点,至今仍未扭转颓势。

我们通过调查研究发现,烟草县级公司取消法人资格后,经营层、管理层和相当部分的员工经营意识薄弱、成本观念淡化,加之薪酬分配和激励机制因非法人资格而没有了"三权"(经营权、话语权、分配权),随之也就开始缺乏经营和管理的主动性、积极性和责任心。

针对现状,LY 公司于 2020 年年初便大胆提出:划小经营单元,改革和创新经营与管理模式。换言之,就是通过划小经营单元,以期充分授权和赋能,极大地激发员工的积极性,鼓励一线员工共同参与公司的生产经营与管理,从而推动整个 LY 公司的可持续、高质量发展。

---

* 本案例是厦门融恒德科技发展有限公司对 LY 市烟草公司的管理咨询项目。该项目组组长刘宗柳,成员包括钟徐新、蓝兴生、梁婷婷、王哲等。本章由刘立博、刘宗柳撰写。

第一节　划小经营单元

一、为什么提出"划小经营单元"

2020年7月20日至9月11日，我们对LY公司本部及其4家非法人单元（XL、CD、SH、ZP）60个部门、110多名员工进行了深入的面对面访谈与沟通，重点调研和充分了解LY公司及其非法人单元的整体经营和管理情况，包括2020年之前5个年度的收入与费用预算执行情况、资产结构、地理位置、历史沿革、组织架构、岗位设置和职责、员工结构等。调研结果表明：

（一）非法人单元没有自主经营权与管理权

7家非法人单元由LY公司垂直管理，对口的监管或管控部门分别包括LY公司的卷烟、烟叶、专卖、财务与预算、党建、行政等，非法人单元基本没有人权、事权和财权。具体地说：

1. 分管部门的集权及监管很到位，但授权不充分，尤其是事权没有下放给非法人单元。

2. 经营业务、专卖管理、全面预算和财务管理、人力资源、审计、监察、行政管理、信息系统等部门与职能的融合度低，非法人单元疲于应对非经营事务。

3. 全面预算、经营计划、投资决策等关键性经营事项，基本采用"自上而下"压力式管控，非法人单元只能被动"接招"，缺乏活力和动力。

（二）"两烟"经营与管理直面新挑战

1. LY公司烟叶产量逐年下降，主要原因是：烟叶农用物资成本与用工成本不断攀升，烟农流失严重，烟技员年龄老化，断层现象严重，而烟叶生产、复烤、收购等繁杂的具体工作却都是由非法人单元来完成。

2. LY公司卷烟销售的盈利水平也呈下降趋势，主要原因是：市场营销和专卖管理人员都散落在非法人单元，而非法人单元却没有经营与管理自主权，尤其是卷烟配送业务外包给非烟"三产"公司，物流费用高于市场平均水平，事权与人权不对称，严重影响生产经营与管理的积极性和效益。

3. 专卖管理的打假打私存在不确定性，专卖管理对象也主要分布在非法人单元所在的区域和市场，对"两烟"经营与管理影响深远。

（三）绩效考核形同虚设

1. LY公司对非法人单元的绩效考核缺乏有效的激励与约束机制，绩效评价过程和考核结果缺乏公开性、透明度，绩效评价与考核存在平均主义倾向。

2. LY 公司本部相关职能部门（或岗位）与非法人单元的绩效评价与考核未实行"有效捆绑"或归口管理。

3. 长期以来，LY 公司的薪资分配按管理类与非管理类划分，缺乏依据，导致同工不同酬现象明显，员工参与经营与管理的主动性、积极性和责任心难以调动。

4. 员工职业规划通道狭窄，晋升机会不多，专业人才、管理人才断层，企业的使命感、危机感和紧迫感严重缺失。

（四）效率与规范不兼容

1. 总体上看，LY 公司缺乏流程管理和持续改善的做法，流程与制度体系、信息系统相配套并融合尚待加强，比如，审批流程线上线下不同步，直接影响业务的正常开展。

2. 卷烟等商品物资的采购在预算批准的前提下，却依旧审批流程繁琐，导致采购效率与规范管理难以匹配和兼容。

3. LY 公司对非法人单元下达全面预算、年度经营（生产）计划、月份工作任务等，重复或交叉过会、审批的情况比较严重，内部交易成本高企，影响经营与管理效率。

（五）行业战略发展使然

1. LY 公司划小经营单元，正是基层烟草企业落实"坚持从实际出发，贯彻落实新发展理念，因地制宜、因势利导、精准施策""必须加强精准施策，处理好内部与外部、当前与长远、局部与整体的关系，保持政策稳定性、协调性，以问题为导向制定新办法、落实新举措，激发企业创新动力和发展活力"（中国烟草专卖局（总公司）张建民局长在 2020 年全国烟草工作会议上的讲话）的具体行动和创新性举措。

2. 旨在充分激发所有员工从"要我干"转变成"我要干"，尤其要提高非法人单元员工自主经营的意识，即把非法人单元划分为若干个小的经营单元，并将它们与 LY 公司的归口职能部门"捆绑"为独立的"经营核算单元"。

3. 划小经营单元可以通过经营会计核算表透视自身各方面存在的问题，不断地引导他们从组织、人员、经营、管理、流程、绩效等方面去寻找解决问题的办法，从而提升经营利润，让员工与公司在共赢的同时，为社会、为国家作出贡献。

二、如何划小经营单元

企业经营与管理的所有问题，归根到底是"人"及"人心"的问题。

我们针对 LY 公司及其非法人单元存在的问题，借鉴"阿米巴经营模式"的理论和实践经验，牢牢把握中国烟草行业持续高质量发展的正确方向，紧密结合 LY 公司的战略发展规划，提出按以下步骤划小经营单元。

（一）释义 LY 公司的划小经营单元

划小经营单元，是根据 LY 公司不同的经营业务、经营范围和管理职能等，在现有基础上，将他们与非法人单元"捆绑"划分为若干个小经营组织，简称经营单元。它是非法人单元实现自主经营的核心和关键。

实际上，LY 公司划小经营单元主要包括两部分内容和两个步骤。

1. "两部分内容"是指将非法人单元按经营业务类型（比如烟叶生产、烟叶购销、卷烟销售）和非经营业务类型（比如专卖管理、财务、党建等）划分为若干个小的经营单元和非经营单元。

2. "两个步骤"是指将这些经营单元和非经营单元与 LY 公司的归口职能部门分别"捆绑"为独立的"经营核算单元"（比如，LY 公司卷烟营销中心与 7 家非法人企业的卷烟客户中心"捆绑"为"卷烟销售经营核算单元"）和"非经营核算单元"（比如，LY 公司烟草专卖办与 7 家非法人企业的专卖管理所"捆绑"为"专卖管理费用核算单元"）。

为了便于预算、核算和绩效管理，实现自主经营、独立核算，我们又将经营单元统称为利润中心，而将非经营单元统称为费用中心。

所有被划小的单元，其经营与管理都以 LY 公司的战略目标为起点。划小经营单元后，LY 公司与非法人单元之间、利润中心与利润中心之间、利润中心与费用中心之间、费用中心与费用中心之间既相对独立，又彼此关联，而最关键的是必须有效协同，努力地去改变 LY 公司的现状，实现持续高质量发展。

（二）按矩阵型划小利润中心和费用中心

根据 LY 公司对非法人单元既有经营业务上的垂直管理，又有行政和党建工作上的横向领导等特点，我们一方面不改变现行烟草体制下的组织架构，如图 8-1 所示；另一方面又必须将 LY 公司原有的核算单位划小成若干个"经营核算单元"和"非经营核算单元"。所以，我们采用矩阵型组织结构的划分法，将 LY 公司划小成若干个经营单元（即利润中心）如图 8-2 所示，以及若干个非经营单元（即费用中心）如图 8-3 所示。

关于图 8-2 的说明：

（1）利润中心与费用中心，实际上是 LY 公司创新"阿米巴经营模式"后的两大经济组织类型，一是经营类：两个一级利润中心和 13 个二级利润中心；二是非经营类：13 个一级费用中心和 28 个二级费用中心。

必须强调的是，利润中心也是成本中心，是经营单元的责任主体，要求实现经营数字化。其经营收入与经营成本（费用）实行独立核算，而经营利润（或亏损）是评价和考核该经营单元绩效的重要依据。

一级利润中心的负责人原则上是 LY 公司经营业务归口职能部门的科长（其中，烟叶生产科和烟叶购销科"二选一"），其职责是对整个经营单元的经营和管理负责。

通常，一级利润中心负责人将年度、季度、月份的经营预算分解并下达到各个二级利润中心。

二级利润中心负责人由非法人单元的业务分管领导兼任，负责组织达成经营目标，包括各种资源取得、配置和优化（比如卷烟货源、烟叶种植面积和品种）、绩效考核和分配、人员使用和培养等，以充分发挥非法人单元全体员工的主动性、积极性。

费用中心实行全面预算管理，要求实现管理数字化。其职责是严格执行预算，为经营

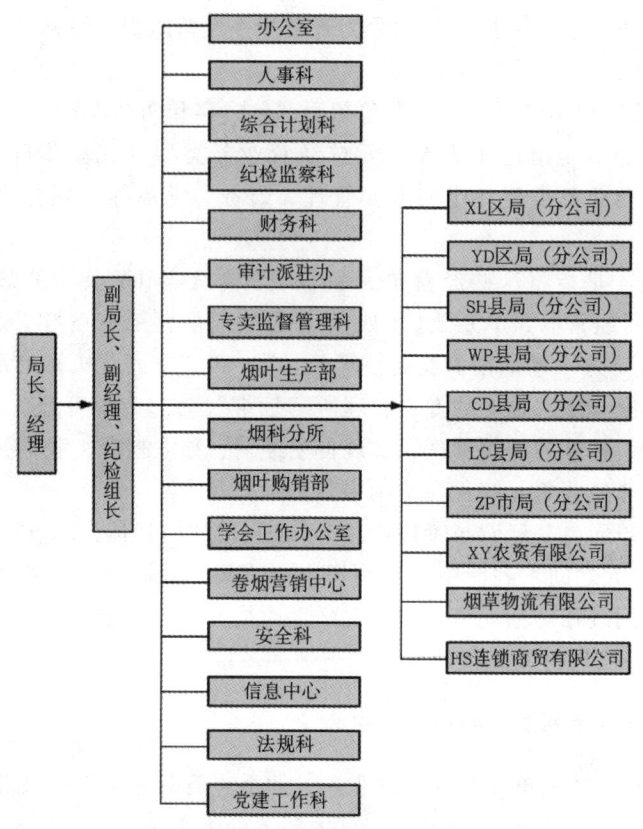

图 8-1 LY 公司现行组织架构图

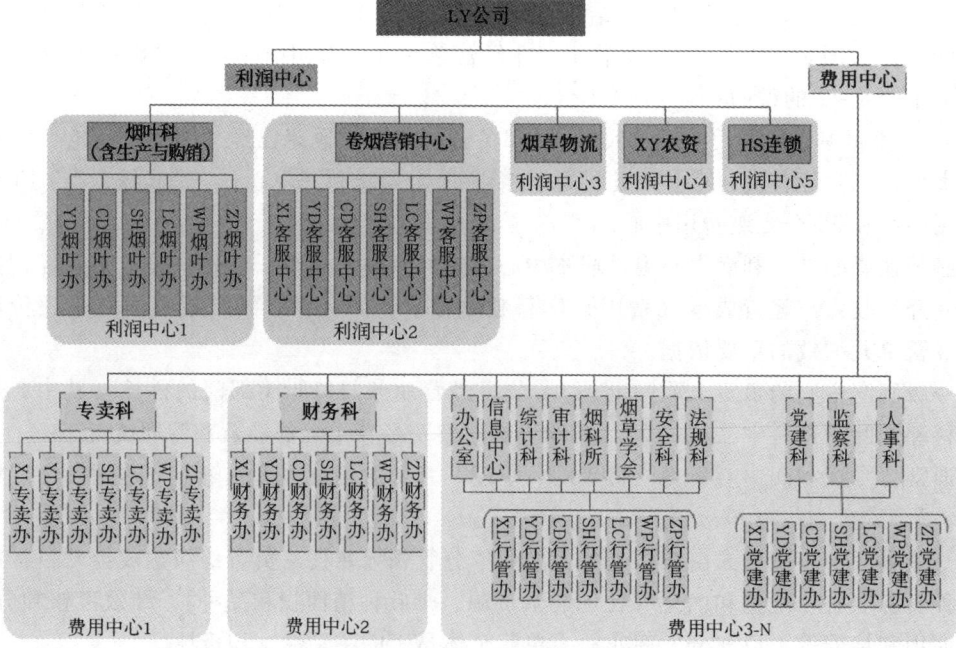

图 8-2 LY 公司按经营单元和非经营单元划分的组织图

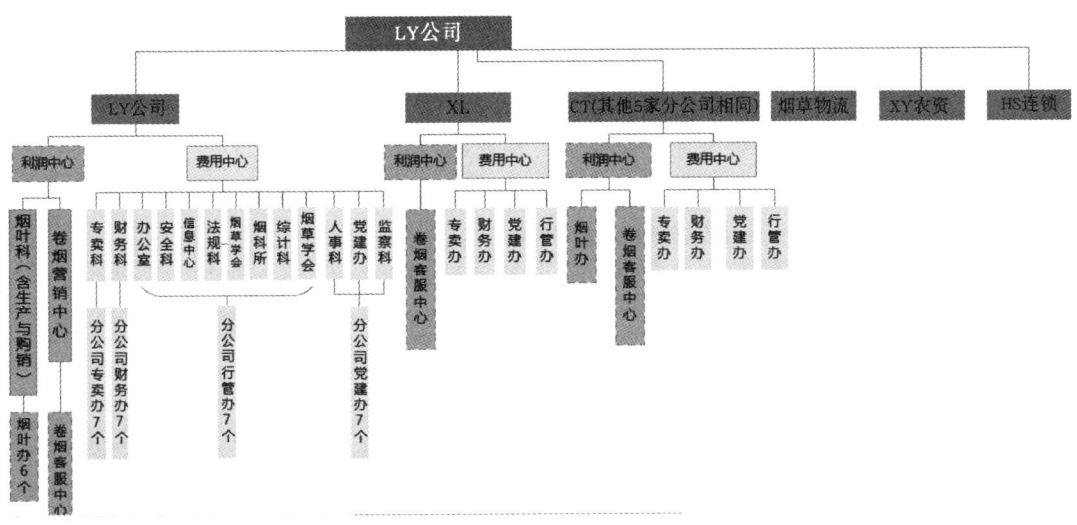

图 8-3　LY 公司按管理层次划分的组织图

单元提供保障性优质服务，只发生或支出费用。

一级费用中心负责人原则上是 LY 公司非经营职能部门的科长，负责管控费用预算的总额，并分解下达给二级费用中心。

二级费用中心负责人由非法人单元的"一把手"兼任，负责预算的执行和管控，不断提高服务意识和节流意识。

（2）两个一级利润中心包括：

① 利润中心 1，LY 公司的烟叶生产科、烟叶购销科与 6 家非法人单元（YD、SH、WP、CD、LC、ZP，下同）的烟叶办"捆绑"为一级利润中心，实行捆绑式经营与管理。同时，一级利润中心的经营核算、绩效评价和考核，完全实行"合并制 + 捆绑式"。6 家非法人单元的烟叶办则分别作为二级利润中心实行独立的经营核算、绩效评价和考核。

将 LY 公司的烟叶生产科、烟叶购销科与 6 家非法人单元的烟叶办"捆绑"，其目的是：有利于促进烟叶生产、烟叶购销和烟叶办形成一个生产经营整体，营造上下一心，优势互补，多方共赢的良好局面，实现"力出一孔，利出一孔"。同时，也有利于 LY 公司与全国烟草工业企业的产业链、价值链实现强链接，共同打造新型的、多赢的、持续发展的战略伙伴关系。

② 利润中心 2，LY 公司的卷烟营销中心与 7 家非法人单元（XL、YD、SH、WP、CD、LC、ZP，下同）的卷烟客服中心"捆绑"为一级利润中心，其经营管理、经营核算、绩效评价和考核的做法，与利润中心 1 相同。7 家非法人单元的卷烟客服中心则分别作为二级利润中心实行独立的经营核算、绩效评价和考核。

（3）13 个一级费用中心包括：

① 费用中心 1，LY 公司的专卖科"捆绑"7 家非法人单元的专卖办为一级费用中心，合并费用预算、核算和考核。7 家非法人单元的专卖办分别为二级费用中心，单独预算、核算和考核。

② 费用中心 2，LY 公司的财务科"捆绑"7 家非法人单元的财务办为一级费用中心，

合并费用预算、核算和考核。7家非法人单元的财务办分别为二级费用中心，单独预算、核算和考核。

③ 费用中心3至13的一级费用中心分别包括LY公司的办公室、党建科、人事科、监察科、审计科、综计科、法规科、烟科所、信息中心、安全科、烟草学会。

（4）7家非法人单元的行政管理办公室为二级费用中心，"捆绑"LY公司的办公室、审计科、烟科所、综计科、法规科、信息中心、安全科等一级费用中心进行预算管控和考核。

（5）7家非法人单元的党建办为二级费用中心，"捆绑"LY公司的党建科、监察科、人事科等一级费用中心进行预算管控和考核。

关于图8-3的说明：

（1）按管理层次划分的组织结构，意味着非法人单元的"一把手"对利润中心和费用中心都负有责任。虽然二级利润中心的经营要服从一级利润中心的预算和指导，但非法人单元对完成经营目标尤其是经营利润，对能否持续高质量发展，始终起着决定性作用。同样，非法人单元对二级费用中心的管控，对经营单元能否提供优质服务和有效保障，也起着至关重要的作用。

（2）LY公司本部设立了两个一级利润中心，并与非法人单元的二级利润中心分别"捆绑"。同时，LY公司本部设立了13个一级费用中心，并与非法人单元的二级费用中心分别"捆绑"。如此"捆绑"，旨在有效实行经营单元独立核算和独立绩效考核，是"阿米巴经营模式"在烟草企业创新成果的精髓，是关键性的突破。

（3）除XL非法人单元只设立1个二级利润中心外，其余6家非法人单元均设立两个二级利润中心和4个二级费用中心。因为XL非法人单元只经营卷烟销售，没有经营烟叶生产和购销。

三、划小经营单元与传统组织的优劣比较

划小经营单元后的组织与传统组织在经营和管理方面，究竟存在哪些差异？LY公司通过实践证明：两者优劣明显，比较结果如表8-1所示。

表8-1　　　　　　划小经营单元后的组织与传统组织优劣对比表

项目	划小经营单元后的组织	传统组织
经营	小单元、专业化、有自主权	大锅饭、被动式、毫无自主权
管理	制度管人，流程管事	"一言堂"、制度流于形式
分配	激励与约束并举、效率优先	同工不同酬、平均主义
培训	针对性、有效性	形式重于内容

第二节 推行经营会计核算

一、经营会计核算的意义与作用

(一) 容易确认收入和成本,洞察费用黑洞,以利改善经营

经营会计核算是直接根据经营单元所发生的实际收入与实际成本(费用)进行即时记账,使经营者能够直接了当地掌控经营单元的经营状况和盈亏结果,实现自我评价和分析,及时发现存在的问题,采取有效的解决方案,从而实现人人用心经营,天天关注利润。

(二) 简单明了,非专业会计人员既能做账,也能看懂经营会计核算表

经营会计核算表是以"收入 – 成本(费用)= 利润"的原理进行设计,记账员只要会识字,会简单的加减乘除运算,就能完成经营确认、计量、记录、报告,就能理解经营会计核算表中每一个数据的含义及数据背后的逻辑。

(三) 通过经营会计核算来推动企业数字化经营与管理

传统的财务报表由专业会计人员编制,经营人员和管理者对收入、成本、费用、经营利润、净利润等概念都比较生疏,甚至根本不了解、不关心、不清楚自己的经营情况,企业为什么亏损?亏在哪里?为什么盈利?盈在哪里?基本上是一脑"糊涂账"。同时,传统的财务报表在时效上也比较滞后,实际经营数据绝大部分都成为沉没数据,"马后炮"无法满足稍瞬即变的市场和经营管理需要。

相反,经营会计核算由于要求对经营单元的实际收入、成本(费用)必须"日清月结",实时记录和反映,及时与经营目标相对照,以发现问题和查找原因,使每一个员工对经营改善的问题和关键点一目了然,从而采取有效措施持续改善,并推动 LY 公司实现数字化经营与管理。

(四) 为绩效评价与考核提供公开、透明、真实的数据

经营会计核算所提供的经营数据,是 LY 公司评价利润中心和费用中心的直接依据,也是利润中心和费用中心,以及非法人单元(二级利润中心和二级费用中心)对经营绩效进行真实、精准的自我评价的直接依据,通过公开、透明的绩效评价和考核,从而实现员工与公司共同成长,共同为行业和国家作出新的贡献。

二、经营会计核算表的格式与编制说明

（一）经营单元会计核算表

LY 公司所辖的经营单元包括两个一级利润中心和 13 个二级利润中心，它们的经营会计核算表格式相似，但内容各异。

1. LY 公司烟叶生产利润中心《经营会计核算表》如表 8-2 所示。

表 8-2　　　　　　　　　　烟叶利润中心：经营会计核算表

编制单位：烟叶生产科　　　　　　　　　　年　月　日　　　　　　　　　　金额单位：元

序号	项目		种植面积（亩）	产量（吨）	单价	金额	备注	说明
1	烟叶生产过程性指标	1.1 K326					其中，上等烟叶占比×%；占总产量×%	
		1.2 翠碧1号					其中，上等烟叶占比×%；占总产量×%	
		1.3 云烟85					其中，上等烟叶占比×%；占总产量×%	
		1.4 其他					其中，上等烟叶占比×%；占总产量×%	
		合　计					其中，上等烟叶占比×%	
		1.5 烟农户数					总户数：××；平均每户种植××亩	
2	收入	2.1 直接收入	烟用物资销售收入					
			上级返还烟叶补贴					
		2.2 间接收入	当期烟叶收入与成本匹配额				当期烟叶收入与成本匹配额=∑前三年烟叶（生产成本总额/销售收入总额）/3×当期烟叶销售收入总额	烟叶收入是以烟叶购销科的实际销售为准
		2.3 其他收入	烟叶废弃物等				如脚烟、烟茎等	
		合　计						

续表

序号	项目		种植面积（亩）	产量（吨）	单价	金额	备注	说明
3	成本	3.1 采购成本	烟用物资					
		3.2 实际消耗	烟用物资					
		3.3 物流费用	烟用物资					
		3.4 人力成本	管理岗位				按动因关系归集	
			非管理岗位				按动因关系归集	
		3.5 其他成本	其他消耗					
		合计						
4	经营毛利	4.1 毛利额					毛利额 = （2.1 + 2.2 + 2.3）－（3.2 + 3.3 + 3.4）	
		4.2 毛利率					毛利率 = 4.1/（2.1 + 2.2 + 2.3）×100%	
5	费用	5.1 变动费用	差旅费					
			培训费					
			会议费					
			气象费					
			检验检测费					
			烟叶大田种植保险费					
			烟农意外伤害保险费					
		小计						
		5.2 固定费用	电费					
			水费					
			分摊费用					
			办公费					
			租金					
			福利费					
		小计						
		合计						

续表

序号	项目		种植面积（亩）	产量（吨）	单价	金额	备注	说明
6	经营利润						6 = 4.1 −（5.1 + 5.2）	
7	当期经营评价	7.1 销售收入增长率					（本期收入 − 上期收入）/上期收入 ×100%	
		7.2 人均经营毛利额					当期经营毛利额/员工总人数（烟叶生产线）	员工总人数等于烟叶生产相关人员 + 烟叶生产后勤服务人员
		7.3 销售费用率					（变动费用 + 固定费用）/销售收入 ×100%	
		7.4 经营利润总额					当期经营利润总额	
		7.5 经营利润增长率					（本期经营利润 − 上期经营利润）/上期经营利润 ×100%	
		7.6 烟用物资利用率					当期实际耗用额/（当期采购成本额 + 上期库存额）×100%	

编制人：　　　　　　　经营单元负责人：　　　　　　　审核人：

关于表8-2编制的说明：

（1）LY公司烟叶生产利润中心包括一级利润中心（烟叶生产科）和二级利润中心（6家非法人单元），但统一使用表8-2所示的《经营会计核算表》进行日常核算和年度（或月份）汇总。

（2）《经营会计核算表》的核算项目包括可货币计量和非货币计量的内容，比如"序号1，烟叶生产过程性指标""序号7，当期经营评价"中的一些数字或指标，虽然目前只能采用非货币计量方法，但它们对评价、考核和改善经营却起着非常重要的作用，是财务会计核算无法比拟和不能解决的。

（3）《经营会计核算表》涉及成本和费用的有关数据，如果不是直接在经营单元实际发生或支出，但应该由经营单元承担或摊配的相关费用，每月由LY公司的财务部门汇总定期提供应摊配的数据，以确保经营单元成本费用的真实性和及时性。

（4）《经营会计核算表》中序号2、序号3、序号4的相关内容和数据，可以根据"每日销售表""生产成本计算表""费用支出汇总表"，按照"日清月结"的原则定期（每天、不超过7天）编制，以便及时发现经营管理存在的问题，分析和查找原因，迅速地制定有效措施，持续改善。

2. LY公司烟叶购销利润中心《经营会计核算表》如表8-3所示。

表 8-3　　　　　　　　　　　　烟叶利润中心：经营会计核算表

编制单位：烟叶购销科　　　　　　　　年　月　日　　　　　　　　　金额单位：元

序号	项目		预算销量（吨）	实际销量（吨）	预算完成率	金额	备注	说明
1	收购与质量过程性指标	烟叶收购预算完成率					根据闽烟计〔2020〕10号2020年度业绩指标及管理评价考核细则指标规定	
		上等烟比例						
		烟叶收购等级合格率						
		收购纯度						
		人均烟叶收购量						
		烟叶库存						
2	收入	2.1 直接收入	烟叶销售					
		2.2 其他收入						
		合计						
3	成本	3.1 采购成本	烟叶收购支出					
		3.2 内部采购成本	当期烟叶收入与成本匹配额					当期烟叶收入与成本匹配额＝∑前三年烟叶（生产成本总额/销售收入总额）/3×当期烟叶销售收入总额	
		3.3 包装成本	麻绳、麻片、预检袋等						
		3.4 物流成本	收购期间的物流费						
		3.5 人力成本	管理岗位					按动因关系归集	
			非管理岗位					按动因关系归集	
		3.6 其他成本	其他消耗						
		合计							
4	经营毛利	4.1 毛利额						毛利额＝(2.1+2.2)-(3.1+3.2+3.3+3.4+3.5+3.6)	
		4.2 毛利率						毛利率＝4.1/(2.1+2.2)×100%	

续表

序号	项目		预算销量（吨）	实际销量（吨）	预算完成率	金额	备注	说明
5	费用	5.1 变动费用	差旅费					
			自动化收购线					
			培训费					
			会议费					
			质量追溯系统				烟草站设备采购等	
			接待费					
			维修费					
			小　计					
		5.2 固定费用	电费					
			水费					
			分摊费用					
			办公费					
			租金					
			福利费					
			小　计					
		合　计						
6	经营利润						经营利润 = 4.1 - (5.1 + 5.2)	
7	税收						当期税收总额	
8	当期经营评价		8.1 销售收入增长率				(本期收入 - 上期收入)/上期收入×100%	
			8.2 人均经营毛利额				当期经营毛利额/员工总人数(烟叶购销线)	员工总人数等于烟叶购销相关人员 + 烟叶购销后勤服务人员
			8.3 销售费用率				(变动费用 + 固定费用)/销售收入×100%	
			8.4 经营利润总额				当期经营利润总额	
			8.5 经营利润增长率				(本期经营利润 - 上期经营利润)/上期经营利润×100%	
			8.6 税收增长率				(本期税收额 - 上期税收额)/上期税收额×100%	

编制人：　　　　　　经营单元负责人：　　　　　　审核人：

关于表 8-3 编制的说明：

表 8-3 反映的是 LY 公司烟叶收购（通过 6 家非法人单元的烟站向烟农收购原烟，并对原烟进行分拣整理，从而形成若干等级的、可供销售的烟叶）与销售的"经营会计核算"。它与表 8-2 不同的是：前者反映的是烟叶生产成本的经营会计核算，而后者反映的是烟叶购销（即买进来，卖出去）的经营会计核算。此外，其他的编制方法大同小异，恕不赘述。

3. LY 公司卷烟利润中心《经营会计核算表》如表 8-4 所示。

表 8-4　　　　　　　　　　卷烟利润中心：经营会计核算表

编制单位：卷烟营销中心　　　　　　　　　年　月　日　　　　　　　　　　金额单位：元

序号	项目		预算销量（箱）	实际销量（箱）	预算完成率	金额	备注	说明
1	销售与质量过程性指标	卷烟销售预算完成率					根据闽烟计〔2020〕10 号 2020 年度业绩指标及管理评价考核细则指标规定	
		低价位卷烟销售预算完成率						
		销售结构增长率						
		重点品牌销量增长率						
		国产中高端烟收入增长率						
		卷烟库存周转率						
		综合卷烟货源定足率						
2	收入	2.1 直接收入	卷烟批发销售收入					
		2.2 其他收入						
		合计						
3	成本	3.1 采购成本	卷烟采购款					
		3.2 物流成本	卷烟配送物流费					
		3.3 人力成本	管理岗位					按动因关系归集	
			非管理岗位					按动因关系归集	
		3.4 其他成本	其他消耗						
		合计						

续表

序号	项目		预算销量（箱）	实际销量（箱）	预算完成率	金额	备注	说明
4	经营毛利	4.1 毛利额					毛利额 =（2.1 + 2.2）-（3.1 + 3.2 + 3.3 + 3.4）	
		4.2 毛利率					毛利率 = 4.1/（2.1 + 2.2）×100%	
5	费用	5.1 变动费用	差旅费					
			培训费					
			会议费					
			接待费					
			订货平台费					
			终端建设					
			品牌建设					
			营销费用					
			市场调查费					
			信息系统使用费					
			信息采集劳务费					
			小　计					
		5.2 固定费用	办公室租金					
			电费					
			水费					
			待摊费用					
			办公费					
			福利费					
			小　计					
		合计						
6	经营利润	总计					经营利润 = 4.1 -（5.1 + 5.2）	
7	税收						当期税收总额	
8	当期经营评价	8.1 销售收入增长率					收入增长率 =（本期收入 - 上期收入）/上期收入×100%	
		8.2 人均经营毛利额					当期经营毛利额/员工总人数	员工总人数等于卷烟营销相关人员 + 卷烟营销后勤服务人员

续表

序号	项目		预算销量（箱）	实际销量（箱）	预算完成率	金额	备注	说明
8	当期经营评价	8.3 销售费用率						（变动费用＋固定费用）/销售收入×100%
		8.4 经营利润总额						当期经营利润总额
		8.5 经营利润增长率						（本期经营利润－上期经营利润）/上期经营利润×100%
		8.6 税收增长率						（本期税收额－上期税收额）/上期税收额×100%

编制人：　　　　　经营单位负责人：　　　　　审核人：

关于表 8-4 编制的说明：

（1）LY 公司卷烟营销利润中心包括 1 个一级利润中心（卷烟营销中心）和 7 家二级利润中心（即 7 家非法人单元），但统一使用表 8-4 所示的《经营会计核算表》进行日常核算和年度（或月份）汇总。

（2）序号 3 所列示的"成本"和序号 5 所列示的"费用"，都视为卷烟营销作业的直接成本和资金费用，因为它们完全可以根据"动因关系"直接归集为"成本"项目或"费用项目"。这是与传统的财务会计核算及其管理最大的区别，也是最值得提倡和可取之处。

（3）明确地将税利分开进行核算和考核，是"非法人单元"经营与管理的亮点之一。长期以来，烟草行业都习惯按"税利总额"来编制预算，下达或考核绩效。

（4）"经营评价"的主要指标是体现 LY 公司及 7 家非法人单元的成长性，比如，销售收入增长率、经营利润增长率、税收增长率，以及经营与管理的人均效率，比如人均经营毛利额、经营利润总额等。

4. LY 公司费用中心会计核算表参见表 8-5 至表 8-7。

表 8-5　　　　　　　　费用中心会计核算表——专卖

编制单位：　　专卖科（办）　　　年　月　日　　　　　　金额单位：元

序号	项目		预算	实际完成	预算完成率	金额	备注
1	过程性指标	打假打私案件数					根据闽烟计〔2020〕10号2020年度业绩指标及管理评价考核细则指标规定
		打假打私综合排名情况					
		破获网络案件数					
		破获网络案件数排名					
		省外异常流动真烟数量					

续表

序号	项目		预算	实际完成	预算完成率	金额	备注
1	过程性指标	省外异常流动真烟数量排名					根据闽烟计〔2020〕10号2020年度业绩指标及管理评价考核细则指标规定
		真烟外流案件数					
		人员数量					
		专用设备明细					
		前3年平均费用总额					
		当年预算					
2	成本	2.1 人力成本	管理岗位				按动因关系归集（如附表××所示）
			非管理岗位				按动因关系归集（如附表××所示）
		2.2 其他成本	其他耗费				
		合　计					
3		3.1 变动费用	差旅费				
			培训费				
			举报费				
			办案人员费用				
			执法装备费用				
			协办费用				对公
			奖励费				系统内外办案有功人员
			检验检测费用				
			搬运费				
			宣传费				
		小　计					
		3.2 固定费用	办公室租金				
			电费				
			水费				
			办公费				
			福利费				
			待摊费用				
			固定利息				
		小　计					
		合　计					
4	成本费用	总　计					经营成本费用 = 2.1 + 2.2 + 3.1 + 3.2

续表

序号	项目		预算	实际完成	预算完成率	金额	备注
5	当期经营评价	5.1 人均运营成本费用					当期成本费用/员工总人数
		5.2 成本费用节约率					（当期成本费用－上期成本费用）/上期成本费用×100%
		5.3 预算执行差异额					实际费用支出－预算费用

编制人：　　　　　　　经营单元负责人：　　　　　　　审核人：

表8－6　　　　　　　　　　费用中心会计核算表——财务

编制单位：　财务科（办）　　　　　年　月　日　　　　　　　　　金额单位：元

序号	项目			预算	实际完成	预算完成率	金额	备注
1	过程性指标		人员数量					
			专用设备明细					
			前3年平均费用总额					
			当年预算					指投资HS、农资、复烤的分红收益
2	收入	2.1 外部收入	房屋出租收入					
			设备出租					
			股权投资收益					
			资金利息收入					
3	成本	3.1 人力成本	管理岗位					按动因关系归集（如附表××所示）
			非管理岗位					按动因关系归集（如附表××所示）
		3.2 其他成本	其他耗费					
		合　计						
4	经营毛利	4.1 毛利额						毛利额＝2.1－(3.1＋3.2)
		4.2 毛利率						毛利率＝4.1/2.1×100%
5	费用	5.1 变动费用	差旅费					
			培训费					
			会议费					
			中介服务费					年报审计等
			财产保险费					
			财务税收服务费					
		小　计						

续表

序号	项目		预算	实际完成	预算完成率	金额	备注
5	费用	5.2 固定费用 办公室租金					
		电费					
		水费					
		办公费					
		福利费					
		待摊费用					
		固定利息					
		小 计					
		合 计					
6	经营利润						经营利润 = 4.1 - (5.1 + 5.2)
7	当期经营评价	7.1 人均运营成本费用					当期成本费用/员工总人数
		7.2 成本费用节约率					(当期成本费用 - 上期成本费用) / 上期成本费用×100%
		7.3 预算执行差异额					实际费用支出 - 预算费用

编制人： 经营单元负责人： 审核人：

表 8-7　　　　　　　　　费用中心会计核算表——办公室

编制单位：　　办公室（行管办）　　　　年　月　日　　　　　　　　金额单位：元

序号	项目		预算	实际完成	完成比率	金额	备注
1	过程性指标	人员数量					
		专用设备明细					
		前3年平均费用总额					
		当年预算					
2	成本	2.1 人力成本 管理岗位					按动因关系归集（如附表××所示）
		非管理岗位					按动因关系归集（如附表××所示）
		2.2 其他成本 其他耗费					
		合 计					

续表

序号	项目			预算	实际完成	完成比率	金额	备注
3	费用	3.1 变动费用	办公费					
			会议费					
			通讯费					
			书报费					
			车辆费用					
			业务招待费					
			食堂费用					
			办公费					
			其他低值易耗品					
		小 计						
		3.2 固定费用	办公室租金					
			电费					
			水费					
			办公费（耗材等）					
			福利费（节日、尾牙）					
			待摊费用					
			固定利息					
		小 计						
		合 计						
4	成本费用	总 计						经营成本费用 = 2.1 + 2.2 + 3.1 + 3.2
5	当期经营评价		5.1 人均运营成本费用					当期成本费用/员工总人数
			5.2 成本费用节约率					（当期成本费用 - 上期成本费用）/上期成本费用 ×100%
			5.3 预算执行差异额					实际费用支出 - 预算费用

编制人：　　　　　　经营单元负责人：　　　　　　审核人：

关于表8-5、表8-6、表8-7编制的说明：

（1）这三张表都是非经营性的费用会计核算，核算和评价的主要依据是各费用中心的年度预算及其预算执行结果。

（2）表8-6的"收入"属于非经营性收入，故未将财务部门列入经营性会计核算。

（3）由于7家非法人单元同属LY公司所辖，所以，各二级费用中心需要承担由LY公司一级费用中心发生的一些公共费用，比如，会议费、培训费、软件开发和维护费等。

(二) 经营会计与财务会计的关系

准确地说,"阿米巴经营模式"是管理会计的应用创新,比如,LY 公司设立的利润中心和费用中心,实际上是教科书中讲的责任会计,即经营单元对利润负责,非经营单元对费用负责,而且它们均采用《经营会计核算表》核算自己的"责任田",对内部提供可资分析、预测、管控和决策的数据或报告,故谓之经营会计。其实,也可称之为管理会计。

但经营会计与财务会计也是紧密相联的,比如销售收入、生产成本、销售成本、各项费用等数据及其来源、性质都是相通的。所不同的是:《经营会计核算表》只核算经营单元的经营利润是如何形成的;而财务会计核算时,则需要汇总《经营会计核算表》的经营利润,再减去费用中心的总费用和 LY 公司的相关费用,得出的就是财务会计报表上的税前利润。

如果一定要表述经营会计与财务会计的关系,那么,两者是融合关系和相通关系,是你中有我,我中有你,目标永远一致,只是应用场景不一样。

第三节 经营与管理的绩效考核

一、设计绩效考核指标体系

为科学、客观、公正地评价利润中心的经营绩效和费用中心的管理绩效,充分调动员工的主动性和积极性,促进 LY 公司各项经营与管理目标全面完成,落实公司的中长期战略发展,我们从"聚焦、精简、差异、优化"的维度,设计了一套"与自己比、与目标比、与标杆比"的绩效评价指标体系,如表 8-8 所示。

表 8-8　　　　　　　　　LY 公司绩效考核指标体系

考核单位		考核指标	权重
利润中心	LY 公司烟叶生产科以及 6 家非法人企业 LY 公司烟叶购销科以及 6 家非法人企业 LY 公司卷烟营销中心以及 7 家非法人企业	销售收入增长率(与预算比较)	各指标权重在实际应用中确定
		人均经营利润额	
		销售费用率	
		经营利润总额	
		经营利润增长率(与预算比较)	
		烟用物资利用率(烟叶)	
费用中心	LY 公司 13 科室(专卖科、办公室、党建科、人事科、监察科、财务科、审计科、综计科、法规科、烟科所、信息中心、安全科、烟草学会)以及 7 家非法人企业	人均费用额	
		费用节约率	
		预算执行差异率	

二、绩效考核和奖金分配"6 刀"法

考虑到 LY 公司年终绩效考核的"奖金包",是根据省公司核定的"薪酬包"参照当年营业收入、税利合计、费用控制等经济效益指标的达成情况来计提的。换句话说,用于绩效考核的奖金来源和总额是由省公司调控,一定存在"天花板"。

而 LY 公司原有绩效考核评价体系中,经营考核占 70%,管理考核占 30%。因此,划小经营单元后,我们仍然用"奖金包"的 70% 对利润中心和费用中心进行绩效考核。另外的 30% 预留给 LY 公司按原有办法进行考核和分配。待时机和条件成熟后,再将其 30% 全部纳入利润中心和费用中心的绩效考核系统。

(一)第 1 刀:绩效总奖金额按尊重历史与实际贡献各切 50%

根据 LY 公司战略发展需要和改革对员工收入的影响,我们认同对尊重历史和改革创新同样重要的原则,把绩效总奖金额切分为两部分,如图 8-4 所示。

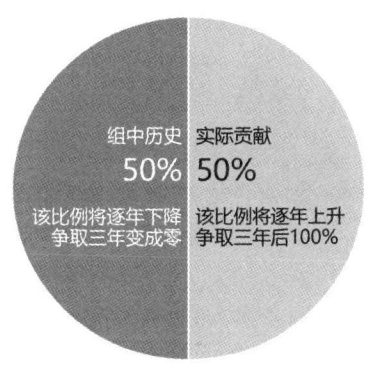

图 8-4 "第 1 刀"切分

图 8-4 中,尊重历史 50% 的奖金额依据上年奖金分配指标的权重或比例,由 LY 公司进行分配。但尊重历史 50% 的比例从 2021 年开始将逐年下降,争取三年内变成零。实际贡献 50% 的奖金额用于划小经营单元后的利润中心和费用中心进行绩效考核。同样,实际贡献 50% 的比例从 2021 年开始将逐年上升,争取三年内变成 100%。

而可以用于利润中心和费用中心进行绩效考核的奖金额该如何分配呢?需要通过"第 2 刀"进行切分。

(二)第 2 刀:利润中心与费用中心按"开源"与"节流"的实际贡献切分奖金额

由于利润中心与费用中心的业务性质差异,我们认为,利润中心是按经营指标达成率和对 LY 公司总利润贡献率来切分奖金,分的是"未来的钱",也就是"开源"的钱;而费用中心是按预算管理结果的费用节约率和对 LY 公司总利润贡献率来切分奖金,分的是"过去浪费的钱",也就是"节流"的钱。

根据计算和调整,利润中心和费用中心切分绩效奖金额的比例如图 8-5 所示。

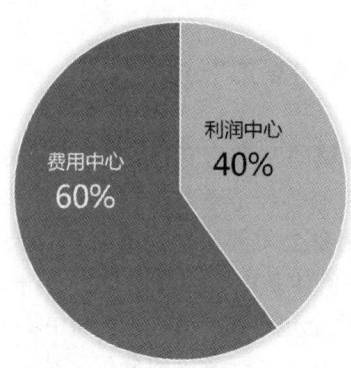

图 8-5 "第 2 刀"切分

(三) 第 3 刀：利润中心按绩效实际贡献率切分奖金额

第 3 刀是利润中心按照烟叶生产和烟叶购销、卷烟购销分别对 LY 公司的营业收入、成本管控、经营利润等经营业绩指标的增长幅度和贡献率来切分，兑现"分未来的钱"，如图 8-6 所示。

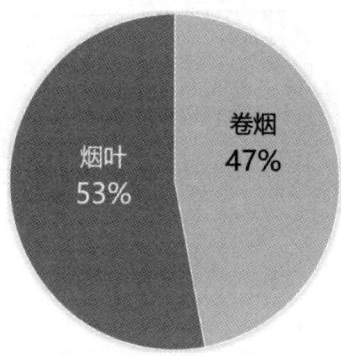

图 8-6 "第 3 刀"切分

第 3 刀切分时需要考虑的几个具体问题：

1. 通常，烟叶生产和烟叶购销一方面受当地政府政策、行业政策变化的影响较大，另一方面受自然灾害的影响也很大，有的年份是靠天"吃饭"，因此，它的绩效增长存在不稳定性。相对卷烟购销而言，其经营绩效增长确实难度系数较高。

2. 正因为存在上述差异，在实际奖金切分时充分考虑了绩效增长的难度系数，而不仅仅依据销售收入及其增长幅度、经营利润及其贡献率等经营性指标。

3. 烟叶（含生产和购销）经营绩效增长难度系数的测算：

（1）设定卷烟经营绩效增长难度系数为 1；

（2）烟叶经营绩效增长难度系数 = 卷烟人均营业收入/烟叶人均收入 × 权重 + 卷烟人均利润/烟叶人均利润 × 权重

(四) 第 4 刀：一级利润中心按"贡献 + 权重"为非法人企业切分奖金

以卷烟购销一级利润中心为例，将第 3 刀切分的 47% 所含奖金额，按照 8 家二级利润中心的"利润贡献+权重"再切分。

需要强调的是，LY 公司本部卷烟营销中心的经营绩效考核和奖金，按 7 家非法人企业卷烟购销经营考核的平均值分配，以实现有效"捆绑"。烟叶生产和烟叶购销的一级利润中心亦然。根据第 4 刀的切分原则，一级利润中心切分给二级利润中心的奖金如图 8-7 所示。

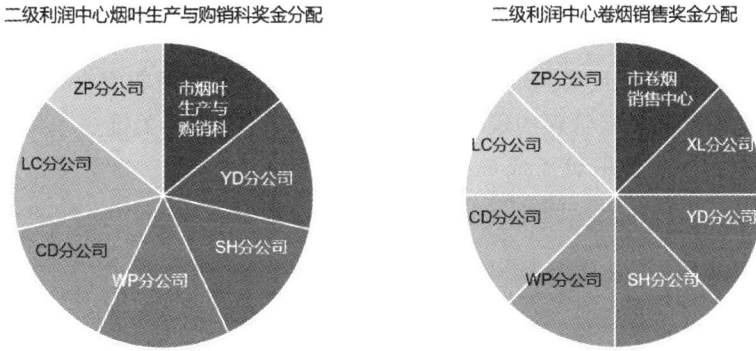

图 8-7 "第 4 刀"切分

二级利润中心在二次分配奖金时，非法人企业经营班子成员的分配系数应由 LY 公司设定或调整。一般情况下，当员工分配系数为 1 时，班子成员正职的分配系数以不超过 2 为上限，副职以不超过 1.6 为上限。

（五）第 5 刀：费用中心按预算执行结果切分奖金

为加强非法人企业负责人对费用的统筹与协调管理，赋予更大的绩效考核和奖金分配权，费用中心将把第 2 刀切分 60% 的总奖金在 LY 公司的 13 个一级费用中心和 7 家非法人企业之间按照当期费用节约率，以及对 LY 公司总利润的贡献率进行再切分，兑现分"过去浪费的钱"，如图 8-8 所示。

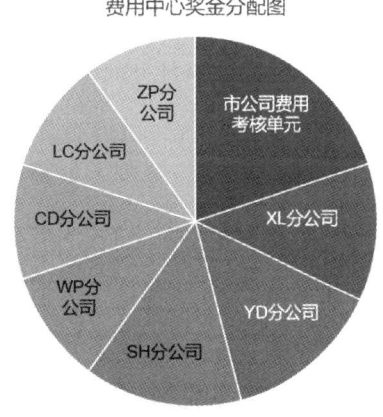

图 8-8 "第 5 刀"切分

（六）第6刀：各费用中心二次分配的奖金切分

LY公司13个一级费用中心和7家非法人企业根据第5刀切分的奖金，各自进行二次分配。二次分配的依据和原则与第5刀一致，所不同的是：

1. 7家非法人企业只有4个二级费用中心与13个一级费用中心分别"捆绑"（如图8-3所示），所以，二次分配的具体方案由一级费用中心与7家非法人企业共同协商制定并执行。

2. 第6刀是非经营单元奖金切分的最后一刀，其公平性、透明度直接关系到员工的切身利益，以及他们参与经营管理的积极性和主动性，这一刀极其关键。

3. 考虑到非法人企业的班子成员在经营单元奖金切分时，已享受奖金分配系数上限不超过2（副职不超过1.6）的激励政策，故在第6刀奖金切分时，视同普通员工参与其中。

三、奖金切分6刀法补及

LY公司对绩效考核的结果采用奖金切分6刀法进行分配，是基于平衡现状与改革带来的冲击，属权宜之计。

实际上，划小经营单元后，"一步到位"式摒弃传统绩效考核方法中存在的缺陷几乎是不可能的，加之利润中心与费用中心具有鲜明的独特性，如何激励各中心主动作为，自我提升，正确处理好整体与局部、长远与近期、经营与非经营的利益关系，还需要"摸着石头过河"。

在做好"分工""分权"的基础和前提下，如何公平、透明地"分利"确实是划小经营单元成败的关键。LY公司拟分三步来完善绩效考核和奖金切分，第一步，2021年按6刀法试行；第二步，2022年在6刀法的基础上修正和改善；第三步，2023年基本实现3刀法，即第1刀从LY公司的年度总奖金中切分专项用于"划小经营单元"的绩效考核"奖金包"；第2刀把"奖金包"切分给利润中心和费用中心；第3刀利润中心和费用中心分别进行内部切分，二次分配。

所以，目前看似很复杂的奖金分配方法，经过试行、修正、持续改善后，将变成一套科学合理、公开透明、操作简便的绩效考核体系。

第四节　LY公司创新"阿米巴"的启示

一、划小经营单元的做法使我们弄清楚了：谁在创造利润

传统企业的经营组织和管理方法难以避免"大锅饭""大企业病""平均主义""一言

堂"等官商作风和落后理念，严重地束缚了基层企业和广大员工的积极性和创造性。而划小经营单元则是将传统的企业组织模式打破，清晰地将企业所有人员"一分为二"，一是经营单元即利润中心，旨在"开源"和价值创造；二是非经营单元即费用中心，旨在"节流"和精益管理。其结果正印证了"经营是为了持续地赚钱，管理是为了稳定地赚钱"。

所以，毫不夸张地说，划小经营单元的做法，彻底使我们弄清楚了谁在为企业创造利润？创造了多少利润？谁在亏损？亏损了多少？谁的管理有漏洞，预算不达标等，都因"经营会计核算"而一目了然。

二、"阿米巴"创新的实践告诉我们：如何实现创造利润

LY 公司的"阿米巴"创新主要抓住并做好了四个方面的工作：

（1）"兵马未动，粮草先行"，就是在划小经营单元之前，先对公司中层以上干部"洗脑"，让中层干部向全体员工宣贯改革意识和创新文化，促使公司内部统一认识"阿米巴"，实现经营文化落地。这是如何才能实现创造利润的前提。

（2）因地因时正确设置利润中心和费用中心。LY 公司根据管理咨询公司的建议，将烟叶生产、烟叶购销、卷烟购销的经营单元分别设置为一级利润中心，并与非法人企业的二级利润中心"捆绑"。而将非经营性的所有职能部门分别设置为一级费用中心，并与非法人企业及其 4 个二级费用中心"捆绑"。如此重新构建的组织形态，不仅理顺和明确了公司各个部门的职责，而且进一步厘清了各自的流程管理，为顺利导入"阿米巴"提供了条件，使自主经营、独立核算变为现实。这是如何才能实现创造利润的关键。

（3）引入合理的"内部交易"机制。LY 公司的烟叶生产与烟叶购销是相对独立的经营单元，但以非法人单元为基础组织烟农生产的烟叶，最终要通过烟叶购销经营单元将烟叶买回来，然后再卖出去。烟叶从生产到买卖的环节，其实就是一个"内部交易"的过程，所以，它们的经营会计核算是独立的，因为烟叶购销成本中包括一部分烟叶生产成本和相关费用。同样，LY 公司的费用中心为利润中心提供保障和服务，也是"内部交易"。正因为如此，LY 公司在绩效考核和奖金切分时，第 2 刀就是在费用中心与利润中心之间进行切分。

（4）实现经营和管理的透明化、公开化。长期以来，LY 公司沿袭行业管理体制的传统，生产经营指标或任务是自上而下地下达，非法人单元及其员工完全是被动的"执行者"。划小经营单元后，经营和管理都实行玻璃般的透明化，比如，卷烟配送经营单元，一天配送了多少数量、是什么品牌、营收金额是多少、毛利有多少、客户是谁、配送需要支付多少物流费用和人力成本等，这些数据都出自一线员工，他们都明白和了解自己所在经营单元的业绩和排名，也清楚利润中心对绩效考核的"游戏规则"，所以，他们对实现经营目标的努力拼搏始终充满斗志与激情。

三、经营会计核算的经验提示我们：数字化落地要从基层做起

企业数字化的时代已经到来。对 LY 公司来说，数字化经营就是聚焦营销、服务、渠

道，围绕客户体验的运营，通过应用数字化技术，实现数字化敏捷经营和精准营销，旨在极大地满足客户需求，持续增加营收和利润。而数字化管理则主要聚焦财务、人力、生产、供应链等内部运营环节，应用数字化技术，实现管理运营数字化，旨在赋能员工，激活组织，通过全员参与管理，降低现有价值中各环节的成本，提升运营效率。

事实与经验证明：LY公司划小经营单元，推行经营会计核算，其本质就是从基层做起，把基础打牢，细化经营数字化和管理数字化的颗粒度，才能真正最终实现数字化。比如，烟叶生产数字化，其颗粒度已经细化到具体的品种、种植户数量和姓名、种植面积和地点、每亩种植株数、种植土壤的成分、什么时候施肥、施什么肥、施肥量是多少等，这些数据都是真实的、实时的、系统的、来自一线最接地气的！

否则，烟叶生产、营销、管理、研发要谈数字化，将如同无源之水。从这个意义上讲，任何企业欲数字化落地，就必须从基层做起，把基础做好。

我们设想，与"划小经营单元"相配套的信息系统将从已有的业务、资金、核算系统中获取相关数据，结合各经营单元在日常工作中的信息输入，构建以经营会计核算表为核心的信息系统，借助移动办公、物联网、大数据分析等信息化技术，进一步强化各经营单元开源、节流的经营意识，并通过数据发现问题、解决问题和评估价值，以PDCA的循环，不断把"划小经营单元"工作推向新的、更广泛的应用场景。

为了固化划小经营单元后的经营会计体系和经营评价体系，实现业（务）财（务）信（信息化）融合，并能够持续改善和提高这两个体系的实际应用，实现划小经营单元的创新"好用、好学、好复制"，为烟草行业建立标杆，那么，需要独立设计、开发与"划小经营单元"相配套的信息化或数字化管理系统。

第九章　银企多边资金结算新通道*
——HT 银行创新方案

资金是企业生存和发展的基础，被视为企业生产经营的血液。防范资金安全风险，提高资金结算效率是各行业广泛关注的热点问题。

在我国烟草行业努力探索全产业链高质量发展的背景下，基于"业财信融合"的产业金融创新、两烟结算创新，将从根本上解决行业工商企业之间长期存在的两烟结算不畅、"三角债"拖欠、存贷双高等问题，规避资金结算风险，确保行业资金管控的安全性、效益性和可持续性。

YN 省是我国的烟草大省，拥有全行业最大的"两烟"基地和有"烟草血统"的 HT 银行。以 YN 区域为试点，以 HT 银行为依托，试点建立以业务数据为基础的多边资金结算新通道，能为打通全行业资金与数据的互联互通从而建设产业金融服务网络奠定良好的基础。

第一节　建立多边资金结算通道的提出

长期以来，YN 两烟的货款结算规模都多达数百亿元，但存在严重的巨额拖欠、"三角债""多角债"、边清边欠等问题。我们在调研分析的基础上，针对 YN 两烟的实际情况，建议以 HT 银行为"两烟结算"的开户行，建立轧差结算模式。

一、建立两烟货款轧差结算模式

建立轧差结算模式是我们解决 YN 两烟结算的一个创新。因为轧差结算借鉴了人民银行对各银行间跨行交易的清算模式，即银行间跨行交易，并不直接付款给对方，而是相当于交易双方各记录一笔对应的应收应付款明细；各银行在人民银行开立清算户（头寸户），

---

* 本案例是根据厦门融恒德科技发展有限公司对 HT 银行的管理咨询项目改编的。该项目组组长齐培英，成员包括刘宗柳、钟徐新、蓝兴生、陈品等。本章由蓝兴生、齐培英和刘宗柳撰写。

存入一定的用于清算的资金；人民银行对各银行间的收付款进行轧差，根据轧差金额从各银行的清算户进行收款或者付款，然后银行间双边各记录收款成功或付款成功。

而 YN 两烟轧差结算模式，首先要界定的是两烟结算的范围，即两烟结算是指烟草工业、商业企业之间进行的烟叶、卷烟等交易所涉及的货款结算，包括工商交易、商商调剂、工工调剂等。不包括烟叶、卷烟之外的其他交易结算。

其次，要建立两烟结算平台，指连接烟草工、商企业，基于"业财信融合"业务数据与资金数据互联互通，精准高效完成两烟结算的信息系统。

最后，要厘清和捋顺"轧差"和"轧差结算"的基本内容，即"轧差"是指参与结算单位将应收、应付款数据进行互抵，计算出往来净额的过程，换言之，是"走账不走钱"的过程。"轧差结算"，是指"先轧差、后结算"，即先将各结算单位的应收、应付款进行轧差，再按轧差净额进行结算。

总之，两烟轧差结算模式不仅节约资金成本，而且确保资金安全。通过反复测算，原先涉及数百亿元的两烟结算资金，借助轧差结算模式只需要使用数亿元结算资金就能完成，将大幅度地节约资金使用量和流动量。

二、两烟轧差结算模式的优点

（1）有利于建立 YN 烟草工、商企业之间基于"业财信融合"的卷烟与烟叶交易结算平台，为交易各方提供及时、准确的交易信息及应收应付数据，提高资金预测与计划水平，规范结算行为，提高结算效率，简化结算流程。

（2）利用"业财信融合"的业务数据与资金数据的互联互通，两烟企业可以更加准确地开展营运资金预测，通过减少结算资金使用量和流动量，从机制上解决了长期困扰两烟货款拖欠、存贷双高、卷烟工业企业资金紧张等问题，从根本上提升两烟货款结算效率，为全行业两烟货款结算积累经验，提供示范，能够有效地提高 YN 两烟乃至全行业的资金管理水平和经济效益。

（3）通过"先轧差、后结算"的模式，不仅可以大幅降低两烟结算所需资金量，减少企业之间资金的无效流动，而且通过智能匹配撮合、借款自动计息等工具，由"资金冗余方"向"资金紧缺方"委贷或借贷资金进行结算，有效缓解两烟企业之间资金管理"存贷双方、冗缺并存、财务成本高"等问题，降低两烟企业资金成本，提高资金使用效率，实现两烟企业之间的资金融通，甚至以较少的资金来推动行业高质量的持续发展。

（4）促使 HT 银行快速跻身全国一流城商行。通过建立以业务数据为基础的多边资金结算新通道，借鉴 YN 两烟轧差结算模式复制给烟草行业，将全国数万亿元的两烟结算资金部分纳入平台，HT 银行的两烟结算资金沉淀量就可以迅速大幅度地增长，且资金成本较低，再借助金融科技手段，便可推动其快速跻身全国一流城商行，甚至实现未来发展成为基于"业财信融合"的产业金融平台，支持 HT 银行实现烟草产业金融战略。

（5）引导烟草行业开辟新的金融平台利润增长模式。众所周知，烟草行业的全产业链结算资金每年达数十万亿级的规模，如果依托 HT 银行建设多边资金结算新通道，将开创烟草产业金融的新篇章。金融作为一种盈利模式被烟草行业充分挖掘与利用，那么，烟草行业在涉烟主营业务外,将开辟新的利润增长模式,为国家作出更大贡献。

第二节 两烟多边资金结算通道总体方案

两烟多边资金结算新通道以"两烟货款结算平台"为载体,以全产业链共同发展、和谐共赢为原则,通过"业财信融合"的信息技术手段,实现两烟交易资金与信息的互联互通,总体规划、分步实施,先区域探索、后行业推广,切实提高行业企业之间的资金管理水平,发挥 HT 银行、产业金融对行业高质量发展的作用。

两烟货款结算平台建设与运行要遵循以下原则:

1. 立足区域,放眼行业。两烟货款结算平台既要快速落地 YN 两烟区域,又要尽快实现标准化、自动化、模板化,以便下一步全行业借鉴和推广。

2. 规则统一,工商共赢。两烟货款结算平台的所有结算单位必须遵循统一运行规则;平台运行规则对所有结算单位一视同仁,公开透明、公平公正、工商共赢。

3. 两级结算,先轧后结。两烟货款结算平台采取省级和经营主体级两级结算模式;各省级公司内部先一级结算、省级公司之间再二级结算;结算都采用先轧差,后结算的模式,减少现金流动量。

4. 刚性兑付,借欠计息。凡是纳入两烟货款结算平台轧差结算流程的交易,到期必须结算;各结算单位要确保结算户有足额结算资金;如果结算资金不足的,可以采用贷款、委贷或欠款转借款等方式付息结算。

5. 规范有序,违约担责。两烟货款结算平台应遵守国家法律法规、行业规章等;各结算单位均应遵守平台运行规则;对于违反平台运行规则的,平台将采用计分、考核、通报、罚息等方式,要求违约方承担经济责任和行政责任。

一、两烟货款结算平台的总体方案

(一) 两烟货款结算平台的系统设计

如图 9-1 所示,两烟货款结算平台主体依托 HT 银行建设,以"结算平台+客户端"模式运行,其中:

结算平台端部署在 HT 银行内部网,主要实现应收、应付款明细数据存放、业务规则管理、账户管理及结算交易请求等。

客户端部署在 YN 中烟公司和 YN 省烟草公司。客户端未来将集成为省级资金管控体系的一部分,负责采集"业财信融合"的业务与资金数据、管理两烟结算相关单据、信息查询、主动付款、内部借款管理等。

212 管理会计应用创新经典案例集（第二版）

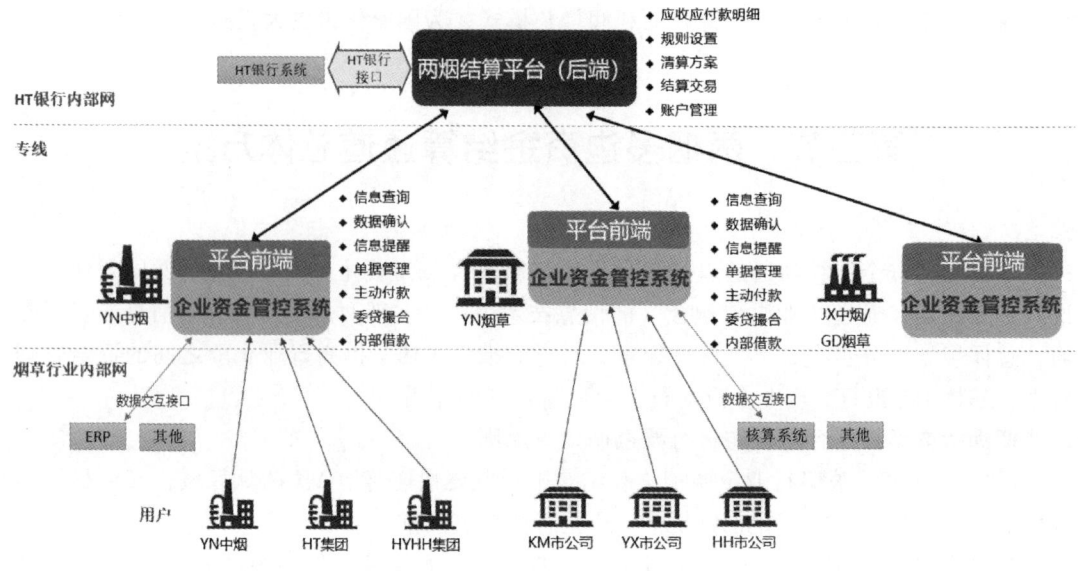

图 9-1 两烟结算平台系统设计图

"结算平台+客户端"的模式，将使客户端与行业企业的资金管控合二为一。一方面，使两烟企业的资金管控成为一个整体，避免用户需要操作两个资金系统，而且两烟、非烟的资金通过两个系统管理，也很难取得更好的融通效益；另一方面，可协助两烟结算平台在全行业的快速复制和推广，也利于 HT 银行协同银企两烟货款结算和资金流的管理。

（二）两烟货款结算平台的流程

两烟货款结算平台从两烟企业的 ERP 等业务系统中获取生产经营过程中产生的应收账款、应付账款等数据，并将此明细数据按收、付款方进行汇总，经过核对、轧差、结算等步骤，完成各交易方的资金结算，如图 9-2 所示。

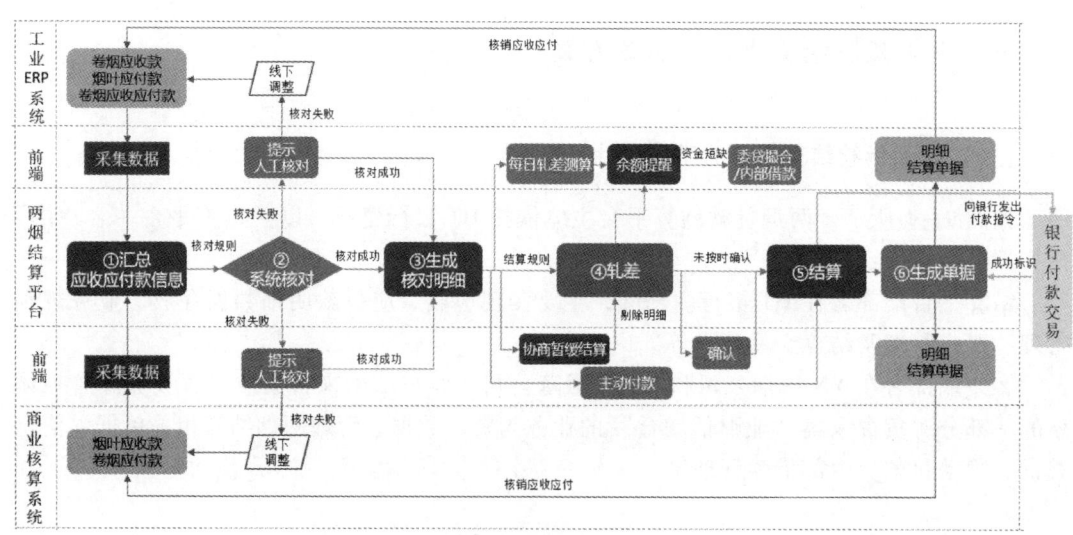

图 9-2 两烟货款结算平台总体流程图

1. 采集应收账款、应付账款信息。即将两烟省级公司所属各结算单位的卷烟、烟叶应收账款、应付账款数据统一采集到两烟货款结算平台。

2. 系统核对。两烟货款结算平台按事先制定的规则进行应收账款、应付账款明细数据的核对，形成"两两对应"的应收、应付数据。

3. 生成核对明细。核对匹配成功的应收、应付数据，并自动生成已核对的应收、应付明细表。

4. 轧差。根据两烟企业双方事先制定的轧差结算规则，系统自动进行各结算单位之间应收账款、应付账款的一级轧差，以及两烟省级公司的二级轧差。

轧差为整个流程的重要节点，轧差方案生成前，可以通过协商机制、主动付款机制等退出某笔明细。一旦轧差方案生成，则不再做调整，执行刚性兑付原则。如果确有某笔经济业务实质性出现问题，在轧差流程外按异常情况处理。

5. 结算。平台对轧差后的一组净额，向一组结算单位在 HT 银行开设的结算户发出转账指令。轧差净额的结算也分为两级，先付后收。

6. 生成轧差结算单据。平台生成轧差明细单据，HT 银行提供银行流水单据，平台将两类单据返推给各结算单位处理资金运动账，核销应收账款和应付账款。

（三）总体方案设计的几点说明

1. 两烟货款结算平台运行的前提条件是：（1）YN 区域 20 家两烟结算单位必须先在 HT 银行开立两烟结算户；（2）两烟货款结算平台在 YN 中烟公司、YN 省烟草公司两家省级企业部署客户端；两烟货款结算平台的客户端可以与所属各企业的资金管控系统融合为一体，以便用户在同一系统完成所有资金管理功能，避免割裂。

2. 两烟货款结算平台的客户端支持结算单位进行每日轧差测算，提前提示各结算单位下一期的轧差结算数据，以便各结算单位进行资金需求预测和资金平衡计划。

3. 每期轧差结算日前，各结算单位应确保两烟货款结算户中有足够的结算资金。如果结算资金不足的，可通过外部贷款、委贷撮合、欠款转借款等方式协调解决。

4. 轧差结算在支付轧差净额前设有资金支付的"确认"环节，但该确认设计为"无异常确认"，即如果轧差结算方案无异常，结算单位不得无故或因"资金不足"等理由终止结算，以确保进入轧差方案的整批轧差结算能够顺利完成。如果结算单位未操作"确认"流程，逾期视同确认，流程继续。如果"提出异议"，必须有充分理由且需要及时解决。

5. 平台保留各单位的主动付款权。但为确保平台两烟结算数据的完整性，所有主动付款应通过平台向 HT 银行结算户下达支付指令去完成。

6. 两烟货款结算资金在 HT 银行闭环运行，以实现结算资金在 HT 银行的有效沉淀。

7. 平台全面反映了所有结算单位两烟货款结算的真实交易数据，为后续两烟货款结算的分析预测、支持决策、税务检查等可提供真实可靠的原始数据。

二、采集应收、应付款业务财务信息

（一）应收账款、应付账款的数据来源

工业企业的应收、应付款数据只能取自 ERP 系统，YN 中烟公司、HT 集团、HYHH 集团各有一个 ERP 系统，需要分别从三个 ERP 系统中获取数据。

YN 省烟草公司（商业企业）完整的应收账款、应付账款信息只能取自会计核算系统。由于会计核算系统信息相对滞后，且准确度不佳，两烟货款结算平台的运行效率及准确性会受到一定影响，有待今后提高两烟资金管理系统水平时再完善。

（二）数据来源需要统一规范

为确保两烟双方应收、应付款项的唯一性、配对性，双方需按相同规则规范记账、及时记账，并对 ERP 系统和核算系统进行适当改造，确保传递到结算平台的应收、应付款数据信息真实、可靠、及时、有效，各方需要开展以下协同事项：

1. 统一规则，规范记账

两烟双方记录同一笔业务的应收、应付账款时，需要记录相同的款项识别信息，如合同号、发票号、归批号等。

2. 收方为主，付方对应

收款方将一批发票合并为一笔应收账款记账时，相关信息可以传递到付款方；付款方在应付记账条件达到时，按同样归批结果记账，记录相同的归批号，以确保应收、应付账款相对应。

3. 及时入账，逾期警催

当结算平台取得应收、应付账款单方数据，且超过一定时间仍未取得对方数据时，结算平台系统将自动警示、催促对方入账。如果对方一直未入账且未提出异议，结算平台系统将会自动计分、考核、通报；逾期如果超过两烟确定的结算期，结算平台将自动对此笔交易按记账方金额记罚息。

4. 系统改造，无缝对接

就目前两烟双方的系统建设情况看，结算平台需要与 YN 中烟公司的 ERP 系统和 YN 省烟草公司的会计核算系统对接。两烟原有的 ERP 系统和会计核算系统需要提供必要的接口，并做适当的改造，比如当 ERP 系统或会计核算系统中的原有某笔应收、应付账款发生变动时，系统要能够及时将变动后的信息推送到两烟结算平台，确保应收、应付账款信息的正确。

（三）卷烟应收、应付账款记录规则

1. 卷烟交易各方应严格按相同规则记录应收、应付账款

HT 集团和 HYHH 集团销售卷烟时，可以对多张销售发票进行归批记账，同时应将归批信息（包括但不限于归批号、合同号、发票号等）和发票一并传递给 YN 中烟公司，

YN 中烟公司按同样的归批信息、归批金额记录应付卷烟款，确保双方的应收、应付账款相符，且信息一一对应。

YN 中烟公司销售卷烟给 YN 烟草市，州公司时，也要进行归批，按归批信息（包括归批号、合同号、发票号等）记录应收账款，并将归批信息通过平台提供给对应的 YN 烟草市，州公司；同时，YN 中烟公司将归批的发票打上归批号后，按批次寄给市，州公司。YN 烟草市、州公司按与 YN 中烟公司相同的归批信息记录应付账款，以确保双方的应收、应付账款信息一一对应。

2. 结算平台采集并自动核对交易双方的应收、应付账款数据

结算平台从交易双方的信息系统自动采集（收取或被推送）应收、应付账款数据，包括归批号、合同号、发票号、金额等。

结算平台通过归批号，对合同号、发票号、金额等，对交易双方的应收、应付账款数据进行自动核对，配对成功的，记入应收、应付账款核对明细表。

3. 核对失败的处理

结算平台核对两烟双方应收、应付账款时，如果发现无法配对的数据和信息，则应及时发回交易双方，同时采用手工核对、更正该单位系统中的应收、应付账款明细，恢复结算平台重新采集和核对。若因未按规则进行操作导致核对失败的责任方，由结算平台计分、考核乃至计息罚款（即由于过错造成损失的，应按双方事先约定好的利率计算资金占用费，下同）。

4. 逾期未记录应收、应付账款的处理

如果销售方已经记录一笔应收账款并被结算平台采集，在一定宽限期内，应付方未记录应付账款，结算平台将应收账款数据（含归批信息和金额等）发送给应付方，提醒催促应付方记账。如果应付方在提醒催促后，仍不按时记账，结算平台将计分、考核乃至计息罚款。如果结算平台已经采集一笔应付账款，但未能采集到对应的应收账款，结算平台将推送相关数据给应收方，并提醒催促应收方记账。如果应收方在提醒催促后，仍不按时记账，结算平台也将计分、考核乃至计息罚款。

（四）烟叶应收、应付账款记录规则

1. 设立交易双方认可的唯一标识

针对烟叶交易双方现有应收、应付账款不能匹配的情况，我们认为必须设立交易双方共同认可的唯一标识。根据现有业务流程和管理流程，我们将"商业批次号"作为交易双方认可的唯一标识。

2. 交易双方应严格按唯一标识记录应收、应付账款

两烟交易双方在记录烟叶应收、应付账款信息时，应严格按商业批次号所附带的相关信息，记录应收、应付账款，以确保双方应收、应付账款保持一一对应。收款方不得将一个批次号分成几笔应收账款，也不能将多批合并为一笔应收账款；付款方也是如此。在此前提下，收款方在归批开票时，应将金额控制在双方协商认可的额度内，避免单笔应付账款金额过大，超过 YN 中烟的支付能力。

3. 结算平台通过批次号、金额核对、匹配交易双方的应收、应付账款（具体方案与

卷烟记录规则相同）。

4. 预付账款、预收账款纳入平台统计分析，不进入轧差计算。

交易双方在记录应收、应付账款时，应优先冲抵预收、预付账款，冲抵后不足部分，才记入应收、应付账款。应付、应收账款才是两烟双方结算的往来款项。结算平台只要获取双方的应收、应付账款即可满足结算需求。

为确保烟叶交易数据的完整性，结算平台可以采集两烟双方的预收、预付账款信息，用于结算平台的统计分析，但不纳入轧差结算方案。

三、应收、应付账款数据的核对

结算平台对采集到的应收、应付账款数据，按事先制定的规则进行核对，形成一一对应的应收、应付账款明细。

核对失败的应收、应付账款数据，有两种情况：

（1）同一笔对应的应收、应付账款数据，相关信息不相符，比如归批号相同，但金额或发票号等不相符。这种情况下，应发回给该结算单位通过手工核对或更改应收、应付账款数据后，从结算平台重新获取数据。

（2）如果结算平台获取了应收或应付一方数据，但在超过合理期限内，仍然获取不到对方数据，结算平台将自动发送警示，催促迟到方及时记账。如果逾期仍未记账，结算平台将自动计分、考核乃至计息罚款。

四、生成核对的应收、应付账款明细

对通过核对、匹配的应收、应付账款，结算平台会自动生成已核对的应收、应付账款明细表，如图9-2所示。

第三节　多边资金结算通道的保障机制

烟草行业的两烟企业互为交易的上下游，结算关系复杂，一旦某方因故现金存量紧张，容易导致上下游货款互欠，出现"三角债"情况，影响整体的生产经营和管理。而多边资金结算通道（即两烟结算平台）利用"业财信融合"和信息化手段从技术上完全破解了这个难题，但需要参与两烟结算各方形成共识，建立结算平台的保障机制。

一、轧差机制

（一）轧差流程

根据两烟双方事先制定的轧差结算规则，结算平台自动选择匹配后的应收、应付账款

明细,创建轧差结算流程,如图 9-3 所示。

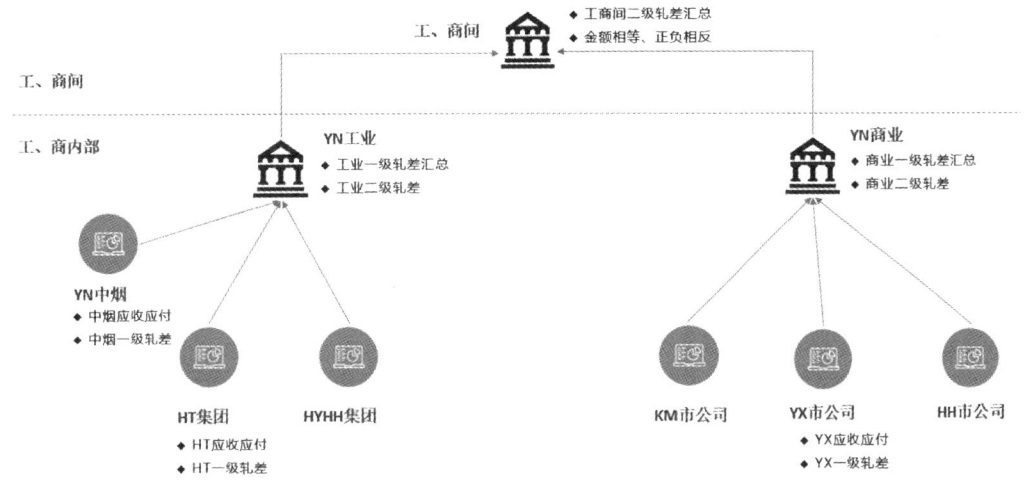

图 9-3 轧差结算流程图

轧差结算流程分为两级:

一级轧差是两烟系统内各结算单位对已经匹配确认且符合结算规则的应收、应付账款数据进行汇总、轧差,形成一级轧差结算结果。

二级轧差是将两烟系统内各结算单位的一级轧差结算结果按归属分别汇入所在省级公司(分别为 YN 中烟公司、YN 省烟草公司)两烟企业结算户,进行二级轧差,形成省级公司两烟企业之间金额相同、正负相反的二级轧差结算结果。

(二)轧差结算

各结算单位对已经生成的轧差结算方案进行支付确认,到达轧差结算日时,结算平台会自动向 HT 银行的相关结算户下达支付结算指令,完成轧差结算,如图 9-4 所示。

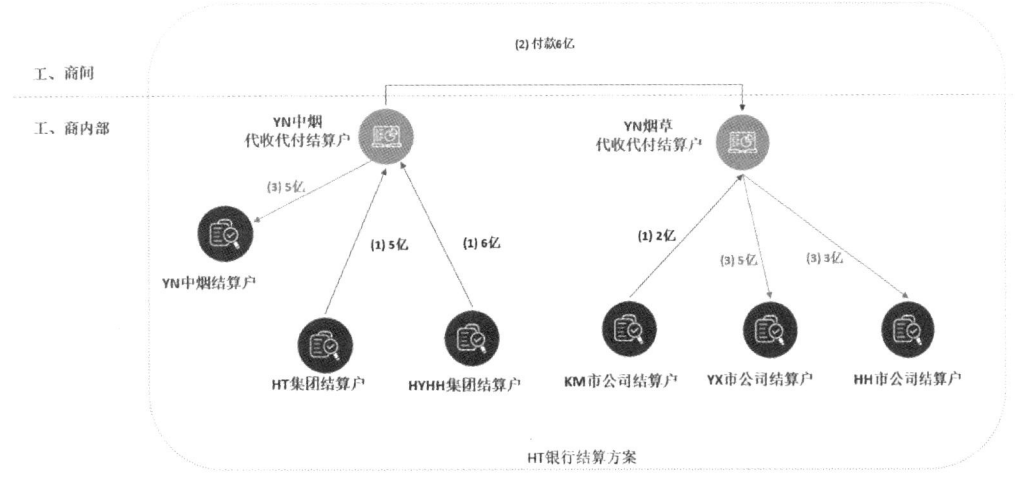

图 9-4 轧差结算流程示意图

流程描述：

轧差结算分两级完成，先付后收。具体流程是：

1. 一级结算的"先付"（如图9-4中YN中烟代收代付结算分别对HT集团结算户、HYHH集团结算户；YN烟草代收代付结算户对KM市公司结算户。），是指各结算单位按一级轧差的结果，将所有的应付账款通过HT银行结算户，支付给所在省级公司代收、代付账款结算户。同时，所有轧差后应付的结算单位必须保障本单位在HT银行的结算户中有足够的应付资金。

2. 二级结算的"收付合一"（如图9-4中YN中烟代收代付结算户对YN烟草代收代付结算户。），是指省级公司两烟企业之间，按二级轧差结果通过HT银行代收、代付结算户分别支付、收入两烟货款结算资金。

3. 一级结算的"后收"（如图9-4中YN中烟代收代付结算户对YN中烟结算户；YN烟草代收代付结算户对YX市公司结算户和HH市公司结算户。），是指省级公司两烟企业将下属结算单位轧差后应收账款的金额，通过HT银行代收、代付结算户分别支付给各所属的结算户。

特别强调的是如果轧差结算时，任何一个需要支付的结算户金额不足，都将造成整批轧差结算的失败。因此，最好设置资金兜底策略，即可以将应付账款直接转为计息借款，以防轧差结算失败。

（三）轧差结算规则

轧差结算规则是指匹配后的应收、应付账款，符合什么条件才进入下一步轧差结算流程；对于已经匹配但不符合轧差结算规则的应收、应付账款，可以不纳入轧差结算流程。

根据烟草行业的相关文件规定：

1. 卷烟结算款

《中国烟草总公司关于印发"两烟"交易资金结算管理规定的通知》（中烟办〔2014〕185号）中，对卷烟款的收款手续及付款等时限均作了规定，具体如下：

（1）收款手续时限。在工商企业购销、商商调剂购销卷烟业务中，销售方要根据交易合同组织发货，及时向采购方开具增值税发票并在发货后5个工作日内完成托收承付、单据提供或邮寄等收款手续。

（2）付款时限。采用托收承付结算方式的，采购方要在托收承付期内结清货款。采用其他结算方式的，采购方要在卷烟验收确认且收到增值税发票后5个工作日内结清货款；卷烟已到但增值税发票未到的，要在卷烟验收确认后15个工作日内结清货款。

2. 烟叶结算款

《中国烟草总公司关于印发"两烟"交易资金结算管理规定的通知》（中烟办〔2014〕185号）和《中国烟草总公司关于调整"两烟"交易资金结算时间的通知》（中烟办〔2019〕90号）中，对烟叶的验收、单据传递及付款等时限均作了规定，具体如下：

（1）验收确认时限。采购方要在烟叶运至双方约定的交接地点后20个工作日内对原烟或成品烟叶的质量、重量等进行验收，完成烟叶交接及相关权利转移手续并向销售方提供验收单据。

（2）单据传递时限。销售方要根据原烟或成品烟叶验收单据向采购方开具增值税发票并在收到验收单据后5个工作日内向采购方提供或邮寄相关结算单据，办理收款手续。

（3）付款时限。在工商企业烟叶购销业务中，采购方要在原烟或成品烟叶验收确认后30个工作日内结清货款。

YN中烟公司和YN省烟草公司在实际执行中国烟草总公司的文件规定时，因信息传递手段较为传统等原因，参与两烟结算各企业之间尚存在不少亟待改善的问题，具体表现为：

1. 卷烟结算款方面

（1）全部采用托收承付结算方式。目前，HT集团和HYHH集团销售给YN中烟公司以及YN中烟公司销售给YN省烟草公司的卷烟，结算收款全部采用托收承付方式。

（2）YN中烟公司票据、信息传递不及时，导致YN省烟草公司付款不及时。根据调研显示，YN省烟草公司及其所属企业基本不存在拖欠卷烟款的情况。但存在因YN中烟公司及其所属企业托收单据未到或收到托收单据时却错过了YN省烟草公司及其所属企业编制资金付款计划的时限，导致不能及时支付卷烟货款。

（3）YN中烟公司长期拖欠"两红"集团的卷烟账款。YN中烟公司根据"两红"集团的资金需求情况支付卷烟款，支付时间并未考虑中国烟草总公司规定的卷烟款支付时限，存在长期拖欠现象。

2. 烟叶结算款方面

（1）YN省烟草公司及其所属企业的烟叶结算款单据传递不及时。其主要原因是：YN省烟草公司及其所属企业在销售烟叶时，没有及时开具销售发票并将发票传递给YN中烟公司及其所属企业。换言之，没有按中国烟草总公司规定的要求时限提供发票。

（2）YN中烟公司及其所属企业付款不及时。一方面是由于YN省烟草公司及其所属企业未及时开具并传递烟叶销售发票；另一方面是YN中烟公司及其所属企业收到烟叶销售发票和单据后，付款时有拖欠，还经常出现一笔烟叶款分多次支付的情况。

针对上述存在的问题，结合建立多边资金结算新通道的可操作性，我们制定了三种不同的两烟结算方案：

方案一，根据《中国烟草总公司关于印发"两烟"交易资金结算管理规定的通知》（中烟办〔2014〕185号）相关规定，卷烟应收、应付账款应在结算平台确认后5个工日进入结算流程；烟叶应收、应付账款可在结算平台确认后30个工作日进入结算流程。

方案二，由于烟草行业规定的5个工作日和30个工作日都是最长宽限期，因此，凡匹配成功的应收、应付账款，均直接进入轧差结算流程。

方案三，由于烟叶结算金额较大，如果在匹配后的第一个结算日尚未到达30个工作日，应付方可以选择推迟到下一期再纳入轧差结算流程。可推迟的天数以30个工作日为限。

轧差结算规则确定以后，结算平台上的各方均要遵守，只要符合轧差结算规则的应收、应付账款，均应纳入轧差结算流程。两烟之间以及两烟内部均须按规则进行轧差结算。否则，双方应收、应付账款将无法核销，两烟货款结算问题可能依旧"老生常谈"。所以，制定和执行统一结算规则，是两烟结算平台良好运行的基本前提。

（四）轧差结算的频率

因轧差结算频率会直接影响两烟结算参与各方的资金流动频率。对 YN 省烟草公司及其所属企业而言，一个月结算一次或两次即可，这样可最大限度地减少资金流动，有利于提高资金收益水平。而对 YN 中烟公司来说，由于销售收入的 60% 多要用来交税，每月的上半月都在为交税准备资金，资金压力比较大，如果一个月只结算一到两次，将没有足够的资金应付日常开支，所以，比较倾向于 5 天或一周结算一次，以确保满足重要时点的资金需求，比如每月 15 号的交税需求和工资支付需求等。

综合两烟结算的实际情况，我们主张结算平台运行初期，按每月结算三次试运行。试运行一段时间后，两烟双方根据情况对结算频率再行协商和调整。结算平台可设置调整权限，双方可根据不同时间段的业务特点动态调整结算频率，如烟叶采购季节、元旦春节卷烟销售旺季等采用较平时更高的结算频率。

为适应各种实际情况，结算平台可设置多种结算频率的灵活组合，比如，年底或年初要结清当年或上年所有往来款项时，平台可自动筛选并单独形成一次性结算方案。又如，春节前夕，两烟双方通过协商同意在常规结算前，先结清 50 亿元以内的往来款，结算平台则可自动选择轧差后规模在 50 亿元左右的往来款，直接形成结算方案。

（五）轧差与结算的时间差

在轧差结束后，是否立即进行结算划款或者需要延迟划款？在讨论和征求意见过程中，存在两种不同的看法：

前者认为，应立即进行结算划款，结算平台按规则自动计算轧差结果，并下达支付指令，不需要设置等待时间。

后者认为，轧差结束后，可延迟一至两天再进行结算，以便各付款方根据轧差后的应付金额调拨或筹措资金，也便于各单位在发现轧差结果有问题时，提出修改或调整。

实际上，结算平台已经设置了每日轧差测算和余额提醒功能，各付款方应当提前做好资金预测与筹措，因此无需预留时间差。同时，结算平台也预留设置了时间差功能，如果结算平台运行一段时间后，两烟双方仍然认为应当设置一定时间差，可随时在结算平台上调整设置，满足各方需求。

（六）轧差结算的支付

结算平台为更好、高效地执行"刚性兑付"原则，提高结算效率，主张对轧差结算金额直接支付，即不设置支付确认环节。其理由是：第一，轧差结算相当于水电公司在银行的代扣功能或托收结算，在提前签订代扣协议、当期业务已经确认（匹配后的应收、应付账款明细确认）的情况下，银行可以直接执行代扣结算；第二，如果在结算前，还允许支付确认，每期只要有一家支付确认不通过，几十笔已经匹配且达到条件的结算就会失败，这将大大影响两烟结算效率。

但结算平台也预留了确认环节的设置。如果一定要设置确认环节，原则是"没有异常，则必须确认"，即当期轧差结算方案未见异常的，结算单位必须确认，不得因账户资金不足或不愿支付等原因故意不确认。如果结算单位逾期未点击确认按钮的，视同已经确认进入结算环节。如果设置确认环节，两烟省级公司要设置一个固定岗位指派"确认人"，代本系统内各结算单位一并确认，或两烟各经营主体均自主确认。但这不是我们的主张。

（七）生成轧差结算单据

结算完成后，结算平台将生成轧差结算明细、结算账户资金收付明细以及各单位纳入轧差结算的应收、应付账款明细等，并返回给各单位 ERP 或会计核算系统，对相应的应收、应付账款进行核销账务处理，对结算账户的资金收付进行账务处理。

结算平台上可以打印出结算明细作为单据，单据中嵌入两烟结算平台电子章，同时，YN 中烟公司和 YN 省烟草公司可分别指定一名管理员，负责结算结果的签字和确认。

结算涉及资金收支的，由银行出具资金变动明细回单。各单位根据结算平台传过来的轧差结算数据，ERP 系统、会计核算系统进行账务处理，核销相关应收、应付账款。

结算平台将结算信息传递给各单位 ERP 系统、会计核算系统，各单位生成预制单据，待收到银行回单和打印的纸质结算明细后，再生成正式单据。

二、协商机制

协商机制是指对于按照规则已经进入轧差结算流程的应收、应付账款，双方是否可以在协商通过的情况下，筛选部分账款暂不进入下一期轧差结算流程，并由应收方勾选剔除相关明细。

我们认为，结算平台运行初期，为简化操作，避免轧差结算方案频繁调整，建议先不设置协商机制。但结算平台保留协商机制的功能，待运行一段时间，结算平台根据规则自动生成的轧差结算方案如果确实执行困难，再开放协商机制。

另外，结算平台设置了主动付款功能，对已经匹配但尚未进行轧差结算的应付账款，允许发起主动付款。主动付款应通过平台发起，以便及时核销平台上的应收、应付账款数据，避免轧差结算时产生二次支付。

三、开立结算户、代收代付结算户并签订相关协议

各结算单位应在 HT 银行开立"两烟结算户"，进行两烟结算资金的实际收付。为了解决两烟内部各结算单位的代收代付，需要 YN 中烟公司、YN 省烟草公司分别开立用于两烟结算的"代收代付结算户"。"代收代付结算户"与上述"两烟结算户"在银行可以是同一个实体账户，也可使用现有一般结算户作为"代收代付结算户"。但是，为了便于账户数据的采集分析，加强两烟结算资金管理，建议最好单独开立"两烟结算户"和"代收代付结算户"。为实现结算资金在 HT 银行的相对集中，避免银企直联接口繁多，便于结算账户统一管理，建议在 HT 银行只开立"两烟结算户"。

因涉及银行和各单位的结算，按照银监及其他监管要求，需要签订相关协议，主要包括：

（一）结算平台使用协议

HT 集团和 HYHH 集团，YN 中烟公司，各市、州公司，YN 省烟草公司签订结算平台使用协议，同意结算方案设计、结算平台设计、结算平台自动化处理、账务统一处理规则、单据出具规则等。

（二）代收代付协议

HT 集团和 HYHH 集团，YN 中烟公司，各市、州公司，YN 省烟草公司签订代收代付协议，同意将各自的卷烟款、烟叶款交由中烟公司、省烟草公司统一代收代付。

（三）银行代扣代付协议

HT 集团和 HYHH 集团，YN 中烟公司，各市、州公司，YN 省烟草公司与 HT 银行签订代扣代付协议，同意由银行根据结算平台结算指令对各自结算账户执行代扣代付。

四、解决资金短缺的措施

为方便各单位掌握未来一段时间内的资金收支情况，从而提前调度或筹措资金，结算平台提供每日轧差测算功能，各单位可实时查看截至目前应收、应付账款数据下，到结算日时，本单位需要支付或可能收到的金额。在结算日前，结算平台可根据下一期轧差结算方案与结算户资金余额，通过客户端或者微信端提醒各结算单位结算户资金是否满足结算需求，以便结算单位及早做好资金筹措与调度。

结算单位结算账户资金不足以支付当期轧差结算的，结算平台将会提前通知。结算资金可以通过以下措施解决：

方案一：资金调度。通过其他账户或解定存等方式，调度足额资金到两烟结算户。

方案二：委托贷款。通过结算平台发出委贷撮合请求，撮合成功的，通过 HT 银行完成委贷。当前烟草行业的内部委托贷款大多时间周期较长，办理流程复杂，无法满足结算企业临时性短期资金需求，往往需要通过银行法透或者经营性贷款的方式进行融资。同时，也有结算企业存在短期内资金的空闲，又无法做合适的投资增值。一边是有结算企业短期资金需求，另一边也有结算企业短期资金空闲，可以建立一个内部委贷的智能撮合平台。各结算企业可以在该平台上发布资金需求信息、资金委托信息，平台根据资金需求方和委托方进行智能匹配，提示双方或者多方可进行内部委贷，并且可以与 HT 银行合作进行快速的内部委贷业务处理。

设立统一的内部委贷智能撮合平台，有利于资金需求方、资金委托方信息的共享；有利于汇集多个资金委托方的资金满足资金需求方的需求；有利于解决短期空闲资金的增值收益；有利于解决两烟结算中结算企业临时性资金短缺的问题，促进两烟结算流程的顺畅运转。

方案三：外部贷款或法透。结算单位向外部银行申请贷款或法透。平台提供每日轧差金额查询以及账户余额不足提醒，资金短缺的结算企业可提前通过外部贷款或者法透方式融资到两烟结算户。

方案四：内部借款。对于满足结算单位之间内部借款条件的，可以通过平台开展内部有息借款。平台提供每日轧差金额查询以及账户余额不足提醒，资金短缺的结算企业可提前通过与其他结算单位间的内部借款方式，借入所需资金到两烟结算户。内部借款管理由客户端实现内部借款的台账、计息、放款管理、还款管理等。

方案五：应付转借款。即将应付款转为借款，并收取资金占用费。

前四种方案均应在轧差结算日之前完成资金筹措或调度，使结算户有足额资金，以确保轧差结算的顺利执行。

第五种方案为兜底方案，即在结算日前，应付单位确实无法筹措到足额资金的，可将结算金额转为所在省级单位的付息借款——该措施存在一定的不确定性。

第四节 多边资金结算通道的落地

多边资金结算通道是参与结算各企业日常资金运行的重要组成部分，具有涉及数据量大、数据交换频繁等特点，人工处理无法满足结算效率、实时性等要求，必须建立信息系统即两烟结算平台用于支持业务落地。两烟结算平台需要对接各单位的业务管理、资金管控等系统，通过实时业务单据，应收、应付账款等信息的传递和交换，来保证资金轧差、结算的实时与准确。

一、结算平台总体架构和功能

两烟结算平台总体架构为"平台+客户端"模式，如图9-5所示。

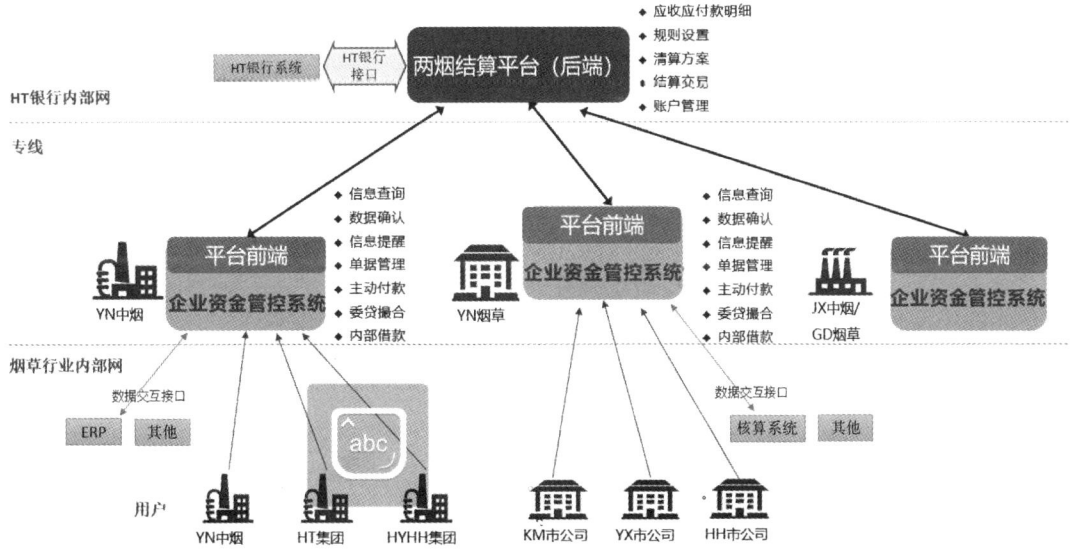

图9-5 两烟结算平台架构图

平台端部署在 HT 银行内部网，主要实现应收、应付账款明细数据存放、业务规则管理、账户管理及结算交易请求等，并且通过接口与 HT 银行相关系统相连接，如支付指令、交易明细、账户余额等信息交互。

客户端部署在 YN 中烟公司、YN 省烟草公司等省级单位。客户端通过专线与平台相连，通过接口进行信息交互。客户端主要实现从会计核算系统、ERP 系统等接入应收、应付账款数据，两烟结算相关信息查询、信息提醒、单据管理、主动付款、委贷撮合、内部借款管理等。客户端涉及主动付款、委贷撮合、内部借款、业财信融合的信息交互，可与资金管控平台进行融合，实现更好的应用服务。

用户通过烟草行业内部网登录系统进行业务操作，如 YN 中烟公司、HT 集团、HYHH 集团的用户通过客户端进行操作。而各州、市烟草公司的用户则通过 YN 省烟草公司的客户端进行操作。

两烟结算平台的主要功能如图 9-6 所示，包括：

图 9-6 两烟结算平台主要功能框架图

账户管理，主要实现对参与两烟结算平台的各结算单位结算户的登记、账户余额及交易明细查询、轧差时余额不足提醒等。

明细管理，指应收、应付账款明细的管理。主要包括应收、应付账款明细的接口接入，应收、应付账款明细的系统自动核对，系统无法自动核对的人工确认，异常明细管理、各结算单位的应收、应付账款明细查询、每日轧差金额查询，暂缓结算的应收、应付账款明细双方确认等。

规则设置，包括应收、应付账款明细核对规则设置、应收、应付账款的账期识别要素设置和期限设置、轧差结算时间设置、轧差结算频率设置、是否允许部分暂缓轧差结算设置、超账期轧差还是应收、应付账款核对后就可进入轧差设置；结算户名单及结算关系管理、结算交易发起时间设置、是否允许等待时间设置、单据格式、内容、类别等设置管理。

轧差结算管理，主要包括轧差结算的方案生成、方案查询、方案确认、账户资金不足提醒、单据管理。

结算管理，主要包括交易指令管理、交易异常管理、结算明细查询，以及在轧差结算日前结算单位的主动付款等。

统计分析，主要实现对各结算单位、YN 中烟公司业务线、YN 省烟草公司业务线的"两烟"应收、应付账款的统计分析；实现对两烟间实际结算资金流动量统计分析；实现对各结算单位的拖欠款，应收、应付账款数据上传及时性等考核指标的统计。

委贷撮合，主要提供内部委贷撮合服务，包括资金需求方的资金需求发布、资金提供方应答、生成委贷方案、委贷方案确认、委贷方案查询、委贷方案打印、委贷方案推送到 HT 银行等。

内部借款，主要包括内部借款的台账、计息、放款管理、还款管理等。

二、多边资金结算通道落地的前提条件

（一）参与结算各方在 HT 银行开立结算户

为确保各结算单位的两烟结算资金在 HT 银行账户闭环操作，各结算单位均需在 HT 银行开立两烟结算户，包括 YN 省烟草公司，YN 省烟草公司的结算户主要用于为所属州、市公司代收代付两烟结算资金。

YN 中烟公司应当开立两个结算户，一个用于为 HT 集团和 HYHH 集团代收代付，一个用于本级两烟结算，以便于交易明细的区分管理。

两烟省级公司及其所属公司可保留已有的他行结算账户。根据管理需要和结算需求，线下将资金在他行结算账户与 HT 银行结算户之间进行调拨。

（二）参与结算单位在省级公司部署客户端

两烟结算平台在 YN 中烟公司、YN 省烟草公司两家省级企业部署客户端，以便完成数据交互、主动支付、内部借款、委贷撮合、各类查询、支付确认等功能。

（三）统一各结算参与方应收、应付账款的记账标准

为确保交易双方的应收、应付账款一一对应、高效核对，各结算单位需要一定程度地改变传统记账惯例，要按照协商制定后的统一标准规范记账。

（四）签订相关协议

结算平台正式运行前，需要签订的协议包括但不限于：

1. YN 省烟草公司需要与各州、市烟草公司签订两烟结算资金的代收代付协议。YN 中烟公司需要与两红集团签订两烟结算资金的代收代付协议。

2. 各结算单位与 HT 银行签订两烟结算户的代收代付协议。

3. 各结算单位与 HT 银行签订循环委贷协议。
4. 各结算单位签订内部借款、资金占用相关协议。

(五) 税务沟通

结算平台正式运行前,应当与当地税务部门进行充分沟通与报备。报备涉及的材料包括但不限于:结算平台运行方案、结算平台测试运行的数据、轧差结算不影响税收的情况说明等。

第五节　多边资金结算新通道的启示

多边资金结算新通道对于大型集团企业在提升资金管理的智能化以及提升资金管理效率和效益方面带来了新思路,主要体现在以下几个方面:

启示一:企业资金管理效率和效益的提升,取决于管理创新与信息化的结合应用。HT 银行在信息系统应用层面创新,建立一套替代手工操作两烟资金结算的解决方案,极大地提高了两烟资金结算的工作效率,避免了长期以来存在的"三角债",更重要的是大幅度地减少了资金的无效流动,进一步保障了资金的安全,提高了效益,有利于烟草行业持续的高质量发展。

启示二:以业务数据为基础的多边资金结算新通道,是充分体现"业务—财务—信息化"高度融合的管理会计有效实践。多边资金结算新通道的实践证明:资金结算表面上看是财务部门的职责范围,而事实上,业务部门(包括烟叶购销、卷烟购销等)在某种意义上却直接影响甚至决定着资金结算的进度和效率,因为它是所有原始数据的源头。打通业务、财务之间的节点,使之互联互通,数据共享十分必要。但如何才能实现互联互通?这其中的关键和核心是信息化、数字化、智能化的技术应用和技术创新。换句话说,"业务—财务—信息化"融合是实现多边资金结算新通道的基础和前提。

启示三:为 HT 银行带来新的服务场景及利润增长机会。多边资金结算新通道通过不断纳入新的结算参与方,不断获取并分析各方业务需求及业务运行规律,有的放矢地持续完善结算功能,按需准确提供金融服务,不仅打通了 YN 中烟公司和 YN 省烟草公司之间资金与数据的互联互通,而且从资金结算的视角为探索供应链(金融)管理提供了新思路,也为产业金融服务网络开创了先行先试的实践。

启示四:为烟草行业和其他行业提供了多边资金结算新通道的示范与经验。HT 银行两烟货款结算平台不仅适用 YN 中烟公司和 YN 省烟草公司及其所属企业,也完全可以在烟草行业广泛推广应用,其创造的经济效益和应用价值是不可低估的。同样,也可以为其他行业尤其是上下游企业形成供应链、产业链的大型集团和世界 500 强提供借鉴和参考。

第十章　厦门航空双轮驱动成本管理体系*

成本管理是企业经营管理的重点和难点。企业所处行业、发展阶段、面临的内外部环境不同，成本管理的方法和手段也要体现差异才能取得成效。如何结合外部经营环境变化和企业内部经营特点，建立行之有效的成本管理体系和运行管理机制，从而提升成本管控能力，是企业打造核心竞争优势、实现价值最大化和保持长期健康发展的必要条件。

厦门航空有限公司（以下简称厦航）身处"高投入、高风险、低回报"的航空运输业，30多年来始终致力于从战略管理和经营管理两个方面，来构建独具特色并契合企业发展需要的双轮驱动成本管理体系，从而为企业高质量发展奠定"低成本"优势，助力厦航实现35年持续盈利。

第一节　持续盈利的法宝

一、厦航35年持续盈利

厦航成立于1984年，是中国首家按现代企业制度运行的航空公司。截至2021年12月，机队规模达到209架，平均机龄7年，年旅客运输量近4000万人次，运营国内外航线近400条，航线网络覆盖全中国、辐射东南亚和东北亚，借助洲际航线实现了航线网络对欧洲、美洲和大洋洲的全覆盖，通过天合联盟将航线网络延伸至全球，拥有两家主业子公司及8家辅业子公司，设有7家分公司。

厦航是中国民航业保持连续盈利年度最长的航空公司，克服了1998年亚洲金融危机、2003年非典疫情、2008年金融危机以及2020年新冠肺炎疫情等冲击，厦航本部（合并报表前）实现中国民航业唯一的连续35年盈利，如图10-1所示。

---

*　本案例由厦门航空有限公司整理提供，执笔人：黄火灶、蔡进高、王彦尹。

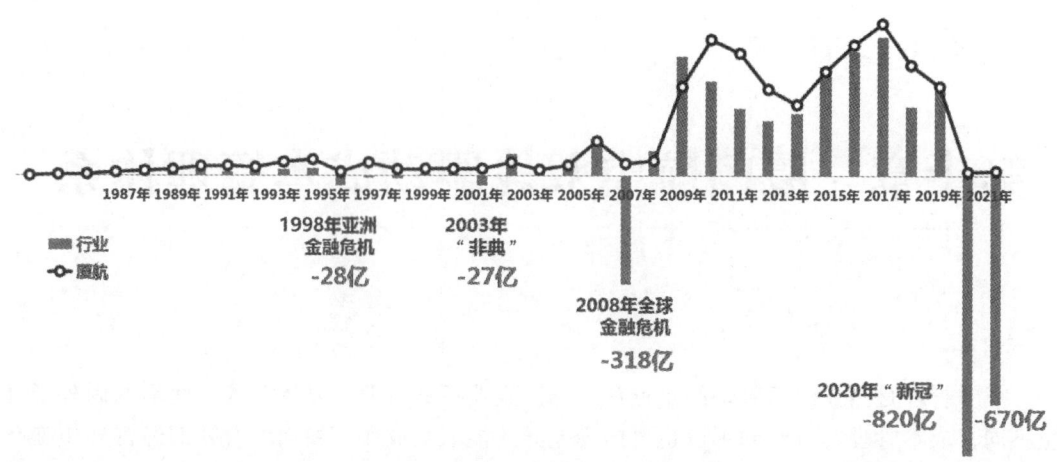

图 10−1　厦航连续 35 年持续盈利图

在全球航空公司金融评级中，厦航名列中国航空公司之首，截至 2021 年 12 月，拥有总资产 507 亿元，净资产 181 亿元，资产负债率约为 64%，比行业平均水平低 17 个百分点。在国际航协 270 多家成员航空公司中，收入规模排名前 30 位，旅客运输量排名前 15 位，盈利能力排名前 10 位。

二、厦航持续盈利的法宝："两高两低"

民航业是典型的"高投入、高风险、低回报、难管理"行业。

一是"高投入"。民航业资源具有稀缺性，飞机、基地、人才、航权时刻等核心资源的获取需要投入大量的资金和精力，且投入周期长，一旦投入，变现较为困难。

二是"高风险"。受宏观经济、地缘政治、社会环境等影响，稍有风吹草动，经营就受影响，特别是出现金融危机、非典、新冠肺炎疫情这类"黑天鹅"事件时，一定首当其冲，加上航油成本受油价波动影响，飞机融资通常采用外币且受汇率波动影响，这两大不确定性影响因素都无法主动控制，始终处于"高风险"。

三是"低回报"。随着高铁连线成网，民航业市场准入放宽，航空运输竞争加剧，增收日益困难，而上游供应商多为垄断企业，航空公司议价能力弱，双向挤压下收入利润率普遍较低。

四是"难管理"。航空公司具有天然的公共服务属性，企业社会责任担子更重，需要严格做好安全、运行、服务等多方面的要求，管理难度大。

针对"高投入、高风险、低回报、难管理"的行业特点，厦航将管理会计中广泛运用的杜邦分析法转化成非财务人员也容易理解和接受的"两高两低"经营理念，即"高收入、高效率、低成本、低风险"，围绕"企业持续盈利 =（高收入 − 低成本）× 高效率 ×（1 − 低风险）"的盈利公式，引导公司全员科学经营与管理，做足做好"两高两低"这篇创新文章（如图 10−2 所示），使之逐步成为厦航连续 35 年盈利的"法宝"。

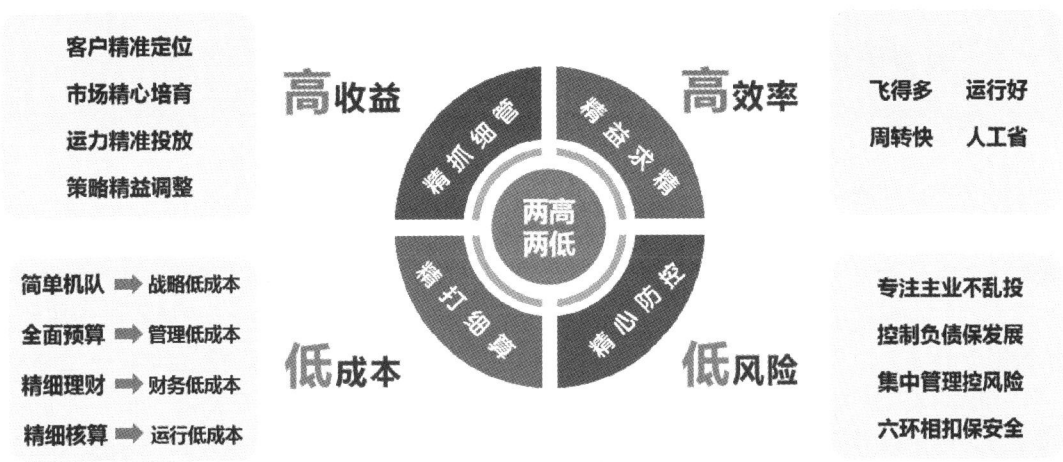

图 10-2 厦航"两高两低"经营理念图

在"低成本"方面,厦航借助其独具特色的双轮驱动成本管理体系,打造了行业领先的竞争优势,5 年来成本费用占收入的比重低于行业两个百分点。长期铸就的低成本优势,不仅成为厦航持续盈利的关键要素,也构筑了经营效益的"安全垫"。当风险来袭时,厦航依然保持相对低的保本门槛,相比竞争对手,经营仍然有点"利差",从而能够保持连续盈利。

第二节 双轮驱动成本管理体系的构建

厦航始终重视财务管理创新,提出了"三个始终,一个最终"的目标要求,即"始终走在行业财务创新的前列,始终成为地方财务管理的典范,始终成为公司的核心竞争力,最终为公司创造价值"。

在此引领下,厦航在实践中不断总结,在总结中持续完善,如此循环往复、迭代升级,从而创新并践行了一套特色鲜明的精细化财务管理理念以及大财务管理模式,为双轮驱动成本管理体系奠定了坚实的理论根基。厦航财务管理创新演进如图 10-3 所示。

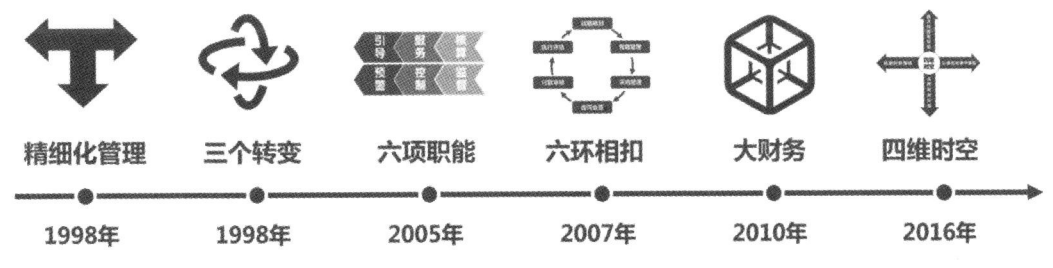

图 10-3 厦航财务管理创新演进图

一、理念根基：精细化财务管理理念

1998 年，厦航率先在业内提出"精细化财务管理"理念，引导财务人员实现从财务会计向管理会计转型。

精细化财务管理强调两个方面：一是以"细"为起点，要求财务管理做到细致入微，对每一个岗位、每一项具体业务，都要建立一套完善的工作流程和业务规范，在实践中狠抓落实，并将财务管理的触角延伸到公司的各个生产经营领域，通过行使财务监督职能，拓展财务管理与服务职能，实现财务管理"零"死角，挖掘财务活动的潜在价值。二是在"细"的基础上强调"精"，即精益求精，每一项业务都力求做到最好，以"精"为创新的动力，敢于扬弃前规、推陈出新，在实践中不断改进工作程序和管理方式，并通过对企业经济活动产生的财务信息进行全面分析和精加工，追求财务工作的高附加值。

精细化财务管理要求财务人员跳出财务工作本身，通过财务决策支持引导公司经营活动，从事后核算与监督延伸到事中控制与服务，再到事前引导和预警，从深度、广度上精细挖掘财务管理高附加值。在精细化管理理念引导下，厦航持续优化成本管理，不断完善和丰富成本管理规范和资产配置标准，通过深入开展业财融合、精细价值核算、投入产出考核和效益贡献奖等，促进全员成本自主管理，逐步形成了"规范—精细—人文"的管理进阶，实现在运营管理层面管控好日常成本，为"规范—精细—人文"srp 价值管理体系提供了实践样本。

二、模式根基：大财务管理模式

在精细化财务管理实施过程中，厦航不断赋予财务团队新的职能，如战略管理、绩效管理、投资规划、法务管理、可持续发展等。厦航的财务管理没有停留在表面，各项职能也不是单打独斗，而是强调"整合创造价值"，将公司管理的各种职能、流程、要素重新组合，形成厦航特色的"大财务管理模式"。

"大财务管理模式"围绕战略落地、效益提升、内控完善等目标，通过"跨界"拓展和整合相关职能，将更多企业经营管理的核心职责并入大财务管理范畴，形成与之相配套的管理机制和流程优化体系，广度上实现"宽职能"拓展，高度上实现"高站位"引领，深度上实现"深层次"整合，时间维度上实现"全过程"管家，从而发挥整合优势和放大效应，极大提升企业价值，实现"$1+1>2$"的增值效果，甚至是"$2\times2>4$"的乘数效应。

在大财务管理职能拓展的同时，2010 年，厦航财务管理将预算管理提升到资源配置与战略管理的高度，将成本管理、预算管理与原本相对独立的战略管理、资源管理、绩效管理等职能相互融合、有效联动，构建了"战略—资源—绩效"SRP 战略管理体系，在解决战略落地、资源优化、绩效管理等企业管理难题的同时，也从顶层设计上管好战略成本和管控大项成本。

三、体系形成：双轮驱动成本管理

精细化管理理念、大财务管理模式为厦航成本管理体系形成与运行奠定了理念根基和模式根基。在此基础上，厦航在成本管理领域持续探索、深入研究、系统总结，结合企业发展需要建立了"双轮驱动"成本管理体系与运行机制，如图 10-4 所示。

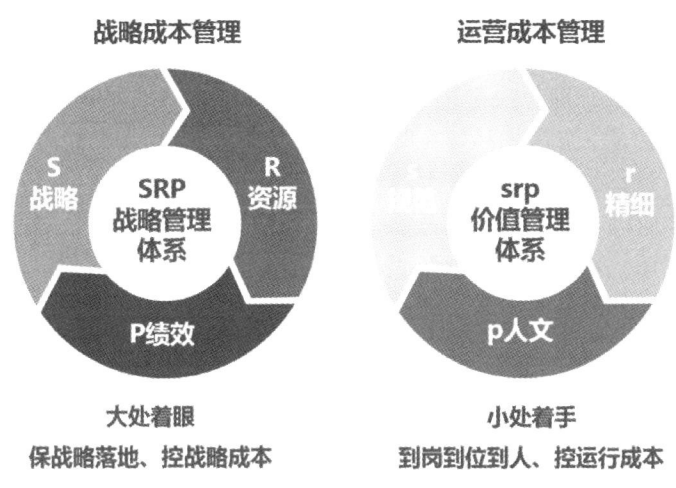

图 10-4 厦航"双轮驱动"成本管理图

一方面，顶层设计是以"大财务管理模式"为依托，运用"战略—资源—绩效"大 SRP 战略管理体系，以战略为导向投放资源，以预算为手段配置资源，以绩效考核为抓手推动落实，在保证战略有效落地的同时，从源头上管好战略成本和大项成本，构建行业领先的成本管理优势。

另一方面，运营管理是以"精细化财务管理理念"为指引，运用"规范—精细—人文"小 srp 价值管理体系，实现规范管理打基础、精细管理促提升、人文管理添动力，确保日常成本管理责任到岗到位到人，激发全员主观能动性，从根本上实现运行成本的精益管控，形成行业领先的成本管理水平。

大 SRP 管理体系和小 srp 管理体系共同构成"双轮驱动"的成本管理体系与运行机制，助力厦航保持了行业领先的成本竞争优势与持续稳健的盈利能力。

第三节 战略成本管理：SRP 战略管理体系

一、战略成本管理

企业战略决定发展方向。战略一旦明确，执行落地通常需要大量人、财、物等配套资源的投入。这些投入，就是未来的成本。

很多企业可能或多或少面临以下这些尴尬或难题：战略不明确，资源投入缺少方向、重点或节奏；战略规划追求"高大上"，制定环节未考虑未来的资源投入与成本摊销，带来长期效益压力；战略规划追求"短平快"，过于追求短期效益，忽略了长期发展，不愿将有限资源投入短期无法带来收益但影响长期发展的项目；战略规划制定了，但资源投入跟不上，造成规划无法落地或者执行进度拖延；战略规划实施了，但各项人、财、物资源投入不匹配，造成开工投产不足或个别资源闲置浪费等。这些都是不重视战略成本管理、战略与资源不匹配不协同、执行缺乏监控调整和严格考核的结果或表现。

企业战略就是科学合理地决定要做什么、不做什么，方向明确了，资源投放才有依据。而企业的战术就是充分考虑如何在既定业务方向下，用什么方式将有限资源投在价值链的关键环节，以最小的投入实现最大的产出。

所以，将成本管理从传统的注重日常管控的操作层面，提升到方向把控的战略层面及模式选择的战术层面，从"大处着眼"做好成本管控，企业才能从顶层设计上、治理体系上和管理机制上管控好战略成本与大项成本，构建长期可持续的成本竞争优势。

航空公司的经营具有业务多样性、资源密集性、市场波动性等特点，是典型的"战略引导型"行业。航空公司因为战略方向错误而走向衰败的例子不在少数，航空公司的资源管理更是一大难题，资金、人员、土地、航权等核心资源的储备对于航空公司的经营发展有着决定性的影响。

同时，民航业还是重资产行业，80%的成本在制定公司战略、确定业务模式的阶段就基本成型。因此，科学制定战略、平衡匹配资源、高屋建瓴地管控好战略成本和大项成本并通过绩效激励推动落实，对于航空企业的发展而言至关重要。例如，飞机是航空公司最重要的固定资产和生产资源，决定了航空公司运行相关的绝大部分成本，从战略层面，就要首先关注飞机及发动机选型、座舱布局等对公司成本带来长远影响的工作；战术层面则关注业务模式的优化，包括飞机的引进方式、融资模式、配套的航材储备方案等，从源头上把好关，能够最大程度地节约未来几年甚至十几年的成本支出。

二、厦航的 SRP 战略管理体系

借助"大财务管理"奠定的模式优势，厦航建立了"战略（Strategy）—资源（Resource）—绩效（Performance）"SRP 战略管理体系，如图 10-5 所示，并将该体系应用到成本管理领域。SRP 战略管理体系强调以战略规划为导向，以资源配置为依托，以绩效考核为保障，将三项独立的管理职能整合，形成互相支撑、有效联动的管理大闭环。

每个大闭环中又可细分为更小的闭环，形成一套能够提升管理功效的运行机制，如同作战方案明确后，兵马粮草要先动，论功行赏在战后，确保了战略的分解和落地、资源的主动争取和有效投放，特别是绩效的闭环管理，有效支撑资源匹配与战略落地。

在战略管理环节，首先要求结合企业发展实际和内外部环境变化，精准制定公司总体的发展规划和目标，然后将其分解为若干专项业务规划，再进一步细化为一系列具体的战略任务落实到各个业务部门。在资源管理和预算管理环节，预算审批和资源配置紧紧围绕

图 10-5　厦航 SRP 战略管理体系图

战略目标和任务，不仅考虑年度会计成本，还考虑业务的中长期发展方向和机会成本，动态调控，对战略发展形成持续的支撑。在绩效管理环节，紧紧围绕战略目标制定考核指标，全面覆盖航空安全、客货营销、顾客服务、运行保障、生产效益和综合管理等各个领域，延伸到每个处室、每位员工，确保战略目标落实到位。

SRP 战略管理体系使厦航形成统一一致的行动，克服了传统企业"战略摇摆""资源失衡"和"规划规划，墙上挂挂"等通病，为战略推进奠定了坚实的基础，从顶层设计上解决了企业综合管理的难题。

三、SRP 战略管理体系助力战略成本管控

在成本管理领域，SRP 战略管理体系将战略、预算、绩效等管理工具高度融合，以战略为导向制定发展目标投放资源，以关键资源为核心配置生产要素，以绩效考核为手段落实战略目标与资源配置，通过打通各项规划执行、各类生产要素、各部门核心职责，形成管理闭环，确保战略落地的同时，从源头上控好大项成本，实现战略实施、成本管控以及财务风险控制的全过程一体化。

（一）围绕战略目标投放资源，从方向上控好大项成本

民航业资源稀缺、监管严格，飞机机位、运行基地、航权时刻等核心资源不仅争取难度大，并且投入高、回收期长、专用性强、变现能力较弱，投入后就带来未来的成本压力。

厦航从"投前—投中—投后"全过程围绕战略目标做好大项资源配置，从方向上、根源上先抓牢控好成本。

投前，围绕总体战略目标编制中长期专项规划，通过前瞻性地对各项资源的业务模式、成本控制等原则综合考虑，合理规划、科学设计，以此作为后续具体项目审批、预算审核的重要依据，避免过度超前配置或部分资源不匹配造成项目投产拖延；同时建立了严格的重大项目立项评审流程，对项目进行充分论证、科学评估，确保资源投放符合战略目标、带来价值创造。

投中，重点关注项目进展以及资源之间的匹配，避免出现延误、停工待料及设备与人员不到位等情况；遇到内外环境重大变化时，动态评估、检讨项目是否需要调整，经营模式是否需要改变，确保项目开展以相对低的投入获取较好的回报。

投后，持续监控分析，确保资源物尽其用并产生效益，避免闲置浪费或低效运营。

以基建投资为例，规划立项时，厦航围绕航线网络规划、核心基地布局编制中长期基建投资规划，建立"无储备、不审批"的项目储备管理制度，对未来计划开展建设且符合公司战略、投资方向的基建项目均需提前申请纳入储备库，具体立项时再从战略匹配、设施布局、保障模式、经济效益等多维度深入评审确认。施工过程中，通过项目概算的分解和考核持续监控建设进度，确保投向不偏离目标，成本得到有效控制。若遇到重大环境变化，及时评估优化建设与经营模式，比如新冠疫情爆发后，民航业受到巨大冲击，厦航立即梳理所有在建和拟建的重大基建投资项目，从保障生产急需、巩固枢纽核心基地、避免成本上涨风险、缓解年度资金压力等几个方面对项目进行评估排序，暂停了几个前期规划项目，对已开工的项目适当放缓，以减轻公司阶段性的资金压力和经营困难。项目完工后，还要进行投产分析，例如，对新建成的配餐楼做投产模拟测算，从战略规划—立项评估—标准制定—物资采购等全流程进行复盘分析，对关键决策点的管控提出优化建议。

（二）做好资源间相互协同，动态调控大项成本

在资源管理方面，厦航建立了"计划—争取—配置—监控—调整"的小闭环。在计划环节，根据民航业的资源特性，按重要性、稀缺性、储配期、投资额，明确了运力、基地、航权时刻、专业人员、基建、资金六大核心资源，围绕战略目标制定资源规划、年度计划和年度预算，明确资源争取目标和获取资源的投入。在争取和配置环节，从公司层面统筹控制战略成本投入，既为公司的长期可持续发展储备能量，又从投入产出角度提前控制战略成本。同时，建立各种核心资源的关联关系和匹配模型。

例如，厦航机队规划强调"五个匹配"，即机队发展目标、发展速度与宏观环境、核心资源相匹配，机队结构及构型性能与航线网络相匹配，座舱布局与市场需求相匹配，机型调配与航线排班相匹配，运力分配与基地布局及市场机遇相匹配。在"五个匹配"原则指引下，厦航精准制定5年的飞机进出规划及相应的市场营销、飞行实力、机务维修等配套规划，避免出现瓶颈或过剩。

在配置环节，厦航以预算为手段，以战略规划为指引做好年度内资源的有效配置，对涉及公司战略重点和资源瓶颈的项目予以重点倾斜并不断增加投入。从2017年起，厦航的年度预算编制与年度战略解码工作同步启动，合并发布通知，进一步增强了预算与战略的联动。

在监控和调整环节，厦航建立资源监控和调整机制，实施科学有效的管理，通过资源、财务预算相关的各类专项分析报告，监控资源的争取情况、配置情况、使用效率、预算投入情况和产出效果，并根据战略规划、内外环境变化，动态调整资源计划。

在资源管理闭环中，动态调整颇为关键。资源投向不是一成不变，而是一个持续动态完善的过程，只有资源之间匹配到位，才能保障运行效率提升，成本水平降低。也就是说，如果有一项投入的资源相对富余了，那它就是相对"多"的资产，是沉淀的、闲置的

资产，既占用资金，又造成浪费甚至跌价损失；反之，如果有一项投入的资源相对短缺了，那它就成了发展瓶颈和影响效益的因素，因此，资源相互匹配才能有效提升整体资源使用效率并发挥降本效果。

厦航为了持续挖掘各类资源内部的优化空间，通过数量、结构、效率三个维度予以监控并落实到管理活动中，确保大项成本动态可控。数量上，基于相关法规、公司战略发展目标，分析和把控各项资源在重要时间节点的数量需求，厘清资源裕度与瓶颈。结构上，根据业务发展规律，科学调控资源之间的配置比例，实现资源相互平衡发展。效率上，在数量和结构既定情况下，通过优化业务模式，充分利用现有资源。

以飞行员配置为例，飞行员薪酬在航空公司人工成本中占据很大比例，合理配置飞行员满足生产需要，不仅是保证战略落实和经营目标达成的必然要求，也是控制人工成本的关键。因此，在数量上，结合民航局对飞行员资质、限时等要求，以及公司飞机引进速度、飞机日利用率目标，确定各年度机长的数量，同时通过外籍飞行员弹性用工起到一定的调节作用，避免人员过剩或不足。结构上，合理配置教员、机长、副驾驶、飞行学员比例，既确保留有安全裕度和晋升通道，也能按需培养、降低成本。效率上，通过优化机组过夜排班、推行属地化管理等方式提高机组排班效率、提升飞机日利用率，摊薄固定人工成本。

（三）绩效考核精准发力，确保管控目标落地

厦航根据企业发展和管理需要，通过"矩阵式"指标体系、"立体式"绩效管理、"金字塔"逐级考核构建全面有效的绩效考核体系，做到"人人有指标、人人有压力"。在成本管理领域，厦航围绕大项成本，分析成本动因和影响要素，以重要性、科学性、可操作性为原则，将成本层层分解，形成具体的KPI考核指标，考核各业务部门。例如，将航油成本分解，考核运行控制和飞行部门"航段油耗变化率"；将人工成本分解，考核人力部门"人座比"；将飞机维修成本分解，考核飞机维修部门"小时维修成本"和"单机航材库存"；将机上餐食成本分解，考核配餐部门"人次均餐食成本"等等。

除了KPI指标考核，厦航还以战略规划和资源管理目标及实施方案为基础，建立"公司硬仗+战略任务"两级解码机制，将各部门的年度计划分解成为具体、可衡量的关键任务，纳入绩效考核，简单高效、权责清晰，以更高层面、更大力度、更严措施全力推进、全程管控。考核方案明确后，厦航每季度通过绩效分析、讲评，检查任务推进情况，由此实现战略与绩效的联动，推动战略有效执行。

通过绩效指挥棒自上而下层层分解，厦航将公司战略目标、资源目标、成本管控目标分解落实为部门、管理者和员工等各层级的KPI考核指标，引领各部门达成共识，将管理精力集中在影响公司发展、效益等核心问题上。以机队选型选装设备管理为例，特殊航线比如高原航线的适配飞机，需要配置专用的机上设备，并且对发动机推力、最大起飞全重要求也更高一些，因此每架飞机的采购支出都要额外增加几百万美元。从运行部门的角度来看，保持同一种机型的构型及选装设备相对统一，能够便利航班调配，但如果统一"从高配置"也会相应增加飞机购置、运行及维修等成本。因此，厦航根据航线网络及运行需求，精细测算特殊构型或选装设备的数量，将"优化飞机构型性能"纳入相关部门的战略

任务,并通过绩效评价进行引导,经过细致评估,最终降低了一部分待引进飞机的发动机推力和最大起飞全重,节约成本超过2亿元。

第四节 运行成本管理:srp 价值管理体系

一、运行成本管理

相比于战略成本,日常运行成本的管理呈现点多、面广、线条长、空间大、管理难等特点。一是点多量大,各项运行成本细小繁杂,项目众多,有些金额相对较小,但因生产量大总的加起来金额也很可观。二是线长面广,各项运行成本涉及企业经营管理的方方面面,所有部门、所有流程、所有作业、所有人员都可能涉及,某项成本的管控可能又涉及多个部门,链条很长,比如航空公司的航油成本,除了采购管理部负责管好航油采购价格外,更是需要飞行员把握好空中节油操作,运行风险控制部等部门做好航线截弯取直、飞机减阻减重,飞机维修工程部做好飞机和发动机性能维护,这些工作都很专业,财务人员因专业上的局限性,较难透彻理解业务全过程,如果各业务部门人员成本意识、效益意识不强,不主动配合自主寻求改进空间,财务人员也是束手无策,难以全面和深入挖潜。三是可控空间大,虽然运行成本在总体成本中占比较小,但相比战略成本,业务部门对各项运行成本相对可控,可以通过自身努力深入挖潜,降低成本提高效率,因此管理水平的差异和全员参与的程度,也会直接影响成本水平与经营效益。四是管理难度大,想要管理好这些相对细小繁多的成本,要花费较大的时间与精力,也要付出较大的沟通和管理成本。

因此,针对运行成本管理,就需要构建一种有效的管理方式,能够全面、高效、持续、深入地实现管理目标,既要做到化无序为有序,又要做到在有序基础上持续追求卓越,还要激发人的潜能和主观能动性。

二、厦航的 srp 价值管理体系

厦航建立了"规范(standards)—精细(refinement)—人文(people)"srp 价值管理体系,有效解决运行成本管理的难题,如图 10-6 所示。

"规范管理"是以制度、标准、流程为抓手,立制度、建标准、强内控,夯实成本管理基础,让成本管理处于有序、有据且相互监督制约的状态。

"精细管理"则是在精细化财务管理理念指引下,不断拓展财务工作的广度和深度,深入开展业财融合,让财务人员懂业务,让业务人员懂财务,共同挖掘生产经营活动的潜在价值,推动全员降本增效、增收节支工作常态化。

"人文管理"则是发挥全体员工的主观能动性,鼓励员工把企业当成自己的家,倡导全员、全方位、全过程自主管理,培养"把公司当成自己的家来管理"的主人翁意识,在

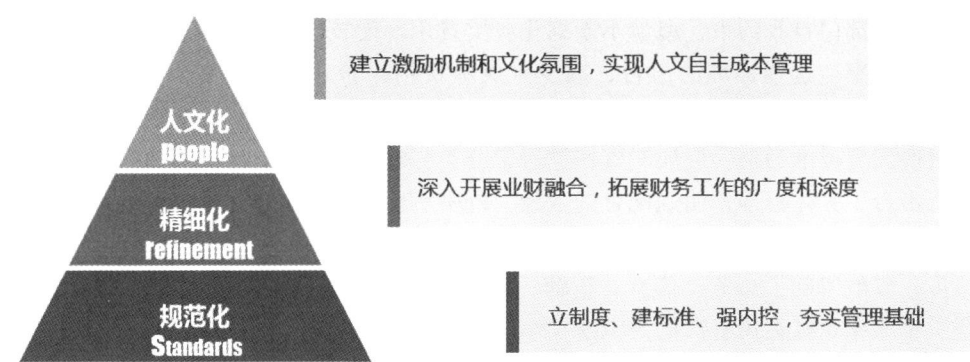

图 10-6 厦航 srp 价值管理体系图

每个环节上开源节流，在每个细节上降本增效，从而建立行业领先的成本管理能力。

"规范—精细—人文"三个层次全面综合的管理，规范管理打基础、精细管理促提升、人文管理添动力，既有硬性刚性的要求，又有软性柔性的指导，通过不断完善的机制引导，培育和形成了全员自主成本管理的文化，取得较好的成本管理效果，确保运行成本可控，建立行业领先的成本管理能力，为厦航持续盈利奠定了"低成本"的基础。

三、srp 价值管理体系助力运行成本管控

（一）规范管理的基础作用

企业生产经营过程中，成本每时每刻都在发生，"没有规矩不成方圆"，没有规范的管理基础，管理处于无序状态，成本就无法管控到位。运行成本点多面广，给管理带来了难度，厦航以制度、标准、流程为抓手实施规范化管理，化无序为有序，为成本管理奠定了良好的基础。

1. 制度规范化

早在 1997 年，厦航就在业内率先推行规范化管理，建立了全面完整的手册体系，形成并长期贯彻"一切要求形成制度、一切制度纳入手册、一切手册重在落实"的理念。在财务管理领域，厦航搭建了财务管理三级手册体系，并创新性按业务流程建立手册地图，覆盖财务管理全部业务，嵌入岗位职责及工作流程中。

以预算管理为例，厦航自 2004 年起开始推行全面预算管理，并建立了全面完整的制度体系：通过全面预算管理制度，明确全面预算管理的组织和实施，"先预算、后开支"的理念已深入人心。通过财务开支审批规定，明确具体的审批流程和审批要求，实现每笔开支都有人盯、有人管，严格执行"财务一支笔"管理制度。厦航为 344 个预算项目逐一编写了预算项目手册，明确具体的管理要求、审核规定等，并可在预算系统中调取查阅，为日常预算管控提供了细致规范的指引。

2. 标准规范化

财务人员经常面临的难题之一，是如何更有效地核减预算、压降成本，在实际执行时也经常遇到业务部门不理解，甚至带来冲突矛盾的情况。为了让预算管理和成本控制有据

可依，让业务部门自我约束，厦航不断细化各类费用额度核定标准和资产配置标准，持续提升标准覆盖率。这些标准的出台，减少了成本费用讨价还价的空间，大幅提升了管理效率。

以资产配置标准为例，厦航对资产进行了分类，针对覆盖面广、或单价高、或配置频繁的资产出台了具体标准，明确配置的数量、价格、使用年限和技术性能等，以此作为提交配置申请、审核购置预算、实施资产采购的重要依据。通过持续拓展类别、延伸领域、增加维度，厦航明确了总务、信息、车辆、地面作业和其他设备四大类29个小类资产配置标准，覆盖率达到在用资产的89.6%。大到配餐楼、住勤楼，小到每一台电脑、每一项家具，厦航都制定了具体明确的配置标准。以家具配置标准为例，现在已全面覆盖办公室、营销场所、生产一线休息区、单身宿舍等所有生产、生活场所，而且还细分具体类别、管理级别等，对于家具的标准，甚至细化到具体品项、规格、材质、参考单价等等。

厦航在制定资产配置标准过程中，注重沟通与调研，在详细了解需求、掌握数据、明晰操作流程后，再精准制定，确保制定的标准契合实际。以航空特种车辆配置标准为例，标准制定由财务部门牵头，会同后勤保障部门（专管部门），与机务、地服、货运、配餐、分公司等多个使用部门，经过多次、大范围的调研和专项讨论，再根据各类特种车辆的实际使用流程，各流程具体实施细节和操作时间，结合公司各基地的航班运行状况和机场运行条件，从而精准拟定各类特种车配置标准。比如，对于正常情况下必须参与航班起降保障的升降食品车，以满足高峰航班运行为原则进行配置。如果只是临时性参与航班保障的高空作业车，就按照日常平均航班量及使用概率来配置。此外，还会结合其他驱动因素，比如过夜飞机数量、货运装卸量，或结合飞机机型、替代设备情况等综合考虑配置标准。标准出台后，在实际采购特种车辆的过程中，就可以依据配置标准进行采购，避免过度配置，出现闲置浪费。

厦航还会定期对标准实施情况进行调研和总结，看标准是否出现偏离，结合实际使用情况，定期修订配置标准，确保标准不偏离企业需要。

3. 流程规范化

厦航根据企业内部控制和风险管理要求，充分利用"大财务管理模式"职能整合的优势，形成了"六环相扣"内控管理体系，如图10-7所示，即"战略规划—预算管理—采购管理—合同会签—收付款审核—执行评估"。每项业务以战略规划为起点，依次经过预算审核、采购评标、合同审核才能进入收付款环节，付款后还进行评估考核为后续投资提供参考。

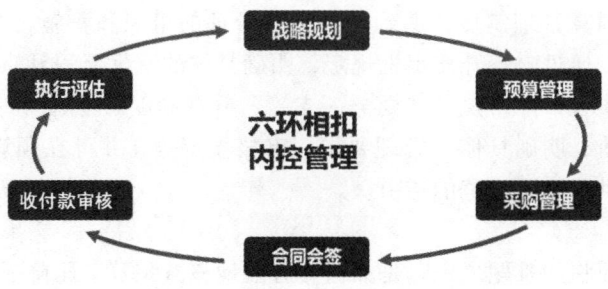

图10-7 厦航"六环相扣"内控管理

厦航的内控大闭环，把业务和管理环环相扣串联起来，尤其是把相关要求植入系统，通过系统自动审核把关，任何业务必须先申请预算才能采购，经过采购评审才能进入合同审批，付款审批必须关联合同编号和预算额度才能支付。这种"六环相扣"内控管理，使原本分散的六个环节有效整合，形成合力，实现有效落实，无缝对接，而不是各自为政，使管理更高效、更安全，在确保战略落地和业务合法合规的同时，也确保在财务和廉政方面不会出现问题，减少差错和舞弊。

2018年，厦航完成财务共享中心建设，将财务核算的工作流程由"一人多岗，全程负责"转化为"一人一岗，流水作业"，通过专业化分工、流水线作业、标准化操作和严苛的质量管理，将复杂业务简单化，简单业务标准化，标准业务流程化，流程业务信息化，自主开发机器人操作实现智能化，从而将集团内部核算和报销全部收回共享中心，在节约人工成本的同时，也大幅提升了效率，付款时效从共享前的4天下降至2.3天，对内报销仅0.9天，实现每月1日关账、2日出具合并报表，疫情期间全员居家办公也能按上述时限完成上月报表。

（二）精细管理的提升作用

成本管理关系到企业经营管理的方方面面，内外环境时时刻刻都在变化，这需要时刻关注、及时改进，摒弃"已经是极限"的想法，本着"一切成本皆可降"的原则，在规范管理的基础上，通过深化业财融合，确保成本管理纵向到底、横向覆盖，从细节入手，不断深入挖潜，持续改进，提质增效，用精细管理实现降本增效。厦航精细化管理理念已经深入人心，在成本管理领域通过持续深化业财融合、开展精细价值核算、常态化编制降本增效方案，将精细管理推向新的水平。

1. 拓展业财融合空间

厦航1998年开始推行精细化财务管理时，就要求财务人员走出去，深入了解业务，也让业务人员更了解并参与财务管理，实现双向良性互动。一方面，要求"财务人员懂业务"，财务人员到基层寻找业务改进、降本增效的空间，例如，让财务人员到配餐车间蹲点实习，了解业务过程，财务经理定期参加配餐部例会等。另一方面，也让"业务部门懂财务"，通过财务人员深入一线，带动业务人员了解各项财经纪律要求，学会从财务管理角度考虑问题，以减少损失、消除浪费为目的，消除不增值的作业、避免无效的支出，在生产经营各个环节上下功夫，在操作方法、管理模式上持续挖潜、小幅改进，通过不懈的努力、长期的积淀，积少成多也可取得显著成效。

尤其在成立财务共享中心后，厦航建立了战略财务做体系、业务财务挖效益、共享财务出报表"三位一体"的财务管理模式，实现了专业化分工和分层次作业。厦航组建了专门的业财专员团队，向每一个业务部门派出业财专员，致力于提供优质、高效的财务服务，通过流程梳理、数据分析、沟通协调、例会坐班等多种方式，积极融入业务部门业务和日常管理，在预算审核、采购评标、合同审核、款项收付、考核激励等方面给予支持，指导降本增效工作，协助业务部门开展业务流程优化、业务模式转型、新技术应用，提高投入产出效率和效益，共同创造价值。

业财专员团队采用"横向分工、纵向协作"的模式。"横向分工"是指根据各业务部门之间的关联性,将 18 个部门分成 3 个小组,每个小组内成员至少两两组队负责 1 个或多个部门,团队协作,相互备份,各有侧重。"纵向协作"是指组建若干个后援专项小组,专项小组一方面针对同质、常见的业务,从事前政策解读与宣贯、事中疑难杂症处理与流程优化、事后复盘总结培训提升,形成闭环管理;另一方面针对一些专项业务,由专人牵头,完善管理及运行机制,持续做精、做细、做优。通过这些后援专业小组的运转,让业财团队有强大后援团支撑,遇到问题能快速寻求牵头人支援,牵头人实时召集相关人员讨论解决方案,系统梳理规章制度,并力求举一反三,避免同类问题反复沟通,让各项业务开展更合法合规、问题处理更简洁高效、知识分享快速传播,业财能力持续提升。

在业财融合过程中,厦航财务人员也积极推动新技术、新手段、新模式的创新和运用,鼓励通过机器替代人工、线上代替线下、集约代替分散等变革,寻求成本管理实现更大的突破,比如建立航线网络优化算法,实现连续多天的短期机型配置全局优化,从而大幅提升了运行效率;又如,应用机器学习方法,建立航班航程油量预测模型,科学精准,从而节约了燃油成本;再如,在配餐系统中植入算法模型,实现餐食动态备份,节约了餐食成本。

2. 开展精细价值核算

成本管理,不是单纯砍预算、减费用,重点是从投入与产出对比的角度来分析成本费用支出的必要性、合理性,力求以尽可能少的投入,创造尽可能多的产出,获取尽可能多的价值。这个价值不仅是效益,还包括安全、服务、可持续发展等。比如,引进新设备要增加开支,但如果能因此节省设备维修费用和提高设备效率就可以投入;又如,改进服务质量要增加开支,但市场竞争能力会逐步提高也可以投入。这些属于"花钱是为了省钱",但前提条件是每一个投入项目都要经过充分论证、科学决策,投入后切实能带来成效。

精细价值核算就是划小核算单位,核算投入产出的一种管理模式。常规的会计核算,是以企业整体为核算对象,核算结果是收入、成本和利润。精细价值核算的单位并不是层层分解,而是根据管理需要灵活选择,选择某个部门、某个班组、某项业务甚至某个个人、某项资产为核算对象,核算结果是这个对象开展业务活动带来的"投入产出"。投入以货币计量,产出则不一定是货币收入,可以是保障的航班数量、服务的旅客数量、招聘的员工数量等。通过精细价值核算,让业务部门清楚地了解自己占用了多少资源、消耗了多少成本,取得了多少回报,培养投入产出意识,并且通过与市场比、与历史比、与同业比,让管理者对自己管辖业务的效益负责,寻找增收节支的空间。

比如,航空公司的头等舱休息室通常不是组织架构的一部分,属于一项资产投入,功能与机场提供的头等舱休息室相同,两者具有可比性。厦航将每一个头等舱休息室作为精细价值核算对象,将它们服务每个旅客的成本精细核算出来,与机场服务的收费标准进行对比。核算结果显示,当客源达不到一定规模时,自办头等舱休息室的成本会远远高于机场收费,这种情况下还不如花钱买机场的服务。在客源达到一定规模后,可以更充分地摊销固定成本,自办休息室才具有经济性。同时,装修和服务设施的档次、人员配置的合理性,以及日常水电运行维护等因素,也影响头等舱休息室的效益。在这些因素被清晰地量化后,航空公司建设头等舱休息室的决策会更加理性,日常管理也会更加精细。厦航通过头等舱休息室精细核算,明确了新设分公司不再新设自营头等舱休息室,已经设立的基地,通过考核,推动各基地通过开展对外合作、挖潜成本等方式来提高利用率和经济效益。在这种管理模式下,企业内部各个层级的工作成果都会被衡量出来,推动各级管理者以数据为依据努力在提升业务和控制成本间找到平衡点,通过增加客源、提高利用率,减少无效、低效的耗费来持续不断地提高效益。

精细价值核算也可以选择一项业务作为核算对象。随着简化商务快速发展,旅客自助值机已是大势所趋,各航空公司都致力于持续提高自助值机办理效率及效益。厦航通过对三个基地值机业务的投入产出效益分析,发现自助值机的单位成本不到柜台值机的10%,三个基地自助值机办理率落后对标航空公司10%,与此同时,国内柜台的使用效率较两年前下降了10%却仍未退租柜台,个别基地还要增租,这些显著的精细核算数据差异引起了关注,厦航加快值机业务转型,通过引导旅客消费习惯、上线自助行李设备、实现值机环节全流程自助办理等加快值机转型,降低单位成本。

精细价值核算不是"一次性"的分析,还需要持续跟踪,持续改进。以优化航班餐食备份数为例,航班餐食于旅客登机前配送上机,配送份数主要依据配送时航班订座人数。为保障机上人员用餐需求,餐食配送份数会比订座人数多出若干份,航班结束后,剩余的备份餐食只能作废。一份餐食从制作、冷藏到配送需要材料、人工、设备,从机上烘烤到地面回收的各环节都需要"人财物"的投入,增加机载重量还会耗费燃油成本,但这部分"真金白银"最终浪费实在可惜。从2012年起,厦航财务人员就开始持续关注餐食备份数的问题,借助精细核算,推动业务部门逐年优化改进:先是优化头等舱、公务舱餐食备份数,将满配改为合理配置;随后进一步按照航线细分,将原本的按照固定数量备份改为根据以往航班的备份使用情况进行备份;然后,又将头等舱、公务舱备份方案扩大到经济舱;接着,推动试点首段航班"零备份";再针对"第二及以上航段"多配成本平均是"首段"的2.3倍,推动着重优化"第二及以上的航段"的配备数标准;现在业务部门已将前期积累的算法植入到配餐系统的备份管理中,进行更为精细的动态备份。通过逐年努力,餐食备份率从2013年的15.21%控制到6%以内,一年可以节约2000余万元。

3. 制定降本增效方案

企业通常按年度制定工作计划,对于降本增效方案,也通常按年度制定发布,开展"年度运动式"的降本增效活动。然而,涉及业务模式转型、资产结构调整、基地布局优化等战术或战略层面的举措,通常实施周期较长,"年度运动式"的降本增效活动,有可能会造成业务部门只顾眼前忽略长远,或是关注局部忽略整体,难以带来长期性、根本性的改变。

从2018年起,厦航改变了以往按年度出台降本增效方案的做法,改为跨年度的"三年降本增效计划",明确了用三年时间实现投产效率提升的要求,促进各单位出台了降本增效具体措施235余项,后续年度再持续以三年为单位滚动更新。2019年,在235项措施基础上进一步总结并部署"过紧日子"工作方案,明确8大方面、25项关键举措。2020年,针对疫情,发布"战疫保平促发展"工作方案,延续上年"过紧日子"方案架构和"三年降本增效计划"举措思路,结合缩减开支短期应急举措,综合考虑长期发展目标,明确了9大方面47项任务。2021年,继续围绕9大方面47项任务,酌情调整,继续推进。厦航强调降本增效工作不是一年一度"运动式"的,而是要注重年度间的延续性,在总体降本增效目标框架下结合当年度的形势变化进一步明确管理要求，各项举措在总结中也得到进一步的深化和提升，力度和效果也进一步强化。

厦航的降本增效工作在方案制定、推进落实、监督监查、考核激励等方面都有明确的要求，形成了完整的 PDCA 闭环。方案制定方面，厦航利用业财融合的优势，业财专员与各业务部门密切联动，在举措征集过程中充分征求各单位的建议和问题，既确保方案全面深入，同时各项措施也更"接地气"，让各部门都能找得到方向和目标。推进落实方面，厦航强化各项措施的跟踪和落实，给每项任务都设了一份"案头书"，画出时间轴、明确里程碑，同时创新性地使用在线工具，公司分管领导、部门领导、主办人员、业财专员都在一个文档上及时共享信息，建立按月线上收集进展、按季线下综合讲评、重大项目专项沟通的落实跟踪机制，提升信息收集和反馈效率。监督检查方面，厦航成立了五部门联合督办组对各单位降本增效工作进行督办、监督、巡察与考核，如果任务推进不力或弄虚作假，还会被通报、追责，影响评先评优和任免评价，对于实际效果突出、操作性强的举措，形成制度，纳入业务管理手册，成为常态化工作规范和要求。考核激励方面，厦航加大了绩效考核和激励力度，将各项举措纳入绩效 KPI 或战略任务考核，未纳入考核的也可申请效益贡献奖励。通过这样严格的闭环管理，把降本增效工作落到实处。

（三）人文管理的促进作用

很多企业的员工对成本管理认识都存在这样的误区：成本管理是财务部门或者公司高层的事，业务部门和业务人员把所辖工作做好管好即可。实际上，业务部门、业务人员才是成本的主体，是成本管理的责任单位或责任人员。因此，成本管理必须激发"人"的主动性，向着人文自主管理的方向努力。

厦航始终认为每一名员工都是成本管控的主角，"全员参与、高度自律"的全员自主管理才是成本管理的最高境界。因此，厦航按照"大项成本靠机制、小项成本靠文化"的思路，以刚性的绩效考核、柔性的激励机制和广泛的文化引导，营造全员自主管理的氛围，使成本控制成为广大员工内在的、主动的管理需求。

1. 刚性的绩效考核

厦航将公司奖金总盘子与公司利润直接挂钩，激发全体员工共同努力提升公司效益。除了对航油、人工、维修、配餐等大项成本进行分解，纳入责任部门 KPI 指标进行考核外，厦航还对所有部门推行全面投入产出考核，以培养业务部门自主管理意识，努力营造"把企业当成自己的家来经营、把企业的钱当成自己的钱"来管理的氛围。厦航根据各部门业务特点，给每个部门设置至少 1 个投入产出指标，对于可以合理量化产出的生产部门，设定产出效率指标，比如地面服务保障部的"每班保障成本"、空中乘务部的"小时完全成本"；对于机关部门等无法有效核定量化产出的部门，将人工成本、行政办公费用、资产成本、场地费用等作为投入成本，同公司规模，即飞机的座位数挂钩，要求投入成本增幅不得超过飞机座位数等生产或规模增幅。

为鼓励各单位制定更加长期有效的措施，考核指标以三年为总目标，三年内可以适当调整，但需满足以下两点：一是以考核基准年份为基数，三年投入产出效率增幅逐年递增，递增幅度为 0%~15%；二是当年目标值不低于上年实际。考核按照节约/增支额的一定比例进行奖惩，同时为体现管理职责，鼓励管理层多担当、多想办法、多作为，奖惩金额的50%奖罚到各单位的管理团队。

通过全面推行投入产出考核，业务部门更加关注自己耗费了公司多少人财物，取得了多少产出，投入与产出是否匹配，而且通过与绩效奖金挂钩、在效益提升会上定期讲评等激励手段，把个人的钱袋子与公司效益关联起来，从而推动了业务模式调整、技术升级换代、机器人推广运用等能够带来长期性、根本性变化的成本改进，促进业务部门自主寻求业务推进与成本节约的平衡点，主动压缩不必要的资源消耗和不产生价值的业务环节。

2. 柔性的激励机制

除了硬性考核成本指标与投入产出指标，厦航还通过效益贡献奖、创新项目孵化机制等柔性的激励与扶持机制，鼓励广大员工主动作为降本增效。

厦航将效益贡献奖作为KPI考核的有益补充，实现更灵活、更精准的激励。该奖励由各部门自主申报，逐项评审，对创收、节支、创新项目分别明确奖励规则。"创收奖"鼓励在业务拓展、营销协同、资源争取和资源盘活等方面努力创收。"节支奖"鼓励在业务改进、成本压降和合同谈判节支等方面努力降成本。"创新奖"奖励各部门通过流程改进、业务模式创新和技术改进等对提升公司效益有重大贡献，但效益贡献难以准确量化的项目。"建议奖"奖励在增收节支信箱投稿并被公司采纳的建议。效益贡献奖奖金数额虽然不大，但精准发放到相关人员，每年用几百万元的奖励金额，撬动数亿元的降本增效，起到"花小钱办大事"的作用，取得很好的激励效果。

为激发全员降本增效积极性和创造性，厦航还推出了创新项目孵化机制，给创新项目拨付一定金额"开办费"、授权业务部门在合法合规的前提下自主开支，并从流程审批、项目核算、跟踪评价、激励方式等方面提供全套支持，营造"敢于创新、自主管理、适度容错"的环境和氛围，让创新项目突破固有框架，通过探索和试错，取得跨越式发展，从根源上、动力上实现降本增效。

灵活有效的管理机制激发了各单位主动作为的积极性，例如，培训部门除满足内部培训需求外，主动开展对外模拟机培训、礼仪培训等，既能增加收入，又能摊薄固定成本、增加边际贡献；又如，财务部门全面回收、承接分子公司核算、结算、税务、法律事务，建立集团收入结算、财税与法务三大共享中心，不仅大幅提升用工效率、节约人工成本，还进一步提升市场响应速度，同时也强化了服务水平及管控效率。

3. 广泛的文化引导

厦航将敢拼会赢、艰苦奋斗的干事创业精神、"把公司当成自己的家来经营"的"家文化"植入成本管理，形成厦航特色的成本文化，并将成本文化作为六大企业文化之一进行广泛宣贯，形成良好的文化氛围。

在日常管控中，厦航注重潜移默化、多平台联动营造成本文化氛围。例如，厦航每季度都会邀请成本管理做得好的单位或个人在公司效益提升会上作降本增效专题经验分享，将他们在各自领域的经验进行推广的同时，也培养了业务部门的自豪感和主人翁意识。又如，在公司自办报刊设置"增产保赢""达产保平""过紧日子""降本增效""节能减排""提质增效""管理妙招"等专栏宣传优秀案例，制作微信宣传推文，积极弘扬先进事迹，推广先进典型。再如，厦航设置"增收节支"电子信箱、"金点子"建议收集等，方便全员参与成本管理，激发降本增效自觉性，使成本控制成为员工内在的主动需求。

在成本文化的引导下，厦航全体员工都具有很强的主人翁意识，把公司当作自己的家，把公司的事当作自家事，树立了为公司省钱就是为自己省钱的理念，也时刻主动观察、主动作为，帮助公司降本增效。例如，有一名空乘发现加满水出港的航班落地后水箱还剩 3/4 的水，增加了飞机的重量，从而增加了航油消耗成本，她主动向公司反映了这一问题，业务部门马上对此进行分析研究，明确在全公司范围内推行分段科学加注水的节油措施：1 小时以内航班加注 40%、2 小时航班加注 50%、2.5 小时航班加注 60%、3 小时航班加注 75% 以上，全年就实现节油 433 吨，正是因为这位一线员工，以主人翁的姿态主动参与管理，心系公司，才能关注到这个细节，这就是全员参与成本管理产生的巨大力量。

第五节 双轮驱动成本管理模式的经验与启示

一、建立"两个体系"，形成双轮驱动成本管理模式

传统的成本管理通常从微观维度和经营视角去寻找降本增效的途径或空间。

厦航的双轮驱动成本管理则强调从宏观、微观两个体系一同发力。这两个体系如同两个高效运转的轮子，相互联动、共同发力，从而构建了有效的成本管理体系。

宏观体系是大"SRP"，即"战略—资源—绩效"SRP 战略管理体系，强调"大处着眼"，管理好战略成本和大项运行成本。厦航 80% 的成本由公司战略、业务模式、产品设计所决定，比如飞机选型等。因此，厦航将成本管理从传统的注重日常管控层面，前移和提升到战略规划阶段，以及战略、战术层面，确保企业战略成本、大项成本不会出现方向性、结构性的问题，从而奠定了企业战略性、结构性的成本优势，实现战略管理、成本管理、风险控制的一体化协同联动。

同时，SRP 战略管理体系通过企业战略目标的制定、分解和落实，再协同联动资源配置、绩效管理，实现战略目标与规划执行相连接，规划执行与年度目标相连接，年度目标与各部门核心任务相连接，并将这些与公司各类生产要素配置相连接，从而实现目标统一、资源高效、执行有力。

微观体系是小"srp"，即"规范—精细—人文"srp 价值管理体系，它强调"小处着手"，管理好日常运行成本，也就是企业剩下 20% 的可控成本需要在日常经营管理中持续做足、做精、做优，通过成本管理理念的深入人心，促使企业上下齐心协力，营造共同争创效益的热情，就能激发更大的能量，从而营造企业良好的成本管理氛围，在战略成本优势基础上，通过"规范—精细—人文"管理，实现企业成本管理从优秀到卓越。

srp 价值管理体系重在激发企业管理活力，通过规范管理实现从无序到有序、从粗放到精细、从管事管人到爱心赋能的自主管理，然后延伸管理链条，持续优化管理流程，精

细挖掘降本增效空间，再进一步建立激励机制、营造文化氛围，从而促进自我改变、自我提升，构建软硬兼施、约束与自主并重的日常成本运行机制。

总之，厦航通过建立"两大体系"，实现"从大的方面做好，在细的方面做足"，两套马车并驾齐驱，发挥 1 + 1 > 2，甚至 2 × 2 > 4 的乘法效应。

二、创新"双轮"管理工具应用，全力打造成本管理利器

厦航的双轮驱动成本管理体系，在实践中大胆创新管理会计工具的综合应用，其具体做法主要包括：一方面，通过整合应用多项管理会计工具，充分发挥不同工具在不同领域、不同环节的管理作用，优势互补，形成完整并适合发展需要的管理体系，如图 10 - 8 和图 10 - 9 所示。另一方面，根据具体的应用场景，结合管理实践灵活运用，避免管理工具"堆砌"使用或者是"一刀切"，比如投入产出考核指标的设置，不是模拟核算利润，而是关注业务驱动因素，聚焦投入产出，通过较小的管理成本实现相近的管理成效。

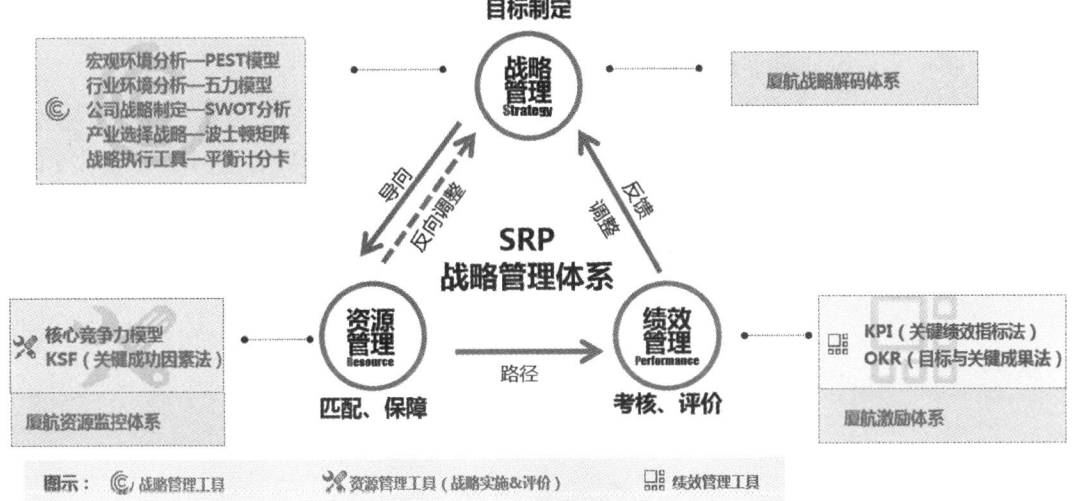

图 10 - 8　厦航 SRP 战略管理体系中的管理会计工具运用

此外，整合运用管理会计工具和方法时，也非常注重对数字化、智能化的合理应用，在积累梳理生产经营数据、财务会计数据基础上，充分挖掘数据背后的规律，提炼算法模型，再反过来指导成本管理实践，实现价值创造。

三、利用"四维时空"思维，拓展成本管理新思路

人的思维决定思路，而思路又指导其具体行动。对于企业管理人员和财务人员来说，每天都要面对纷繁复杂的业务和管理难题，他们的思维方式决定了他们解决问题的思路和方法，直接影响他们的判断和决策，最终往往左右团队或者个人的业绩与发展，甚至关系企业的繁荣与未来。

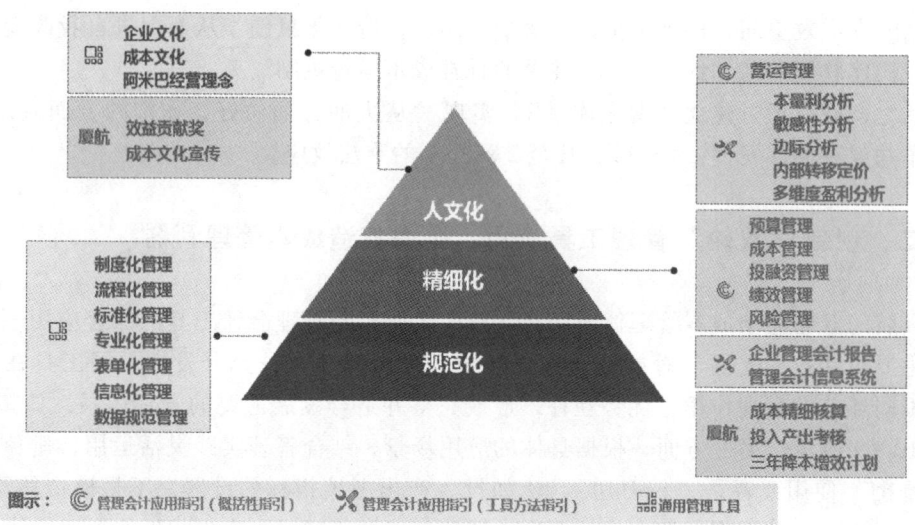

图 10-9 厦航 srp 价值管理体系中的管理会计工具运用

厦航双轮驱动成本管理体系能够充分运转并发挥效用,"四维时空"系统思维为其提供了丰富的滋养和强大的动力。

"四维时空"系统思维是厦航从精细化财务管理的深度挖潜、广度拓展及"大财务"管理的高站位、全过程管理理念中提炼出来的思维方法,分别代表思考问题的不同方位、不同角度,强调突破思维定势,全面查找业务或管理中存在的短板,寻求改进提升的方向,再"对症下药",运用合适的工具或办法加以改进,从而开创财务管理工作新局面。

"四维时空"系统思维从业务、管理两个方面、"广度、深度、高度、时间"四个维度,形成 8 条指引,每条指引包括 3 个关键节点,从而形成 24 个子节点,分别代表思考问题的不同方位、不同角度与不同方向,如图 10-10 所示。

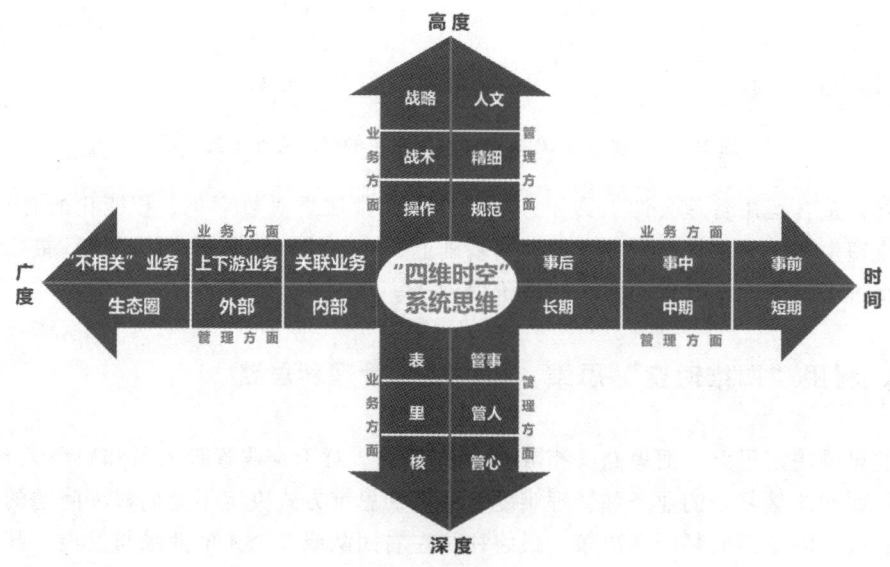

图 10-10 厦航"四维时空"系统思维图

"四维时空"系统思维是通过思维层面的指引和渗透，持续滋养和丰富成本管理的内涵和外延，为"双轮驱动成本管理体系"提供丰厚的土壤。"四维时空"系统思维运用到成本管理中，形成了"一切成本皆可降"理念，引导财务人员不断拓展成本管理的时空维度：

广度上，延伸管控链条，拓宽管理领域，实现管理"零"死角，构建"生态圈"；

深度上，深挖潜在可能，激发潜在能力，努力挖掘提升改进的空间，并且通过管事、管人、管心的层层递进，不断激发潜能；

高度上，把成本管理提升到战术和战略层面，在规范管理、精细管理基础上实现人文自主管理，以大视野、大格局寻求更大的突破；

时间上，实现关口前移，兼顾长中短期，运用 PDCA 闭环管理思考改进的方向，通过时间轴前后的延伸寻求更大的突破。

四、用好"两个抓手"，开创成本管理新局面

厦航的双轮驱动成本管理蕴含着鲜明的特点和逻辑，那就是"两个抓手"，即"释放"与"协同"。

"释放"是指通过管理提升、流程优化、系统改进、技术迭代，使人从原有的繁琐、枯燥或繁重、复杂的工作中解放出来，实现工作巧做、优化做或简化做，从而做"减法"。

"协同"是指拓展原有工作边界，与新的工作、职能、系统、体系有效衔接和互通互动，不仅减少了重复重叠的工作，还实现了增值，从而做"加法"。

在"释放"方面，双轮驱动成本管理从规范到精细再到人文管理的进阶，就是业务理顺之后不断释放制度、释放流程、释放数据、释放能量的"做减法"过程。规范管理就是定制度、立标准、理流程、梳数据，使管理有据可依，看似约束，实则让管理者从事务性管理中释放出来，减少沟通成本，提高管理效率。精益管理为各部门、各业务出具精益核算报表分析投入产出，用管理报表取代财务报表，给财务数据"赋能"，让财务数据释放更大效能。而人文管理则强调全员自主管理，也就是鼓励释放每个人的能量，再将星星点点的能量"聚合"起来，形成更大的整体力量和综合效应。

在"协同"方面，双轮驱动成本管理中"战略—资源—绩效" SRP 管理体系整合了战略管理、绩效管理、财务管理等职能，实现了更好的协同联动。"三位一体"的财务组织模式，通过专业化分工、分层次作业，让更多的财务人员能够深入业务部门参与价值挖潜，打通财务、业务数据与系统的阻隔，实现业务、财务与信息系统的融合。

总之，"释放"让财务人员有更多精力、更精准的数据支持各项协同工作，而不断"协同"又对财务管理工作有更多服务需求，推动财务管理做更多"释放"，释放支持了协同，协同助力了释放，推动管理循环往复、迭代升级，从而开创了全面管理，尤其是成本管理的新局面，奠定了厦航长期竞争优势的坚实基础。

第十一章 关于企业管理会计体系建设的几点建议*

本书选编的经典案例及其所研究成果,对于建立中国特色的管理会计体系颇具参考价值,尤其对制造业的管理控制系统设计、成本管理、流程管理、绩效评价与战略绩效管理、柔性预算管控、管理会计信息化和管理会计职能岗位设置等方面有许多可资借鉴之处。针对这些经验和启示,我们提出如下建议。

第一节 管理控制系统设计与组织结构的改进

根据本书的案例研究发现,管理会计的应用效果很大程度取决于管控系统和组织架构设计的合理性。就现代企业管理的要求来看,一个高效的企业必定有一个行之有效的管理控制系统(也可用管理会计系统来替代),如TS集团的独特管理控制系统,尤其是其"双线"管控模式的组织结构,可以给中国制造业企业全面推进管理会计体系建设提供管控组织结构设计方面很好的参考,也是目前管理会计实际应用超越理论研究的关键点之一。在管控系统设计时,可以学习和借鉴上述案例的成功做法,并结合企业自身的实际情况设计适合企业发展的管控系统与组织相匹配,以期实现:

第一,组织与管控系统匹配。在设计管理控制系统时,必须考虑管理控制的组织机构(简称管控机构)应该具有全局性和一定的独立性,可以借鉴TS集团的制定制度和执行制度适当分离做法,尽可能地避免行政执行单位自己定制度自己执行的弊端,确保管控系统的有效性和效率性。

第二,建立科学的管控机制。企业的管控机构应进行管控制度全面设计和深入"前线"的跟催和检查(如TS集团的总经理管理处、上市企业的内审机构)等执行工作,填补高管人员因精力和时间的限制,以管控稽查人员深入基层了解业务管控执行的情况,有利于提高企业的执行力和异常事项及时处理,不断改善业务和财务的管理水平。

第三,管控系统成为"耳目"。管控机构应该成为企业高管(董事长、总经理等)的"耳目",一般要借助于管控的各种先进方法,包括管控的程序化和信息化等手段,实现像

---

* 本章由傅元略、刘宗柳和游相华撰写。

TS集团那样的"一竿子插到底"的管控模式使管理会计师成为高层经理实施管控的得力助手和"耳目"。

第四，业务管理系统与管控系统融合。管控人员除为高管层的管控支持之外，还应当辅助中层和基层的经理们相互配合，协同管控。因此管控人员必须熟悉基层和中层的业务，以便将中基层的业务与其管控实施相融合；同时，这种做法也是培养他们成为高管后备人才的必经之路。

第二节 管理会计的核心业务：异常事项管理

战略管控（含成本管控）过程的异常事项分析和处理是管控的最主要环节之一，无论企业采用什么样的组织结构，都必须考虑到战略性事务和日常业务运营管控中异常事项的发现、分析和处理等具体管理活动。根据TS集团的异常事项管控成功秘诀，要抓细抓好这项工作，必须执行如下三部曲：

一、异常事项判定标准的设定

根据TS集团的做法，异常事项判定标准主要包括两方面：一方面是将绩效目标细化为各类业务执行的目标，并作为异常事项的判别标准之一。通过与绩效指标体系目标值的比较，来判别责任人执行过程是否出现异常。TS集团尤其重视绩效及成本的目标管理，通过目标设定与实际绩效差异分析，检讨以发掘异常原因，并谋求改善对策，达到成本控制和提高绩效的目的。在目标设定中，合理确定各个责任中心关键业绩指标非常重要，并通过异常管理方式对实际成本与目标标准之间差异进行分析，进而加以改善解决，同时与考核激励相结合。另一方面是把各种管理制度，包括生产、采购、销售、财务（含会计）、人力资源、研发和管控等方面的制度，作为异常事项的判定标准。这方面的判定分析是以定性与定量的绩效指标相结合进行分析，有助于业务绩效的改善和提升。

二、异常发现的处理程序化和信息化

异常事项管理是管控过程中最复杂的一个环节。根据TS集团的做法，我们归结异常管控有五个步骤：发现、分析、核实、跟催处理、改善。这五个步骤均可以信息化，可以与企业信息系统融合在一起。一般情况下，可以通过IT应用程序自动发现被列入的异常事项，异常事项可根据影响责任人的业绩情况进行排序，并列入计算机系统的重要事项进行专门管制，直到异常案件处理和改善完成后才能结案。利用计算机应用系统可实时掌握和发现生产经营过程中所发生的问题，在应用程序中设定各类异常事件的鉴定标准，以促使系统能够适时地反映各种内部报告和鲜明突出异常事项的等级。发现异常现象后，再由管控专业人员深入探究发生原因，并研拟改善对策，同时对改善进度及成效进行追踪，以

达到不断改善的目标。

三、异常处理的方案拟定和实施

TS 集团的管控成功秘诀在于异常事项及时地"追根究底、止于至善"。管控追根究底的重要方式之一是 TS 集团午餐汇报会，TS 集团创办人为了深入了解和解决公司经营管理中存在的问题，几十年如一日地坚持召开午餐汇报会，听取下属企业对某个专题的汇报，当场提问，刨根问底，直到找到解决问题的办法。另一种方式是对重大异常事项总管理处专案小组设立专案，刨根究底，直到找到解决方案并整改完成才予以结案。我们建议将这些良好的追根究底短会或专案方式制度化和内部报告化，并结合集体决策的需要进行信息化，以便管控系统能及时发现企业日常管理中的异常现象，也能尽快找到解决异常事项的可行方案，这样的异常事项管理模式更能促使责任人不断追求改善执行力和创造力。

第三节 业务流程管理会计与成本管控的融合

在传统管理会计中，企业的上游企业和下游企业的成本协同管理往往是被忽视的。在现代激烈竞争的市场环境下，企业的业务流程已经向其上下游拓展。在精益化管控中，业务流程成本和流程顾客满意度的管理成为其核心内容。根据 YL 公司案例，有关供应链管理和业务流程管理融合、实施顾客定制的业务流程精益化管理，我们可导出构建流程管理会计和成本管控融合的如下建议：

一、建立业务流程管理会计

在现代管理会计中，企业必须形成企业战略、业务流程和信息系统三者管理的集成。尤其是业务流程管理会计是三者管理集成的基础。在最新的流程管理体系中，以 YL 公司案例为标杆的混线制造的流程管理，是典型的业务流程管控的管理创新。由此引发管理会计在流程管理中的创新问题：

（1）流程管理会计系统的建立。管理会计为实现以业务流程为导向的责任中心和职能岗位正常运行，必须建立相应的管理控制（管理会计）系统。在 YL 公司案例中，企业的组织架构和岗位设置就出现了专业的流程管理部门和岗位。同时，国内外流程管理领先的企业也已经出现战略管理、流程管理和信息化合并设置部门的趋势，而流程管理会计应当厘清业务流程的责任人、执行人和控制人等角色，为不同的角色提供流程管控的内部报告和有关决策支持信息。

（2）流程管理会计的岗位设置。如果把每一条流程认定为一个责任中心，那么每一个责任中心可以有若干个管理会计岗位，可以设置流程成本核算、成本管理控制、风险管控、流程运营分析、绩效评价等岗位，其目的是服务于流程管理、控制和决策。随着经济全球化和电子商务的发展，流程管理与信息系统开始在管理层面和运行实施层面相对分离，管理会计要把管理和信息系统融合。因此管理会计岗位将面临更高的要求：必须掌握信息技术应用和有关流程管理系统等计算机应用技术，并能够支持流程成本管控系统和流程风险管理系统的设计和维护工作。

（3）业务流程管理与管理会计系统集成。业务流程管理系统已经成为企业按照预定的目标和条件成功、可靠、持续地开展各种业务的必需系统。虽然管理会计人对业务流程管理系统的构成和评价还是比较陌生的，但对业务流程的控制和审计还是比较熟悉的。如何发挥这些优势，将业务管理系统与管理会计系统集成，我们建议明确系统集成的三大目标：第一，管理会计在业务流程、客户保持、提升和管理创新方面发挥作用；第二，业务流程管理会计在资产利用、风险管控、价值创造等方面发挥作用；第三，发挥管理会计的参谋职能，对业务战略、产品开发、财务资源和人力资源配置、执行力和绩效评价、价值管理、风险管控等多方面业务流程的关联整合。

二、成本管控应当向企业的外部延伸

本书的所有案例，尤其是 YL 公司案例告诉我们，企业成本管理应当从企业内部向其上游供货商和下游经销商及其最终顾客的成本管理延伸。这样的成本管控将上下游企业乃至最终客户紧紧地联系在一起，同时对客户的快速响应可以使你的产品更快地进入市场，并且帮助你及时改变产品结构来保证你的商业前景。它将通过减少非增值环节或作业和时间、缩减存货成本、提高投资回报率来提高盈利能力。市场营销中快速响应的目标通常是满足客户需求、提高成本优势及其在市场中的竞争能力，在这个目标下，每个可以在 E-供应链中创造价值的环节都应该对增加产品价值有所帮助。在互联网环境中，企业要全面利用供应链的共享优势资源，甚至要将供应链中其他企业所处的环节放入企业业务流程成本管控，这样拓展后的流程成本管控可以实现与供货商共同管理零部件开发以实现成本降低。

在电子商务情况下，物流和分销及其追踪控制已经成为供应链中的一个重要环节，企业应用互联网和数据库管理系统来实时记录每个产品从一个地方转移到另一个地方的路径及其相应费用。那么，应该如何应用这些实时数据和信息来解决如下的供应链管理中实时和追踪控制的重要问题：协调和控制产品流的方向和成本、报告客户货物流的现状、基于这些统计分析数据描绘最优路线，以实现供应链成本管控的协同目标。

业务流程管理会计和成本管控融合是一个创新性和复杂性的难题，上述建议仅仅提供一点研究启示，我们认为要破解这一难题，还需要管理会计学者和实务工作者联合攻关。

第四节　研发全过程的成本管控

在激烈的竞争环境下，企业为保持竞争力必须在产品创新设计上形成差异、追求产品或服务的独特性，提供给顾客超越既有功能或质量的新颖产品，同时必须注重成本的管控和节约。YL 公司的目标成本制和 TS 集团的单元成本管理，都注重从产品研发阶段开始关注成本管控，在组织管理型态、构建研发目标成本管理程序、维护供应商关系方面进行了改革。

一、研发成本管控要与技术产品创新文化结合

从传统的分工理论来看，企业新产品研发似乎是研发部门的事，成本管理似乎是管理会计应该关注的。然而，在经济全球化和市场竞争更加激烈的环境下，企业应该提倡全体员工都关心新产品的开发和产品升级换代，形成人人重视研发、尊重人才的风气。中国企业要从"制造"升级为"创造"，企业全员都应该培育走技术创新路线的文化。

企业研发成本管控要重视研发成本和绩效内部报告的改进，这种内部报告不仅应向高管层（包括董事长、CEO、CFO、董事和有关副总经理等）和研发部门及其责任人及时报告，而且管理会计部门要做好信息共享和协同沟通，将研发部门与生产部门、采购部门、营销部门等平行职能部门协同管理好。

二、研发绩效评价与激励创新

与其他业务绩效评价相比，研发绩效评价具有比较独特的一面。创新型企业必须十分注重研发人才的培养，建立创新育人机制，设置集团、子公司、部门三级培训管理体系。企业技术中心既是研发机构，也是企业的一个技术培训中心。每个研发人员应是企业的稀缺技术人才。研发人员的业绩评价，可以根据个人计划和企业新产品研发需要设定有关的评价指标。每个研发人员的绩效指标可以有所不同，评价的目的就是鼓励研发人员更好地开展研发工作。另外，设置双通道晋升体系和激励政策，使得研发人员有独立发展通道，并为技术人才支付高薪；对关键的研发人员采取股权激励的方式激发研发人员和相关负责人的开拓创新精神。因此，在确定研发项目方案时，通过明确研发课题难度系数来确定报酬的基数，再用项目进度确定报酬的系数，以此保证效率与公平，激励整个研发团队。

三、研发成本管控的宽松与新产品创新

许多企业在创新中允许技术开发 50% 的失败率，即使失败了也给予拨款，这在创新体系文件中有明文规定。将员工的研发事故划分为水平事故和责任事故，因能力水平造成的研发事故一律不予追究，研发人员无需承担责任。通过营造和培育宽松的创新环境，支持和培养员工的创新意识。另外，实施重奖轻罚的绩效考核制度。对创新类的研发人员基本上不存在严格的考核，也没有严格的惩罚，目的在于激励员工勇于创新。在研发管理中，有各种各样的规定涉及处罚问题，但处罚力度很小，只对极少数岗位不称职的人员进行淘汰。

四、研发成本协同管理

目前,许多大企业已形成以研发中心为核心的包括基础研发机构、产品研发机构和公共支持平台的三层技术研发体系。集团内部充分体现了母子公司、子公司间、职能部门间和研发团队四个层面的研发协同,并且在基础研发机构、产品研发机构和公共支持平台的技术支撑下,有效地实现了集团内部人员、技术、知识等资源的共享。研发中心体现母子公司的协同,负责共享交流,包括成果共享、各子公司和研发团队的人员交流等,母公司经费支持公共支持平台的运行,为各子公司提供检测、培训、工业设计等公共服务。需要各子公司和多部门配合的短期项目,则由集团统一下抽调令,实现各公司和部门间的配合,形成人员与技术的共享。研发项目的立项、预算、研发成果验收等过程,需要行政部门的配合;采购部门需要按照研发部门的研发标准采购合适尺寸与规格的零部件;生产部门需要与研发部门及时沟通,以确认产品的各项生产规格;销售部门需要将产品销售与市场反应情况及时反馈研发部门,以根据市场需求做出研发调整等。研发团队的协同以本团队内部成员的正式和非正式沟通交流为主,包括研发讨论会、项目培训等,尤其注重本研发团队与上下层次研发团队的研发信息对接,保证研发项目顺畅实现。

第五节 柔性预算管理的重点和提升

借鉴 LD 公司的成功经验,柔性预算管理最终体现在确定各责任中心的成本目标(利润目标)上,其柔性是对目标值不是单一数字的刚性数值(也就是简单设定一个数值),尤其是对按成本性态逐项预算控制时,后者展现出更多的柔性,将这些柔性控制目标直接落实到各责任中心,由各责任中心来掌握其明细项目分解的柔性,从而增强成本管控的可操作性和柔性,从而增强创造价值的能力。

一、预算柔性管理体现在投入产出灵活挂钩

根据 TS 集团、YL 公司和 LD 公司的管理经验,TS 集团的预算管理着眼点在于"强调日日改善,及时调整控制目标",责任部门和责任人自觉地追求绩效的提升和改善,形成了柔性管控的文化。YL 公司的经验是总量控制,并且应用销售收入与变动成本费用之间的比例关系来制定成本费用预算柔性管理的范围。LD 公司并不鼓励一味地节约与缩减,而是强调各中心、部门在制定各自的预算时,从本年实际及来年预计情况出发,应用总额预算控制和逐笔预算控制相结合做到投入与产出灵活挂钩,更能激励责任人和全体员工为企业多创造价值。

然而,不同企业应当根据企业的实际情况来制定适合本企业的预算柔性目标,才能达到预期的柔性控制应用的目标。

二、不可控因素的柔性考核与激励

柔性预算管理的目标确定和考核分析与刚性预算管理具有明显的不同。诸如，TS 集团、YL 公司和 LD 公司都根据对未来一段时期市场可能出现的不同情形的预测来确定多种情景的销量目标值，并根据这些销量目标值（通常选三个）来编制销售收入和成本费用预算，因此"柔性"体现在目标值的多样性上。但在对成本费用的预算达成情况进行分析时，往往需要根据实际销量做出适度调整，以体现柔性管理对市场变化的及时反应。在企业，销售预算往往由高层领导（董事长与总经理）负责编制，并只有一个销售收入目标值，而成本费用一般按其历史比率进行适当调整做出预算，其余的具体成本构成，则由各中心、部门的经理负责做出具体分解，给出具体金额。在考核评价时，为了考虑市场的不确定性对各责任中心带来的影响，各责任中心、部门在执行具体的预算方案时，必须针对不可控因素对绩效指标影响的情况进行充分的记录和必要的数据分析。因此，在绩效评价中，那些不可控的关键指标的目标是具有一定柔性比率的目标值范围而非固定数值。在预算执行过程中，许多不可控因素的影响产生了预定目标中间值的偏离，柔性控制体现在在一定范围内无需对原本的预算目标进行调整，可以给执行人一定的柔性和相应的信心。这样使全面预算管理对提升价值创造的能力更有帮助。

第六节 从绩效评价转换到战略绩效管理

战略绩效管理是一个全局性的管理会计概念。从 Ferreira 和 Otley（2009）提出的绩效管理系统框架来看，管理会计理论的发展方向应该从单一的绩效评价转换成集成战略管理、管理控制和绩效管理三大方面。另外，从吴安妮（2011，2014）的整合性战略价值管理系统来看，集成性战略绩效管理系统也是企业实务需求最旺的应用系统。我们结合傅元略（2014b）的研究成果，提出管理会计师应当把握战略绩效管理系统构建的六项重要内容：

一、战略规划与落地方案选择

在战略规划环节，管理会计要用若干个关键指标将企业的使命和愿景及其战略总体目标描绘出来。当然，在描绘企业战略时可以用定量和非定量的关键指标；也赞同有选择地应用本书中的 HG 公司采用 SWOT 计分卡方法制定企业的战略。而具体操作应该关注的是主要责任人和责任单位对达到企业战略总体目标所必需开展且确定的关键业务及其业绩目标。由此，从关键业务导出关键绩效指标和相应的确定性的战略落地方案。另外，考虑到环境的不确定性，规划也可采用一种更为柔性、更能适应环境变化的权变方法，即在战略规划中对未来预测具有不确定性，在管理会计方面最好采用长期柔性预算方法，以便能对不确定事件初露端倪时做出快速反应，以确保战略规划能够顺利落地和适应市场变化。

二、目标权衡与目标分解

总公司要把战略总目标和业务战略关键指标落实到有关责任单位，其责任目标实现结果取决于目标分解的恰当性。目标分解是将下达的总体目标在纵向、横向或时序上分解到各层次、各部门以至具体的责任人，以形成目标体系的过程。目标分解是明确目标责任的前提，是使总体目标得以实现的基础。

目标权衡和分解是一个复杂的过程，也是一个协调利益冲突和解决利益分配的过程。在这一环节必须考虑不同层级责任人的契约和权衡责任部门的目标及其磋商，应当应用不同责任部门的业务协同需求分析并确定各责任关键指标的目标和协同管理。目标分解的过程隐含着对各个责任单位目标的设定，作业成本管理和平衡计分卡的应用为目标分解提供了更广泛的非财务指标目标。这些非财务目标的分解和设定都是紧盯自身的竞争对手或标杆企业，标杆企业的使用似乎大大提高了非财务和财务指标目标权衡、分解与设定的合理性和科学性。

三、资源配置优化与责任落实

责任落实是战略绩效评价及其管理控制的重要内容，管理控制的基本目标是分权有序，授权有章，明确责任及其责任指标，引导责任单位对战略预算目标负责，促使实现企业战略价值的目标。因此，在这一环节中责任中心和相应责任指标的确立是重要的环节，也是企业战略价值管理的必备前提。战略价值管理目的在于优化资源配置和落实责任单位的资源使用责任及其业绩评价指标，以提高企业责任单位的价值创造能力。

四、内部报告完善与激励制度优化

企业内部报告是向责任人传递反馈信息的重要手段，也是对责任人的战略绩效评价的主要依据。因此，有多少种类的责任中心和责任人相应就应该有多少种内部报告，每一责任中心或责任人的战略计划和目标执行情况都必须通过内部报告来总结。而且内部报告反映责任部门的KPI指标预算值、实际执行情况和评价分析信息，它处于承上启下的地位。向前看，它是战略计划执行的反馈；向后看，它是分析评价的依据。可见，内部报告体系无论在理论上还是实践中都备受重视，在管理会计系统中处于核心地位。另外，与内部报告同样重要的是激励制度，激励制度是否符合现代企业管理的需求，直接决定企业的成败。企业激励机制需要不断优化，其优化可从五个方面（KPI目标、责任与报酬对等、执行力引导、激励力度、长短期激励权衡）考虑。其中，激励力度起到重要的作用，力度较轻可能发挥不了刺激作用；短期激励力度过重会产生后遗症和企业长期发展不力。一套健全高效的激励制度出台应该是上述五方面的全面权衡。

五、业绩评价与激励兑现

战略绩效管理的重点在于关键绩效指标（预算指标）评价与激励制度融合，并进行定期考核与奖励兑现，这是管理会计不可缺少的关键环节。根据 HG 公司的战略激励薪酬模式，将关键绩效指标与企业责任中心负责人和员工的激励薪酬紧密结合。诸如，根据上述内部报告的 KPI 指标及有关制度，对各责任中心和责任人的业绩进行评价。其评价可采取定量考核和定性考核相结合的方法，利用财务与非财务指标进行综合考核，并以考核业绩作为激励的主要依据。企业一般有月度和季度考核，应将其直接与月度和季度奖金挂钩，年度考核可以与年度绩效激励收入相挂钩。另外，还有长期激励薪酬，也可以结合到短期绩效考核中，也就是说，在平时的月度、季度和年度考核中必须考虑长期发展有关指标的适当权重。

六、各责任单位绩效协同管理

企业的各责任单位被赋予各种资源使用权，包括人、财、物、信息和流程，组成了企业运作的基本要素。管理会计如何对不同责任中心进行协同，是一项全新的管理会计实务内容。协同事务将这些资源（包括有形资源和无形资源）整合在统一的平台上，通过网状信息和关联责任中心的协同环境将它们紧密地联系在一起，并且设计协同管理的内部报告，对不同的协同业务进行深度分析来发现异常现象。然后提出协同管理改进方案，进一步实现对这些资源的协调和优化，很重要的一点，就是这些资源能够随着企业的某个目标或者某项事务的责任中心被灵活地调动起来并进行协作。在协同管理平台上，责任单位之间、责任人之间的屏障被打破，且可以随时调动起来组成跨部门、跨企业、跨地域的虚拟团队。虚拟团队的资源不仅包含人，还包含财、物等资源，例如会议室、项目资料等。在协同管理平台上，这些资源可以突破各种障碍而被迅速找到并集合到一起，实现它们之间通畅的沟通、协调，从而保证目标的实现。而且各责任单位主管应当进一步了解协同的弱点及其对应之原因，决定如何改进资源配置和加强责任单位之间的互动协同。互动协同必须建立业务行动管控和财务预算控制的战略目标，以支持不同责任部门的协同职责。因此，这一环节是最具有挑战性的管理会计实务，也是对管理会计理论提出的新挑战。

第七节 管理会计师职能和管理会计岗位

管理会计的相关岗位设置和人才培养是提升企业创造价值和竞争力的必要途径。根据本书所有案例可知，管理会计职能岗位可以划分为三个层面：

一、战略管理与战略控制（高级管理会计师的职能）

高级管理会计师凭借自身深厚的专业知识以及对企业经营环境的准确理解，应该更多地参与到企业的战略制定、实施和控制工作中，他们不仅是 CEO 和 CFO 的助手和参谋，同时还要成为企业战略决策层的重要组成人员，为企业的长远战略规划和管控系统设计提供预测性的财务数据分析和相关决策分析，并对企业管控系统设计起引领的作用。高级管理会计师在战略管理和控制中主要承担以下职责：将公司战略与管理会计的创造价值结合起来，在重大问题上为高管层（董事长、CEO 和副总经理等）提供决策支持。向其他管理者提供建议，制定、实施公司财务战略。未来 CFO 关注的焦点将由交易的过程和控制转向提供决策支持和更深入地参与制定企业战略和公司治理，相应地，他们投入到会计核算和日常财务收支管理的时间将会大大压缩。

二、经营分析、业务控制和绩效评价（管理会计师的职能）

管理会计师应该熟悉管理控制和信息分析，强调抓业务控制和财务控制的融合，揭示 KPI 分析数据背后的经济意义，尤其是掌握市场变化及需求的特点，分析本企业和对手的竞争优势及弱点，为企业提高综合竞争能力和制定可行的竞争战略提供可靠的分析报告。在 IT 应用普及的环境下，只有通过信息化管理，才能提高产品成本的计算科学化和成本分析水平，为新产品研发提供更多的竞争对手的产品成本信息，实现战略成本管理和产品研发成本管控一体化。此外，管理会计师通过管理会计信息化系统，从企业战略管理的需要出发，及时发现企业管理中最为紧迫的经营分析和业务控制信息化需求，围绕企业战略规划进行管理控制系统设计创新，使企业财务和业务控制融为一体，为控制层和决策层提供准确的经营分析和决策支持信息，促使企业提高竞争能力和市场应变能力，努力实现企业战略目标。在这一过程中，管理会计师还要与企业信息系统维护和管理人员一起承担管理会计有关的企业信息化项目的协调者和驱动者的重任。

管理会计师除了承担经营分析和管理控制的工作外，还应结合战略绩效管理的需要，改变传统单一的财务评价指标体系进行经营分析和业绩评价的方式。采用平衡计分卡、360 度和标杆分析等方法，并引入各种非财务指标评价体系进行综合经营分析和业绩评价为适时管理控制和决策支持提供全方位服务。

三、内部报告体系维护和决策支持信息提供（助理管理会计师的职能）

从本书所有案例的研究结果来看，都强调了内部报告，如 TS 集团的管理制度表单化实际上就是内部报告体系的设计和维护，其他案例也有类似强调内部报告方面的工作。一个高效的管理控制系统应当有一套好的内部报告，同时内部报告设计和编制要有一个通用流程和共同理念——根据战略目标确定关键指标，依照划分好的责任中心分解其目标，用统一的工具、按照统一的流程编制各自责任中心的预算及其控制用的内部报告。同时应该对内部报告体系进行不断维护和改进。内部报告应该是丰富多彩和图文并茂的，并且在这些内部报告中，不仅强调反映管控制度执行的情况（过程性指标）和责任人执行的成果（结果性指标），更重要的是要体现 KPI 指标和目标确定、预算分析和考核、预算调整和下一期目标的确定，以及责任人绩效评价和激励的全过程，以达到企业管控的目标。此外，最重要的工作是内部报告编制和决策支持有关信息的提供，这些工作内容很复杂也很丰富，可以与管理会计系统的信息化相结合。

第八节　管理会计系统的信息化

随着 IT 在企业管理中应用的深入发展，管理会计的信息化已经成为管理会计理论和实践的重要部分。根据本书所有案例的研究分析，我们发现管理会计应用成功与否，直接取决于管理会计系统信息化的程度。诸如 TS 集团，所有的管理制度都能表单化并能进一步信息化。TS 集团信息化的成功经验告诉我们：IT 发展使会计工作从以财务会计为主的核算型会计向以管理会计为主的管理型会计转型；因为随着信息技术应用到会计领域，管理会计信息化问题就开始产生。管理会计信息化是一个新问题，根本在于迄今为止管理会计还未解决管理会计系统设计理论和实践的许多问题，这与傅元略（2014）所提出的"三个设计"的核心问题是相吻合的。

管理会计信息化不是单纯讲管理会计应用或表单的电脑化，本书案例研究的成果表明：

第一，企业不仅要抓管理制度化设计，以完善企业管理会计理论体系的内容；而且应当将一套制度的实施措施进行软件化（含系统设计和编程）。

第二，从本书所有案例来看，管理会计系统的制度化具有企业的个性，需要特别的个性化设计（见 TS 集团的信息化过程），这是企业管理会计应用的首要任务，同时也是最具难度的国际课题。当前许多软件公司，包括国外的 ORACLE、SAP 等知名软件，都未能真正开发出好用的和可移植的管理会计软件。

第三，管理会计系统的程式化（软件化）难点在于未能建立让企业普遍认可的管理会计理论体系和管理会计系统设计指引。

第四，如果管理咨询机构和软件公司没有"接地气"式介入企业管理会计系统的信息化设计与建设，那么，管理会计信息化的效率和效果都将不尽如人意。

我们认为，管理会计信息化指引的重点应放在管理会计系统设计指引上，引导软件公司和咨询机构全面介入企业管理会计信息化工作。

主要参考文献

[1] Anderson S W, Dekker H C. 2009. Strategic Cost Management in Supply Chains, Part 1: Structural Cost Management. Accounting Horizons: June 2009, 23 (2): 201-220.

[2] Anthony R N. 1965. Planning and Control Systems: A Framework for Analysis. Harvard University.

[3] Bromwich M, Bhimani A. 1989. Management Accounting—Evolution not Revolution. Management Accounting (CIMA), 10: 5-6. Coase R H. 1937. The Nature of the Firm Economics. Economica. 4 (16): 386-405.

[4] Carr C, Tomkins C. 1996. Strategic investment decisions: the importance of SCM. A comparative analysis of 51 case studies in U.K., U.S. and German companies. *Management Accounting Research*, 7 (2), 199-217.

[5] Chenhall R. 2005. Integrative strategic performance measurement systems, strategic alignment of manufacturing, learning and strategic outcomes: an exploratory study. Accounting, Organizations and Society, 30 ((5): 395-422.

[6] Cooper R, Slagmulder R. 1998d. Strategic Cost Management: Cost Management beyond the Boundaries of the Firm. Management Accounting, 79 (9): 18-20.

[7] Cooper R, Slagmulder R. 1998a. Strategic Cost Management: What is Strategic Cost Management? Management Accounting. 79 (7): 14 16.

[8] Cooper R, Slagmulder R. 1998b. Strategic Cost Management: The Scope of Strategic Cost Management. Management Accounting, 79 (8): 16-18.

[9] Cooper R, Slagmulder R. 1998c. Strategic Cost Management: Extra-Organizational Cost Analysis. Management Accounting, 80 (1): 14-16.

[10] Cooper R, Slagmulder R. 1999. Develop Profitable New Products with Target Costing. MIT Sloan Management Review, 40 (4): 23-33.

[11] Cooper R, Slagmulder R. 2004. Inter-Organizational Cost Management and Relational Context. Accounting, Organizations and Society, 29: 1-26.

[12] Ferreira A. Otley D. 2009. The Design and Use of Performance Management Systems: An Extended Framework for Analysis, Management Accounting Research, 20: 263-282.

[13] Fu yuanlue. 2007. Strategic Cost Management in E-supply Chain, Asia-Pacific Management Accounting Journal, (1).

［14］ Hilton. Cost Management. McGraw Hill, 2002：20-50.

［15］ Kaplan R S, Norton D P. 1996. The Balanced Scorecard：Translating Strategy into Action. Boston：Harvard Business School Press：336.

［16］ Kaplan R S, Norton D P. 2004. Strategy Maps：Converting Intangible Assets into Tangible Outcomes. Boston：Harvard Business School Press：454.

［17］ Merchant K and W. Van der Stede W. 2007. Management Control Systems：Performance Measurement, Evaluation and Incentives (2nd ed.), Harlow：Prentice-Hall.

［18］ Otley D. 1999. Performance management：a framework for management control system design. *Management Accounting Research*, 10, 363-382.

［19］ Porter M E. 1980. Competitive Strategy：Techniques for Analyzing Industries and Competitor. New York：The Free Press：397.

［20］ Porter M. 1985. Competitive Advantage：Creating and Sustaining Superior Performance. New York：The Free Press：557.

［21］ Roslender R, Hart S. 2003. In search of strategic management accounting：theoretical and field study perspectives. Management Accounting Research 14, 255-279.

［22］ Shank J K, Govindarajan V. 1989. Strategic Cost Analysis：The Evolution from Managerial to Strategic Accounting. United States：Richard D Irwin：180.

［23］ Shank J K, Govindarajan V. 1993. Strategic Cost Management：The New Tool for Competitive Advantage. New York：The Free Press：271.

［24］ Shannon W, Anderson. 2006. Managing Costs and Cost Structure throughout the Value Chain：Research on Strategic Cost Management. Handbook of Management Accounting Research. 2：481-506.

［25］ Simmonds K. 1981. Strategic Management Accounting. Management Accounting (UK), 59 (4)：26-29.

［26］ 蔡进高. 2018. 运用"四维时空"系统思维 全面提升厦航成本管理. 财务与会计, (14)：29-31.

［27］ 崔筱燕, 史新叶. 2013. 公立医院绩效考核的探讨与实践. 人力资源管理, (1)：117-119.

［28］ 戴小喆, 郑大喜. 2013. 公立医院经济运行的三驾马车——预算、成本和绩效管理. 中国总会计师, (9)：129-131.

［29］ 冯巧根. 2005. 超越预算的实务发展动向与评价. 会计研究, (12)：15-19.

［30］ 冯雁凌. 2017. "阿米巴经营"在厦航财务管理中的运用. 民航管理, (01)：30-33.

［31］ 傅馨慧, 黄火灶. 2021. 财务管理的释放与协同效应——以厦门航空财务转型为例. 财务管理研究, (11)：128-134.

［32］ 傅元略, 余绪缨. 2007. 企业创新与管理会计创新的相关问题研究. 北京：中国财政经济出版社.

［33］ 傅元略. 2000. 支持企业战略管理的会计信息系统：系统分析和框架设计. 管理

会计与应用专题．北京：中国财政经济出版社．

［34］傅元略．2000．企业智力资产对企业效益贡献的综合评价．会计研究，（10）：43-45．

［35］傅元略．2004．价值管理的新方法：基于价值流的战略管理会计．会计研究，（6）：48-96．

［36］傅元略．2014．管理会计理论的拓展：控制机制优化和系统新框架．当代会计评论，7（2）：35-53．

［37］傅元略．2014．管理会计理论发展的动力：管理会计机制创新．2014年中国会计学会学术年会论文．

［38］高峰，曲松涛，王晓鹏．2010．医院成本管理的实践与探讨．中国卫生经济，29（3）：88-89．

［39］贡华章，于增彪，刘强，衣应俭，张双才．2008．我国企业预算管理的引进与发展．会计研究，（9）：1-10．

［40］洪秀芬，杨铭钦，黄焜璋．2007．应用平衡计分卡提升绩效之研究——以某公立医院总务室为例．医务管理期刊，8（4）：348-360．

［41］胡玉明．2001．21世纪管理会计主题的转变：从企业价值增值到企业核心能力培植．外国经济与管理，（1）：42-48．

［42］黄火灶．2018．运用"四维时空"新思维 开创财务管理新局面．财务与会计，（14）：20-23．

［43］黄火灶，冯雁凌，蔡进高．2018．精细化财务管理理念与实践．民航管理，（2）：36-44．

［44］黄火灶，王彦尹．2020．构建厦航双轮驱动的成本管理体系与运行机制研究．财务管理研究，（12）：1-6．

［45］李婪．2010．法人治理结构：公立医院制度安排的途径及对策．中国卫生经济，29（9）：10-12．

［46］林长征．2013．直线幕僚体系、异常管理决策与企业动态能力——以TS集团为中心的案例研究．北京：清华大学出版社．

［47］刘顺仁，申盛蓉，简苑珊，陈静雯．1996．公立教学医院实施责任中心制度之成效评估．会计研究月刊，（10）：71-75．

［48］孟焰．2000．面向21世纪的中国管理会计——管理会计与应用专题．北京：中国财政经济出版社．

［49］潘飞．2008．中国管理会计研究如何走向世界，上海立信会计学院学报，（5）：8-14．

［50］邱纹绢．2006．医院员工与责任中心制度：分析层级程序法之应用．中国台湾公共卫生杂志，25（1）：49-57．

［51］阙廷谕，刘琼文．2004．医院特质、人力资本对医院经营绩效影响之研究．健康管理学刊，2（2）：177-193．

［52］史元进．2010．关于公立医院成本管理的思考．会计师，（8）：98-99．

[53] 汤谷良,王斌,杜菲,付阳.2009.多元化企业集团管理控制体系的整合观.会计研究,(2):53-60.

[54] 托马斯·约翰逊,罗伯特·卡普兰.1987.管理会计兴衰史——相关性的遗失.北京:清华大学出版社.

[55] 汪森.2015.加强医院成本管理的途径探讨.财经界(学术版),(8):78-78.

[56] 王斌,高晨.2004.论管理会计工具整合系统.会计研究,(4):59-64.

[57] 王冬,黄德海.2013.非营利性医院的企业式经营:向长庚医院学管理,北京:化学工业出版社.

[58] 王建革.2012.关于医院成本管理的几点思考.当代经济,(4):22-23.

[59] 王长军等.2010.我国公立医院绩效评价的研究现状及未来研究框架.中华现代医院管理杂志,8(2):1-5.

[60] 吴安妮.1999.整合性策略成本管理制度的设计、实施、运用及其对公司绩效影响的研究(1/2).中国台湾政治大学.

[61] 吴安妮.2011.以一贯的管理——整合性战略价值管理系统(ISVMS),会计研究月刊(312).

[62] 吴安妮.2014.以价值管理推升绩效,哈佛商业评论中文版,(4):34-38.

[63] 吴安妮.2014.中国台湾企业建构及实施整合性策略价值管理系统(ISVMS)的经验分享,中国台湾政治大学讲座PPT文档.

[64] 谢钢,王辉,林琦远.2009.公立医院绩效考核的现状与对策.现代医院管理,(31):1-4.

[65] 谢明娟,申盛蓉,简苑珊,陈静雯.2010.医院成本制度之分析——以传统制度与目标制度为例.嘉南学报,(36):336-348.

[66] 严玉华,杨镇维.2013.医院治理机制与效能之研究.台大管理论丛,23(S1):57-82.

[67] 杨军.2017.实施SRP战略管理体系引领企业发展.财务与会计,(08):26-28.

[68] 于增彪,李岩.2004.流程理念:管理会计的新增长点.财会通讯,(2):21-24.

[69] 于增彪,袁光华,刘桂英,邢如其.2004.关于集团公司预算管理系统的框架研究,会计研究,2004(8):22-29.

[70] 余绪缨.1984.现代管理会计的几个基本理论问题的探索.厦门大学学报,(4):11-20.

[71] 余绪缨.2000.余绪缨学术文集.沈阳:辽宁人民出版社.

[72] 余绪缨.2005.管理会计理论的新洞察,中国经济问题,(9):7-13.

[73] 张锡惠.1996.浅谈医院成本分摊制度.会计研究月刊,(9):62-68.

[74] 郑焰文.2010.医院成本结构对绩效之影响.台北:台北大学会计系,1-48.

[75] 左希洋,张亮.2008.发达国家现代医院法人治理结构现状.中国卫生经济,27(10):77-80.

致　　谢

管理会计案例研究是一个艰难的过程，艰难之处在于其探究的是企业的管理会计问题，即常被称为内部管控问题，而这些内部管控问题的破解往往被视为"商业机密"，而不愿意向"外人"公开。本书能够如期定稿，离不开案例公司及相关单位的大力支持和热忱帮助，谨此表示由衷感谢！

一要感谢 TS 集团、YL 公司、LD 公司、HG 公司、长庚医院（中国台湾）、台中荣民总医院、奇美医院、厦门航空有限公司、YNZY 工业有限责任公司、LY 烟草公司、HT 银行、福建傲农生物科技集团股份有限公司、傲网信息科技（厦门）有限公司的大力支持和慷慨提供的可分享的丰富资料与素材。

二要感谢厦门市财政局、厦门大学管理学院、厦门大学会计研究发展中心、厦门国家会计学院、中国财政经济出版社、厦门市社科联、厦门烟草工业有限责任公司、致同（厦门）会计师事务所、厦门商业银行、两岸会计合作与交流基地、厦门市卫计委、厦门中山医院、厦门第一医院、厦门中医院、富邦金控、中国台湾内部稽核协会、中国台湾大学会计系、中国台湾政治大学会计系、台北大学会计系等单位及刘启群教授、汪泱若教授、林美花教授、廖三郎先生、胡正男先生、汪旭萍女士、黄维津先生、王淑霞女士、何玉生先生、王建彬先生、钱鼎盛先生、马梦臣先生、林宏荣先生、黄金安先生、钟徐新先生、尤凌侃先生、郭靖先生、杨颖瑜女士等给予的大力支持、协助和指导。

三要感谢厦门市会计学会、厦门市总会计师协会、厦门市两岸会计合作与交流促进会、厦门红大税务师事务所、厦门融恒德科技发展有限公司和教育部人文社科研究基地重大项目对本书案例研究提供的经费资助。

四要感谢本书案例研究课题组每位成员尤其是撰写人员的辛勤劳动和无私奉献。

最后，要特别感谢华夏经纬财务咨询（厦门）有限公司为每个案例所做的大量协助性工作。

本书编委会
2022 年 6 月